U1018756



# 大数据与智慧物流系列丛书
## 编委会名单


编委会主任：徐　愈

编委会副主任（以下按姓氏音序排列）：

戴定一　洪晓枫　刘九如　聂林海　申金升

主　　编：刘韵洁　戴东昌

委　　员（以下按姓氏音序排列）：

高　翔　顾敬岩　郭剑彪　国建华　贺登才　何　辉　何明珂

胡　荣　胡祥培　刘立群　刘宪兰　马振南　苗前军　秦绪军

任　浩　唐　辉　滕东兴　王成林　王宏安　卫　勇　吴金中

邬　跃　伍振军　晏庆华　张　宇　赵　惟　朱道立　邹　力

秘 书 长：王喜富

编 辑 部：徐蔷薇　等

大数据与智慧物流系列丛书

“十二五”国家重点图书出版规划项目

# 智慧物流信息网络

于胜英　郭剑彪　主编

電子工業出版社
Publishing House of Electronics Industry
北京・BEIJING

## 内 容 简 介

现代物流是物联网与大数据的典型应用领域。智慧物流通过使用物联网与大数据技术能够实现物品的全面感知与物流的协同运作，有效地提高供应链的市场应变能力和竞争能力，为客户提供方便、快捷、及时、准确的服务。智慧物流信息网络是智慧物流的“神经系统”，它的核心功能是连通物流信息孤岛，实现信息共享，为用户的智慧物流创新服务提供支撑。

本书首先介绍分析了国内外典型智慧物流信息网络，给出了智慧物流信息网络的概念、功能、结构和分类，分析了物流信息交换需求，介绍了物流数据交换和信息服务交换两种模式；其次，分别描述了公路、铁路、水路、航空四种运输方式，以及物流园区、物流信用、物流跟踪的信息交换场景，并给出了相应的电子单证及服务函数等标准规范；最后，重点介绍了交通运输部的国家交通物流公共信息平台（LOGINK）及东北亚物流信息服务网络（NEAL-NET）。

本书可供交通运输、物流、物联网等领域的教学和科研人员、管理人员和工程技术人员阅读参考，也可供交通运输、物流工程、工业工程、计算机等专业的高年级本科生或研究生使用。

未经许可，不得以任何方式复制或抄袭本书之部分或全部内容。
版权所有，侵权必究。

**图书在版编目（CIP）数据**

智慧物流信息网络 / 于胜英，郭剑彪主编. —北京：电子工业出版社，2016.9
（大数据与智慧物流系列丛书）
ISBN 978-7-121-28637-7

Ⅰ. ①智… Ⅱ. ①于… ②郭… Ⅲ. ①互联网络－应用－物流－物资管理②智能技术－应用－物流－物资管理 Ⅳ. ①F252-39

中国版本图书馆 CIP 数据核字（2016）第 083195 号

策划编辑：徐蕾薇
责任编辑：张　京
印　　刷：三河市华成印务有限公司
装　　订：三河市华成印务有限公司
出版发行：电子工业出版社
　　　　　北京市海淀区万寿路 173 信箱　邮编　100036
开　　本：787×1092　1/16　印张：20.25　字数：518 千字
版　　次：2016 年 9 月第 1 版
印　　次：2016 年 9 月第 1 次印刷
定　　价：59.00 元

凡所购买电子工业出版社图书有缺损问题，请向购买书店调换。若书店售缺，请与本社发行部联系，联系及邮购电话：（010）88254888，88258888。

质量投诉请发邮件至 zlts@phei.com.cn，盗版侵权举报请发邮件至 dbqq@phei.com.cn。

本书咨询联系方式：xuqw@phei.com.cn。

# 总序
# FOREWORD

大数据技术也称为巨量信息技术，根据维基百科的定义，大数据是指无法在可承受的时间范围内用常规软件工具进行捕捉、管理和处理的数据集合。根据相关定义，可以认为大数据技术是指所涉及的信息量规模巨大到无法通过目前主流技术与软件工具进行分析处理，无法在合理时间内达到撷取、管理、处理并整理为帮助企业实现经营决策目标的巨量信息技术。大数据技术使得人类认识世界的思想及方法发生变革。大数据技术的战略意义不在于掌握庞大的数据信息，而在于对这些含有意义的数据进行专业化处理。换言之，如果把大数据比作一种产业，那么这种产业实现盈利的关键，在于提高对数据的“加工能力”，通过“加工”实现数据的“增值”。

从技术上看，大数据与云计算的关系就像一枚硬币的正、反两面一样密不可分。大数据必然无法用单台的计算机进行处理，必须采用分布式架构。它的特色在于对海量数据进行分布式数据挖掘，但它必须依托云计算的分布式处理、分布式数据库和云存储、虚拟化技术。

智慧物流是利用集成化、智能化、移动化技术，使物流系统具有智能性，具有思考、感知、学习、推理判断和自行解决物流过程中的某些问题的能力，它包含了智能运输、自动仓储、动态配送及智能信息的获取、加工和处理等多项基本活动，为供方提供最大化的利润，为需方提供最佳的服务，同时也应消耗最少的自然资源和社会资源，从而形成完备的智慧物流综合管控体系。

继第三次工业革命之后，2013 年被称为大数据元年，2014 年为移动互联元年。在此背景下，大数据与智慧物流系列丛书的核心思想是大数据技术与智慧物流行业的深度融合与综合集成，面向大数据技术在智慧物流领域的应用问题，着重研究大数据背景下智慧物流体系、理论、方法和技术应用，推动中国现代物流行业健康、有序、协调、绿色发展。

本系列丛书具有以下特点。

1. 系统创新性

本系列丛书的编写借鉴国内外优秀丛书的写作思路，以“概念—原理—方法—应用”为主线，以多学科综合协同为理论基础，将信息技术、工程技术、物流管理等有机结合起来，使读者对智慧物流的原理、技术、方法和应用有一个系统、全面的认识。

2. 实践应用性

本系列丛书在基础技术论述及应用层面，以讲清概念、强化应用为重点，在此基础上适当介绍相关学科的新发展、新方法、新技术。同时，根据大数据与智慧物流的强应用性、强技术性特点，在本系列丛书中突出案例应用，使其具有更强的实践性。

3. 能力提升性

本系列丛书注重物流行业从业人员应用意识、兴趣和能力的提高，强调知识与技术的灵活运用，培养和提高智慧物流从业人员的实际应用能力和实践创新能力。着眼于物流从业人员所需的专业知识和创新技能，强化实际能力训练，让从业人员学而有用，学而能用，提升智慧物流行业从业人员能力及智慧物流行业效率。

为了探索有中国特色的智能物流发展之路，推进物流产业的发展，在大数据、物联网与云计算技术快速发展的同时，及时给人们带来有效学习和掌握新思想、新技术的途径与平台，丛书编委会策划了这套“大数据与智慧物流系列丛书”，以为社会提供一整套体系完整、层次清晰、技术翔实、数据准确、通俗易懂的丛书，推动中国大数据技术应用与物流信息化建设向更高层面、更广领域纵深发展，为各级政府部门、广大用户及信息业界提供决策参考和工作指南。

为保证本系列丛书的编写质量，特别邀请本领域理论研究和工程实践的知名专家、学者担任丛书主审。在此，向为本系列丛书编写和出版提供帮助的所有人士表示衷心的感谢和由衷的敬意。

王喜富

大数据与智慧物流系列丛书编委会秘书长

2016 年 1 月于北京

# 前言 PREFACE

物流业是融合运输业、仓储业、货代业和信息业等的复合型服务产业，是国民经济的基础性产业。物流业涉及领域广，吸纳就业人数多，促进生产、拉动消费作用大，在促进产业结构调整、转变经济发展方式和增强国民经济竞争力等方面发挥着重要作用。进入21世纪以来，我国物流业总体规模增长较快，物流大国地位基本确立，物流需求显著增加，物流需求旺盛并将保持较长时期，运行效率有所提高，服务水平显著提高，发展的环境和条件不断改善，为进一步加快发展奠定了坚实基础。我国物流业在总体规模快速增长的同时，也存在物流运行效率偏低、物流成本高、物流市场不规范、物流服务的集约化和组织化程度不高等问题，离现代物流业还有一定距离。为解决这些问题，应通过信息化手段，提升和改造传统物流业。

在物联网、云计算、大数据等先进信息技术背景下，智能与互联是当今现代物流的主要发展方向。智能的发展方向主要体现在物流产品/服务智能、物流装备智能和物流过程智能。其中，物流产品/服务智能主要体现在基于内置服务的微计算机及软件实现的产品/服务数量、位置、自我诊断、质量报警、使用状态信息发送、与使用者的交互等方面。物流装备智能主要体现在各类智能货架、堆垛机、自动分拣设备、自动引导车、智能机器人本身。物流过程智能主要体现在组织、计划、调度、管理等方面。互联的发展方向主要体现在物流行业相关的供应链企业、政府机构、物品及人的智能互联，构建一个自适应的生态网络。智慧物流是现代物流在智能与互联发展方向下的产物，能够实现对物流的全面感知，为物流的智慧管理提供数据基础；能够实现供应链全过程的可视化，解决物流的跟踪、追溯、防伪难题，让物流更安全、更快捷；能够主动发现异常情况，实现物流过程的有效管控；能够基于大数据进行科学的管理与决策；能够更加广泛地整合社会物流资源，实现物流虚拟化运作；能够优化运输方式，提高运输效率，使物流过程更加绿色低碳、节能环保。

智慧物流信息网络是智慧物流的重要组成部分，是智慧物流的"神经系统"，主要用于实现物流信息系统之间的信息共享。它在物联网、云计算、大数据等先进技术基础上，依托互联网、电信网等通信基础设施，连接物流信息孤岛，提供物流信息交换与大数据服务的高效、可靠、安全、标准化的物流信息共享服务，提供和支撑智慧物流创新服务，以满足物流信息资源整合与共享的需求、物流运营管理智能化的需求、物流业务流程优化的需求、物流综合管理集成化的需求、物流资源管理协同化的需求和物流安全管理一体化的需求。

国家物流平台（LOGINK）是交通运输部和浙江省人民政府牵头，管理部门、行业协会、软件开发商、物流供应商多方共建的一个开放、共享、免费的国家级智慧物流信息网络。该平台是在世界经济一体化和互联网高速发展的时代背景下，为落实习近平总书记加快物流标准化信息化建设，提高流通效率，推动物流业健康发展的指示精神，满足物流服务跨行业、跨领域、跨区域、跨国界的服务需求，通过信息化手段提高物流运作的关联度、集聚度、协同度的战略举措，是一项"互联网+"工程。平台以提高社会物流效率为宗旨，以实现物流信息高效交换和共享为核心，以统一的标准为基础，以连通各类物流信息平台、企业生产作业系统，消除信息孤岛为目的，是一个面向全社会的公共物流信息服务网络。浙江省交通运输厅牵头负责平台的建设和运维，也代表中国牵头东北亚物流信息服务网络（NEAL-NET）的建设。

经过数年建设，平台战略地位日益凸显。平台建设被列入国务院《物流业发展中长期规划（2014—2020 年）》重点工程，并且已经成为我国物流信息化接轨国际的重要桥梁和纽带。在中方的主导和推动下成立了中日韩三国间的物流信息共享合作机制——东北亚物流信息服务网络组织，推进三国港口信息互联共享，并被列入亚欧 48 国交通部长会议机制下的行动计划。实践证明，国家物流平台的建设发展与经济社会转型发展的战略是紧密结合的，是互联网时代探索建立服务型政府的重要途径；是推进行业转型升级的主要抓手；是充分发挥市场主体作用的有力载体；是提升行业治理能力、营造行业良性发展生态的重要抓手；将为服务国家"一路一带"、长江经济带等国家战略，促进江海联运、中国杭州跨境电子商务综合试验区等重点工程提供重要支撑，有效促进经济社会的转型发展。

本书理论联系实际，是作者多年理论研究与工程实践成果的总结，也是国家科技支撑计划课题"交通运输物流信息交换基础网络与应用服务技术研发及应用"（2014BAH24F02）、交通运输部浙江交通物流科技示范工程、交通运输物流公共信息共享平台试点工程、标准研究制定与应用推广项目的成果总结。本书的编写与出版也获得了这些项目的资助。本书既强调智慧物流信息网络技术、标准的原理和方法的科学性、系统性及先进性，又注重其可操作性和实用性。

全书内容分为 3 篇，共 8 章。第 1 篇为理论篇，包括第 1～4 章。第 1 章介绍了现代物流及智能物流的定义、基本特征及发展现状，分析了智慧物流的产生、定义、结构与特征，阐述了智慧物流信息网络的定义、内涵、功能、结构、层次划分和分类；第 2 章分析了物流信息交换的需求，提出了物流数据交换和物流信息服务交换两种智慧物流信息交换模式；第 3 章从运输方式的角度分别描述公路、水路、航空、铁路四种运输方式下的典型物流数据交换场景，以及物流信用、物流跟踪两种典型的物流信息服务交换场景，并以物流园区为例，阐述物流园区与其互联对象之间的物流数据交换和物流信息服务交换业务；第 4 章针对第 3 章所介绍的物流信息交换业务内容，研究制定相应的标准规范，包括数据元、代码集、电子单证、服务函数。

第 2 篇为实践篇，包括第 5～6 章。第 5 章介绍了发达国家典型的智慧物流信息网络，包括新加坡的 PortNet、TradeNet、TradeXchange，韩国的 KT-NET、KL-NET，日本的 NACCS、COLINS，以及美国的 EFM 项目和欧盟的 e-Freight 项目，并阐述了智慧物流信息网络的建设和运营模式；第 6 章介绍了国内典型的智慧物流信息网络，包括交通运输部的港航 EDI 系统、中国铁路总公司的铁路行包营运管理系统、中国邮政集团公司的中国邮政专用信息网络系统、海关的中国电子口岸、中国香港的 DTTN 系统及中国台湾的 MTNET 平台。

第 3 篇为探索篇，包括第 7～8 章。第 7 章介绍了国家物流信息平台的目标、定位、总体功能、总体框架、建设内容及国家物流信息基础交换网络，并以案例的形式阐述平台所提供的五项主要服务；第 8 章介绍了以实现中、日、韩三国物流信息共享为目标的东北亚物流信息服务网络，包括发展现状、治理机制、技术实现方案、动态船期信息共享示范工程的应用场景和实例，以及动态船期和集装箱状态信息共享的接入指南。

本书由北京交通大学交通运输学院副院长关伟教授担任主审，于胜英、郭剑彪担任主编，其他编写人员包括徐亚华、洪晓枫、任为民、范振宇、郑黎明、赵雁、胡嘉临、马骥、邹力、胡奕军、吕娟、付光琼、张鸿斌、李彦林、胡楠、汪建江、魏凤、戴建锋、沈国庆、黎晨、金小平、马振南、孙单智，唐小明、刘淑珍、胡永骁、于清、刘瑜、刘志硕、吴一舟、陈键飞、霍俊涛、徐雷、黄丽等。

感谢电子工业出版社刘宪兰、徐蔷薇为本书出版所做的大量工作。感谢本书所引用资料的所有作者。

由于智慧物流信息网络技术还在不断发展之中，新的技术、标准与应用将不断涌现，相关技术和应用模式也在研究和讨论中逐渐成熟。加之作者水平有限，编写时间仓促，书中难免存在不足之处，恳请各位专家和读者不吝指正。

郭剑彪

2016 年 4 月

# 目录 CONTENTS

## 第1篇 理论篇

# 第2篇 实践篇

# 第 3 篇 探 索 篇

# 第1篇　理 论 篇

# 第1章 智慧物流与智慧物流信息网络

## 内容提要

我国物流行业存在的问题是什么？智慧物流是什么？它具有什么特征？它与智能物流有什么区别与联系？智慧物流信息网络是什么？它能解决什么问题？现实中有些什么样的智慧物流信息网络？为了回答这些问题，本章首先介绍了智能物流的定义、基本特征及发展现状。在此基础上，引出了智慧物流与智慧物流信息网络，重点介绍了智慧物流的产生、定义、智慧物流系统的结构、特征等，然后详细阐述了智慧物流信息网络的定义、内涵、功能、结构，并以实例给出了智慧物流信息网络的层次划分和分类。

## 本章重点

- 智能物流系统的定义
- 智慧物流系统的结构
- 智慧物流的高级特征
- 智慧物流信息网络的概念、内涵
- 智慧物流信息网络的功能、层次、分类

## 1.1 现代物流

现代物流是以现代信息技术为基础，整合运输、储存、装卸、搬运、包装、配送、流通加工、逆向物流、客户服务及物流信息处理等各种功能而形成的综合性物流活动模式。其实质是运用现代信息技术、通信技术和物流技术对传统物流流程进行变革、控制和创新。物流范围从流通领域扩展到企业生产的全过程，即供应、加工、组装、销售及逆向物流，实行一体化物流管理，进而随着电子商务技术的发展，以及基于此的物流、信息网络的发展，扩大到供应链管理范围。

### 1.1.1 现代物流在我国的发展

“十一五”特别是国务院印发《物流业调整和振兴规划》以来，我国物流业保持较快增长，服务能力显著提升，基础设施条件和政策环境明显改善，现代产业体系初步形成，物流业已成为国民经济的重要组成部分。

#### 1. 产业规模快速增长

全国社会物流总额 2013 年达到 197.8 万亿元，比 2005 年增长 3.1 倍，按可比价格计算，年均增长 11.5%。物流业增加值 2013 年达到 3.9 万亿元，比 2005 年增长 2.2 倍，年均增长 11.1%，物流业增加值占国内生产总值的比重由 2005 年的 6.6%提高到 2013 年的 6.8%，占服务业增加值的比重达到 14.8%。物流业的就业人数快速增加，从业人员从 2005 年的 1780 万人增长到 2013 年的 2 890 万人，年均增长 6.2%。

#### 2. 服务能力显著提升

物流企业资产重组和资源整合步伐进一步加快，形成了一批所有制多元化、服务网络化和管理现代化的物流企业。传统运输业、仓储业加速向现代物流业转型，制造业物流、商贸物流、电子商务物流和国际物流等领域专业化、社会化服务能力显著增强，服务水平不断提升，现代物流服务体系初步建立。

#### 3. 技术装备条件明显改善

信息技术广泛应用，大多数物流企业建立了管理信息系统，物流信息平台建设快速推进。物联网、云计算等现代信息技术开始应用，装卸搬运、分拣包装、加工配送等专用物流装备和智能标签、跟踪追溯、路径优化等技术迅速推广。

#### 4. 基础设施网络日趋完善

截至 2013 年年底，全国铁路营业里程 10.3 万千米，其中高速铁路 1.1 万千米；全国公路总里程达到 435.6 万千米，其中高速公路 10.45 万千米；内河航道通航里程 12.59 万千米，其中三级及以上高等级航道 1.02 万千米；全国港口拥有万吨级及以上泊位 2 001 个，其中沿海港口 1 607 个、内河港口 394 个；全国民用运输机场 193 个。2012 年全国营业性库房面积约 13 亿平方米，各种类型的物流园区 754 个。

#### 5．发展环境不断优化

“十二五”规划纲要明确提出“大力发展现代物流业”。国务院印发《物流业调整和振兴规划》，并制定出台了促进物流业健康发展的政策措施。有关部门和地方政府出台了一系列专项规划和配套措施。社会物流统计制度日趋完善，标准化工作有序推进，人才培养工作进一步加强，物流科技、学术理论研究及产学研合作不断深入。

### 1.1.2　我国物流业存在的问题

虽然我国物流业发展较快，但物流业总体上还处在传统的运输、仓储阶段，产业集中度低，物流业增长方式粗放，物流发展区域不平衡，现代化的大型物流企业少，物流企业“小、散、弱、乱”。总体而言，物流行业总体水平仍然偏低，物流行业成本高、效率低。

#### 1．我国物流业整体成本高、运行效率低

物流行业总体水平仍然偏低，物流行业成本高、效率低，直接表现是物流总费用占 GDP 比重高，2013 年全社会物流总费用与国内生产总值的比率高达 18%，高于发达国家水平 1 倍左右，也显著高于巴西、印度等发展中国家的水平。

从物流企业的角度来看，2012 年，物流企业的主营业务收入利润率为 4.72%，扣除利润相对较高的港口企业后，利润率仅为 3.71%。

我国物流成本高、效率低的原因是多方面的，不仅包括物流基础设施相对落后、燃油成本高、通行费成本高等硬性因素，也包括空驶率高、库存水平高、管理费用高等软性因素，相关统计如下。

（1）中国道路运输企业空驶率一般均在 35%以上，美国代表性企业一般在 10%左右。我国各类企业主体中汽车空驶率调查如表 1-1 所示。

表 1-1　企业汽车空驶率调查表

| 汽车空驶率 | 30%以下 | 30%～50% | 50%以上 |
|---|---|---|---|
| 生产企业 | 34.20% | 57.90% | 7.90% |
| 商贸企业 | 14.30% | 78.60% | 7.10% |
| 物流企业 | 31% | 51.70% | 17.30% |

（2）我国历年库存占当年 GDP 的 20%左右，而发达国家一般在 3%左右，过高的库存会降低资金使用效率，增加企业生产与经营成本。根据有关调查资料，2009 年我国仓

储设施资源平均利用率不足 40%，具体调查结果如表 1-2 所示。

（3）物流管理费用高。2010 年我国物流管理费用占 GDP 的比重为 2.2%，而美国、日本只有 0.4%，这反映出我国物流的体制性和机制性约束，部门分割、地区封锁的现象依然存在。

**表 1-2　企业库房利用率调查表**

| 库房利用率 | 50%以下 | 50%～85% | 85%以上 |
|---|---|---|---|
| 生产企业 | 4.20% | 46.80% | 7.90% |
| 商贸企业 | 0.00% | 50.00% | 7.10% |
| 物流企业 | 2.80% | 61.60% | 35.60% |

### 2．我国物流产业集中度低，物流企业“小、散、弱”特征突出，服务差异性小，整体效能差

（1）我国物流企业，尤其是运输、快递企业的规模小、实力弱、经营分散，物流产业中规模最大的前几位企业的有关数值（销售额、增加值、资产额等）占整个市场或行业的份额较低，物流产业的市场集中度非常低，属于微粒市场。

（2）我国绝大多数物流企业的服务方式单一，大多集中在仓储和运输上，并且大多为产品资料环节的物流，专业化程度低，物流服务内容有限，服务差异壁垒小，很多物流企业仍然处在低水平的价格竞争阶段，并且绝大多数物流企业还不能提供综合性的全程物流服务。即使是国内领先的物流企业，与跨国物流企业相比，无论是规模、品牌、赢利能力、国际市场份额，还是物流提供能力、服务创新能力、运作模式、供应链管理能力等方面均有很大差距。

### 3．物流业地域性、行业性不均衡问题突出，增长方式粗放

（1）物流业在珠三角、长三角地区率先发展，环渤海地区和中西部地区渐次得到发展。这种物流发展的地域性特点与中国地域辽阔，东、中、西部生产力发展水平差异、经济发展不平衡导致的物流需求不平衡密切相关。物流业比较发达的东部地区需要通过各种途径推动西部地区物流业的发展，合理配置物流资源，建立覆盖全国的物流网络，以满足工农业产品全国流动的需要。

（2）物流规划和布局存在地区分割、部门分割的问题。物流市场还不够规范、有序、成熟。物流可持续问题突出，公路、航空、铁路等运输方式的资源、能源、土地等消耗及排放与日益紧张的资源、能源、土地约束和严峻的生态环境形成巨大冲突。

### 4．中小微物流企业信息化意识较为淡薄，信息系统普及程度低

据不完全统计，我国目前 1 000 万家中小微企业中，实现信息化的比例仍然较低，中小微物流企业的信息化更是处于起步阶段。

首先，中小微物流企业的信息化意识淡薄。一是由于市场竞争激烈，大部分中小微物流企业仅能勉强维持生存，有限的人力、物力、财力难以投入在企业信息化方面；二是大部分物流企业在思想上从没把信息化作为发展强势的一个重要方面来认识；三是具有一定规模和实力的企业缺乏整体规划和长远发展战略，尽管已经朦胧地意识到企业物流信息化的重要性了，但对于怎么入手，怎么能更加高效、低成本地入手，却还并不熟悉。因此，在“无心无力、可有可无、朦胧未知”中，大多数中小微物流企业还是在信息化的门前徘徊。

其次，中小微物流企业存在着先进的信息技术应用较少、应用范围有限的状况。在国外物流企业得到普遍采用的条码技术、射频识别技术（Radio Frequency Identification，RFID）、全球定位系统（Global Positioning System，GPS）、地理信息系统（Geographic Information System，GIS）和电子数据交换技术（Electronic Data Interchange，EDI），在中国物流企业，尤其是中小微物流企业的应用很不理想。同时，在国外得到广泛应用的仓库管理系统、运输管理系统、自动导向车系统、货物自动跟踪系统、订单管理系统，在我国的众多中小微物流企业中也应用不多。即使在信息化水平较高的中小微物流企业中，其企业网站的功能也仍然以企业形象宣传等基础应用为主，作为电子商务平台的比例相对较小。

总体而言，我国中小微物流企业信息化意识较为淡薄，信息系统普及程度很低，不仅不利于企业提高管理水平与经济效益，同时也制约了物流供应链企业之间的高效信息交换，不利于企业之间、企业与政府之间的信息资源共享，最终导致整个物流行业处于一种相对原始的生产作业与业务合作状态，物流行业资源利用率低、信息获取成本高，与我国现代物流业的宏观发展目标存在较大差距。

#### 5. 物流链企业之间业务合作效率低、物流过程不透明

物流业的突出问题之一就是物流企业间、供应链上下游企业间、跨国物流企业间的业务合作效率低、沟通成本高，造成了物流供应链运行效率与物流服务水平的低下。具体表现在以下方面。

1）物流企业之间的业务合作效率低、沟通成本高

各类物流企业之间由于业务合作的需要，会频繁交换大量的业务单据和相关信息。例如，运输企业需要与站场、仓储型等物流企业实现信息交换，及时了解站场、库存等信息；仓储型物流企业需要与运输企业、货代企业及其他仓储企业间实现出/入库通知单、出/入库单等单据的传递；货代企业需要与船公司、集装箱运输企业、其他货代企业间实现信息交换，实现订舱报文、运输委托单据及其他业务单据的传递。而目前这些企业之间的信息传递方式主要是通过纸质单据、传真、电话、电子邮件等方式，不仅传递效率低，而且还存在传递后重新录入时产生信息出现差错的现象，导致了企业间的合作效率

低、信息沟通成本高。

2）物流供应链上下游企业之间的业务合作效率低、沟通成本高

物流供应链的协调运行需要建立在上下游企业之间高效率、高质量的信息传递与共享的基础之上。然而，目前供应链上下游信息共享存在着巨大障碍，大量数据处理工作被重复，大量内容相同的单证在各自流转，上下游之间协同作业效率较低、沟通成本高。例如，大型生产企业需要同时与几十个物流企业发生业务往来，传统方式是雇用大量的工作人员，以及配置大量的电话、传真机、计算机终端等生产设施，分别开展与各企业的业务沟通；或者采用相对高效的信息交换方式，针对每个合作企业定制开发相应的数据接口以实现系统对接，而此种方式，一方面系统建设与维护成本高、周期长，另一方面合作企业的变化也将导致系统运行维护任务日益烦琐，系统复杂性日益增加。

3）跨国物流企业之间的业务合作效率低、沟通成本高

跨国物流活动中参与的物流服务企业众多，涉及发货企业、货代、配送公司、货运场站（园区）、集卡运输公司、港口、船代、船公司、外轮理货公司、收货企业等。货主和物流公司希望从多个物流相关单位获得精确的货物状态信息、动态船期信息，从而了解货物的流转状态，以高效掌控货物进出口进程和办理相关业务。但目前实际情况是货物一旦流转到国外就难以被动态跟踪（如图 1-1 所示），跨国的物流信息服务能力远远不能满足相关企业的需要。

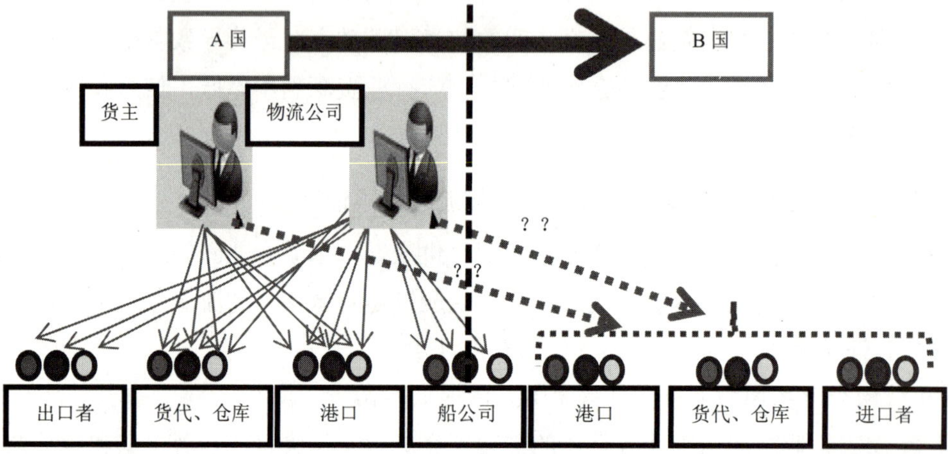


图 1-1　跨国物流存在的问题示意

可见，目前物流供应链企业间普遍存在信息分散、信息交换能力低、信息共享程度差等问题，其后果是物流企业间的业务合作以及上下游企业之间以供应链为基础的物流流程优化和物流功能整合无法开展，造成物流活动中大量的重复操作，业务合作效率低下、准确性差，应对市场需求变化的快速反应能力难以形成等，这不仅影响每个企业的物流运作效率，增加生产成本，而且也直接影响物流供应链的整体竞争能力。

### 6. 物流信息标准不统一，信息系统之间不能有效衔接

目前，我国物流标准规范研究和制定工作取得了一定成绩，但现行物流信息服务标准很少结合现代物流业的需求，虽有一定数量，但比较散乱，不能形成物流信息服务标准体系。并且由于物流及物流管理思想在我国诞生较晚，组成物流大信息系统的各个分信息系统在没有归入物流信息系统之前，已分别使用本系统的自用标准，导致了这些系统采用的基础标准，如数据元、分类和代码、单证格式等不统一，相互之间信息不能有效衔接，难以形成物流链的数据共享，从而制约了物流产业的协调运作，导致商品从原材料、生产、流通到消费等各环节难以形成完整通畅的信息链，造成了社会物流资源的巨大浪费和社会物流成本居高不下。我国物流信息标准存在的问题主要体现在以下几个方面。

（1）缺乏物流信息服务标准体系研究和整体规划。

（2）现有物流方面的标准多不适应当前物流发展的新需求，一些标准标龄长、标准老化，需要修订、整合，增强其实用性。

（3）领先标准数量少，部分急需的标准尚未制定，制定的标准没有得到有效推广。

（4）一些接口和报文格式标准没有进行严格的符合性检测，其可操作性尚未验证。

（5）标准制定周期过长，无法与技术同步，无法与行业升级步伐相适应，使标准在技术水平上落后于科技创新，落后于物流经济的发展。

### 7. 区域物流公共信息服务能力差，科学监管与规划水平弱

1）物流市场不规范，各种欺诈、失信现象较为频繁

高效的物流供应链管理离不开规范的市场环境和可靠的信用体系。然而，我国交通运输物流业虽然总体规模大，但物流运输市场不规范，各种欺诈、失信现象仍较为频繁。具体表现在物流运输市场中骗中介费、骗货物、“飞货”现象层出不穷，成为物流供应链中的短板。

究其原因，一方面，物流供应链上下游客户对物流运输组织方不信任，物流运输组织方对个体运输户不信任，使得物流运输市场交易成本增加，物流运输效率低下，难以实现供应链管理整体效率和效益的优化；货主企业往往出于对物流服务的不信任而采取自营物流，从而导致物流效率低下和物流服务的市场需求不足，违背了现代物流业的发展理念。另一方面，物流运输市场秩序的混乱、诚信缺失加大了规范经营、诚实守信的物流企业的经营成本，导致这些企业不得不通过压价、超载等非常规方式，去获取利润相对偏低的物流运输业务，进而破坏了公平原则，进一步恶化竞争机制。

可见，物流需求的相对不足和物流企业低水平的恶性竞争，使得市场不规范程度加剧，诚信体系难以形成，造成整体市场机制的扭曲，无形中形成“逆向淘汰机制”。

2）物流行业统计数据难以支撑行业科学发展

及时、准确、全面的物流行业统计数据是物流业健康发展的生命力，是行业主管部门制定科学合理的政策与规划，引导行业健康发展的前提，也是物流供应链各类企业科学制定企业发展战略的前提。目前，物流行业统计数据的采集仍采用物流企业抽样调查、行业协会填报等方式，甚至连物流企业分类与规模、物流基础设施分布、货物流量流向、物流基地吞吐量等表征行业发展态势的基本指标都难以及时、准确地掌握，基于现有的公开统计数据所做的趋势预测可靠性差，已难以满足政府与企业的数据需求。

**8．功能性物流公共信息平台众多，服务模式不成熟**

1）物流公共信息平台众多，提供各类功能性服务

目前，国内的物流公共信息平台往往服务于某个特定企业、某个特定区域（港口、物流园区、城市）、某个特定供应链、某个特定物流联盟、某个特定行业，或者某项特定物流功能（如道路货运、仓储、配送）。但这些物流公共信息平台均是属于功能性质的，从更大范围来说，终究还是一个“信息孤岛”，只是一个比单纯某个物流企业的物流信息系统更大的“信息孤岛”而已。

2）服务模式不成熟，发展难以持续

近年来，物流公共信息平台开始快速建设，数量也越来越多，但无论是企业主导投资的赢利性物流公共信息平台，还是政府主导投资的公益性物流公共信息平台，都尚未形成成熟的商业模式，从而影响了物流公共信息平台的可持续发展。

## 1.2 智能物流

进入 21 世纪后，随着经济全球化及供应链的纵深化发展，现代物流的智能化和集成化趋势日显突出。

就智能化发展趋势而言，一方面现代物流中存在越来越多的运筹与决策，而且由于外部环境复杂多变，从而致使这些运筹与决策的内容也日趋复杂，这些问题的解决单是依靠物流管理者的知识是远远不够的，因此，需要采用智能化技术将管理者的经验和专家的知识相结合，将定性分析与定量分析相结合，为管理者提供高质量的决策支持。另一方面现代物流离不开自动化的物流设施与装备。在当今瞬息万变的市场环境下，哪个企业能够以最快的速度对市场变化做出反应，它就会赢得先机。而物流作为贯穿商品从生产到销售整个过程的重要活动，其效率和速度直接影响了企业的市场反应速度，因此，企业对物流速度的要求也越来越高。而物流设备的智能化是提高物流速度的重要手段，通过将智能控制技术、计算机视觉等人工智能技术引入物流设备，可以使这些设备能够在某些方面部分地代替人的脑力活动，能够像人一样具有解决某些特定问题的能力，从而加快物流的效率和速度。可以说，智能化是物流设备的未来发展方向。

就集成化发展趋势而言，物流不是一个孤立的系统，它是商品整个价值链上的重要一环，因此，与其他相关系统会时时发生相互作用，尤其在供应链环境下，物流成为连接供应链内各主体的最重要桥梁，供应链只有将各种功能有机地集成在一起才可能实现信息的共享，而各主体之间的信息共享可以说是影响供应链成败的一个决定性因素。因此，一方面就物流系统内部而言，在技术工具层次上，需要进行物流自动化装备、数据采集、转换系统与智能终端系统的集成，而在物流管理层次上，需要将运输管理系统、仓储管理系统、配送分销管理系统等物流系统自身的各项功能进行集成，从而为供应链管理层次上的信息共享提供基础。另一方面在供应链管理的层次上，又要将物流系统同其他系统集成，共同构成供应链级的管理信息平台，使供应链中各主体能够及时准确地获取物流方面的信息，为供应链的最优决策提供基础。

智能物流是现代物流沿着智能化和集成化方向发展的必然结果，它综合运用现代物流技术、信息技术、自动化技术、系统集成技术及人工智能技术，以集成和优化为手段，将物流信息、物流活动、物流制品、物流资源及物流规范有机地集成并优化运行，能够有效地提高企业的市场应变能力和竞争能力，为客户提供方便、快捷、及时、准确的服务。

### 1.2.1　智能物流系统

物流是智能运输系统（Intelligent Transportation System，ITS）的一个重要应用领域，如 ITS 中的商用车辆运营系统（CVOS）即是服务于物流企业的。受 ITS 的启发，针对物流实时追踪等实际需求，国内一些学者提出了智能物流系统的概念。申金升在 2001 年最早明确提出了智能物流系统的概念，认为“智能物流系统是一个在智能运输系统的基础上，电子商务化运作的物流服务体系。它通过 ITS 系统解决物流作业的实时信息采集，并对采集的信息进行分析和处理，通过在各个物流环节中的信息传输，为货主提供详尽的信息和咨询；在电子商务的运营环境下，为客户提供增值性的物流服务。”

闻学伟也对智能物流系统进行了研究，认为智能物流系统是指“利用系统集成技术，使物流系统能模仿人的智能，具有思考、感知、学习、推理判断和自行解决物流经营问题的能力，从而使物流系统高效、安全地处理复杂问题，为客户提供方便、快捷的服务”。

周立新将智能运输技术与物流管理相结合，利用移动信息技术、车辆定位技术、车辆识别技术、通信与网络技术等智能运输技术为物流活动提供交通运输信息。提出了智能物流运输系统，并结合物流任务特点，构筑了智能物流运输系统框架。

黄向东认为智能集装物流系统就是通过智能运输系统服务收集监管信息，按照专家的方式去处理这些信息，向调度人员随时提供最新的货运需求、运输车辆和交通状况数据，从而实现货运物流的集装化与智能化。

赵立权认为智能物流是指货物从供应者向需求者的智能移动过程，包括智能运输、智能仓储、智能配送、智能包装、智能装卸，以及智能信息的获取、加工和处理等多项基本活动，为供方提供最大化的利润，为需方提供最佳的服务，同时也应消耗最少的自然资源和社会资源，最大限度地保护好生态环境，从而形成完备的智能社会物流管理体系。

刘志硕在汲取前人观点的基础上，对智能物流系统的概念、内涵及特点进行了系统深入研究。

### 1．物流系统的构成要素

物流制品、物流资源、物流活动、物流信息和物流规范是物流系统的五大构成要素。其中，物流制品是指物流系统的劳动对象，是物流概念中的“物质资料”或“物质实体”，主要包括成品、半成品、原材料、零部件、废弃物等。物流资源是指物流系统中的物质和能量的投入，主要有物流设施（运输线路、仓库、配送中心）、物流设备（存货设备、分拣设备、包装设备、信息设备、车载设备、加工设备等）、物流工具（交通工具、装卸工具、搬运工具、信息工具、办公设备等）、消耗材料（燃料、电力、保护材料等）、人力资源（司机、装卸工人、物流管理人员、物流专家、物流工程师等）、资金等。物流活动是指实现物流功能的各项活动，如运输、仓储、保管、包装、流通加工、配送、物流管理等。物流信息是指物流系统外部输入的及系统内部伴随物流活动而产生的各种信息，是联系系统各要素的纽带，从而促进系统各要素构成一个有机整体。随着社会经济的发展，物流信息无论是在整个社会经济信息系统中还是在物流系统本身中都占有越来越重要的位置。物流规范是指物流系统的支撑体系，如体制、制度、政策、法规、行政、标准等，是保证物流系统正常运转不可或缺的要素。

### 2．智能物流系统的概念

“智能”可以定义为在智能物流系统中针对特定目的和物流活动，有效地获取、传递、处理和利用信息，从而成功地达到系统目标的能力。

智能物流系统（Intelligent Logistics System，ILS）是指以信息运动为主线，综合运用现代物流技术、信息技术、自动化技术、系统集成技术，特别是人工智能技术，通过信息集成、物流全过程优化及资源优化，将物流信息、物流活动、物流制品、物流资源及物流规范有机集成并优化运行的实时、高效、合理的物流服务体系。它能够有效地提高企业的市场应变能力和竞争能力，为客户提供方便、快捷、及时、准确的服务。

### 3．智能物流系统的内涵

#### 1）以信息运动为主线

信息是智能物流系统的核心要素，智能物流系统的一个重要目标就是比以往在更广泛的形式和更深入的层次上将信息技术、智能技术等大范围、全方位地运用到物流系统中，以提高信息的获取、传递、处理及利用能力。它不仅可以为供应商、客户及合作伙伴提供一般的物流服务，还可以提供一些增值性服务，如物流全过程追踪、物流规划、市场预测等，从而满足供应链、电子商务及经济全球化的要求。

2）以满足客户需求为目的

智能物流系统通过电子化运作能够方便、快速、及时、准确地为客户提供服务，以满足客户的需求为中心，而不是以获利为中心。并且在满足客户需求的前提下，通过对物流运作和管理过程的优化，尽量减少物流系统的总成本。系统实施和运行的总体效果就是能够使得物流各项资源（基础设施、物流设备、人力资源等）发挥出最大效能，提高企业的市场应变能力和竞争能力，为客户提供方便、快捷、及时、准确的服务。

3）以集成和优化为手段

智能物流系统的实现离不开各种先进信息技术、智能技术的支持，但仅将这些技术在物流系统中进行简单应用是远远不够的，而是应该将这些技术同管理技术、物流技术有机结合起来，在系统工程的原理和方法的指导下综合应用于物流的各个环节。通过信息集成、物流全过程优化及资源整合，实现物流、信息流、价值流的集成和优化运行，达到物流信息、物流活动、物流制品、物流资源及物流规范等要素的集成，从而提高企业的市场应变能力和竞争能力。

4）实质是一个复杂的人机大系统

智能物流系统在不同的领域、不同的应用背景中，甚至在和不同的现代物流技术如快速反应（Quick Response，QR）、准时制生产方式（Just In Time，JIT）等结合时，其表现形式均会有所不同，但其实质上是现代物流在信息化的基础上发展到了一个更高阶段，即智能化阶段，是现代物流沿着智能化、集成化不断发展而最终形成的一个复杂人机大系统。而对于这种复杂的人机大系统的研究和实践应以系统工程思想为指导，充分考虑系统中物、事、人三者之间的关系，遵循“以人为主，人机结合”的原则，注重专家群体的合作工作，发挥专家群体综合研究的优势，尽可能将定性与定量相结合，采用适用可行的方法与模型，以实现系统的综合集成。

### 1.2.2　智能物流系统的系统特点

智能物流系统具有一般系统所共有的特点，具有整体性、相关性、目的性、环境适应性，同时还具有规模庞大、结构复杂、目标众多等大系统所具有的特征。

#### 1. 时空跨度大

在现代经济社会中，企业间物流经常会跨越不同地域，国际物流的地域跨度更大。ILS 通常采用储存的方式解决产需之间的时间矛盾，其时间跨度往往也很大。ILS 的跨度越大其管理难度越大，对信息的依赖程度也越高。

2. 层次性

智能物流系统的层次性体现在系统层次性和智能层次性两个方面。就系统层次性而言，无论规模多大的智能物流系统，都可以分解成若干个相互联系的子系统，并且同时又是上一层更高级系统（社会经济系统）的子系统。这些子系统的多少和层次的阶数，是随着人们对智能物流系统的认识和研究的深入而不断深入、不断扩充的。系统与子系统之间、子系统与子系统之间，存在着时间和空间上及资源利用方面的联系，也存在总目标、总费用及总运行结果等方面的相互联系。一般地，可以将智能物流系统分解成智能运输子系统、智能储存子系统、智能装卸搬运子系统、智能包装子系统、智能配送子系统、智能流通加工子系统及智能物流信息子系统七大子系统。这些子系统又可以进一步细分成子子系统，如智能物流信息子系统可以进一步分解为智能物流订单信息子系统、智能运输信息子系统等。智能物流系统的系统层次如图 1-2 所示。

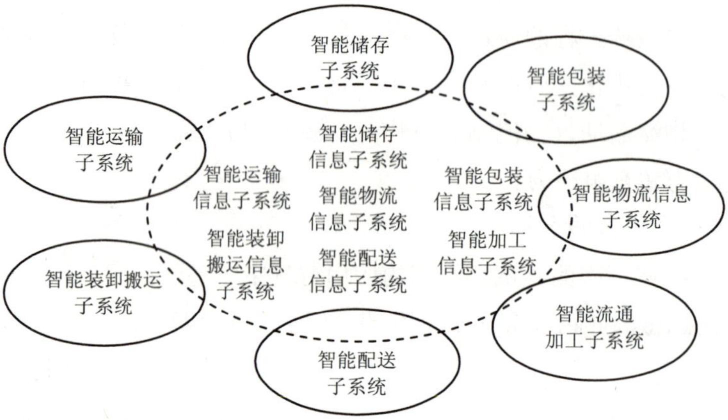


图 1-2 智能物流系统的系统层次

不同的物流领域及不同的问题复杂程度均会使智能物流系统表现出不同的复杂性，这就需要采用不同的信息技术和智能技术进行处理，从而使得系统的信息获取、传递、处理及利用能力有所不同，因而使智能物流系统（ILS）的智能化水平表现出一定的层次性。将智能运输系统（ITS）分为低级、中级及高级 3 个层次，显然层次越高，系统的智能化水平越高，问题处理的能力也越强。智能化水平的升高主要表现在计算方式由数值计算转向符号计算，处理的内容由数值、数据转向知识，而处理的问题由良性结构转向非良性结构。智能物流系统的智能层次如图 1-3 所示。

一般地，生产物流、销售物流、供应物流、回收物流及废弃物流等各类物流领域中的智能物流系统均具有上述系统层次和智能层次特征。

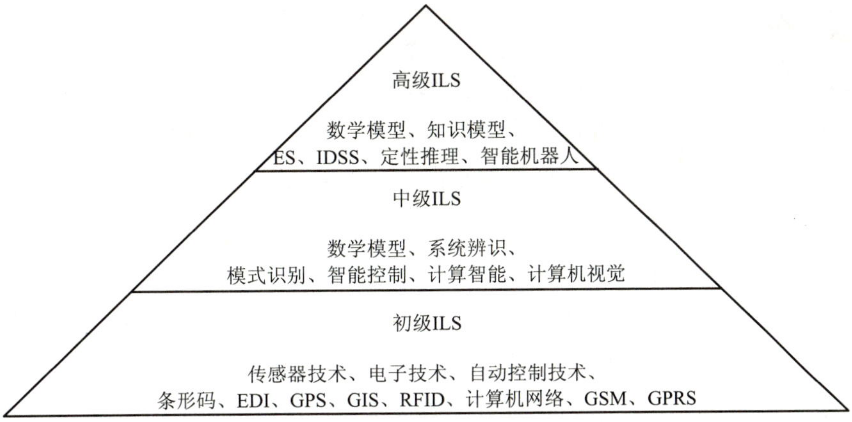


图 1-3　智能物流系统的智能层次

#### 3．动态性

智能物流系统一般联系多个生产企业和用户，需求、供应、渠道、价格不断变化使得智能物流系统受社会生产和社会需求的广泛制约，所以智能物流系统必须是具有环境适应能力的动态系统。为适应经常变化的社会环境，智能物流系统必须是灵活、可变的。当社会环境发生较大的变化时，智能物流系统甚至需要进行重新设计。

#### 4．复杂性

智能物流系统的运行对象——“物”，可以是能够移动的全部社会物资资料，物资资料的多样性带来了智能物流系统的复杂化。物资资料品种成千上万，从事物流活动的人员队伍庞大，智能物流系统内的物资占用大量的流动资金，物流网点遍及城乡各地。这些人力、物力、财力资源的组织和合理利用，是一个非常复杂的问题。此外，物流活动的全过程伴随着大量的物流信息，智能物流系统需要通过这些信息把各个子系统有机地联系起来，而收集、处理物流信息，并使之指导物流活动，也是一项复杂的工作。

#### 5．多目标性

智能物流系统的最终目标是实现其经济效益，但智能物流系统要素间存在非常强烈的“效益悖反”现象，要同时实现物流时间最短、服务质量最佳、物流成本最低这几个目标几乎是不可能的。而智能物流系统又恰恰要在这些矛盾中运行，并尽可能满足人们的要求。

### 1.2.3　智能物流系统的现代特点

智能物流系统除具备物流系统的一般特征外，还具备以下几点现代特征。

### 1. 智能化

智能化是智能物流系统的核心特征，是区别智能物流系统与其他物流系统的主要标志。它实质上是物流信息化和自动化的高级形态。具体地，智能物流系统的智能化主要体现在物流作业的智能化和物流管理的智能化两个方面。在物流作业活动中，通过采用智能化技术，如智能控制技术、计算机视觉等，使机器（如自动分拣设备、自动引导车、智能机器人等）能够部分或全部代替人的工作和决策，从而有效地提高物流作业的效率和安全性，减少物流作业的差错。物流管理的智能化主要体现在智能化地获取、传递、处理与利用信息和知识，从而为物流决策服务。由于物流系统的复杂性，现代物流中存在越来越多的运筹与决策，如市场预测、库存决策、运输调度、仓库选址等，因此需要运用智能技术解决这些问题。这方面的技术主要有智能感测技术（获取）、智能通信技术（传递）、智能计算机技术（处理）、计算智能技术（计算）、智能决策支持系统、专家系统、数据挖掘、数据仓库等。并且，相对物流作业智能化来说，物流管理智能化是智能物流系统的主要内容，占有更加重要的地位。

### 2. 集成化

智能物流系统具有明显的集成化特征。例如，先进的信息技术、智能技术等技术与物流管理技术的集成；各物流业务系统如运输管理系统、仓储管理系统等的集成；供应链环境下各企业信息系统的集成等。通过应用集成技术，可以将物流系统各种功能及不同的信息系统有机地集成在一起，解决企业内部及企业之间各个信息孤岛的软件和硬件的异地和异构问题，实现企业内部乃至整个供应链的信息共享，从而使企业或供应链在较短的时间里做出高质量的经营决策，有效地缩短交货期、降低成本，提高企业乃至整个供应链的竞争能力，具体地，智能物流系统的集成可以分为以下几个层次。

1）物流微观集成

在技术工具层次上，重点进行物流自动化装备、数据采集、转换系统与智能终端系统的集成。使得物流的基本作业进程一步到位，完成最优处理、自动化运行与数据采集传输等功能，减少工作量并提高工作效率，为更高层次的集成应用提供基础支持。

2）物流自身集成

在实体与业务层次上，集成运输管理系统、仓储管理系统、配送分销管理系统与物流跟踪系统，使之统一运作，全部归属到供应链管理的公共信息平台上优化处理。

3）物流宏观集成

在供应链管理层次上，集成信息平台、可视化处理、决策制定与计划优化、实时监控与快速反应，以及协同管理与虚拟等功能，提升物流服务的整体效率。

在以上层次中，越高层次的集成，其系统复杂程度越高，带来的效益往往也就越大。

#### 3. 网络化

物流的目的是实现物质资料的物理性移动，随着信息时代的到来，人们对商品的需求越来越个性化，配送的地域越发分散，这就要求建立网络化的物流与配送网点。企业根据自身的营销范围和目标，首先以地区性或区域性物流集散及配送网络为基础，通过业务的拓展和企业间的联合，逐渐建立全国范围内的物流和配送网络，提高智能物流系统的服务质量和配送速度。此外，智能物流系统的网络化还包括计算机通信网络，该网络是连接企业与供应商、客户、合作伙伴及企业内部各部门之间的信息信道。

#### 4. 柔性化

智能物流系统不仅能够对市场进行快速反应，还能够根据客户“多品种、小批量、多批次、短周期”的需求特色，灵活组织和实施物流作业，它是适应生产、流通与消费的需求而发展起来的一种新型物流模式。

## 1.3　智慧物流

智慧物流是物联网、云计算、大数据等新一代信息技术深化应用背景下的智能物流，是智能物流发展到达的一个更高级的阶段。

### 1.3.1　智慧物流的产生

物联网被称为继计算机、互联网之后，世界信息产业的第三次浪潮。

2005 年，在突尼斯举行的信息社会世界峰会（World Summit on the Information Society，WSIS）上，国际电信联盟（International Telecommunication Union，ITU）发布了《互联网报告 2005：物联网》一文，正式提出了物联网的概念。射频识别技术（RFID）、传感器技术将是其中的关键技术。

2008 年年底 IBM CEO 彭明盛在物联网概念的基础上，首次抛出“智慧的地球”这一概念。2009 年 2 月 24 日，IBM 中国公司在北京发布了“智慧的地球”战略，通过将下一代 IT 技术应用在各行各业中，以应对经济危机、能源危机、环境恶化，从而打造一个“智慧的地球”。其战略的主要内容为：IT 产业下一阶段的任务是把新一代 IT 技术充分运用到各行各业之中，即把感应器潜入和装备到电网、铁路、桥梁、隧道、公路、建筑、供水系统、大坝、油气管道等各种物体中，并且被普遍连接，形成所谓的“物联网”。并通过超级计算机和“云计算”将“物联网”整合起来，实现人类社会与物理系统的整合。在此基础上，人类可以以更加精细和动态的方式管理生产和生活，从而达到“智慧”状态。为了实施这一全新的战略，IBM 已经推出了各种“智慧”的解决方案，如智慧的医疗、智慧的电网、智慧的油田、智慧的城市、智慧的企业等。美国政府将“智慧地球”

当作经济振兴计划的一个核心环节，奥巴马提出这是“美国在21世纪保持和夺回竞争优势的方式”之一。

2009年物联网热潮席卷全球，在此背景下，许多学者探讨了物联网在物流领域的应用，再一次掀起了智能物流的研究热潮。在发表的诸多学术论文中，有的学者沿用了“智能物流”这个术语，而有的学者则使用 “智慧物流”这个新语术。

### 1.3.2　智慧物流产生的必然性

智慧物流是社会经济发展的必然要求，同时科学技术的进步又为其实现提供了现实基础。

#### 1．供应链发展的要求

随着全球经济一体化进程的加快和市场竞争激烈程度的加剧，现代企业面临的形势已发生巨大变化。在激烈的市场竞争中，企业更直接地感受到来自多方面的压力，如全球市场的激烈竞争、品种的多样化、产品周期的缩短及客户要求的提高，企业深知依靠自身力量与对手竞争已经不能满足客户需求。随着企业与企业之间依赖性的不断加深，它们必须与所在供应链上的企业进行合作，通过信息共享实现优势互补，降低总成本等措施增强供应链的竞争力。市场竞争的实质已经发生了巨大变化，正如英国著名经济学家克里斯多夫所说：“真正的竞争不是企业与企业之间的竞争，而是供应链与供应链之间的竞争。”

供应链是由许多具有不同功能的节点企业构成的网链，每个节点都要实现特定的功能，这些业务实体负责完成从原材料的订购到产品生产，再将产品运送到最终用户手中。这个过程包含了物流、资金流和信息流的流动，横跨不同的企业和区域。在供应链竞争环境下，供应链参与方之间由过去单纯的竞争关系转变为既竞争又合作的联盟伙伴关系。因此，建立成员企业之间的紧密合作对于提升供应链整体竞争力尤为重要。而物流是连接供应链内各个主体的最重要桥梁，是供应链活动的主要内容，因此供应链成员企业之间的紧密合作离不开物流信息的共享与可视化。例如 JIT，为实现“零库存”，需要供应商及时准确交货，并且要求供应商能够对订货的变化做出快速反应，实现和生产商的信息共享；要求高效率、低成本的物流运输装卸方式；生产商能够和零售商进行信息共享，提高市场预测的准确程度。JIT不仅要求整条供应链的物流系统的信息获取和传递具有比较高的实时性，而且还要求对信息进行快速处理以便及时为供应链管理者提供辅助决策支持，如市场预测、运输优化、库存控制等，而这些功能依靠传统的物流系统是无法实现的。

通过引入智能物流，应用信息技术、智能技术及系统集成技术，一方面可以大大提高供应链各成员企业之间信息的共享性、可视性，另一方面也为信息处理提供了新的解决方案，提高供应链决策的科学水平和效率。

### 2. 电子商务发展的要求

近年来，我国电子商务发展迅猛，以淘宝网每年“双十一”的销售额为例，从 2009 年到 2012 年淘宝商城的销售额分别是 5 000 多万元、9.36 亿元、33.6 亿元、超过 120 亿元，可以预见在不久的将来，网络销售额将有更惊人的数据出现。销售额逐年再创新高说明淘宝网资金流、信息流效率的惊人，然而需与之相匹配的物流目前却不太理想。在节假日促销期间，由于第三方物流公司规模小，管理体制不规范，设施设备投入不足，很多家物流公司爆仓、系统瘫痪，物流已经成为电子商务飞速发展的障碍。

电子商务的发展带来了巨大的物流需求，同时也给物流企业提出了新的要求，如能够及时、准确进行物流信息的获取和传递，为客户提供实时的货物和订单状态信息，对订单进行及时准确的处理，对运输车辆进行实时优化调度，准确预测货物的销售，优化库存，对供应商进行优化选择等。并且随着电子商务的不断发展，其对物流的要求将会越来越高。而要满足这些要求，实现电子商务的高效运转，一个高效、畅通、智能化的物流系统是必不可少的。

### 3. 我国现实国情的要求

一方面，由于物流产业在国民经济中的基础作用，物流信息化已成为我国信息化战略的重要内容。然而，国外物流信息化已发展了半个多世纪，信息化水平目前已发展到相当高的程度，如果我们仍旧按照它们的轨迹去发展我国物流产业的话，我国与发达国家之间在物流领域的“数字鸿沟”不仅不会缩小，反而会日益加大，入世后我国物流企业同国外企业竞争中依旧毫无任何优势可言。因此我们可以充分利用后发优势，从更高的层次着手发展现代物流，利用信息化技术和智能化技术改造传统物流产业，以实现我国传统物流产业的跨越式发展，在未来的国际竞争中立于不败之地。

另一方面，我国传统物流产业走的是一条物质和能量高投入、高消耗的路。显然，在可持续发展的今天，这种发展模式越来越不能适应社会经济对物流产业的要求。因此寻求避免物质和能量的高投入高消耗，充分利用和挖掘现有基础设施的物流能力，满足社会日益复杂的物流要求，实现物流产业可持续发展的有效途径是我国物流领域目前所面临的一个重要问题。智能物流无疑是解决这一问题的有效途径，它通过提高物流经营管理的决策水平及物流作业的自动化水平，能够在很大程度上合理配置资源，提高物流效率和服务水平，节约大量的物流成本，产生巨大的社会经济效益。

### 4. 物流自身发展的内在要求

任何事物发展都有其内在的规律性，都是从简单向复杂、从低级向高级螺旋上升的过程。物流的发展也不例外，经历了由简单的静态储存物流、储运物流向复杂的一体化物流、供应链物流、电子物流的发展过程，物流信息化则经历了由简单粗放型、计算机简单应用型向信息管理系统化、整体化发展过程。物流智能化是物流的信息化和自动化的高级形态。随着全球经济一体化和知识经济时代的来临，现代物流所面临的问题日趋复杂，外界环境的不确定性程度越来越高，简单的信息化和自动化将越来越不能适应这些要求，因此需要发展具有解决复杂问题能力的智能物流系统，以有效地解决这些问题，可以说物流智能化是物流发展的必然产物。

#### 5. 智慧物流是智慧地球的重要组成部分

随着“智慧地球”概念的提出，物联网应用也深入到各行各业，形成了垂直产业链，包括“智能电网、智能交通、智慧物流、智能工业、智能农业、智能安防、智能医疗、智能环保、智能家居”等。其中，物流业就是最早接触物联网的行业之一，也是最早应用物联网技术，实现物流作业智能化、网络化和自动化的行业。智能物流供应链标志着信息化在整合网络和管控流程中进入了一个动态、实时进行选择和控制的管理新阶段。

#### 6. 物联网等技术在物流行业应用的产物

近年来，物联网、移动通信、云计算、大数据等先进信息技术及人工智能技术得到了迅猛发展，人们不断将这些技术应用于物流领域，开发了许多智慧物流应用产品。智慧物流是物联网等先进技术在物流领域应用所带来的必然产物。

### 1.3.3 智慧物流的概念

国内最早关于“智慧物流”的定义，是由中国物流技术协会信息中心联合几家单位于 2009 年 12 月提出的，其指出智慧物流是利用集成智能化技术，使物流系统能模仿人的智能，具有思维、感知、学习、推理判断和自行解决物流中的某些问题的能力，它包含了智能运输、智能仓储、智能配送、智能包装、智能装卸，以及智能信息的获取、加工和处理等多项基本活动。

李书芳认为智慧物流是基于物联网的广泛应用基础上，利用先进的信息采集、信息处理、信息流通和信息管理技术，完成包括运输、仓储、配送、包装、装卸等多项基本活动的货物从供应者向需求者移动的整个过程，为供方提供最大化利润，为需方提供最佳服务，同时消耗最少的自然资源和社会资源，最大限度地保护好生态环境的整体智能社会物流管理体系。

汪鸣认为智慧物流是指在物流业领域广泛应用信息化技术、物联网技术、智能技术和匹配的管理和服务技术基础上，使物流业具有整体智能特征和服务对象之间具有紧密智能联系的发展状态。

贺盛瑜从管理视角出发，认为智慧物流是物流企业通过运用现代信息技术，实现对货物流程的控制，从而降低成本、提高效益的管理活动。

王阳则从资源和成本视角出发，认为智慧物流是把所有的物流企业物流信息汇总到一个平台上，进行集中分析，对运输车辆进行科学排序，合理调度使用，从而减少空载率，降低物流成本，提高物流效益的管理活动。

邵广利认为智慧物流是将物联网、传感网与互联网整合，运用于物流领域，实现物流与物理系统的整合网络。在这个整合的网络当中，存在能力超级强大的中心计算机群，能够对整合网络内的人员、机器、设备和基础设施实施实时的管理和控制。在此基础上，人类可以以更加精细和动态的方式管理物流活动，使得物流系统智能化、网络化和自动化，从而提高资源利用率，使生产力水平达到“智慧”状态。

胥军认为智能物流是基于互联网、物联网技术的深化应用，利用先进的信息采集、信息处理、信息流通、信息管理、智能分析技术，智能化地完成运输、仓储、配送、包装、装卸等多项环节，并能实时反馈流动状态，强化流动监控，使货物能够快速高效地从供应者送达给需求者，从而为供应方提供最大化利润，为需求方提供最快捷服务，大大降低自然资源和社会资源的消耗，最大限度地保护好自然生态环境。

在物联网背景下，戴定一发表了一系列文章探讨物联网与智慧物流。认为“智能=信息化+自动化”，后又认为基于网络的集中式数据处理和服务中心（数据中心）是物联网时代智能化的主要特征。认为开放式、动态化和信息的集中管理是物联网时代物流信息化的重要趋势。认为物联网在物流的应用驱动可以概括为“物联网促进物流智能化”，包含三个基本要点：一是如何部署更加广泛、及时、准确的信息采集技术，如身份识别 RFID、各类传感器、地理定位系统、视频采集系统等；二是如何把这些信息实现互联互通，既满足专用的要求，也能实现方便的开放和共享；三是信息如何管理、加工、应用，解决各种现实问题，把虚拟世界的信息转化到实体世界的应用中来，也就是进入“智慧地球的时代”。在物流领域来看，物联网只是技术手段，目标是物流的智能化。认为智慧物流是物流信息化的高级阶段，物联网时代的智慧物流就是通过新技术实现更多信息的采集、更多资源的管控、更优化的流程，就是更加依赖信息资源来创造更多价值，实现发展方式的转变。

章合杰认为智慧物流是一种以信息技术为支撑，在物流的运输、仓储、包装、装卸搬运、流通加工、配送、信息服务等环节实现系统感知、全面分析、及时处理及自我调整功能，实现物流规整智慧、发现智慧、创新智慧和系统智慧的现代综合性物流系统。

胡安安认为智慧物流是以先进信息技术提升整个物流产业的基础设施、业务运营、管理决策和配套资源，通过物流各环节、各企业的无缝集成实现物流全过程链可自动感知识别、可跟踪溯源、可实时应对、可智能优化决策，通过技术、应用和管理方法的高度融合，实现低成本、高效率、优质服务、节能环保等多元化发展目标的现代物流管理模式。

IBM 中国研究院认为智慧物流总体来说就是通过对整个物流过程的细化、拆解、分析，最大限度地优化各个环节，提出最优的解决方案。

李芏巍认为智慧物流是将互联网与新一代信息技术应用于物流业中，实现物流的自动化、可视化、可控化、智能化、信息化、网络化，从而提高资源利用率的服务模式和提高生产力水平的创新形态。

王之泰在李芏巍的基础上，增加了管理的内涵，减少了对结果的论述，认为智慧物流是将互联网与新一代信息技术和现代管理应用于物流业，实现物流的自动化、可视化、可控化、智能化、信息化、网络化的创新形态。

本书认为，智慧物流是物联网、云计算、大数据技术环境下的智能物流，是智能物流系统发展到达的一个更高级的阶段。

在此认识下，编者以智能物流系统的概念为基础，给出智慧物流系统的定义：

智慧物流系统是指在物联网与大数据环境下，以信息运动为主线，综合运用先进的现代物流技术、信息技术、自动化技术、系统集成技术，特别是人工智能技术，通过全面感知、信息集成、大数据处理，将物流信息、物流活动、物流制品、物流资源及物流规范有机整合并优化运行的实时、高效、绿色的物流服务体系。它能够有效地提高企业的市场应变能力和竞争能力，为客户提供方便、快捷、及时、准确的服务。

## 1.3.4　智慧物流系统的结构

智慧物流系统是智能物流系统的一种高级形态，其结构与智能物流系统的结构基本类似。由于物联网、云计算、大数据等先进信息技术的发展带来了智慧物流，所以，站在信息采集、信息传递、信息处理、信息利用的角度，参考物联网的结构，智慧物流系统的结构如图 1-4 所示。

智能的网络也称为“神经网”，可分为功能简单的“末梢”、功能复杂的“中枢”和连接两端的网络三部分。末梢相当于传感器、RFID 等采集信息的网络，“中枢”相当于集中式数据处理和服务的中心，把采集的信息经过复杂的深加工，再反馈到系统的各部分，做出协调、优化的应对措施，这是基于网络的智能发展趋势。这样的智能不同于“傻瓜相机”式的独立智能解决方案，而一定要基于网络和集中的数据处理和服务中心（以下简称数据中心），这应该是物联网时代的智能化最重要的特征。

### 1. 感知层

感知层是智慧物流系统的“神经末梢”。通过 RFID、条形码识别货物、托盘、集装箱及运输车辆的身份，通过传感器采集温度、湿度等环境信息，通过车载终端及 OBD 采集车辆的位置、车况信息，通过视频采集仓库、道路、闸口、车辆的动态图像信息。这些数据通过信息网络传递给信息处理与应用系统。

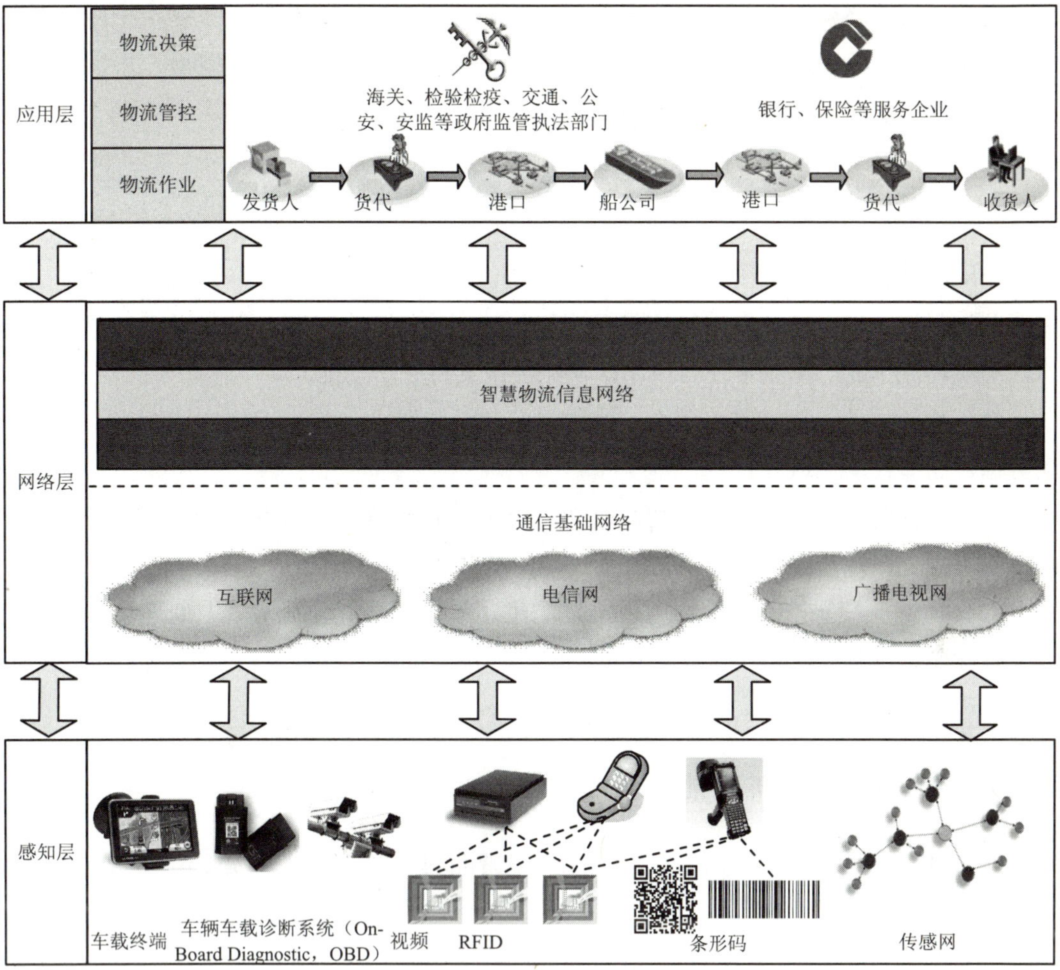


图 1-4　智慧物流系统的结构

## 2. 网络层

网络层用于连接智慧物流系统的“神经末梢”与“神经中枢”，并实现多个“神经中枢”之间的交互。智慧物流离不开通信基础网络的支撑。通信基础网络由 Internet、电信网络、广播电视网络所组成，即 3G，它主要解决的是文字、语音、图像、视频等信息传递的问题。以互联网为例，它解决的是一个基本的通信通道问题，只要符合其通信标准，就可以传递文字、图像、视频、语音，但其对所传递的信息内容没有要求，没有标准。可以使用通信基础网络实现感知层数据向应用层的信息处理应用系统传递。

然而，对于物流行业许多应用信息系统而言，需要进行业务信息的传递和交换，以开展业务往来。如果直接通过通信基础网络进行信息的交换，其成本高、效率低，并且难以解决一些跨部门、跨行业的信息交换与整合需求。

这时，就须建立专门的智慧物流信息网络，以实现应用信息系统之间的业务信息传递和交换。该网络建立在互联网等通信网络的基础之上，针对各种业务制定相应的业务信息交换标准，规范所交换的信息内容，应用信息系统接入该信息网络后，可以实现与其他应用信息系统之间的信息传递与交换，即智慧物流信息网络主要用于实现“神经中枢”之间的信息交换。

#### 3. 应用层

应用层是智慧物流系统的“神经中枢”。物流信息处理与应用系统通过获取感知层的物流动态数据，以及通过智慧物流信息网络与其他物流信息处理与应用系统之间互联互通，实现物流作业、物流管理与控制、物流决策支持 3 个功能。

（1）物流作业：通过物流感知，实现物流自动化作业，如自动化立体仓库、货物自动分拣、仓库自动通风等。

（2）物流管理与控制：通过物流感知，以及与其他信息应用系统之间的互联，实现物流的可视化跟踪与预警，实现物流全过程的有效管控。

（3）物流决策支持：通过数据的集聚，建立数据中心，运用大数据处理技术，对物流进行优化、预测、诊断、评价、分类、聚类、影响分析、关联规则分析、回归分析等，为物流运营提供决策支持。

### 1.3.5 智慧物流系统的智能机理

从信息的智能获取、智能传递、智能处理、智能利用来分析智慧物流系统的智能机理。

#### 1. 智能获取

智能获取技术主要有条形码技术、传感器技术、射频识别技术、卫星定位技术（GPS、北斗）、视频技术、图像识别技术、文字识别技术、语音识别技术、机器人视觉技术等，这些技术目前已在智慧物流系统中得到广泛应用。智能获取技术能够使物流从被动走向主动，实现物流过程中的主动获取信息，主动监控车辆与货物，主动分析信息，使商品从源头开始被实施跟踪与管理，实现信息流快于实物流。

#### 2. 智能传递

智能传递技术应用于企业内部、外部的数据传递功能。智慧物流的发展趋势是实现整个供应链管理的一体化、柔性化，这离不开数据的交换与传递。智慧物流系统的智能传递技术主要体现在通信基础网络、智慧物流信息网络两个方面。通信基础网络的智能传递技术主要是智能网技术、智能化网络管理与控制技术及智能网络信息搜索技术等智能通信技术，采用智能 Agent 技术及计算智能技术（如神经网络、遗传算法、蚁群算法等）以进行网络的优化管理与实时控制，如 QoS 路由优化等。在 SOA 架构技术环境下，智慧物流信息网络的智能传递技术主要是基于 Web Service 的物流信息服务搜索与发现技术、物流信息服务组合技术、消息中间件技术等。

### 3. 智能处理

智慧物流系统的智能化水平在很大程度上取决于它代替或部分代替人进行决策的能力。而智能处理技术是智能物流系统进行“决策”的核心技术。通过对大数据分析与处理，建立优化、预测、评价、诊断、数据挖掘模型，为企业和政府的物流决策提供支持。这方面的技术主要有系统优化、系统预测、系统诊断、大数据技术、专家系统、数据挖掘、智能决策支持系统、计算智能技术、智能体技术等。

### 4. 智能利用

智能利用主要体现在两个方面。① 智慧物流系统是一个人机系统，人是智慧物流系统的重要组成部分，在智能处理的基础上，物流管理人员基于决策支持信息，作用于物流系统，体现的是人的智能。② 物流自动控制。智能控制技术是将智能理论应用于控制技术而不断发展起来的一种新型控制技术，它主要用来解决那些用传统的方法难以解决的复杂系统的控制问题，通常这些控制问题具有复杂性、随机性、模糊性等特点，利用数学方法难以精确描述。智能控制技术目前主要有模糊控制技术、神经网络控制技术、学习控制技术、专家控制技术等。目前，智能控制技术在智慧物流系统中的应用还比较少。Allen 和 Helferich 的研究表明，在人工智能在物流领域的 105 项应用中，只有 5 个与控制有关。虽然目前应用偏少，但随着社会经济的发展，物流系统中的控制问题，如物流作业领域中的物流设备的监控、自动搬运机器人、自动分拣机器人、自动化仓库的计算机控制等将变得越来越复杂，并且这些问题解决得好坏将极大地影响系统的效率和反应速度。

## 1.3.6 智慧物流的高级特征

相较一般的智能物流而言，智慧物流具有以下高级特征。

### 1. 全面感知

依靠 RFID、条形码、传感器、卫星定位、视频等技术，物流过程可以自动获取物流中的数据标志与信息，实现对物流的全面感知，为物流的智慧管理提供数据基础。传统物流中涉及的物流单元、物流工具、物流环境多种多样，对“物”的识别与控制往往受制于工具和流程，人工读取一个条形码需要花费 10 秒，机器读取条形码花费 2 秒，而在智慧物流环境下，依靠电子标签和射频识别技术，对“物”的信息读取只需要 0.1 秒就可以自动完成，物流将因此变得更加快速。

### 2. 全过程可视化

在全面感知的基础上，通过智慧物流信息网络实现不同物流信息系统之间的互联互通，确定物流全过程中所有发生的事件，包括目标的身份（Who/Which）、位置（Where）、时间（When）、状态（What）和动作（How）等，从而实现供应链全过程的可视化，解决物流的跟踪、追溯、防伪难题，让物流更安全、更快捷。以农产品为例，从播种、施肥到采摘、检验、包装、运输、入库、出库，直到摆到居民的餐桌上，依靠先进的信息技术，每个过程的细节都被记录在案，智慧物流不仅关注“结果”，同样关注“过程”，实现了物流过程的全面跟踪与追溯，让物流变得更安全。

### 3. 更有效的物流管控

传统物流面对的是复杂多变的环境，天气情况、交通状态、特殊运输要求、各类突发事件无一不在考验着物流产业的智慧。通过实时的信息采集与分析技术，复杂环境的处理过程将变得简单、高效，可以主动发现异常情况，甚至可以提前制定应急预案，实时应对与处理，实现物流过程的有效管控。

### 4. 大数据及基于大数据的优化管理与决策支持

对于企业来说，大数据应用将成为未来竞争和增长的基础，数据将成为一个行业当中决定胜负的根本因素，最终数据将成为人类至关重要的自然资源。智慧物流系统的一个典型特征大数据及基于大数据进行管理与决策。通过感知层的数据采集，智慧物流系统每天生产海量的数据，如车辆/人员的定位数据、车辆的OBD数据、基于RFID的货物状态数据、订单数据等。面对竞争激烈的市场，如何适应快速变化的市场环境，利用分析技术挖掘隐藏在海量数据中的价值，成为物流行业转型升级的关键。以数据分析为支撑，物流企业可以对各区域的需求进行精准的预测，优化各区域的库存控制水平，为客户提供更快捷的物流服务；可以进一步巩固和客户之间的关系，提高客户的黏性，避免客户流失；可以做出正确的决策，降低成本，提高效率；可以看到具体的业务运行情况，能够清楚地判断哪些业务利润率高、增长较快等，把主要精力放在真正能够给企业带来高回报的业务上，避免无端的浪费，从而实现非常高效的运营。

### 5. 更广泛的资源整合与协同运作

通过智慧物流信息网络，能够更加广泛地整合社会物流资源，实现物流虚拟化运作。通过智慧物流信息网络，物流联盟成员之间、供应链成员之间进行单证的传递和信息服务共享，实现协同运作与管理。

### 6. 更可持续的绿色低碳

依靠智能化集成技术应用平台，合理配置与调度，智慧物流可以优化运输方式，提高车辆负载率，减少车辆行驶里程，提高车辆行驶速度，改变传统物流浪费资源、污染环境、不节能环保的形象，使物流过程面貌一新，更加绿色低碳、节能环保。

7. 多目标协同

现代物流的发展过程中，每一阶段关注的重点和驱动力都不相同，例如，关注物流成本或关注物流服务质量、关注运输成本或关注库存成本，这给物流的决策与优化工作造成了极大的困难。而智慧物流作为现代物流发展的高级层次，通过集成先进的信息技术，运用科学的管理决策理论与方法，可以做到“鱼与熊掌兼得”，在降低物流成本的同时，提高物流的服务质量，实现精准的决策与优化，同时实现低成本、高效率、优质服务、绿色环保等多元化发展目标。

## 1.4 智慧物流信息网络

智慧物流信息网络是智慧物流系统的重要组成部分，是智慧物流系统的“神经系统”，主要用于实现物流信息系统之间的信息共享。

### 1.4.1 智慧物流信息网络的定义

所谓智慧物流信息网络，是指在物联网、云计算、大数据等先进技术基础上，针对物流与供应链协同运作管理的需求，依托互联网、电信网等通信基础设施，连接物流信息孤岛，提供物流信息交换与大数据服务的高效、可靠、安全、标准化的物流信息共享服务体系，提供和支撑智慧物流创新服务实现。智慧物流信息网络在智慧物流中的定位如图 1-5 所示。

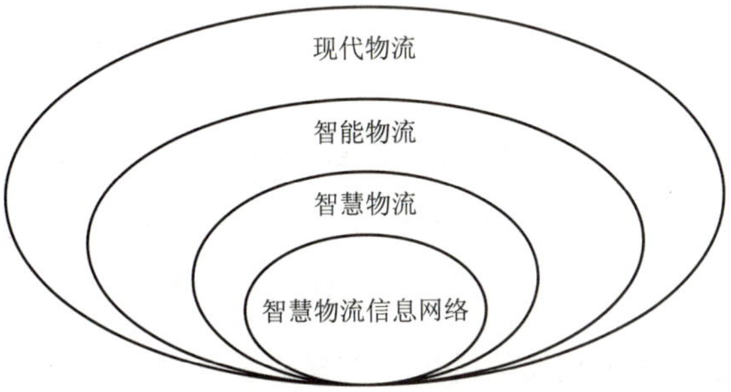


图 1-5　智慧物流信息网络的定位

### 1.4.2 智慧物流信息网络的内涵

（1）智慧物流信息网络不仅是一个 IT 信息网络，还是一个物流信息共享服务体系。

它由IT信息网络、服务模式、标准规范共同构成。服务模式用于回答该智慧物流信息网络怎么定位、怎么建设、怎么运营的问题。对于那些以实现企业之间物流信息共享为目的的智慧物流信息网络来说，服务模式至关重要，它是该网络是否能够建成、能够存活、能够持续发展的关键。从这个意义来说，智慧物流信息网络绝不仅是IT信息网络，而更多的是一种信息交换、信息共享的机制，这种机制必须能够让企业和有关政府部门愿意参与进来，实现物流信息共享。智慧物流信息网络总体架构如图1-6所示。

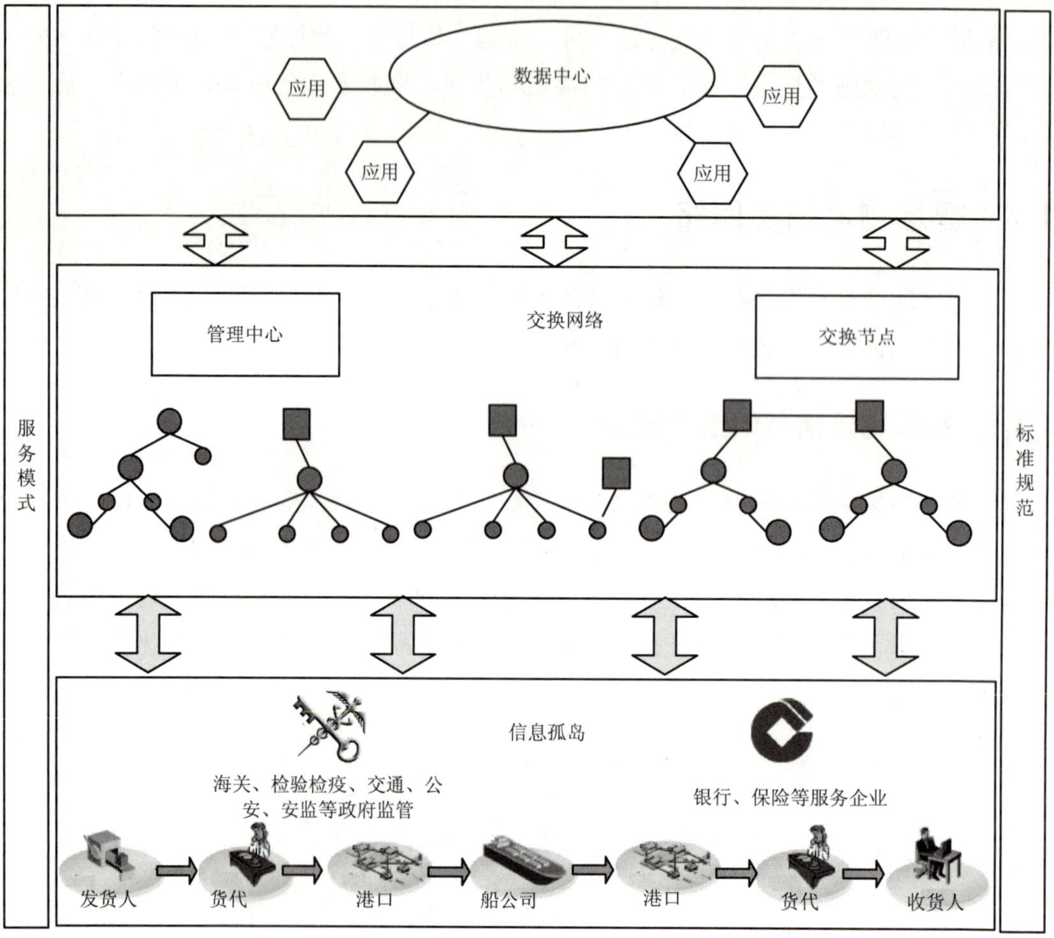


图1-6　智慧物流信息网络总体架构

（2）智慧物流信息网络依托通信基础设施建立。不同的智慧物流信息网络，其IT信息网络的结构会有所不同，且依赖于信息交换的模式及信息网络的功能。一般由数据中心、管理节点、交换节点及接入的物流信息孤岛所组成。

（3）智慧物流信息网络的核心功能是连接物流信息孤岛，实现信息交换，包括数据交换和信息服务交换，为用户的智慧物流创新服务提供支撑。智慧物流信息网络的核心目标是实现跨信息系统的信息共享。跨信息系统是智慧物流信息网络的核心特征。可以是同一企业的多个信息系统之间，如总部与各分公司之间，同一个公司不同部门之间，也可以是不同企业之间，甚至是不同智慧物流信息网络、不同物流公共信息平台之间。

（4）实现信息系统之间信息的交换离不开信息的标准化，包括接入标准、信息格式标准等。标准化是智慧物流信息网络的一个重要特征。

（5）在信息交换的基础上建立数据中心，提供大数据创新服务。数据中心是智慧物流信息网络的重要组成部分。它根据网络的定位，有的服务于企业内部，有的服务于地区或行业，有的服务于全国，甚至还有的服务于国际。而大数据是智慧物流信息网络的金矿，是智慧物流创新服务的基础，是未来竞争力增长的重要源泉，是在市场中立于不败之地的根本因素，也是当今智慧物流信息网络所面临的重要机遇和挑战。大数据是智慧物流信息网络的又一个重要特征。

## 1.4.3　智慧物流信息网络的需求

目前，现代物流业正处于蓬勃发展时期，人们对物流业提出了更高的要求，使得物流业逐步迈向数字化、信息化、自动化、协同化、一体化和智能化，因此，从物流业发展的目标角度可将智慧物流信息网络在现代物流领域的需求分为物流信息资源整合与共享的需求、物流运营管理智能化的需求、物流业务流程优化的需求、物流综合管理集成化的需求、物流资源管理协同化的需求和物流安全管理一体化的需求。

### 1. 供应链物流信息资源整合与共享的需求

随着社会分工不断细化，企业的专业化程度越来越高，越来越多的产品需要有多个供应商合作完成。为保障供应链相关企业间复杂协作的高效运行，企业间的信息资源整合与共享（包括订单、库存、物流等）就成为必需。信息资源整合与共享是以信息技术为手段，对供应链上流动的信息（包括企业内部与企业间产生和流动的信息）进行采集、筛选、整理（分类、转换）、存储、传递和维护，通过分析，提取对链上企业有用的共享信息，从而提高整个供应链的整体竞争优势的过程。具体来说，就是通过对需求信息、库存状况、生产计划、开工计划、促销计划、市场预测及运输计划等信息的共享，减少“牛鞭效应”，提高物流企业对市场的反应灵敏度，降低生产计划错误的发生率，从整体上提高供应链的价值。而实现供应链上下游企业间的物流信息资源整合与共享离不开智慧物流信息网络。智慧物流信息网络依托通信基础设施，实现供应链企业成员之间信息系统的互联互通，是供应链协同运作的基础。

### 2. 物流运营管理智能化的需求

我国物流业正处于转型时期，也是蓬勃发展的时期，物流业发展终将进入运营管理智能化的阶段。通过智慧物流信息网络，商品在整个物流网络上的分布情况，以及商品、车辆、订单的信息都完全可以实时、准确地反映在物流企业的信息管理系统中，在物流过程中进行实时车辆定位、运输物品监控、在线调度与配送可视化、智能化的运营管理，很大程度上增加了物流运营管理的智能化程度，使物流企业的运营管理过程变成一个完全透明的体系。快速、实时、准确的信息使得整个物流决策能够在最短的时间内对复杂多变的市场做出快速的反应，提高物流企业运营方案对市场变化的适应能力。

### 3．企业物流一体化管理的需求

企业物流一体化管理的基本含义是指企业不同职能部门之间或不同企业之间在物流管理上的合作，企业物流一体化管理是将原材料、半成品和产成品的生产、供应、销售结合成有机整体，以达到降低物流成本，提高物流管理效率的目的。

企业物流一体化管理作为一种全新的管理模式，将动态的、多变的、目标不同的各个企业或部门有机地结合在一起，是一个非常复杂的管理体系。实现企业物流一体化管理，以及实现运输与仓储及其相关活动的信息化，必须具备信息技术手段。建立用计算机连接的能够反应物流信息流的综合系统是企业物流一体化必不可少的条件。物流管理活动信息量大、涉及面广、信息种类多、实时性要求高，而智慧物流信息网络能够实现企业内部采购、生产、销售不同部门之间，企业总部与分公司之间的信息共享，为企业物流一体化管理的实现提供技术和管理手段，是推动物流综合管理一体化的技术动力。

企业物流一体化管理消除了物料在各环节之间的流动障碍，普遍加快了货物周转速度，减少了库存量，使物流企业的整体物流成本降到最低。同时，企业物流一体化管理从战略高度促成物流部门与生产部门、销售部门的协调，增强了企业的竞争能力和赢利能力。

### 4．构建综合运输体系的需求

多式联运是交通运输发展的趋势，海铁、 公铁、公空等联运发展迅速。然而，铁路、民航、水运的信息系统的规划与建设各自为政，未形成统一体系。智慧物流信息网络连接铁路、民航、道路、水路相关信息孤岛，为多式联运中物流方式的选择和成本控制提供便利，有效节省物流时间，改善物流运输仓储中转不利等现象，推动多式联运的发展，促进综合运输体系的构建。

### 5．物流安全管理一体化的需求

一体化安全监管是指将物流企业仓储安全管理、运输安全管理、配送安全管理、供应链安全管理和安全预警管理等统一为一个有机的整体进行管理。一体化安全管理是现代物流业安全管理发展的必然趋势。在物联网的环境下，智慧物流信息网络通过连接运输管理信息系统、仓储管理信息系统，实现企业对运输车辆、仓库环境进行一体的监控与管理，实现交通、公安、安监等政府监管部门的一体化联合监管。

### 1.4.4　智慧物流信息网络的功能

#### 1．物流信息交换

实现跨国、跨区域、跨行业、跨企业的各类物流信息系统与平台之间的信息交换是智慧物流信息网络的基础功能。

#### 2．标准制定

物流信息交换离不开标准的支撑，标准是物流信息交换的前提和基础。因此，智慧物流信息网络另一个基础功能是制定物流信息交换标准，以解决跨国、跨区域、跨行业、跨企业的各类物流信息系统与平台之间信息交换缺乏统一标准的问题。

#### 3．数据中心

数据将成为物流行业决定胜负的根本因素。在信息交换的基础上建立数据中心，为大数据应用服务提供基础。

#### 4．应用服务

在数据中心的基础上，对物流数据进行统计分析、数据挖掘，形成物流跟踪、信用、车货交易、物流指数、道路实时路况、保险精准定价等应用服务，为企业、政府部门的管理与决策提供支持。

### 1.4.5　智慧物流信息网络的结构

智慧物流信息网络的结构取决于信息交换的模式。从拓扑结构来看，信息交换的模式主要有点对点式、集中式、混合式 3 种方式。采用不同的信息交换模式，网络拓扑结构也不同。

#### 1．点对点式

传统的点对点联网方式是不同应用系统之间的直接硬代码集成，由于技术要求不高，在联网初期阶段得到了充分的应用。这种方法非常适用于少量应用系统之间的互通。但是，随着应用系统的增加，采用这种方法缺点就变得非常明显，开发周期变长，维护成本增加，系统的可维护性、可扩充性及数据可利用性等方面的先天缺陷变得越来越突出，如图 1-7 所示。

采用点对点交换模式的智慧物流信息网络主要用于企业内部或行业内部的信息集成，如交通运输部的全国重点营运车辆联网联控系统、烟草总公司的数据中心、中石油车辆 GPS 监控系统、中储总公司的库存数据中心、中储粮总公司的直属库物联网等。它们均采用分层连接方式，以实现对整个企业或行业的物流作业进行监管与决策支持。

## 2. 集中式

集中式是一种由交换中心控制并管理信息交换的模式，能够实现任意两个接入系统之间的信息交换。集中式分为两种，一种是集中目录式 P2P（Peer-to-Peer），另一种是数据中枢模式。两者的共同点在于由一个交换中心进行管理与控制，区别在于前者的交换中心不负责数据的聚集和传递。

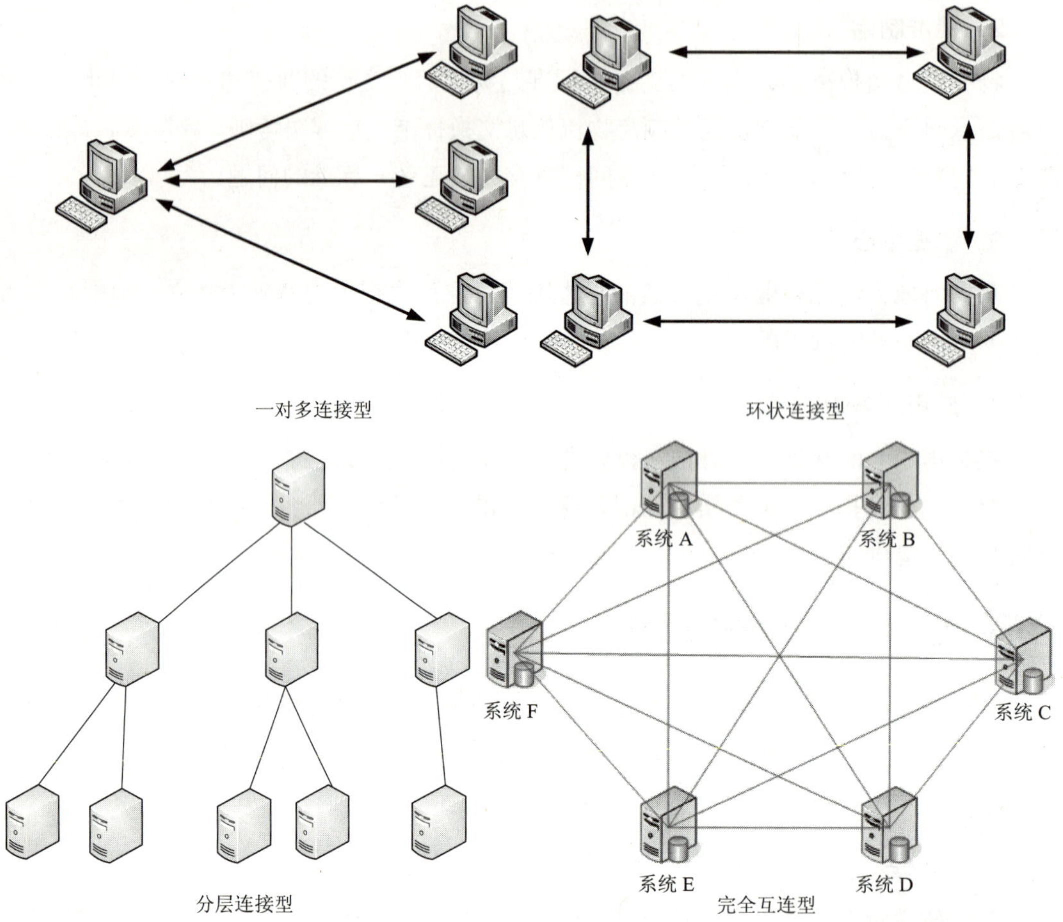


图 1-7　点对点交换模式

1）数据中枢模式

数据中枢（Hub-Spoke），即 Hub 模式，是一种数据聚集的模式，其通过单一接入点对供应链上成百上千个贸易伙伴的专有格式（包括平文本文件、EDI、XML 等）的数据进行管理和交换，如图 1-8 所示。这个接入点被称为 Hub，原来点对点方案中的数据格式转换都转移到 Hub 上进行。Hub 模式的 B2B（Business to Bussiness）信息交换已经被大型企业广泛认同，并运用到自己供应链管理中。企业通过这些 Hub 对供应链的交易伙伴进行集中的数据和流程管理，实现了供应链上信息及时共享和高效协同，提高了供应链的竞争力。

目前国内外绝大多数智慧物流信息网络采用 Hub 模式，如沃尔玛的 Retail Link、新加坡的 TradeNet 和 PORTNET、日本的 NACCS、阿里物流信息服务平台、香港 DTTN、宁波港 EDI、中国电子口岸、国家 LOGINK 等。

2）集中目录式 P2P

集中目录式 P2P 的节点信息交换依赖于交换中心的目录服务器，主要由一个交换中心目录服务器和若干网络对等实体构成。交换中心目录服务器的主要任务是记录保存网络资源共享信息并且管理网络即时反馈信息和对等实体资源请求结果。对等实体即时加入网络时，要向中心目录服务器报到，中心目录服务器记录该对等实体的存在及其共享的资源信息目录等节点情况。任意对等实体节点在满足通信条件下可以与其他实体节点进行通信、互访、资源数据交换等操作。当网络中的任意节点需要资源时，该对等实体节点首先向中心目录服务器发送对某一资源的请求信息，中心目录服务器接受请求后，在本地共享资源目录数据库及相关存储系统中查询到与之相匹配的资源地址后，将其确定资源定位信息反馈给该请求节点，在中心目录服务器响应请求节点后，网络中对等节点之间开始进行通信，进行数据资源文件信息的交换，如图 1-9 所示。

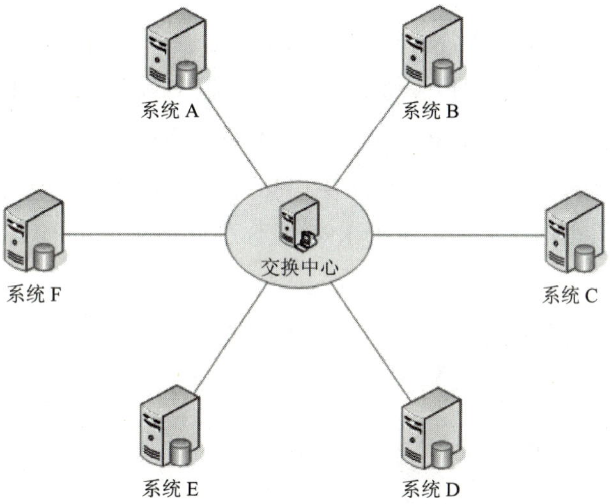


图 1-8　数据中枢模式

集中目录式 P2P 实现了信息资源检索与信息资源传输过程的严格分离，有效地降低了中心目录服务器的带宽消耗，回避了系统控制过程中资源传输的延时。

显然，美国 EPC（Electronic Product Code），以及本书第 2 章所讲的瘦网络方式下的物流信息服务交换网络采用的即这种模式。除此之外，国家 LOGINK 目前也支持集中目录式 P2P 模式，为中远集装箱运输有限公司等大型企业提供点对点交换服务。

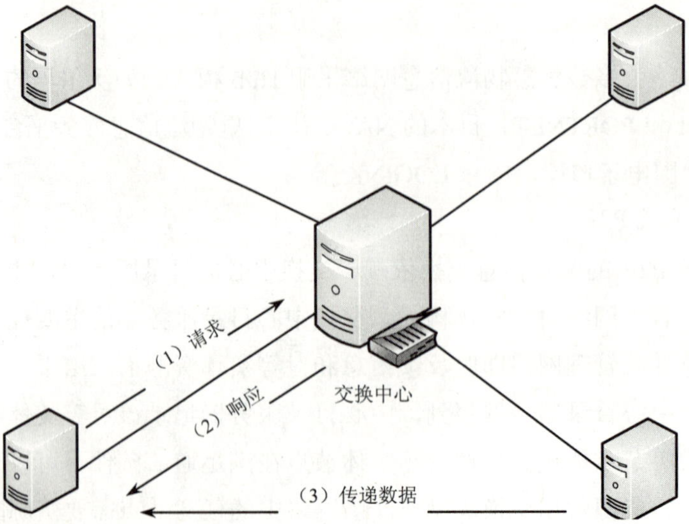


图 1-9　集中目录式 P2P 模式

### 3. 混合式

混合式是点对点式和集中式的混合，即该信息网络既存在点对点的连接，又存在集中式的连接。

例如，东北亚物流信息网络（NEAL-NET），它由中国的LOGINK平台、日本的COLINS平台、韩国的 SP-IDC 平台点对点连接而成。而在中国内部，LOGINK 平台采用数据中枢方式与各港口、船公司的信息系统连接。当日本用户想查询宁波港的船舶动态信息时，COLINS 平台将用户的查询请求转发给 LOGINK 平台，LOGINK 平台再将查询请求转发给宁波港，宁波港将查询结果经 LOGINK 返回给 COLINS，如图 1-10 所示。

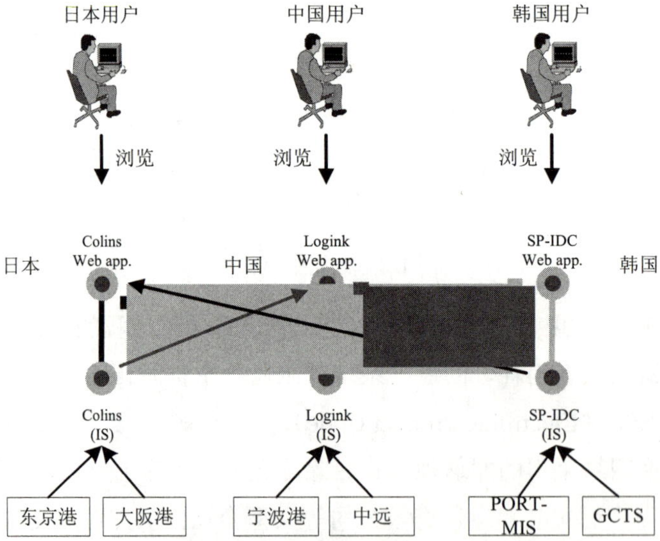


图 1-10　基于混合式的 NEAL-NET 的结构

## 1.4.6　智慧物流信息网络的层次划分

智慧物流信息网络按照服务的范围可以划分为企业级、区域级或行业级、国家级及国际级，如图 1-11 所示。

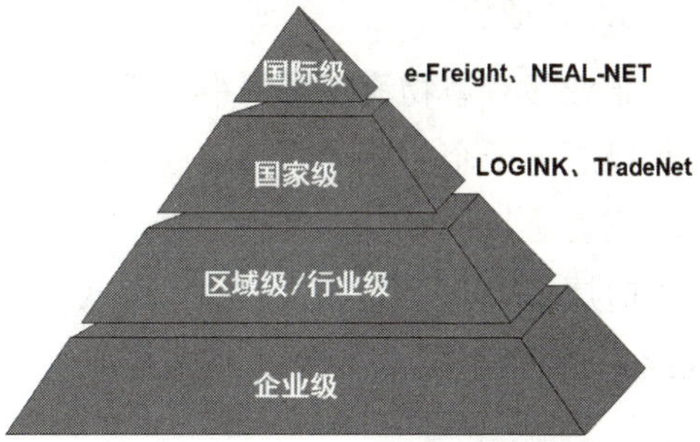


图 1-11　智慧物流信息网络的层次划分

### 1．国际级智慧物流信息网络

国际级智慧物流信息网络是智慧物流信息网络发展的终极目标，即在世界范围内实现物流信息的互联互通。国际级智慧物流信息网络对标准和协议的统一性要求也最高，实现起来较为困难，因此需要建立一个良好的沟通协调机制，共同协商商定统一的标准及协议，这也是国际智慧物流信息网络实现的关键。

国际级智慧物流信息网络一般由多国政府共同主导。以 NEAL-NET 为例，它的目标是通过 LOGINK、COLINS、SP-IDC 平台的互联互通，推进中日韩三国物流信息资源共享，促进区域经济和运输服务贸易发展。NEAL-NET 是在中国、日本、韩国三国运输与物流部长会议机制领导下开展工作的，建立了由联合指导委员会、理事会、秘书处级网络成员组成的网络机构，建立了一套运行机制。NEAL-NET 的核心工作是协商制定三国物流信息共享标准，并推动物流信息平台改造互联。

### 2．国家级智慧物流信息网络

国家级智慧物流信息网络基于统一的标准体系和各类信息技术手段，实现国内企业级、行业级或区域级智慧物流信息网络的互联互通，并且对外接入国际级智慧物流信息网络。国家级智慧物流信息网络是由政府主导的基础公益性网络，主要解决业务信息交换及其标准的两个核心问题，具有公共性、开放性基本特征。

LOGINK 是我国的国家级智慧物流信息网络，具体在第 7 章阐述。

### 3．区域级智慧物流信息网络

区域级智慧物流信息网络服务于一个国家的某个特定的区域，如省、市、经济区（如长江三角洲、珠江三角洲、京津冀等），以实现区域内部各企业、政府部门的物流信息共享，以及提供区域物流应用服务。例如，北京物流公共信息平台、山东省交通物流公共信息平台、广州物流公共信息平台等省、市物流公共信息平台均属于区域级智慧物流信息网络。

### 4．行业级智慧物流信息网络

行业级智慧物流信息网络服务于某一特定行业，如快递、邮政、药品、农产品、冷链、危化品、煤炭、铁路、海运、空运、道路运输，以实现行业内部各企业、政府部门的物流信息共享，以及提供行业物流应用服务。航空物流公共信息平台、长江航运物流公共信息平台、云南道路物流公共信息平台、山西煤炭物流公共信息平台、吉林省粮食物流公共信息平台均属于行业级智慧物流信息网络。

5. 企业级

企业级智慧物流信息网络用于满足企业自身业务发展需求，既可以服务于企业内部，也可以服务于企业所在的供应链。UPS、沃尔玛均建设了企业级智慧物流信息网络。

需要强调的是，某个特定的智慧物流信息网络属于哪个层级有时是不确定的，它可能同时属于若干个层级。例如，邮政、烟草、铁路，由于这 3 个企业代表了整个行业，因此它们的智慧信息网络既属于行业级，又属于企业级。

### 1.4.7 智慧物流信息网络的分类

智慧物流信息网络可以分为企业专用型、企业公用型、市场公用型、政府公用型 4 种类型。

1. 企业专用型

企业专用型是指智慧物流信息网络是企业为自己内部物流信息的共享与管理而建设的，以实现企业总部与分公司之间，或者生产、销售、采购不同部门之间的信息共享。它由企业自己建设与运营；或者由企业自己建设，之后交由专业的第三方运营；或者由专业的第三方建设与运营。

目前国内外建设了许多企业专用型的智慧物流信息网络，如 UPS、FedEx、中国烟草、中国铁路、中石油都建立了自己专用的智慧物流信息网络。典型的企业专用型智慧物流信息网络具体如下。

1）中石油车辆 GPS 监控平台

中国石油天然气运输公司建设了中石油车辆 GPS 监控平台，以整个中国石油集团公司为服务对象，通过卫星定位实现中石油在国内外危化品运输车辆的实时监控与管理。平台于 2011 年年初正式投入使用，目前运行状况良好，监控车辆总数为 1.7 万辆。

2）铁路行包运营管理信息系统

铁路行包运营管理信息系统是铁道部为充分发挥铁路行包运输的优势，巩固其在运输行业中的重要地位而建设的覆盖全国的铁路行包运输管理信息系统，以解决行包运输信息共享、货物追踪的问题。

铁路行包管理信息系统由行包办理站的计算机管理系统、按路局划分的 18 个行包追踪中心、铁路总公司行包管理系统 3 级构成。系统于 2006 年投入使用，达到了实现提高行包运输系统的运营效率、行包信息的追踪及管理、行包运输生产管理和调度指挥辅助决策的目的，改变了长期以来铁路条块分割、信息版本不统一、各自为政的局面。

3）中国邮政速递综合信息处理平台

中国邮政速递综合信息处理平台是国家邮政局依托中国邮政综合信息网络，开发、建设的一个以全闭环的信息采集和生产运作处理为基础，以全过程的邮件实时动态的跟踪查询为核心，以应用计算机技术、通信技术及系统运行质量监控的管理为主要手段，全国统一版本软件和数据集中处理的业务处理信息系统。

平台实现了速递邮件的全程实时动态跟踪查询，实现了生产作业（分拣封发、投递处理等）应用及数据的全国大集中处理，并且实现了与邮区中心局生产作业系统、邮政电子化支局系统等内部系统，以及与万国邮联、阿里巴巴等外部系统的信息交换与共享。

4）国家烟草总公司卷烟生产经营决策管理系统

卷烟生产经营决策管理系统是国家烟草总公司的"一号工程"，旨在解决烟草行业信息孤岛，无法实现数据共享的问题。

在"一号工程"支撑下建立了烟草行业数据中心。烟草行业数据中心主要由国家局和省级公司两级数据中心构成，由信息资源标准、数据交换服务、数据加工存储、数据分析应用和信息安全保障 5 个基本体系组成，由国家局、省级公司和工商企业三级用户使用。

国家烟草总公司可以通过这套系统清楚地掌握每条卷烟的生产和销售情况。通过掌握烟草行业卷烟生产和销售环节的卷烟牌号、产量、销量等多项数据指标，实现烟草行业的工商数据集成和对行业卷烟生产经营及时、准确、全面的监控管理，进一步提高了行业生产经营决策管理的科学性。

### 2．企业公用型

企业公用型是指智慧物流信息网络是企业为自己及其上下游企业或合作伙伴的物流信息共享与管理而建设的。它由企业自己建设与运营；或者由企业自己建设，之后交由专业的第三方运营；或者由专业的第三方建设与运营。

企业公用型主要有 3 种情形。

（1）服务于供应链：企业作为主导企业，纵向联合，形成供应链，实现与上游供应商及下游客户之间的物流信息共享。

（2）服务于物流联盟或虚拟物流企业：企业作为主导企业，横向联合，整合社会物流资源，形成物流联盟或虚拟物流企业。为支撑物流联盟或虚拟物流企业的运作，需要建立物流信息平台，通过智慧物流信息网络实现企业与合作伙伴之间的物流信息共享。

（3）前两者的综合，既服务于供应链又服务于物流联盟或虚拟物流企业。

目前，服务于供应链的企业公用型智慧物流信息网络比较多，许多世界 500 强企业，为了加强与上下游企业之间的联系，实现供应链物流信息共享与协同运作，都建立了企业公用型的智慧物流信息网络。典型例子有沃尔玛的 Retail Link、中远的 5156 平台。

1）沃尔玛的 Retail Link 系统

20 世纪 90 年代，沃尔玛开始了供应链管理系统上的探索与应用。它通过与主要供应商之间建立一种叫作“零售链接”（Retail Link）的系统，使供应商可以直接进入沃尔玛的系统，使供应商和沃尔玛能够分享各自的产品在65周内的销售情况，依此供应商能够合理地对未来进行销售，甚至还能够实现由“供应商管理库存”（Vendor Managed Inventory，VMI）。

通过以上系统的协作，沃尔玛将其在全球各地的配送中心、连锁店、仓储库房和货物运输车辆，甚至合作伙伴进行系统、集中的管理，形成了一个灵活、高效的产品生产、配送和销售网络，为沃尔玛的直接“控制生产”和高水准的“顾客服务”以及“天天平价”提供了可能。

2）中远的5156平台

中远的5156平台整合了中远内部的配送、空运、海运货代、船代、财务等专业管理系统，并通过该系统的数据交换平台与淘宝等多家大型企业客户的信息系统实现了无缝对接。企业客户在自己ERP系统中的物流指令通过数据交换平台传递到相应的信息系统中，而信息系统对其指令的执行情况也会及时地传递到企业客户的ERP系统中去，因而提高了数据的准确性和业务的运行效率，使得中远物流和客户关联更紧密，实现了企业间B2B的服务。

但是，服务于物流联盟或虚拟物流企业的企业公用型智慧物流信息网络比较少。以深圳怡亚通供应链股份有限公司（以下简称怡亚通）为例，它整合了社会运输、仓储资源，为客户提供“一站式服务”，包括代购、代销等。它作为专业供应链服务商，自身并不大量投资购建运输、仓储设施。对于运输队，怡亚通采用将整合的供应链服务业务中的物流运输再分包给专业的物流服务商的方式，而对于仓储，则采用租赁的方式。怡亚通与运输服务商和仓储服务商建立了以它为盟主的物流联盟。然而，在信息系统方面，它与毕博共同研发建立了Eternal信息系统，主要用于怡亚通内部的业务管理，仅是电子商务平台针对客户开放，并未实现怡亚通与运输仓储等物流企业之间的信息共享。

菜鸟公司的“中国智能物流骨干网”如果建设成功，其“天网”应该是属于综合的企业公用型智慧物流信息网络。“天网”除了连接菜鸟公司全国各地的物流园区外，还需要与加盟的快递运输及仓储企业互联，并且需要与阿里巴巴的B2B及淘宝的B2C等电子商务平台互联，实现物流的全过程跟踪与协同运作管理。

### 3. 市场公用型

市场公用型是指智慧物流信息网络是由企业建设的，面向市场，企业化运营，具有信息集聚能力和服务功能，以向市场提供有偿信息服务为目的，为市场提供物流信息共享服务。

车货交易公共信息平台是一种典型的市场公用型智慧物流信息网络。车货交易公共信息平台针对“车找货、货找车”的难题，通过车源、货源信息大量聚集，促进供求信息的高效匹配，从而提高车辆配载率，实现车尽其用、货尽其流。需要强调的是，国内车货交易公共信息平台有些是企业主导的，有些是政府主导的。企业主导的车货交易公共信息平台属于市场公用型，而政府主导的车货交易公共信息平台属于政府公用型。

国内典型的企业主导的车货交易公共信息平台有管车宝、阿里巴巴物流服务平台。

1）管车宝

管车宝是合肥维天运通信息科技股份有限公司专门针对我国运输业以个体卡车为主体的现状，帮助物流公司提升调车效率、降低运输成本、优化运输管理的创新模式。管车宝充分利用了互联网技术和移动定位技术，实现了社会车辆的整合优化、定位追踪、证件核查、金融支付、网络车场等功能，有效地提升了物流公司整体运营效益。所开发的管车宝软件集社会车辆聚集、定位、调度为一体，包括一键找车、路歌车场、我的车队、货单管理、我的合作、我的账户、货运保险、证件查询、短信调度、刷运费等基本功能。管车宝目前已服务于超过 3 万家物流公司用户，并聚集百万辆重型卡车资源，占整个产业重卡总数的 40%。

2）阿里巴巴物流服务平台

阿里巴巴物流服务平台是阿里巴巴旗下的在线物流服务。目前主要专注于陆运零担和专线整车业务。货主可使用平台进行运价查询与对比、网点查询、物流跟踪及直接下单给物流公司。平台也提供了运单的全生命周期管理，能够帮助用户及时了解货物的运输情况。货主可以对物流公司的服务进行评价或投诉，以推动物流商提高服务意识，进而提高整个物流行业的服务水平。

在平台服务方面，为了支持大中小各类物流商，适应各类物流商不同的 IT 技术能力，平台提供了多种接入方式。例如，目前信息系统比较完善且有一定规模的德邦物流、新邦物流等，平台提供直接的数据对接方式。客户下单可以直接通过 EDI 数据接口传输到物流公司自己的系统中，物流公司可在自己的 IT 系统中完成运单受理等一系列操作。对于中小型物流商和某些信息系统不完善的物流商，平台提供后台的接单系统。物流商可在后台完成运单的受理和反馈。除此之外，平台还为每家入驻的物流公司提供了网上店铺，和物流平台无缝连接。

平台于 2010 年 4 月开始搭建，目前，阿里物流平台上已积聚了德邦物流、天地华宇、新邦物流、佳吉快运、大田陆运等 20 多家专业物流公司，整合了全国 50 万条线路，拥有上万个物流网点。截止 2011 年 9 月，该平台运费在线交易金额突破 2 亿元，累计发货人数约 5.4 万人，累计发货单量约 140 万单。

### 4．政府公用型

政府公用型是指智慧物流信息网络由政府全资或部分出资建设，连接物流企业、工商企业、政府部门，提供物流行业信息共享与整合服务，支撑物流业务运作与监管。

政府公用型的智慧物流信息网络有很多，典型的有美国的 EFM，新加坡的 Trade-Net 和 Port-Net，日本的 NACCS 和 COLINS，韩国的 KL-Net，中国电子口岸、全国重点营运车辆联网联控系统、LOGINK 等。

1）美国 EFM

EFM 是美国交通运输部于 2003 年发起的 "电子货运管理计划"（Electronic Freight Management Initiatives，EFM）项目。该项目拟构建一个基于 Web 技术的、结构开放的，不受任何一个供应链成员控制的中立平台，规范数据、信息语法、IT 架构，以标准为"通用语言"进行信息沟通，实现供应链伙伴之间更好的合作和信息共享，加强政府与企业的合作，从而提高整条供应链的作业效率，并增强货物运输的安全性。

2）韩国 KL-Net

韩国 KL-Net 株式会社是在 1994 年为了韩国港航物流信息化，在国土海洋部的主管下，由韩国政府，以及韩国货柜码头公司、釜山货柜码头营运公司、现代商船、韩进、朝阳等物流企业共同出资成立的。自成立以来开发建设了许多物流信息系统，主要有港口运营信息系统 PORT-MIS、港口物流整合系统 PLISM、船舶与港口信息数据中心 SP-IDC（Shipping & Port-Internet Data Center）、全球集装箱跟踪系统 GCTS、集装箱码头运营系统 ATOMS 等。

3）日本 NACCS 与 COLINS

日本政府主导的物流信息系统主要有 NACCS 系统和 COLINS 系统。NACCS 是一个电子口岸执法系统，为进出口提供单一窗口服务。COLINS 是一个集装箱跟踪系统，以实现供应链可视化为目标。

NACCS（Nippon Automated Cargo and port Consolidated System）是一个 B2G 平台，用于口岸电子执法，由 NACCS Inc 公司建设运营。电子报关及进出港申报等业务可直接通过 NACCS 平台处理。此外，NACCS 与食品卫生、动/植物检疫等信息系统互联，以一站式的方式为用户提供进出口通关服务。用户包括船公司、船代、货代、无船承运人（NVOCC）、码头、报关行、进出口商和银行。

日本集装箱物流信息服务平台（Container Logistics Information Service，COLINS）由日本国土交通省港湾局（Ports and Harbors Bureau，MLIT）负责运营。它基于网络信息服务，为码头、进出品商、货代、承运人等提供进口集装箱放行信息、集装箱状态信息（进出闸口、装卸船）、船期信息、码头周边道路运输视频、闸口状态信息等信息服务。

4）新加坡 TradeNet 和 PORTNET

PORTNET 由 PSA 建设并从 1985 年开始提供服务，是连接用户与港口管理部门的港口 EDI 系统。现在约 1 500 家公司（7 000 名用户）在使用，每年处理 8 000 万票业务。用户当中 60%是船公司，货主和货代占 20%，卡车公司占 20%。

TradeNet 是世界上第一个全国范围的、不间断连接的、无纸化电子通关系统。它是由劲升逻辑（CrimsonLogic）公司的前身 SNS（新加坡网络服务公司）于 1988 年设计开发的。TradeNet 是一个以 G2B 及 G2G 为基础框架下的单一窗口平台。该系统把新加坡所有国际贸易与进出口管理机构（35 个政府部门）连接到一个整体系统网络中，为进出口贸易企业和政府监管部门提供网络作业平台，贸易链上各方可以在网络上传输进出口电子文件、申办审批进出口货物，同时实现各管理部门之间的信息共享。

5）中国电子口岸

中国电子口岸又称口岸电子执法系统，是一个公众数据中心和数据交换平台，依托国家电信公网，实现 G2G、G2B 的数据交换和共享，包括工商、税务、海关、外汇、外贸、质检、银行等部门，以及进出口企业、加工贸易企业、外贸中介服务企业、外贸货主单位的联网，将进出口管理流信息、资金流信息、货物流信息集中存放在一个集中式的数据库中心，随时提供国家各行政管理部门进行跨部门、跨行业、跨地区的数据交换和联网核查，并向企业提供网上办理报关、结付汇核销、出口退税、网上支付等实时在线服务。同时，企业利用电子口岸向各政府管理部门办理进出口手续，提高贸易效率，降低贸易成本。

6）全国重点营运车辆联网联控系统

全国重点营运车辆联网联控系统是交通运输部建设的用于全国“两客一危”车辆监管的平台。通过建设全国重点营运车辆动态信息公共交换平台，制定统一的信息交换标准，整合全国各省（市）车辆卫星定位动态信息监控资源，实现全国范围内重点营运车辆动态信息的跨区域、跨部门信息交换和共享，构建全国营运车辆联网联控综合监管体系。在全国范围内首次实现了重点营运车辆动态数据的跨区域交换，弥补了各省道路运管部门对外省入境车辆无法监管的不足；首次实现了各省重点营运车辆动态与静态信息在部级平台的统一集中，使交通运输部可以有效掌握道路运输行业的总体运行情况。目前，全国重点营运车辆联网联控平台共接入省级平台 31 个，入网车辆 80 余万辆。

7）LOGINK

LOGINK 是以提高社会物流效率为宗旨的，以实现物流信息高效交换和共享为核心功能，由交通运输部和省级交通运输主管部门共同推进，连通各类物流信息平台、企业生产作业系统，统一信息交换标准、消除信息孤岛的面向全社会的公共物流信息服务网络。它主要完成基础交换和公共信息服务两大功能，平台采用“1+32+nX”总体结构。“1”代表平台的国家级行业管理系统；“32”代表 32 个省级交通运输主管部门建设的区域交换节点；“nX”是指平台拓展和衔接的信息服务体系。n 代表 n 类信息系统，X 代表某类信息系统中 X 个具体的信息系统。平台正式向社会提供交换服务的交换数据量达到 1.9 亿条，日均交换量超过 60 万条。

不同类型智慧物流信息网络的区别如表 1-3 所示。

**表 1-3　不同类型智慧物流信息网络的区别**

| 类　型 | 投　资 | 运　营 | 赢　利 |
|---|---|---|---|
| 企业专用型 | 企业 | 企业 | ○ |
| 企业公用型 | 企业 | 企业 | ◎○ |
| 市场公用型 | 企业 | 企业 | ● |
| 政府公用型 | 政府、政府企业联合 | 政府或企业 | ◎○ |

○为非赢利；◎为半赢利；●为赢利

# 第2章 智慧物流信息网络的交换模式

**内容提要**

智慧物流信息网络的核心是要解决物流信息交换的问题。物流信息交换有哪些类型的需求？针对这些需求又可以采用哪些物流信息交换模式？本章提出了物流数据上传、物流数据交换和物流信息服务交换 3 种智慧物流信息交换模式。在此基础上，首先，重点介绍了用于实现物流数据交换的 EDI 技术内涵、构成、分类、结构模型、工作原理，介绍了多种 EDI 标准体系。其次，提出了物流信息服务交换的概念，阐述了物流信息服务交换的网络架构、业务流程、业务分类。

**本章重点**

- 物流信息交换需求
- 物流信息交换模式
- 物流数据交换 EDI 系统的结构
- 物流信息服务交换概念、网络架构、业务分类

## 2.1　物流信息交换的需求

物流信息交换的需求主要体现在物流业务单证传递、物流全过程跟踪可视化、企业或行业数据集中，以及物流公共信息资源整合服务 4 个方面，如图 2-1 所示。

### 1. 物流业务单证传递的需求

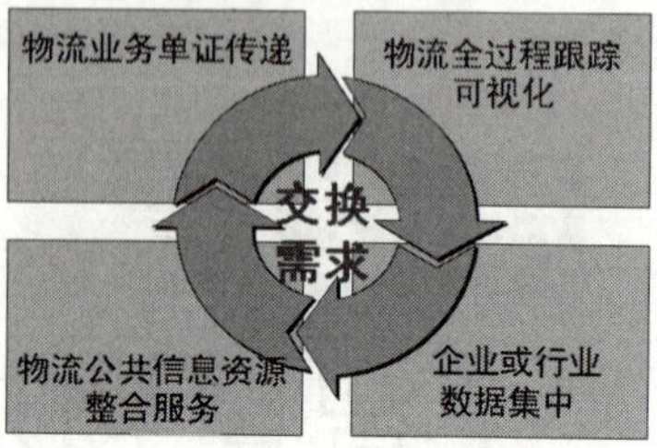

图 2-1　物流信息交换需求

在传统的贸易过程中，买方、卖方、银行、运输企业、海关之间采用纸张文字票据的方式进行传递。而在信息技术条件支撑下，通过制定单证标准格式，可以使得贸易处理过程中的所有纸面单证，如托运单、订单、发票、订舱单、报关单等，均通过智慧物流信息网络来传送，并由计算机自动完成全部（或大部分）处理过程，从而使整个商贸活动过程在最短时间内准确地完成。事实上，物流业务单证传递是 EDI 的传统功能，能够加快交易速度、简化管理程序、节约信息处理时间、提高信息交互的准确度。

### 2. 物流全过程跟踪可视化的需求

产品运输过程中涉及很多企业、很多地点的不同信息，包括码头、物流园区、海关、卡车公司、铁路等，这个过程往往需要几天甚至几周时间。企业需要很清楚地知道货物的具体地点等信息，从而做出及时反应。国内外的一些有实力的大型物流企业，如 FedEx、UPS、COSCO 通过要求合作伙伴使用自己的信息平台或与其他大型物流企业进行系统集成，来实现物流的全过程跟踪，但对于中小物流企业而言，则难以凭自己的力量实现物流全程跟踪，必须借助公共的智慧物流信息网络来实现。

### 3. 企业或行业数据集中的需求

许多大型企业业务遍布全国甚至全球，为了对整个企业的运营情况有一个良好的掌控，需要对同构或异构数据源加以集中，建立数据中心，在此基础上进行统计分析与数据挖掘，实现管理从定性向定量、由静态向动态、由事后向实时的转变，从而提升企业生产经营管理水平。例如，中石油运输公司需要对整个中石油系统的车辆运输进行实时监控，中国烟草总公司需要掌握全国各个烟草工商企业的生产、销售情况，中储总公司需要掌握遍布全国的各个分公司的入库、出库、库存情况，中储粮总公司需要掌握全国各地的直属粮库的库存、粮食储存环境及品质状态。

政府部门对于一些行业业务负有监管的职责，为了提高政府部门的监管能力，需要将待监管对象的相关业务数据加以集中。例如，交通运输部的全国重点营运车辆联网联控系统，通过将各省重点营运车辆的动态与静态信息在部级平台的统一集中，交通运输部可以有效掌握道路运输行业的总体运行情况，实现交通、公安、安监等多部门联合监控与执法，提高政府部门对重点营运车辆的监管水平，减少人民群众的生命财产损失。

#### 4．物流公共信息资源整合服务的需求

供应链企业、政府部门每天会产生大量的信息，港口、货代、船公司、卡车公司、生产企业、贸易企业、电子口岸、第四方物流企业、政府行政管理部门均能提供各种类型的物流信息服务，如天气信息、交通公共信息、车源货源信息、信用信息、行政审批信息等。但是由于这些信息分散于各个信息系统，用户不得不挨个访问各个信息系统，并手工进行整合处理，以获得自己所需要的信息。而有了智慧物流信息网络，可以有效整合企业、政府的信息服务资源，为用户提供一站式服务。

## 2.2　智慧物流信息交换模式

满足上述需求的智慧物流信息交换模式主要包括物流数据上传、物流数据交换、物流信息服务交换 3 种类型。

物流数据上传主要用于建设企业内部或行业内部的数据中心。上传的方向一般是管理范围小的向管理范围大的信息系统集中。上传的数据主要有物流状态数据、物流业务统计数据。相对应的功能主要有物流状态跟踪、物流统计分析与决策支持。数据上传模式一般只适应于大型企业内部，或者政府行业监管，大多以强制的方式实施。

物流数据交换主要用于传递供应链物流业务单证，承担传统 EDI 的功能。在此基础上，供应链主导企业或第三方公共应用平台可以要求相关的供应链企业将其交换的业务单证备份一份给物流跟踪数据中心，以实现物流全过程的跟踪。数据交换模式是智慧物流信息网络的传统模式，也是当今公共的智慧物流信息网络的主流模式。

物流信息服务交换主要用于实现供应链物流全过程跟踪及物流公共信息资源的整合服务。物流信息服务交换是在 Web Service 技术环境下，实现物流信息交换的新模式。

本章着重阐述物流数据交换和物流信息服务交换两种主要信息交换模式。

## 2.3　物流数据交换

物流数据交换模式主要采用 EDI 技术，以实现企业之间电子单证的交换。

### 2.3.1　EDI 概述

#### 1．EDI 的定义

EDI（Electronic Data Interchange）又称为电子数据交换、电子数据贸易、无证贸易、无纸贸易等。关于 EDI，不同组织有不同定义。例如，美国国家标准局 EDI 技术标准委

员会认为“EDI 技术是指在相互独立的组织机构之间所进行的标准格式的、非模糊的具有商业或战略意义的信息的传输。”而联合国 EDI 技术 FACT 培训指南中对 EDI 下的定义为“EDI 技术是指在最少的人工干预下，在贸易伙伴的计算机应用系统之间的标准格式数据的交换。”

一般地，结合 EDI 的特征，可以将 EDI 定义如下：

EDI 通过计算机通信网络，以一种国际公认的标准格式，实现将贸易、运输、保险、银行和海关等行业信息在各有关部门或公司与企业之间的数据交换与处理，并完成以贸易为中心的全部过程。电子数据交换技术（EDI）是一种传统的集成技术，是企业进行 B2B 贸易的桥梁。

### 2. EDI 的发展历程

（1）20 世纪 60 年代末，欧洲和美国几乎同时提出了 EDI 技术的概念。

（2）EDI 的产生可以追溯到 20 世纪 60 年代，运输数据协调委员会（Transportation Data Coordinating Committee，TDCC）开始关注运输业中纸面单证的使用所带来的桎梏作用，并于 1975 年，公布了第一套 EDI 技术规则。

（3）20 世纪 70 年代，数字通信技术的发展大大加快了 EDI 技术的成熟和应用范围的扩大，也带动了跨行业 EDI 技术系统的出现。

（4）20 世纪 80 年代初，随着计算机技术的发展，发达国家开始在全球范围建立各自的计算机网络系统，实现了企业内部信息的共享。

（5）20 世纪 80 年代中期，随着各种传输协议、标准的完善，贸易关系各方得以借助互联网，实现相互独立的计算机系统之间的信息共享。

（6）20 世纪 80 年代末 EDI 技术标准的国际化，又使 EDI 技术的应用跃入了一个新的里程。

时至今日，EDI 技术历经萌芽期、发展期已步入成熟期。就我国而言，我国的 EDI 技术事业起步于 20 世纪 80 年代末，当时计算机技术有了一定程度的发展，国内一些企业的内部信息系统也逐步完善。20 世纪 90 年代初，首先由国家交通部牵头，在全国范围内以上海、青岛、天津、宁波为试点，在港航范围内率先实施 EDI 技术，以取代传统的纸面单证传输。

### 3. EDI 的构成

EDI 由 EDI 标准、EDI 软件、EDI 通信网络三部分组成。其中，计算机应用是实现 EDI 的条件，通信网络环境是 EDI 应用的基础，标准化是 EDI 技术的特征。这三部分相互衔接、相互依存，共同构成了 EDI 的基础框架。EDI 的系统模型如图 2-2 所示。

#### 4. EDI 的三层结构模型

EDI 系统从层次的角度来看可分为应用层、代理服务层和交换层三个层次，又称三层结构模型，如图 2-3 所示。

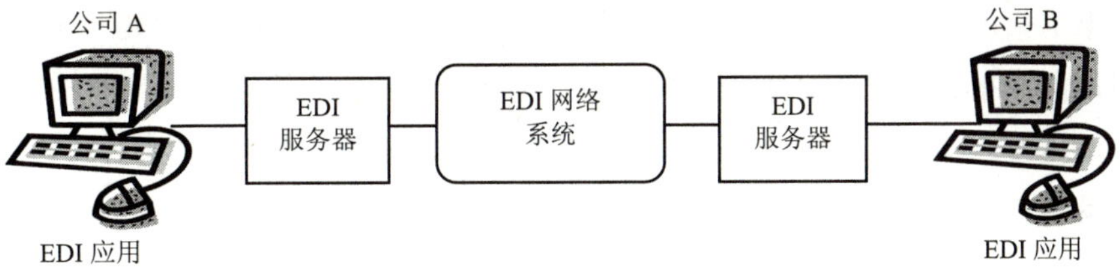


图 2-2　EDI 的系统模型

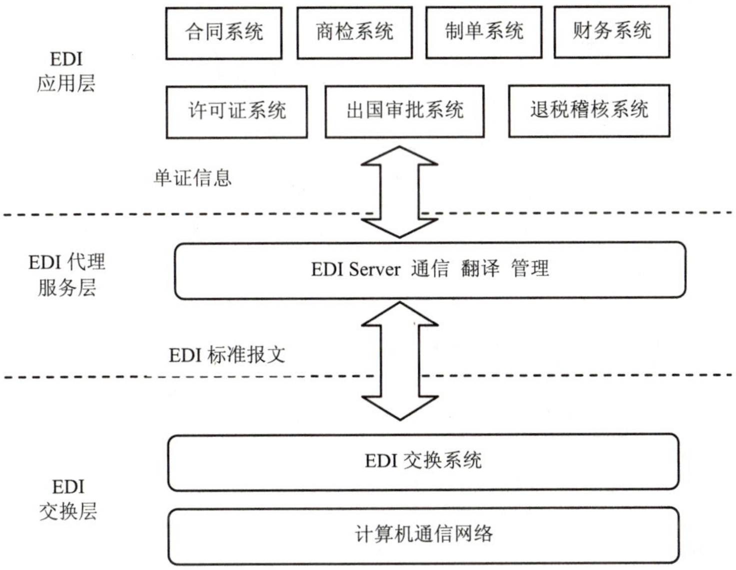


图 2-3　EDI 的三层结构模型

1）EDI 应用层

面向最终的具体应用业务，如海关的商检系统、财务系统、物流运输系统等。

2）EDI 代理服务层

将 EDI 应用层提供的单证信息翻译成标准的 EDI 单证，并发送到 EDI 交换系统，或者从 EDI 交换系统中接收 EDI 单证，并将其翻译成单证信息并分发提供给 EDI 应用层中的系统。

3）EDI 交换层

EDI 交换层包含计算机通信网络和 EDI 交换系统两部分。EDI 通信网络是 EDI 单证传输的公共平台。EDI 交换系统的主要功能是收发 EDI 报文，并通过存储转发的方式传输各 EDI 应用系统的 EDI 报文。

### 5. EDI 系统的工作原理

EDI 系统的通信网络建立在 MHS（国际电子邮件服务系统）数据通信平台的信箱系统上，其通信机制是信箱间信息的存储和转发，其具体实现方法如下。

在数据通信网上加挂大容量信息处理计算机，在计算机上建立 EDI 信箱系统，通信双方需申请各自的信箱，其通信过程就是把文件传到对方的信箱中。文件交换由计算机自动完成，在发送文件时，用户只需进入自己的信箱系统。

EDI 系统工作原理示意图如图 2-4 所示。

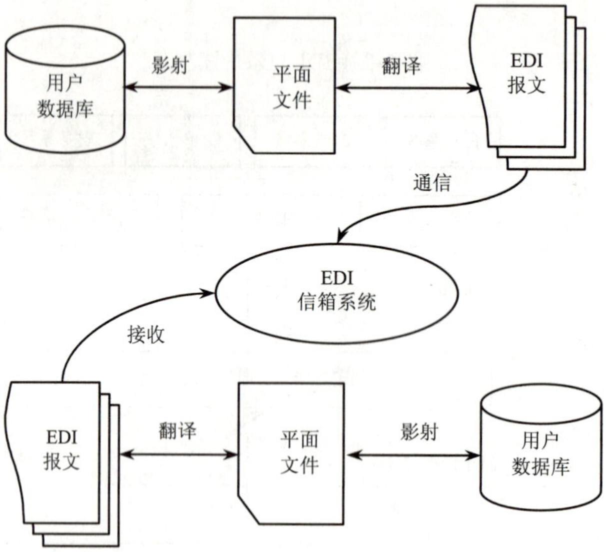


图 2-4　EDI 系统工作原理示意图

### 6. EDI 的效益

由于 EDI 技术具有高速、精确、远程和巨量的技术性能，所以，EDI 技术的兴起标志着一场全新的、全球性的商业革命的开始。其带来的效益主要体现在以下几个方面。

1）EDI 能节约纸张成本消耗取得可观收益

英国每年国际贸易总额约为 700 亿英镑，其中纸张消费就近 10 亿英镑。据韩国政府统计，在使用 EDI 技术之前，每次国际贸易需 300 多份文件单证。美国国际贸易单证委员会的调查表明，美国过去出口一批货物要打印编制 46 种单证，连同正副本一共要 360 份，制单需要 36 小时之多，单证费用一般占货物价值的 7.5%左右。

2）EDI 可大大提高单证的传递速度

EDI 可以更快、更有效地与客户联系，适应国际市场瞬息万变的情况；可大大提高单证的传递速度，减少单证的传递环节，减少单证的交换手续，从而使各种单证数据可瞬间在不同的地区和国家完成全部传递过程。同时，EDI 提高了结汇的安全性，缩短和减少了结汇清算的时间，加速贸易资金的周转，进而促进国际贸易的发展。

EDI 在不同处理阶段不需要重新输入信息（数据存储在直接读取的数据库中），降低或减少了与书面相关联的任务、文档的传递和检验等行政管理工作。

3）在贸易伙伴间建立更好、更密切的关系

由于 EDI 可以使企业内部运作过程更加合理化，增加了贸易机会，提高了服务质量，所以，它使企业之间从对立关系变成合作关系，使贸易过程变成“没有输家的”、每个企业均可从中获利的过程，极大地增强了企业自身的发展能力。

### 2.3.2　EDI 的标准体系

#### 1. EDI 标准概述

所谓 EDI 标准，就是指贸易各方在进行数据交换时必须遵循的格式和要求。EDI 标准体系是指具有内在联系的一系列 EDI 标准所组成的一个有机整体，它又可以划分为若干个子体系。各子体系之间存在一种相互制约、相互依赖、相互补充的内在关系。其标准体系主要用于运输业、零售业、制造业和仓储业、通关与报关、金融保险和商检，以及国际贸易等领域。

EDI 标准一般由国际、国家（或地区）和行业的权威机构负责制定和颁布。

#### 2. EDI 标准遵循原则

EDI 标准制定一般需要遵循以下原则。

1）提供一种发送数据及接收数据的各方都可以使用的语言，这种语言所使用的语句是唯一确定、不会产生异议的。

2）这种标准不受计算机的影响，既适用于计算机间的数据交流，又独立于计算机之外。

#### 3. EDI 的标准体系

EDIFACT 是国际上最知名的 EDI 标准体系。除此以外，随着计算机技术的日新月异，产生了 RosettaNet、ebXML 等多种数据交换技术标准体系。

1）EDIFACT 标准体系

标准化的工作是实现 EDI 互通和互联的前提和基础。在 EDI 标准上，国际上最有名的是联合国欧洲经济委员会（UN/ECE）下属第四工作组（WP4）于 1986 年制定的《用于行政管理、商业和运输的电子数据互换》标准（Electronic Data Interchange For Administration，Commerce and Transport，EDIFACT）。EDIFACT 已被国际标准化组织（International Organization for Standardization，ISO）接收为国际标准，编号为 ISO9735。同时还有广泛应用于北美地区的，由美国国家标准化协会（ANSI）X.12 鉴定委员会

（AXCS.12）于 1985 年制定的 ANSI X.12 标准。

自从 UN/EDIFACT 标准公布以来，UN/EDIFACT 就成为事实上的国际通用标准。即使在 ANSI X.12 推行了多年的美国也是一样。根据联合国欧洲经济委员会（UN/ECE）1991 年公布的联合国贸易数据交换手册（UNTDID）和贸易数据电子交换统一实施规则（UNCID），UN/EDIFACT 标准的主要内容有数据元目录 EDED、复合数据元目录、代码目录 EDCL、段目录 EDSD、标准报文格式 UNSM\应用语法规则（ISO9735）、语法应用指南、报文设计指南、贸易数据交换格式构成总览 UNCID 等 9 个方面。

2）RosettaNet 标准体系

RosettaNet 联盟是一个于 1998 年 2 月，由 40 个领先的 IT 企业发起创立的自筹资金、非营利性组织。目前，全球已有超过 500 家领先的电子元器件（Electronic Components，EC）、信息技术（Information Technology，IT）、半导体制造（Semiconductor Manufacturing，SM）企业，以及解决方案提供商（Solution Provider，SP）加入到 RosettaNet 联盟中。

RosettaNet 将其使命定义为驱动基于互联网商业标准的合作开发和迅速实施，创立一种能提供量化利益的和对全球高科技贸易网络至关重要的公共的语言和开放的电子商务流程。RosettaNet 从成立起致力于创造、实施并推动开放的电子商务流程标准。这些标准就好像电子商务中使用的共同语言，在全球范围内，把位于供应链上各个合作伙伴的业务流程有机地整合起来。

在 RosettaNet 组织里有 3 个核心：RosettaNetPIP、实施架构和词典。PIP 是系统对话的接口，定义了供应链伙伴之间的业务流程；实施架构用于制定信息交流的握手协议；而词典为供应链间的商务活动提供通用词汇，避免了术语混乱。

RosettaNet 标准是高技术行业标准化工作中最出色的成果之一，目前已被北美、欧洲和亚洲众多企业广泛采用。作为企业间 B2B 的信息交换标准，在 RosettaNet 标准的供应链管理委员会中包括了几乎所有的 IT 大企业，如 IBM、英特尔、思科、SUN、惠普、康柏、诺基亚、摩托罗拉，以及索尼、三星、西门子等，而目前 RosettaNet 标准已经获得了超过 400 家企业的支持，这 400 多家公司的全年营业总额达 1 万多亿美元，全球透过 RosettaNet 标准达成的交易量每月超过 2.4 万笔。

目前，美国等先进国家开始风行的 Rosettanet 物流联网标准有助于中小型企业更能轻而易举地融入大机构的物流体系。由于 Rosettanet 标准体系中有许多涉及仓储、运输的内容，所以特别适用于电子商务与物流的集成应用，只是目前 Rosettanet 标准体系仅仅涉及 IT、电子元器件（EC）和半导体（SM）三大高新技术行业，在很短时间内还无法在其他行业大规模推广应用。

3）ebXML 标准体系

ebXML 也是一种用来替代 EDI 的最新电子商务技术。虽然 EDI 的应用使企业之间的交易能大大减少时间、金钱和效率上的开销。但是由于 EDI 过于昂贵的成本，中小型的企业难以承受维护 VAN 的开销。所以才会出现在大型企业当中电子消息往来如梭，而在中小企业当中还是电话加传真的老式办公方法的现象。事实证明，在世界前 1000 强的企业当中，有 98%运用了 EDI，而在前 1000 强之外的公司中，使用 EDI 的比例却只有 5%。

ebXML 是基于 XML 标准的，其标准倡议是 1999 年 9 月提出来的。ebXML 的目标是"提供一种全球化的、开放的、基于 XML 的架构，使不同企业规模的用户之间的电子商务交换能够成功、安全和可靠地进行"。EbXML 的整个工作组被分为 8 个项目小组，分别为 ebXML 需求、商业过程方法、技术架构、核心组建、传输路由和打包、资源库、技术协调支持和市场教育。ebXML 每隔几个月都要推出草案，而且它是完全开放的。

全球商务促进委员会（Global Commerce Initiative，GCI）的所有成员企业在 2001 年 9 月就宣布将采用 ebXML 作为未来 B2B 电子商务的主要数据交换标准。目前，全球已有超过 85 万家公司准备采用 ebXML。这标志着 ebXML 正在从开发阶段走向最终的发布。当前，尽管 ebXML 标准尚需进一步完善，但它的健壮性和可用性已经得到充分的表现。贸易促进和电子商务中心（the United Nations Centre for Trade Facilitation and Electronic Business，UN/CEFACT）和结构化信息标准促进组织（Organization for the Advancement of Structured Information Standards，OASIS）组织也将为"全球商务互联网协议"（Global Commerce Internet Protocal，GCIP）提供技术基础架构，GCIP 是负责互联网通信和 B2B 商务互动的数据管理的协议，同时它也是 ebXML 能适用于未来 B2B 电子商务的重要证明。

ebXML 的技术体系结构尽可能使用了现存的标准，建立在 EDI 经验之上，并利用了 XML 的灵活性和互联网的普及性，整个体系结构是模块式的。

ebXML 标准体系同 EDIFACT 和 RosettaNet 标准体系一样，在工业界有很大的影响力，是解决企业间互操作问题的一个新途径，同时也可以对开展电子商务与物流集成应用起到积极的借鉴和参考作用。

4）其他相关技术标准

随着 20 世纪 90 年代互联网的逐步成熟和完善，尤其是 HTML 和 Web 技术的出现，基于互联网的电子商务技术得到飞速发展。1998 年，可扩展置标语言（extensible Markup language，XML）的诞生进一步丰富了信息交换技术，基于 XML 的信息交换技术已成为当今电子商务与应用集成的关键技术之一。XML 为企业应用集成提供了基于互联网的解决方案，它将商业规则从商业信息中分离出来，保留商业信息原有的结构和内容在各应用系统间进行存储和处理。XML 的灵活性在为各企业制定信息交换规则提供便利的同时，也带来了企业间各种不同交换规则间相互转换的麻烦。

为提高信息交换的效率、借鉴 EDI 标准规范的经验，有关公司、行业协会和国际标准化组织相继推出了一些基于 XML 的电子商务标准框架。这些标准框架的目标都是要通过互联网实现企业间高效、可互操作的信息交换和信息处理，其中比较典型的标准规范有 OBI、IOTP、eCo 框架、BizTalk、cXML、xCBL，如表 2-1 所示。

表 2-1 其他相关技术标准

| | |
|---|---|
| OBI | 互联网上的开放采购（Open Buying on the Internet，OBT）由 OBI 财团提出。该标准是一个互联网上针对 B2B 商务模式的开放式、稳定的标准框架 |
| IOTP | 互联网开放式贸易协议（Internet Open Trading Protocol，IOTP）由 Commerceone 提出。该标准为互联网商务提供互操作性框架 |
| eCo 框架 | eCo 框架主要由 CommerceNet 发起，主要研究电子商务互操作性，用来指导电子商务相关标准的制定。eCo 关注的重点是整合三类电子商务服务，它们是不同的数据资源库、多种的数据语义上的结合、安全的注册机制和智能化中介的网上购物 |
| BizTalk | BizTalk 是微软发起的电子商务 Schema 标准库。BizTalk 的结构使各个商业行业能够定义自己的 Schema，并提交到 biztalk.org 这个开放的门户进行注册。同时 BizTalk 制定了一些预先定义好的标记供使用，并且每个 Schema 必须遵守一些规则和有一些必有的元素和属性，只有这样才能生成一个标准的 BizTalk 消息 |
| cXML | cXML 主要由 Ariba 公司设计，是一套轻量级的 XML 文件类型定义集，并定义 B2B 交易所需的有关文件类型及相关格式，它很适用于采购交易 |
| xCBL | xCBL 由 Commerce One 提出，它是一套可扩展的、公共的文本模板库。CBL 在研究、分析各种 XML 文件格式的基础上建立一套公用的 XML 部件，并利用这套公用的 XML 部件在各种商务文件间进行转换从而到达在处理不同商务文件格式的系统之间信息的有效交换和处理 |

## 2.4 物流信息服务交换

物流信息服务交换通过架设一座连接众多服务提供方与海量服务需求方之间的桥梁，为用户提供一站式信息服务，从而实现跨区域、跨行业、跨部门物流信息的整合与共享。本节首先阐述了物流信息服务交换的概念和价值，其次介绍了物流信息服务交换技术与标准现状。在此基础上，分别设计了物流信息服务交换的网络架构、业务流程，对物流信息服务交换业务进行了分类，并建立了数据模型及服务函数。

### 2.4.1 概述

物流链上各个环节存在众多的各类信息系统，但是由于信息系统标准不一致，信息系统相互之间不能有效衔接，只能通过定制开发来获取各环节的物流信息服务，导致用户需要通过不同接口才能访问各个系统，而各个系统的服务分散，难以进行有效的数据共享，并且缺乏服务整合，难以实现物流链全程跟踪，因而造成了成本高、效率低的局面。因此，非常需要一体化的物流信息服务，实现全过程信息共享，提高物流链各业务环节的协作效率。

为达到上述目的，本书提出了物流信息服务交换的概念，其基本思想是，在一个分布式的开放环境中，通过信息服务的索引与指向，建立异构服务提供方与服务需求方之间的连接，为服务需求方提供可用的服务资源的信息，将异构的信息服务标准化，通过服务索引与路由功能，为用户提供一站式信息服务。物流信息服务交换过程，如图 2-5 所示。

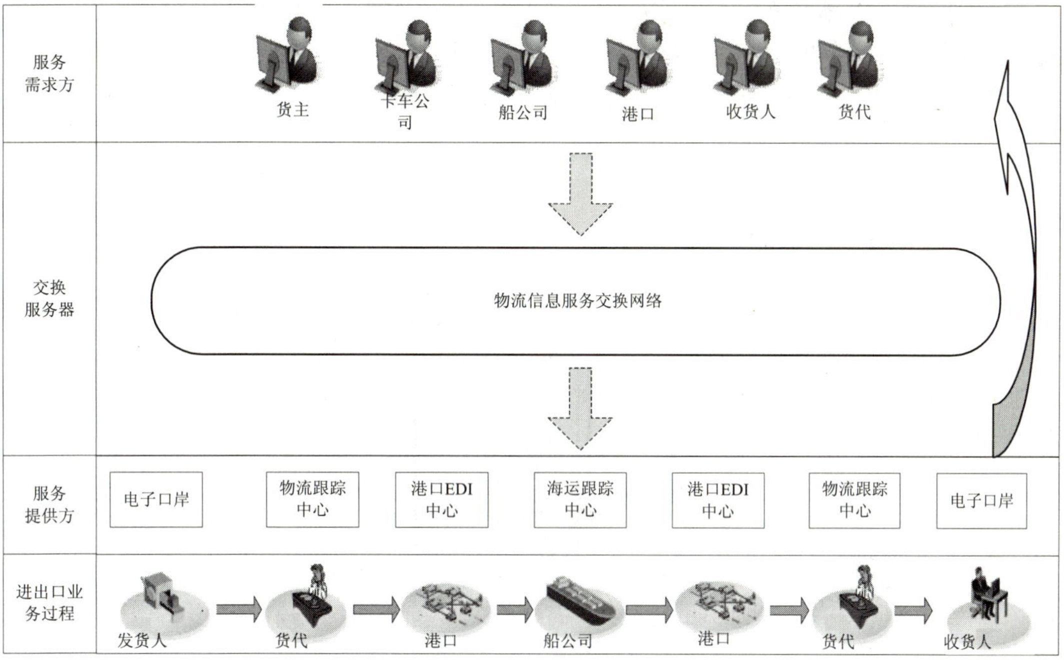


图 2-5　物流信息服务交换过程示意图

在物流领域，参与企业众多，每个企业均可能是物流信息服务的需求者，或者物流信息服务的提供者。信息服务提供者往往是分布式、异构的，并且功能千差万别，如港口、货代、船公司、卡车公司、生产企业、贸易企业、电子口岸、第四方物流企业、政府行政管理部门均能提供各种类型的物流信息服务，如车货交易、信用信息、GPS、船舶动态、集装箱状态、通关状态、船勤信息、交通公共信息、车辆卡信息、仓储信息、RFID 动态信息、视频监控信息、传感器监测信息、运政审批信息等。因此，物流信息服务交换模式在物流信息化领域具有重要的价值。

以 GPS 车辆跟踪为例，在实际物流运作过程中，物流公司将运输任务外包给一些运输公司、车队甚至个体户。每个运输公司由不同的专业 GPS 运营商提供车辆定位与跟踪服务。那么物流公司如何对隶属于不同运输公司的车辆进行实时跟踪与监控呢？

目前通常采用的两种办法是：

（1）各运输公司将相关车辆牌照号码、运营商网站、用户名、密码告诉物流公司，物流公司分别以人工的方式访问这些网站，查看各个车辆的定位信息。

（2）物流公司分别针对各个运营商的系统，开发不同的接口，实现与物流公司信息系统的系统集成，物流公司在自己的信息系统里的一个 GIS 界面上，查看各个车辆的定位信息。

显然，第一种方法主要依靠人工，方法原始，费时费力。第二种方法需要与每个运营商的系统定制开发一个接口，成本很高。

而采用物流信息服务交换模式，则只需要在众多 GPS 运营商与用户之间建立一个物流信息服务交换服务器。各个运营商将其能提供的标准化服务在交换服务器上进行注册，存入服务目录中。用户将标准化的服务请求发送给交换服务器。交换服务器在服务目录中搜索，找到与服务请求匹配的服务，并将服务请求发送给相关服务提供商。服务提供商收到服务请求后，进行处理，将服务数据发送给用户，具体如图 2-6 所示。

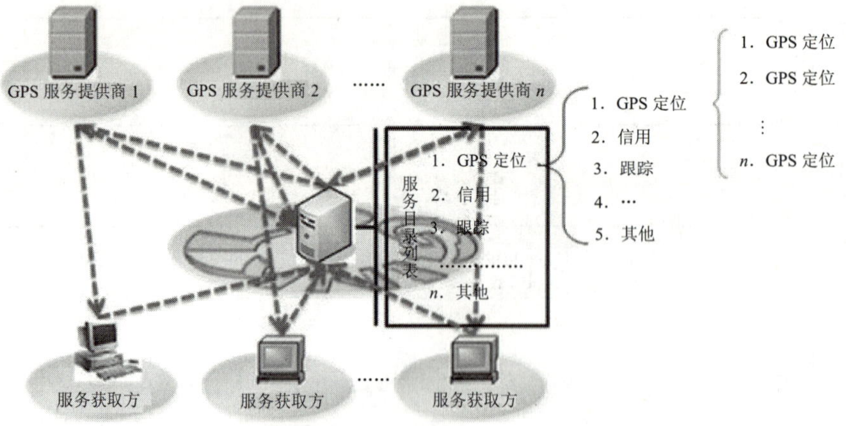


图 2-6　基于物流信息服务交换技术的 GPS 车辆跟踪

具体的过程如下。

1）服务发布

服务发布包括公布服务分类、发布每个服务函数。

2）服务注册

服务注册包括服务提供方注册服务、建立本地函数和标准函数对应表。

3）服务调用

服务调用包括按照标准函数发出服务申请、获取平台认证令牌、服务列表查找及函数转换、指向服务提供方。

4）服务获取

服务获取包括服务提供方确认用户、服务反馈。

物流信息服务交换在物流信息化领域的价值体现在以下 4 个方面。

（1）数据即财富，绝大多数信息服务提供方不愿意将数据一次性统一上传给大数据中心。在物流信息服务交换模式下，数据在信息服务提供方本地，只在需要时按物流信息服务需求方的查询条件提供相关数据，而不需要集中建立大数据中心。

（2）物流信息服务供需双方不需要开发大量异构的接口，只需要一个标准接口。

（3）提供一体化的物流信息服务，是实现物流全过程跟踪与供应链可视化的一个有效途径。

（4）拓展了物流信息服务需求方获取服务资源的范围，同时也扩大了物流信息服务提供方的客户范围与规模。

## 2.4.2　物流信息服务交换技术与标准现状

物流信息服务交换的本质是一种面向服务的系统集成，可以实现动态的应用集成和大范围的业务逻辑共享，这种目标是通过整合业务层服务来实现的，具体体现为一种对共享对象上“方法”的调用。这种“方法”通过一些基础设施服务为多个系统所共享，而且这种“方法”可以位于集中服务器、分布服务器、互联网上，并以标准的“Web 服务”机制来提供。

在国际上采用信息服务交换的理念获取远程服务的主要有 EPCglobal 的 EPC 技术体系，采用的标准规范主要有 GS1 的 TDS、ONS、EPCIS 等。它的基本思想是，采集 RFID 标签的数据，构建 EPCIS，并对外提供各类信息查询与订阅服务，其中 EPCIS 的信息服务地址是服务需求方通过 EPC 及 ONS 自动获取的。

在 EPC 架构中，服务的提供方是众多分布式的遵循 EPCIS 标准规范的 EPCIS，服务的需求方是广大企业用户的客户端，而连接服务需求方和服务提供方的是进行域名解析和服务路由的 ONS。

EPC 的一系列标准由 EPCglobal 小组负责实施，如图 2-7 所示，整个标准分识别、捕捉、交换三个层次，分别与 EPC 物联网的整个结构相一致。

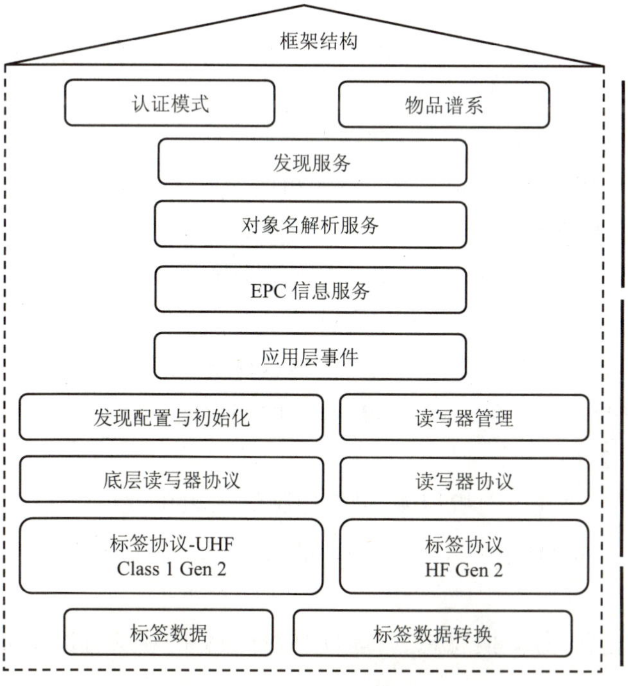


图 2-7　EPC 标准结构

EPC 框架结构标准是硬件、软件、数据接口及 EPC 物联网的核心服务等标准的结合，所有服务的目的在于通过 EPC 代码的使用，增强物流供应链的可视化。

EPCIS 是针对 RFID 特定应用的服务提供者，采用统一的系统结构，数据库中的数据也规范。但在物流信息领域中，各类信息服务系统无论是在系统架构上、数据结构上，还是在功能上均是异构的。因此，有必要将这种思想进行扩展，形成更普适的服务交换框架。因此，需要在参考 EPC 技术规范的基础上，针对更为普适意义的服务交换，研究制定服务交换技术标准规范。

在国内，百度的框计算（Box Computing）在一定程度上采用了信息服务交换的思想。

百度的框计算针对互联网搜索领域。用户只要在“框”中输入服务需求，系统就能明确识别这种需求，并将该需求分配给最优的内容资源或应用提供商处理，最终精准高效地返回给用户相匹配的结果。这种高度智能的互联网需求交互模式，以及“最简单可依赖”的信息交互实现机制与过程，称之为“框计算”。框计算最大的特色是强调前端用户需求的研究和响应。“框”是一个功能强大的需求收集器和分析器，实现对用户搜索需求的语义化识别，再通过平台化的汇聚，使整个互联网各领域对应的优质服务，与用户的海量需求相对接，给用户提供更直接的一站式互联网服务。

采用传统搜索方式，用户只能搜索网页信息，且只能获得“标题、摘要和结果链接”等自然搜索结果。框计算应用之后，除了传统网页信息搜索，像词典、计算器、日历、地图、列车时刻查询、天气查询、下载、登录等通过百度框查询也都能直接获得结果。另外，游戏、视频、视听、阅读、购物、理财、杀毒等各种应用也能通过百度框在线直接体验和使用。

基于框计算理念，百度陆续推出了百度数据开放平台、百度应用开放平台。百度数据开放平台以用户需求为导向，以“框计算”技术和理念为基础，通过与广大优质站点的数据开放对接合作，为用户实现“即搜即得”简单可依赖的便捷信息服务。百度应用开放平台以用户需求为导向，以“框计算”技术和理念为基础，通过与广大优质应用开发者或版权运营者开放对接合作，为用户实现“即搜即用”便捷的在线应用服务。目前，包括在线视听、在线杀毒、在线小游戏等部分应用已通过百度应用开放平台正式上线，和 400 多家合作伙伴实现了合作，覆盖人们出行、娱乐、商务、工作等生活的方方面面，每天响应一亿次的搜索请求，大幅提升了网民的搜索体验。

以百度数据开放平台为例，在 www.baidu.com 的搜索框中输入“北京司机招聘”，返回的搜索结果页面如图 2-8 所示。

单击第 4 条搜索结果“北京司机招聘 最新招聘信息 4699 条 百度招聘搜索”，会进入 http://opendata.baidu.com/zhaopin/页面，该页面提供了北京司机招聘的详细查询功能，如图 2-9 所示。

目前，国内采用信息服务交换思想远程获取信息服务的相关标准主要体现在 RFID 方面。

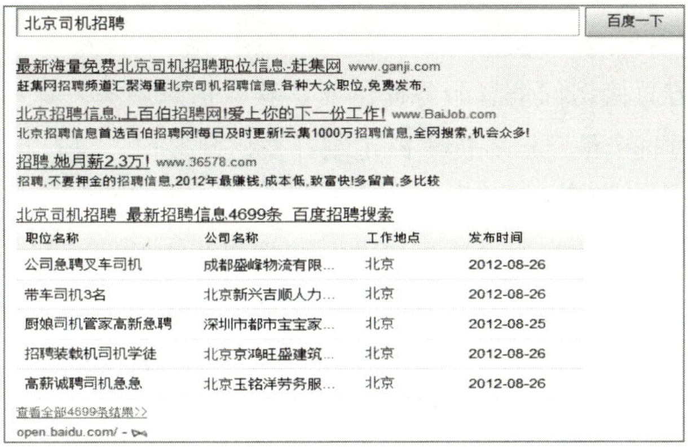


图 2-8　百度的招聘信息搜索结果

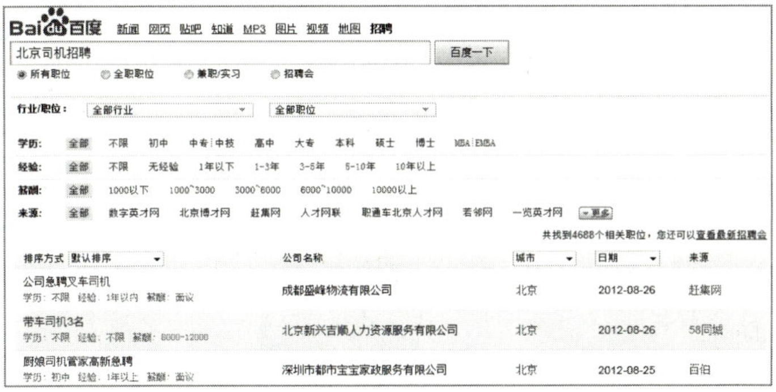


图 2-9　数据开放平台的招聘信息查询界面

2005 年 11 月 4 日，国家信息产业部成立了中国 RFID 产业联盟，12 月 2 日，成立了电子标签标准工作组，分为总体组、知识产权组、频率与通信组、标签与读写器组、数据格式组、信息安全组和应用组共 7 个工作组。

目前，电子标签标准工作组取得了初步的成果，已经进行了我国 RFID 标准体系研究、关键技术标准制定和若干应用标准制定，并初步制定了我国 RFID 标准体系。其中，与信息服务交换的相关标准有《基于射频识别标签的用于产品与服务域名规范》、《射频识别标签信息查询服务的网络架构技术规范》、《用于信息处理产品和服务数字标识格式规范》、《基于十进制网络的电子标签信息定位查询与服务发现技术规范》、《基于互联网的射频识别标签信息查询服务技术规范》。

然而，上述针对 RFID 的信息服务标准与规范仅限于 RFID 数据采集和服务应用的范畴，而对于异构物流信息服务系统的信息服务交换缺乏相应的技术和标准。

### 2.4.3　物流信息服务交换网络架构

#### 1. 传统信息服务方式

传统信息服务的方式主要有直接获取和信息服务整合运营商两种方式。

1）直接获取方式

信息服务需求方直接访问信息服务提供商，获取信息服务。这种方式的缺点是信息服务需求方需要针对每个信息服务提供商定制开发访问接口，进行点对点的访问。

2）信息服务整合运营商方式

物流信息服务整合运营商通过数据集中方式收集各方数据，存入大型数据库，并进行数据整合与处理，向用户提供一站式服务。这种方式的缺点是，数据集成的工作难度大，数据同步不及时，数据来源的范围较窄，并且平台的承载能力有限，容易超负荷。

## 2. 物流信息服务交换网络架构

1）胖网络方式

在物流信息服务交换模式下，各个信息服务提供方（如电子口岸、港口）首先将所提供的服务（如动态船期查询服务、信用查询服务、通关状态查询服务、车辆跟踪服务等）在物流信息服务交换平台上注册，由平台统一负责受理物流信息服务提供方的注册，并统一受理服务需求方的请求。平台收到请求后，在系统内部进行搜索，得到与该请求相关的物流服务提供方清单，并将服务请求转发给相关的物流服务提供方；服务提供方处理后，将服务数据返回平台，由平台处理后将服务数据转发给物流服务需求方。其网络架构如图 2-10 所示。

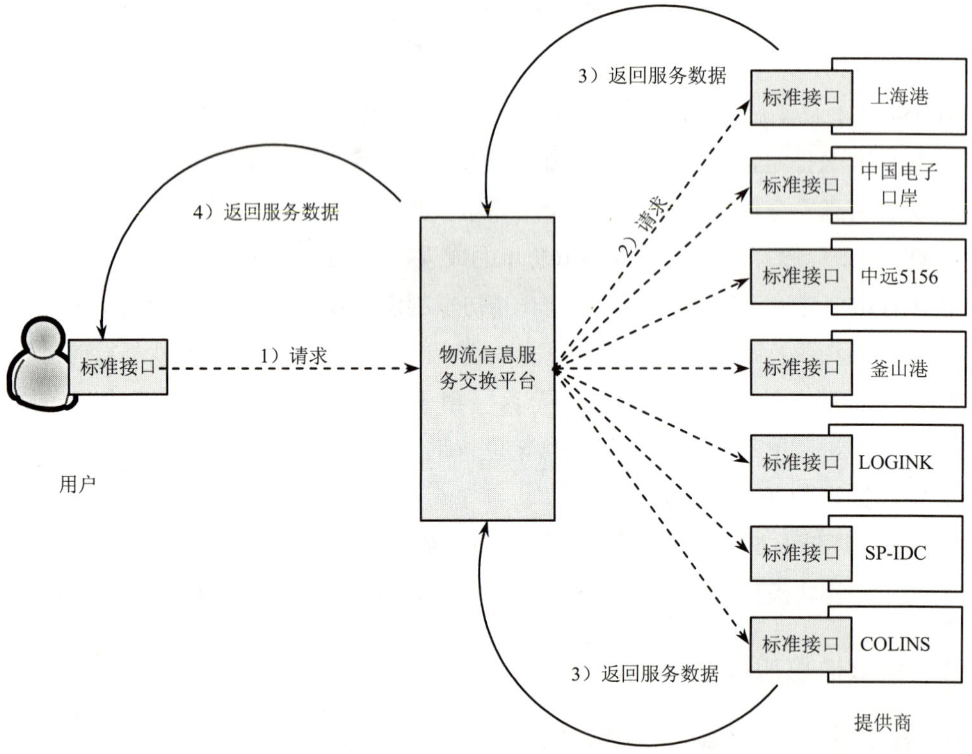


图 2-10　物流信息服务交换的胖模式网络架构

具体流程如下。

（1）服务发布。

物流信息服务交换平台向社会公布信息服务，包括信息服务类型、名称、信息服务的内容格式等。例如，采用 Web Services，则需要公布各信息服务的 WSDL（网络服务描述语言）。

（2）服务注册。

各个信息服务提供方（如电子口岸、港口）按照所公布的信息服务标准，将所提供的信息服务（如动态船期查询服务、信用查询服务、通关状态查询服务、车辆跟踪服务、库存优化决策支持服务等）在平台上注册，包括信息服务的名称、URL 地址等，并存入服务注册库。

（3）服务请求。

信息服务需求方按照所公布的信息服务标准向平台发送服务请求。例如，查询某个企业的信用，需求方的请求中一般包括信息服务的名称（企业信用查询）、企业名称、日期约束等。

（4）服务搜索。

平台收到请求后，若请求中未明确服务提供方，则在服务注册库中搜索，找到提供该项服务的服务提供方信息，按一定规则进行筛选。

（5）服务调用。

平台分别调用各服务提供方的信息服务，转发服务需求方的请求。服务提供方处理后，按照信息服务标准将结果返回平台。

（6）服务整合与响应。

平台对各服务提供方返回的数据按照信息服务标准进行整合处理，再返回给服务需求方。

这种网络架构的特点是，物流信息服务交换平台不仅负责信息服务地址的搜索，还作为中介实现数据传递。因此，对物流信息服务交换平台的数据传递和处理速度、可靠性、安全性要求比较高。百度的框计算及 LOGINK 均采用了这种模式。

2）*瘦网络方式*

平台收到请求后，在系统内部进行搜索，得到与该请求相关的物流信息服务提供方的信息服务地址，并将信息服务地址返回给信息服务需求方；信息服务需求方根据返回的信息服务地址，向相应的信息服务提供方提交请求；信息服务提供方收到请求后进行处理，向物流信息服务需求方返回服务数据。其网络架构如图 2-11 所示。

具体流程如下。

（1）平台服务发布。

物流信息服务交换平台向社会公布信息服务，包括信息服务类型、名称、信息服务的内容格式等。例如，采用 Web Services，则需要公布各信息服务的 WSDL。

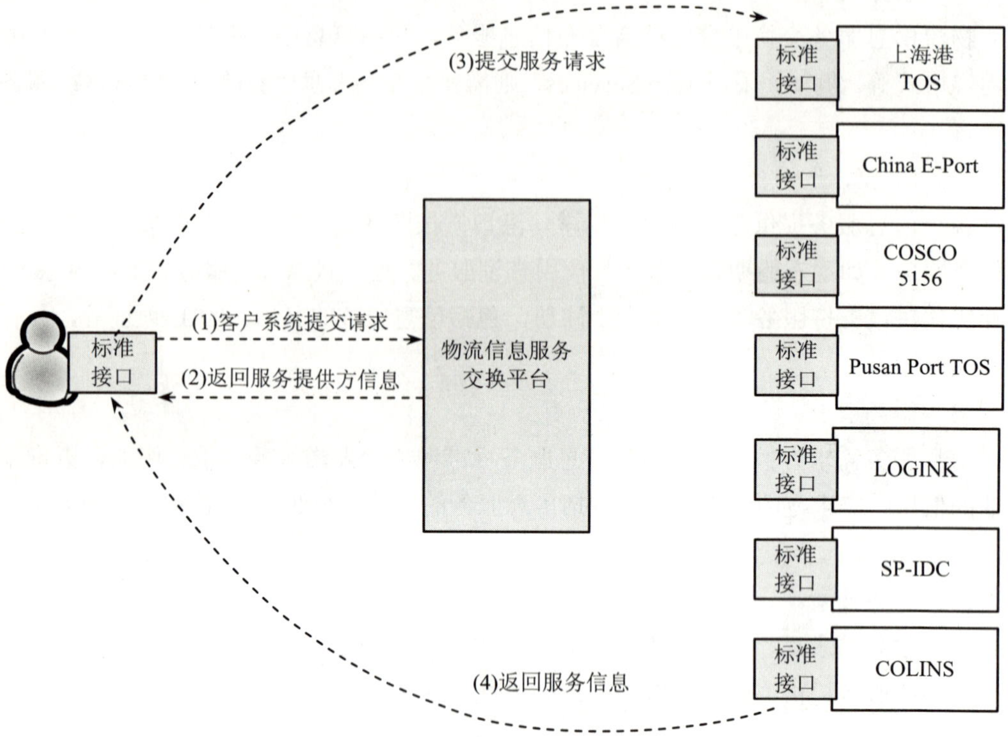


图 2-11　物流信息服务交换的瘦模式网络架构

（2）信息服务提供方的服务注册。

各个信息服务提供方（如电子口岸、港口）按照所公布的信息服务标准，将所提供的信息服务（如动态船期查询服务、信用查询服务、通关状态查询服务、车辆跟踪服务、库存优化决策支持服务等）在平台上注册，包括信息服务的名称、URL 地址等，并存入服务注册库。

（3）用户服务请求。

信息服务需求方按照所公布的信息服务标准向平台发送服务请求。例如，查询某个企业的信用，需求方的请求中一般包括信息服务的名称（企业信用查询）等。

（4）平台服务搜索。

平台收到请求后，若请求中未明确服务提供方，则在服务注册库中搜索，找到提供该项服务的信息服务提供方信息，按一定规则进行筛选后，返回给信息服务需求方。

（5）用户服务调用。

信息服务需求方分别调用各信息服务提供方的信息服务，发送详细的服务请求。信息服务提供方处理后，按照信息服务标准将服务数据返回给信息服务需求方。

在这种方式下，物流信息服务交换平台仅负责向用户提供信息服务地址，不参与具体的信息查询，因而数据的传递和处理量很低，网络的可靠性、安全性要求也不需要很高。显然，瘦网络方式采用的是集中目录式 P2P 架构，EPC 的网络架构即采用了这种模式。

在上述两种基本网络架构的基础上，还可以加以变化，如图 2-12 所示。

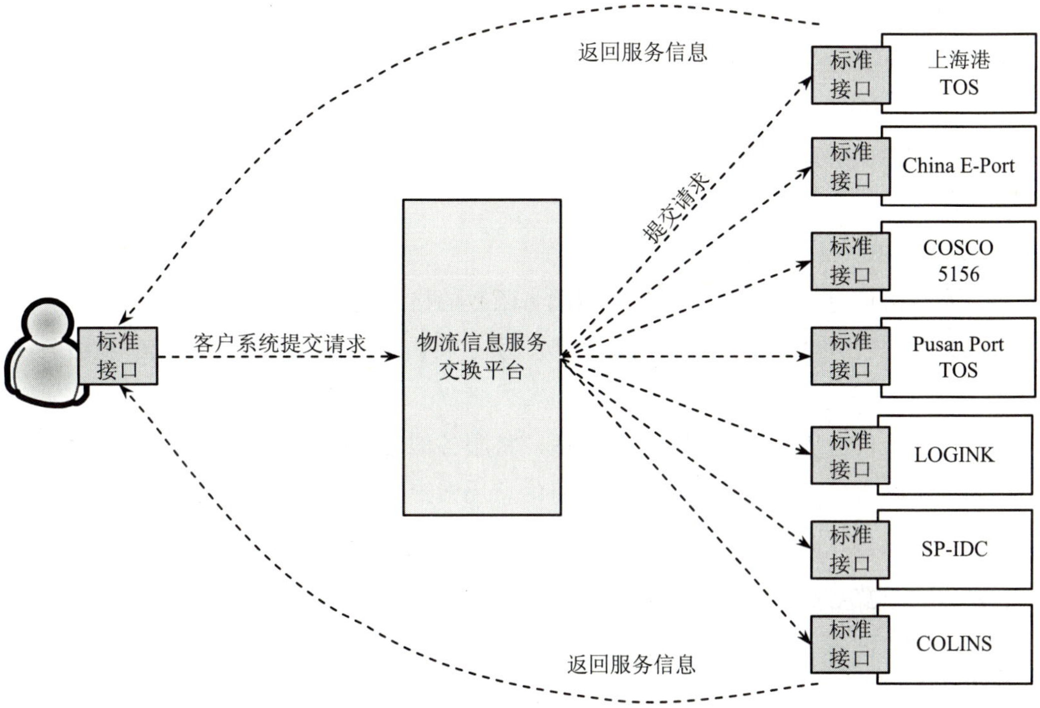


图 2-12　物流信息服务交换网络架构的变化形式

在图 2-12 中，平台在将服务请求转发给相关的物流服务提供方后，由它们直接向物流信息服务需求方提供各自的服务。在这种方式下，物流信息服务交换平台除负责信息服务地址的搜索外，还负责将用户的请求转发给相关服务提供商，但不负责响应信息的传递，从而大大减少了数据的传递和处理量。

对于上述几种服务索引方式，在实际的应用中究竟选择哪种，需要根据实际的需求、所采用的 IT 技术的特点，以及标准规范的难易程度来确定。

### 2.4.4　物流信息服务交换的业务流程

各个物流信息服务提供者将所提供的信息服务在物流信息服务交换平台上注册，由物流信息服务交换平台统一负责受理物流信息服务提供者的注册，并统一受理物流信息服务需求者的请求。物流信息服务交换平台在收到需求请求后，在系统内部进行搜索，得到与该请求相关的物流信息服务提供者清单，并将服务请求转发给相关的物流信息服务提供者。物流信息服务提供方收到服务请求后，进行处理，将服务数据直接发送给物流信息服务提供者，或者发送给物流信息服务交换平台，物流信息服务交换平台进行处理后，再发送给物流信息服务需求方。

### 1. 物流信息服务交换的基本业务流程

1）服务发布

物流信息服务交换平台公布服务分类，发布每个服务函数。

2）服务注册

物流信息服务提供方按照服务分类的要求将它的相关服务在物流信息服务交换平台上进行注册。

3）服务调用

（1）物流信息服务需求方按照特定服务函数的格式向平台提交请求消息。

（2）平台收到请求消息后，进行服务索引，将请求消息发给相关物流信息服务提供方。

（3）物流信息服务提供方进行处理后，将服务信息返回给平台。

（4）平台对信息进行处理整合后，将信息反馈给物流信息服务需求方。

（5）如果是订阅服务，订阅数据由物流信息服务提供方直接推送给用户。

### 2. 物流信息服务交换业务流程示例

下面以瘦网络为例说明上述过程。

1）通关信息查询服务

我国通关系统可以提供“一关三检”口岸执法状态信息的查询服务，如电子申报、电子审单、人工审单、现场接单、单证放行、货物结关 6 个通过状态信息服务，以及危险货物装载信息查询服务等。海关或海事部门按照平台的标准，将通关信息查询服务发布到物流信息服务交换平台上，统一为用户提供通关信息查询服务。

以某个从事多式联运的货代，通过物流信息服务交换平台获取货物的通关状态为例，说明服务发布和调用场景的基本流程，如图 2-13 所示。

（1）物流信息服务交换平台发布服务目录列表和信息服务交换接口。

（2）China E-PORT 根据自身系统能够提供的服务种类在平台上注册服务提供商信息及服务种类。

（3）货代根据平台发布的服务目录列表和信息服务交换接口对自身软件进行接口改造。

（4）货代向平台发出查询货物通关信息查询服务提供方信息的申请。

（5）平台接收到该货代企业查询请求后，在服务目录列表中查询到该服务提供方的信息（包括连接方式、安全认证方式），例如为 China E-PORT，然后将 China E-PORT 的注册信息返回给货代企业。

（6）货代企业按照返回的 China E-PORT 的注册信息向 China E-PORT 发出货物通关信息查询服务申请。

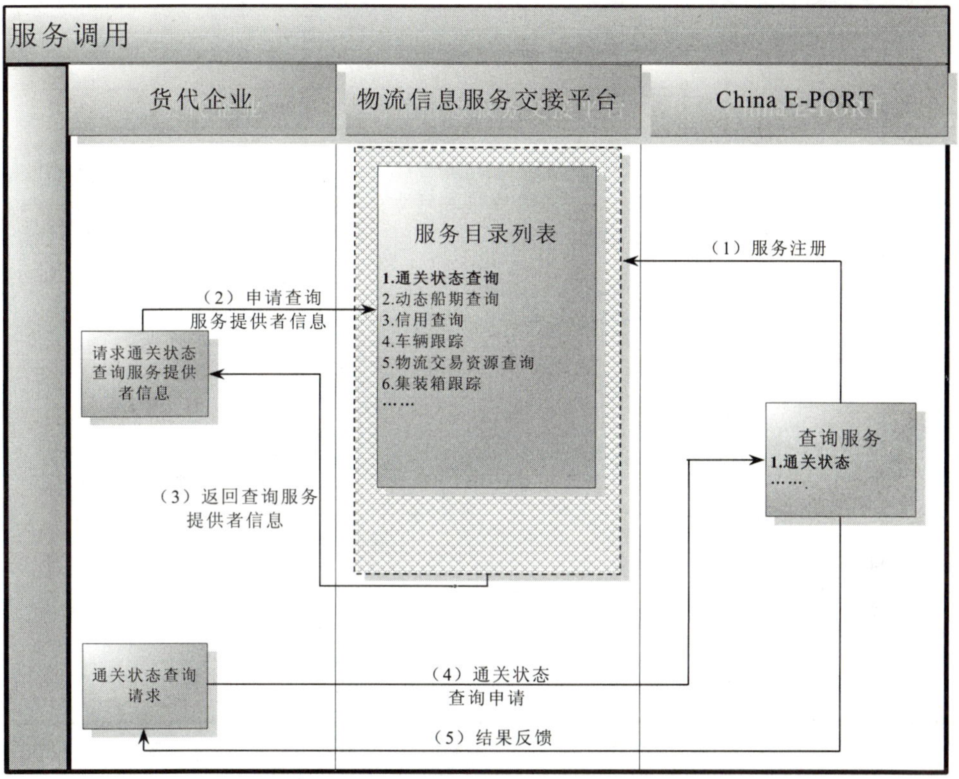


图 2-13　基于物流信息服务交换的通关状态信息查询服务

（7）China E-PORT 根据查询请求进行查找，并将查询结果反馈给货代企业。

2）集装箱跟踪服务

跨国的集装箱运输跨越多个环节，涉及多个角色，包括发货人、货代、船代、码头、拖车公司、船公司、海关、国检、国税、外管局、保险公司、运输公司、仓储公司等，这些角色的信息系统可以提供业务范围内的物流单证的跟踪服务，如托运单、运输作业单、装箱单、订舱单、提单的状态跟踪服务。另外，还有一些专业的系统，如 RFID 系统、GPS 系统等实现对车辆和集装箱位置的动态跟踪服务。港口、物流园区、船公司、集装箱场站等集装箱信息服务提供商将各自提供的信息服务，按照标准化改造后，在物流信息服务交换平台上进行注册。物流信息服务需求方可以调用这些服务，并通过对这些服务的整合就可以实现对集装箱运输的全过程跟踪。

以中、日、韩集装箱跟踪为例，LOGINK、COLINS、SP-IDC 均可作为运营商提供中、日、韩集装箱跟踪服务。LOGINK、COLINS、SP-IDC 在现有资源的基础上，通过物流信息服务交换平台获取港口、海关、船公司、货代、道路运输企业等各个物流跟踪服务系统中的集装箱状态信息，并进行整合，为用户提供集装箱全过程跟踪服务。

其工作过程如图 2-14 所示。

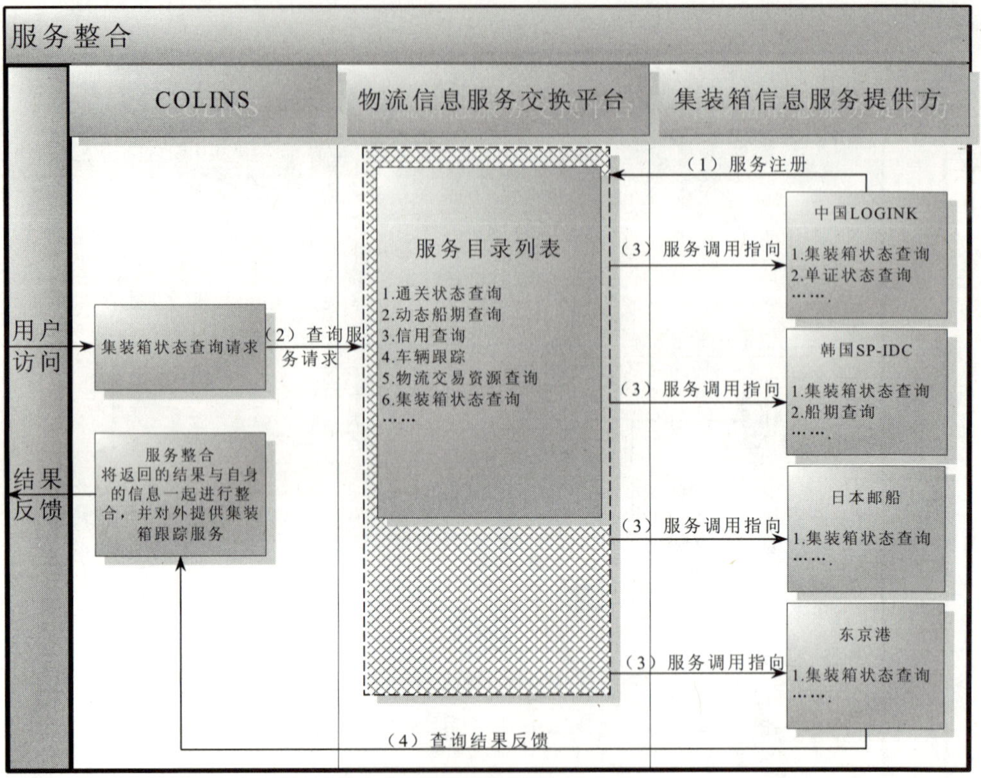


图 2-14 基于物流信息服务交换的集装箱跟踪服务

（1）LOGINK、SP-IDC、日本邮船、东京港分别将所提供的信息服务在平台上进行注册。

（2）日本货代向 COLINS 提交集装箱状态查询请求。

（3）COLINS 向平台提交集装箱状态查询请求。

（4）平台在服务目录列表中查询，得到提供该项物流信息服务的提供商，如 LOGINK、SP-IDC、日本邮船、东京港。

（5）COLINS 将该查询请求分别转发给相应的物流信息服务的提供商。

（6）LOGINK、SP-IDC、日本邮船、东京港等根据查询请求分别进行查询，并将查询结果发送给 COLINS。

（7）COLINS 将返回的结果与自身的信息一起进行整合、处理，然后反馈给日本货代。

## 2.4.5 物流信息服务交换业务分类

按照物流信息服务交换的功能分为数据服务和应用服务两种类型。

### 1. 数据服务

数据服务是指信息服务提供商根据用户的需求对自己的数据实体进行查询、提取、聚合等操作，将数据结果集返回给用户。

1）查询服务

查询业务是指服务需求方在提交查询条件以后即时得到查询结果。当需求方在查询条件中不明确提供方时，则为轮询，即服务交换中心向支持该项服务的所有服务提供方进行轮询。例如，车辆单点定位查询、历史运行查询、企业信用查询等。

2）订阅服务

订阅业务是指服务需求方提交查询条件、同时提交订阅触发条件后，服务提供方根据订阅触发条件，多次主动推送返回查询结果。此服务包括订阅服务设置、订阅数据推送、订阅服务取消 3 个步骤。

（1）订阅服务设置：设置订阅触发条件及查询条件。例如，在设置车辆定位事件通知服务、设置单车连续定位服务中订阅设置条件包括定时器和触发器两种方式。

定时器方式是服务提供方每隔一定的时间，主动推送返回一个查询结果，例如，每隔 1 小时就主动推送返回一个查询结果。

触发器方式是服务提供方对数据进行监控，一旦满足触发条件（例如，集装箱状态发生变化），就主动推送返回一个查询结果。

（2）订阅数据推送：服务提供方向需求方推送所订阅的数据，例如，车辆定位事件通知、车辆连续跟踪服务要求服务调用方拥有固定的 URI 地址。

（3）订阅服务取消：取消先前所订阅的服务。例如，取消车辆定位事件通知服务、取消单车连续定位服务。如果在订阅设置时，设置了订阅服务的时长或期限，则到期订阅自动取消，无须需求方进行订阅服务取消操作。

### 2. 应用服务

应用服务是指信息服务提供商根据用户的需求调用自己的应用服务，将处理结果返回给用户。

以库存优化服务为例，用户按照标准格式将相关参量（单位成本、需求特征、目标服务水平等）提交给服务提供商，调用库存优化服务进行优化后，将结果（如订货点、订货量、安全库存水平等）以标准格式返回给用户。

# 第3章 智慧物流信息交换业务分析

## 内容提要

在供应链的业务运作过程中，存在大量跨企业的物流信息交换业务，从而构成了一张复杂的巨型物流信息传递网络。为了尽可能地向读者清晰地描述这张复杂的网络，本章化繁为简，首先从运输方式的角度分别描述公路、铁路、水路、航空四种运输方式下的典型物流数据交换场景、互联对象和互联内容，并给出各互联对象的信息交换接口需求。其次，介绍了基于物流信息服务交换的物流信用、物流跟踪信息服务。最后，以物流园区为例，阐述物流园区与其互联对象之间的物流数据交换和物流信息服务交换业务。

## 本章重点

- 道路运输信息交换业务分析
- 水路运输信息交换业务分析
- 运单跟踪服务基本原理
- 供应链事件管理实现原理
- 物流园区信息交换业务分析

在供应链的业务运作过程中，存在大量跨企业的物流相关单证交换业务。一票进出口业务，往往会涉及工商企业、货代、道路运输企业、仓储企业、物流园区、港口、船公司、船代、机场、航空公司、铁路、海关、银行、保险等众多单位。这些单位之间需要传递如托运单、订舱单、报关单、出入库单、装箱单、设备交接单、派车单、理货单等大量单据，从而构成了一张复杂的巨型单证传递网络。随着物流信息化的不断推进，供应链物流参与方越来越迫切地需要数据共享，以提高各自的操作效率和降低成本。而在智慧物流信息网络的支撑下，各货主、货代、船公司、道路运输、仓储等系统可以实现电子单据的无缝对接，供应链物流参与方可实现多客户角色的信息高速传递和共享。

此外，在供应链中，供应链成员除了需要交换单证信息外，还需要获取或提供各种物流信息服务，如物流企业与车辆的信用信息、船舶动态信息、道路路况信息、车辆状态信息、运价信息等，这些信息均可以采用物流信息服务交换模式实现共享。

## 3.1　道路运输信息交换

本节从道路运输的角度描述物流数据交换场景、互联对象和互联内容，并给出各互联对象的信息交换接口需求。

### 3.1.1　交换对象与内容

道路运输是现代物流的一项典型业务功能，一般涉及货主、收货人、道路运输企业、仓储企业等多个单位。在企业的应用实践中，道路运输过程中的基本业务流程不尽相同，所带来的信息交换场景也有所变化。本节着重分析托运方与承运方互联、运输企业间互联两种典型的应用场景。道路运输过程中的互联对象如图 3-1 所示。

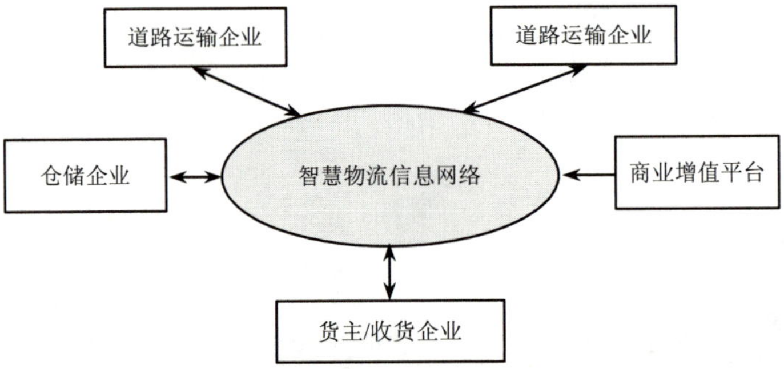


图 3-1　道路运输过程中的互联对象

道路运输互联应用主要以道路运输企业为主体，通过改造道路运输企业信息系统，实现道路运输企业与以下几类对象的信息系统互联。

（1）托运方与承运方互联，实现货物托运、运输状态、签收及费用结算等信息的互联与共享。

（2）运输企业间互联，实现货物操作要求、操作状态反馈、费用结算等信息的互联与共享。

## 3.1.2　交换场景与流程

### 1. 托运方与承运方互联场景

托运方与承运方之间的互联场景的业务流程主要适用于运输业务的托运方与承运方之间关于运输需求和运输状态反馈的信息互联，主要涉及的单据包括普通运输预约单、普通运输派车单、普通运输托运单、普通运输状态变化单和普通运输回执单。参考流程如图 3-2 所示。

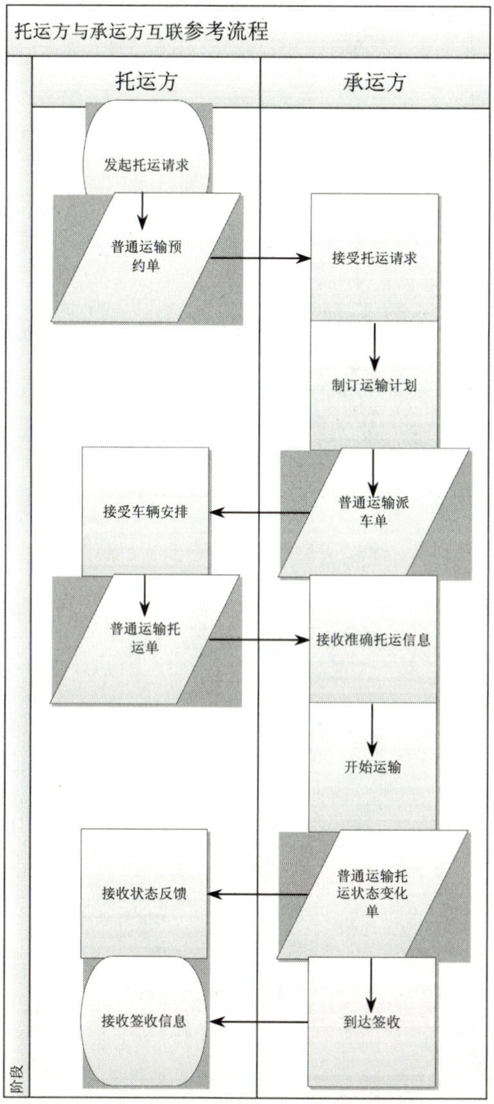


图 3-2　托运方与承运方参考流程

托运方与承运方之间的互联包含了多种可能的业务场景，包括货主与承运方之间的信息互联；承运方委外业务（各级承运商之间）的信息互联；部分仓储与运输企业之间的信息互联等。

### 2. 运输企业间的互联场景

运输企业间的互联场景的业务流程主要适用于合作完成一项运输业务的运输企业（站点）之间的关于运输需求和运输状态反馈的信息互联，主要涉及的单据包括货物交接单、运输状态变化单、运输回执单、费用结算单等。该流程主要适用于物流联盟内各合作企业之间、零担货运中各站点之间的业务协作。参考流程如图 3-3 所示。

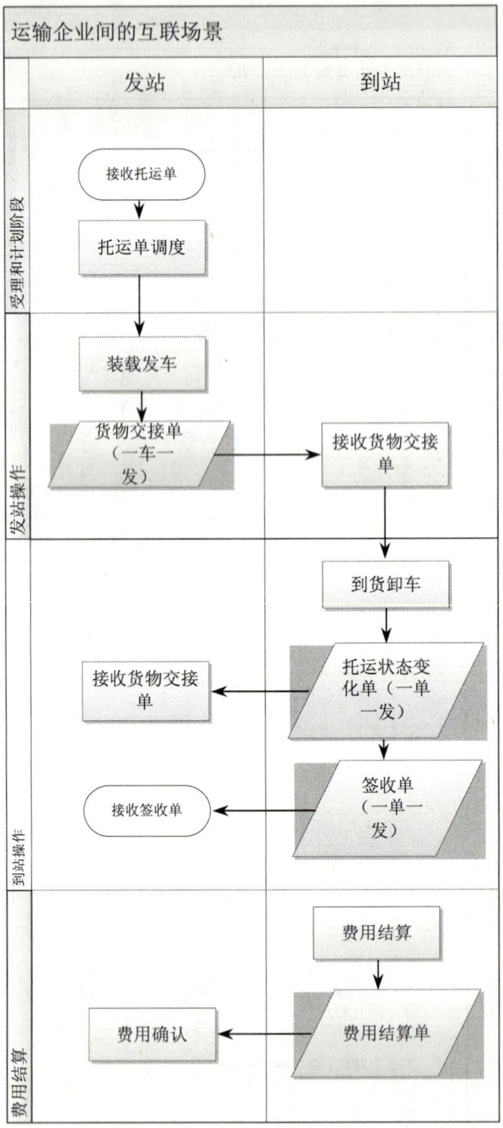


图 3-3　运输企业间参考流程

### 3.1.3　交换电子单证

为实现与货主，以及其他道路运输企业之间的信息交换，道路运输企业需要在其信息系统中配备相关信息交换接口，接口需求如表 3-1 所示。

表 3-1　道路运输企业交换电子单证表

| 序　　号 | 单证名称 | 单证/接口说明 |
|---|---|---|
| 1 | 普通运输预约单 | 托运方向承运方下达货物运输计划，向承运方发送预约单 |
| 2 | 普通运输派车单 | 承运方根据托运需求，制订运输计划，并生成派车单后，发送给托运方告知运输计划 |
| 3 | 普通运输托运单 | 托运方向承运方下达正式货物运输要求，向承运方发送托运单 |
| 4 | 普通运输托运状态变化单 | 承运方向托运方回传司机反馈的节点状态信息 |
| 5 | 普通运输回执单 | 承运方将签收信息及时反馈给托运方 |
| 6 | 普通货物交接单 | 运输企业（站点）之间的货物交接单，一车一发 |
| 7 | 对账单 | 运输企业（站点）之间的费用对账单 |

## 3.2　水路运输信息交换

港口是水路运输的核心实体节点，也是信息交汇的枢纽，本节围绕港口来描述水路运输过程中的物流数据交换场景、互联对象和互联内容，并给出各互联对象的信息交换接口需求。

### 3.2.1　交换对象与内容

港口需重点实现与以下几类对象的信息系统互联。

（1）与进出口相关物流企业互联，实现与货代、集卡、仓储企业等主体的互联，主要提供仓储、回程车、车源货源、海运报价等信息服务。

（2）与公共信息服务平台互联，主要实现进出口物流企业的基本信息、车货源信息、货物跟踪信息、行业动态信息等信息的共享应用，同时实现与物流金融平台、电子商务平台等商业增值平台之间物流相关信息的共享应用。

（3）与行业主管部门信息系统互联，企业可调用行业监管数据，同时和交通运输、海关、质检、税务工商等部门的业务系统互联，实现集装箱进出港区、人车户信用信息等信息的共享和调用，同时企业可以获取行业管理信息、通关检验状态等政府服务信息。

以港口为核心的国际供应链信息互联主要实现的是外贸企业、货代企业与多承运方之间物流信息的交换，如图 3-4 所示。通过智慧物流信息网络，可以实现货物订舱信息、物流运输信息、回单信息、报关信息等由传统的纸质方式向电子化方式的转变。

在国际供应链中，国际货物代理公司处于关键环节，它是联系承运人、集装箱运输单位/仓储企业、海关的一个纽带，为货主提供专业的进出口服务，简便货主进出口货物过程。

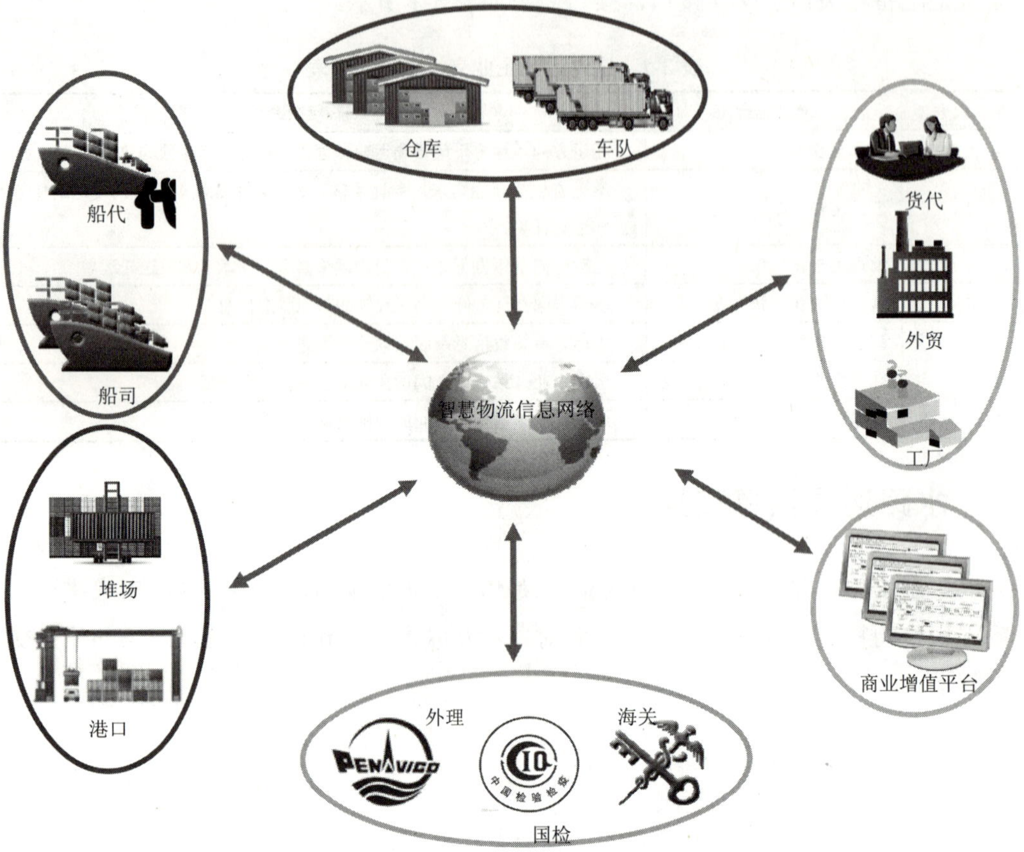


图 3-4　水路运输过程中的互联对象

## 3.2.2　交换场景与流程

水路运输方式下典型的物流信息互联场景主要包括询价与订舱场景、集装箱操作场景、联检单位互联场景。

### 1. 询价与订舱场景

具备进出口申报资格的工商企业按照货物买方的需求在规定时间内向多家国际货代询价，并委托心仪的国际货代向船公司订舱。

在询价阶段，各货代及船公司发布船期和运价，货主（外贸企业或二级货代）查询船期及运价并根据业务情况选定船期和货代。

在订舱阶段，货主（外贸企业或二级货代）向选定的货代发送订舱委托单，正式进行运输委托。货代收到货主的订舱委托，审核确认后，向船公司发送订舱委托单。货代在此过程中可能进行拼箱操作，将多个货主的委托合并成一个订舱委托发给船公司。船公司收到订舱委托后进行审核确认，反馈订舱确认单。货代收到船公司的订舱确认单后向货主（外贸企业或二级货代）发送配仓回单，确认成功完成订舱。

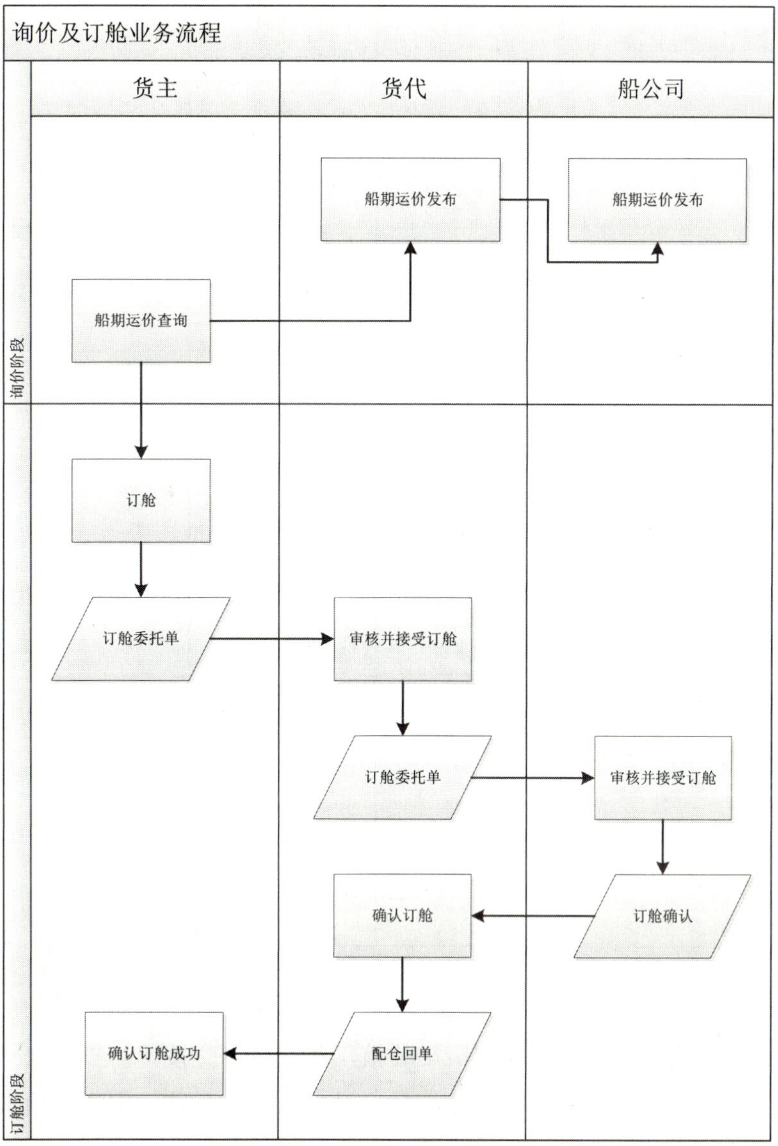


图 3-5　询价与订舱业务流程

## 2. 集装箱操作场景

集装箱操作场景在国际集装箱运输中可分为企业装箱服务和仓储装箱服务两个场景。

场景 1：企业装箱服务，即国际集装箱运输企业从港口集装箱堆场提取空箱到工商企业处装货后重箱进港，业务流程如图 3-6 所示。

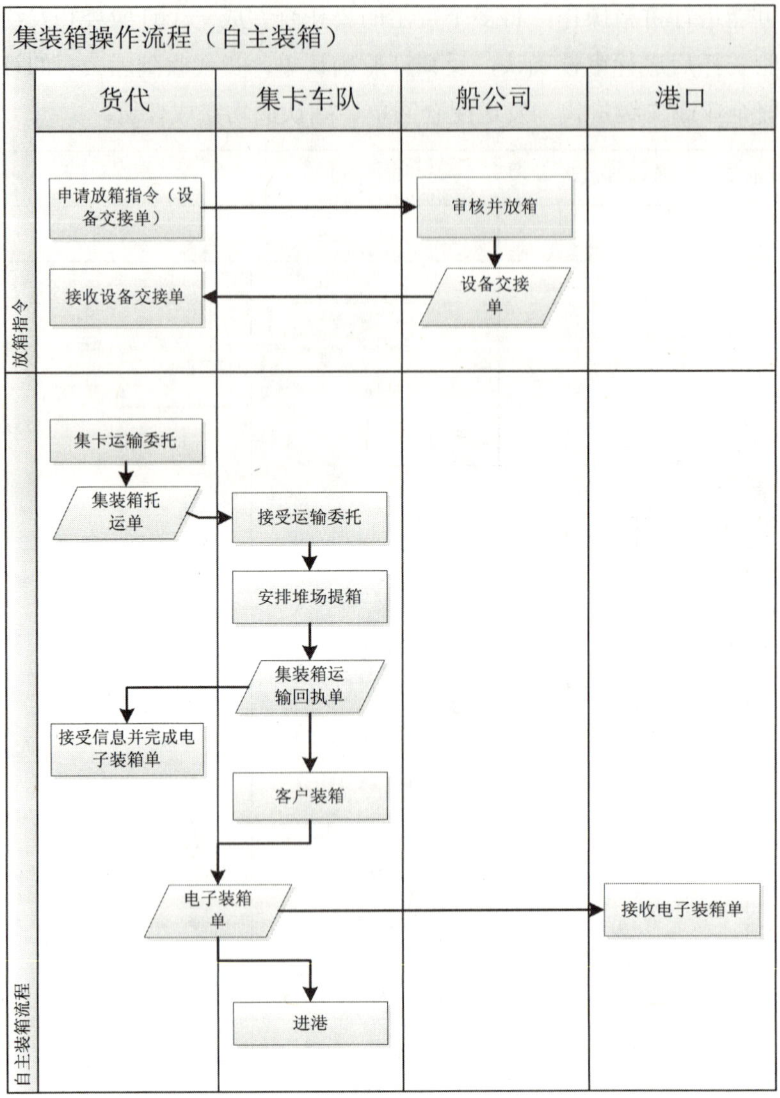


图 3-6　企业装箱服务业务流程

该流程主要包括货代向船公司申请集装箱，获取设备交接单；货代向集卡车队指派运输任务，集卡车队去堆场提箱后反馈箱号、封号；集卡车队运送集装箱去客户门点装箱，装箱完成后形成电子装箱单发送港区；最后运送重箱进入港口。

场景 2：仓储装箱服务，即工商企业自行将货物送至国际货代指定仓库后由仓库组织装箱并进港，业务流程如图 3-7 所示。

该流程主要包括货代向船公司申请集装箱，获取设备交接单；货代向装箱仓储发进仓通知单，仓储接到通知之后安排车辆去堆场提箱，同时准备接收货物进仓；进仓完成后反馈进仓明细到货代，货代根据进仓情况，安排装箱计划并发出出仓通知单；仓储根据出仓通知单装箱并反馈出仓明细；货代接收出仓明细后准备电子装箱单发送港区；最后仓储安排车辆运送重箱进入港口。

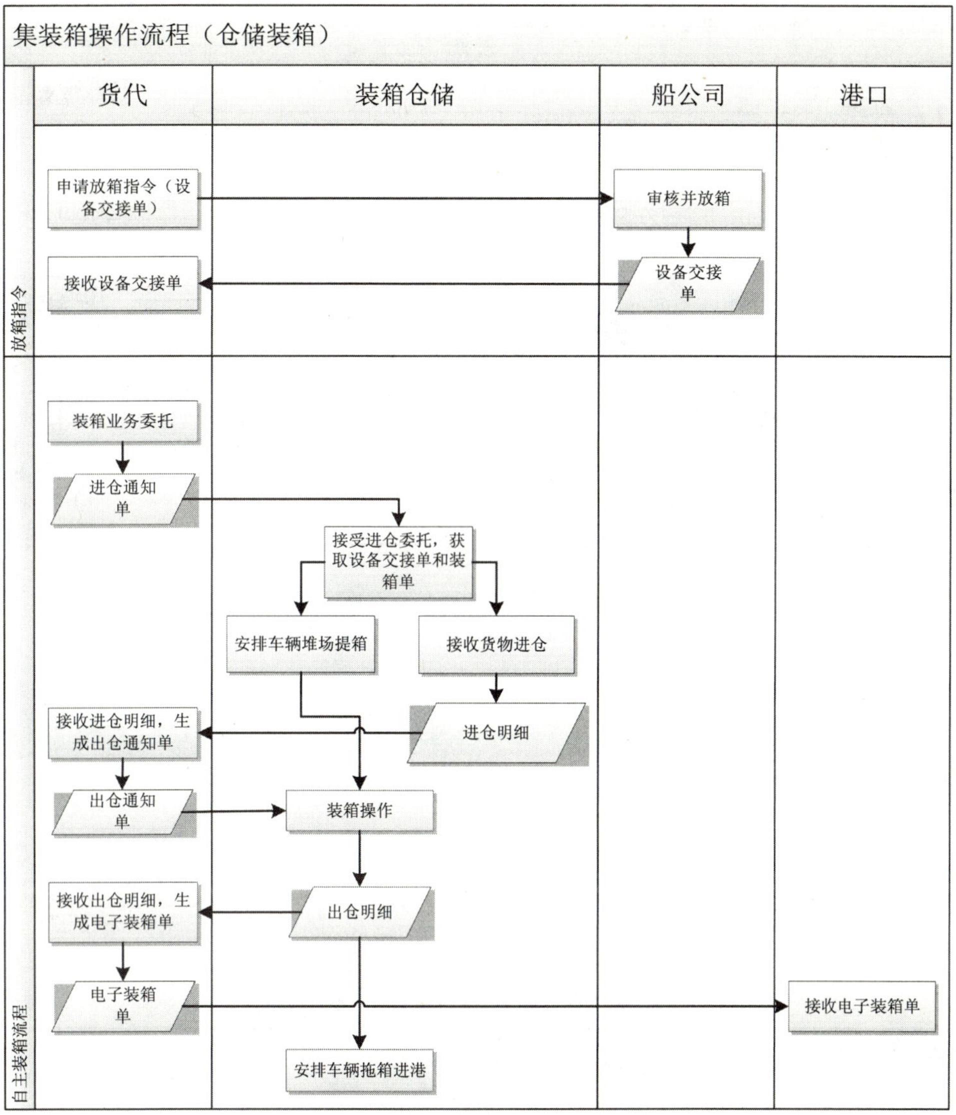


图 3-7　仓储装箱服务业务流程

### 3．联检单位互联场景

国际港口运输行业监管信息主要包含国际物流企业与海关、商检港口间业务单据流转和港口集装箱动态信息、船舶动态信息、货物通关状态信息查询等。这些信息通过智慧物流信息网络以数据交换的方式上报至行业主管部门，主要的互联场景如下。

场景 1：国际货代企业将新舱单、电子装箱单发给港区，用于港区检测集装箱进港信息比对。

场景 2：国际货代将集装箱预配信息通过船代转发给海关，用于海关检查集装箱货物申报信息。

行业监管信息如图 3-8 所示。

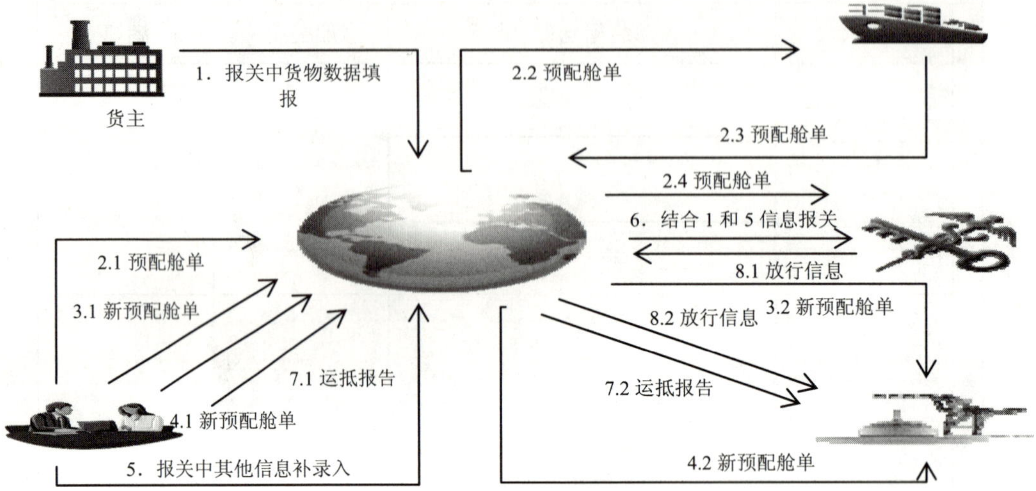


图 3.8　行业监管信息交换

### 3.2.3　交换电子单证

#### 1．国际货代管理信息系统接口需求

国际货代企业通过智慧物流信息网络与相关业务方，如集装箱运输企业、国际仓储企业、国际货代企业及船公司之间进行业务单据往来，同时，通过智慧物流信息网络查询相关货物、单据跟踪信息，具体接口如表 3-2 所示。

**表 3-2　国际货代接口需求表**

| 序号 | 国际物流阶段 | 单证/接口名称 | | 单证/接口说明 |
|---|---|---|---|---|
| 1 | 接单订舱 | 静态船期查询 | 班轮计划查询接口 | 集装箱班轮计划信息查询，以便安排出货时间 |
| 2 | 接单订舱 | 运价 | 单票运输价格查询接口 | 单票运输费用查询，以便核实物流成本 |
| 3 | | | 运输价格上传接口 | 国际货代发布有优势运价供有需要的企业查询 |
| 4 | | 订舱委托书 | 一级货代向船公司订舱接口 | 有订舱资格的国际货代企业向船公司订舱的单证 |
| 5 | | | 一级货代向船代订舱接口 | 有订舱资格的国际货代企业向船舶代理公司订舱的单证 |
| 6 | | | 货主、二级货代向一级货代订舱接口 | 货主或二级货代等委托一级国际货代托单的电子单证 |

续表

| 序号 | 国际物流阶段 | 单证/接口名称 | | 单证/接口说明 |
|---|---|---|---|---|
| 7 | | 配舱回单 | 船公司发给一代订舱确认信息接口 | 船公司发给国际货代关于确认订舱的信息，主要是配载船舶的基础信息，如船名、航次、提单号、中转港等 |
| 8 | | | 一代发给二代、货主订舱确认信息接口 | 货运代理根据运力、航线等具体情况，对运输委托方的货代托运单进行反馈，反馈内容包括对运输委托的受理确认，以及具体运输安排如船名、航次、装货港、卸货港等信息 |
| 9 | | 预配舱单 | 一代发给船代预计配船信息接口 | 国际货代在货物进港前将货物及船舶向对应的基本信息发给船舶代理 |
| 10 | | 新预配舱单 | 一代发给港区预计配船信息接口 | 海关 172 号令要求国际货代需在货物进港前将货物及船舶向对应的基本信息发给港区代理 |
| 11 | | 清洁舱单 | 船代发给海关装船货物清单接口 | 船舶代理将整船货物信息及向对应的船舶信息发给海关 |
| 12 | | 设备交接单 | 船代（公司）发给堆场放箱指令接口 | 船舶代理或船公司将放箱指令发给指定堆场，说明需放箱型、接收货代等信息 |
| 13 | 接单订舱 | 设备交接单 | 船代（公司）发给堆场放箱指令接口 | 船舶代理或船公司将放箱指令发给指定堆场，说明需放箱型、接收货代等信息 |
| 14 | | | 船代（公司）转交给货代放箱信息接口 | 船舶代理或船代将放箱指令发给订舱货代，说明放箱堆场、所放箱型等信息 |
| 15 | | 装箱单 | 货代交给集装箱运输企业、仓储企业装箱信息接口 | 国际货代将装箱单发给被委托的集装箱运输企业、仓储企业，说明装箱要求及相应船舶等信息 |
| 16 | 装箱进港 | 运输委托单 | 货代发给集装箱运输企业的委托运输指令接口 | 制造企业、商贸企业、货代企业等委托国际集装箱道路运输企业运输的电子单证 |
| 17 | | 确认单 | 集装箱运输企业发给货代确认拖卡业务的接口 | 国际集装箱道路运输企业在收到托运单后，将确认信息反馈给制造企业、商贸企业、货代企业等电子单证格式 |
| 18 | | 派车单 | 集装箱运输企业发给货代所派驾驶员信息的接口 | 国际集装箱道路运输企业有委托任务时，安排车辆运输，形成派车信息，并发送给国际货代等单位的电子单证格式 |
| 19 | | 运输回执 | 集装箱运输企业发给货代集装箱信息的接口 | 国际集装箱道路运输企业在出口业务中，获取箱号和封号后，将运输回执信息反馈国际货代等单位的电子单据格式 |
| 20 | | 进仓通知单 | 货代发给仓储货物进仓委托的接口 | 国际货代等单位有货物入库时，向 CFS（Container Freight Station，集装箱货运站）仓库发出入库通知的电子单证 |
| 21 | 装箱进港 | 入库明细 | 仓储发给货代货物进仓明细的接口 | CFS 仓库在货物入库后，将入库信息反馈给国际货代等单位的电子单证 |
| 22 | | 出仓通知单 | 货代发给仓储货物出仓装箱委托的接口 | 国际货代等单位有货物需要出库时，向 CFS 仓库单位发出出库通知的电子单证，主要包括货物、集装箱和运输等信息 |
| 23 | 装箱进港 | 出库明细 | 仓储发给货代货物出仓装箱明细的接口 | CFS 仓库等单位在货物出库完毕后，将实际出库信息反馈给国际货代等单位的电子单证 |

续表

| 序号 | 国际物流阶段 | 单证/接口名称 | | 单证/接口说明 |
|---|---|---|---|---|
| 24 | | 电子装箱单 | 货代发给港区进港货物明细的接口 | 国际货代需在货物进港前发集装箱相关信息给港区，说明集装箱及货物的基本信息 |
| 25 | | 船舶动态 | 港区、船公司提供船舶动态信息接口 | 服务需求方，如船公司、货主、货代、集装箱运输企业、CFS 仓储企业通过船舶呼号、船名、航次、IMO（International Maritime Organization IMO 号是国际海事组织的识别码）号等关键字向各港区进行精确匹配查询，获取与船舶相关的数据 |
| 26 | | 集装箱动态信息查询 | 集装箱在堆场状态查询接口 | 服务需求方，如船公司、货主、货代、集装箱运输企业、CFS 仓储企业通过提单号等关键字向各堆场进行精确匹配查询，获取与集装箱在堆场状态相关的数据 |
| 27 | | | 集装箱在港口状态查询接口 | 服务需求方，如船公司、货主、货代、集装箱运输企业、CFS 仓储企业通过船舶呼号、船名、航次、IMO 号等关键字向各港区进行精确匹配查询，获取与集装箱在港状态相关的数据 |
| 28 | 报检报关 | 报关 | 报关单上传接口 | 货主、货代、报关行发给海关报关数据 |
| 29 | | 报检 | 报检单上传接口 | 货主、货代、报检员发给商检报检数据 |
| 30 | | 通关状态查询 | 报检报关单据通关状态查询接口 | 集装箱通关状态查询服务提供方——各电子口岸将通关状态报文通过 LOGINK 数据交换中心发送给通关状态信息接收方，如货主、货代、报关行、报关员，获取与集装箱通关状态相关的数据 |
| 31 | 放行 | 运抵报告 | 一代发给港区集装箱运抵报告接口 | 国际货代所需进港的集装箱相关信息发给港区，包含集装箱和所装货物的基本信息 |
| 32 | | 预配船图 | 港区现场发给船代、外理货物配载信息接口 | 港区现场发给船代、外理关于货物配载的信息，包含船舶和对应集装箱、货物的基本信息 |
| 33 | 放行 | 出口船图 | 外轮代理发给海关关于货物配载信息的接口 | 驻港外轮代理将船舶、集装箱、货物相对应的信息发给海关 |
| 34 | | 出口舱单 | 船代发给海关关于货物明细的接口 | 船舶代理将船舶、集装箱、货物相对应的信息发给海关 |
| 35 | 签单 | 提单确认 | 货代发给货主关于提单内容确认的接口 | 国际货代与货主间关于提单相关内容的确认的电子单据 |
| 36 | | | 货代发给船司关于提单内容确认的接口 | 国际货代与船东间关于提单相关内容的确认的电子单据 |
| 37 | | 发票确认 | 货代发给货主关于发票明细确认的接口 | 国际货代与货主间关于费用相关内容的确认的电子单据 |
| 38 | 跟踪 | 跟踪托运单上传 | 国际运输物流企业托运单上传接口 | 物流企业进行运输托运货物受理时生成托运单，并将托运单及明细发送给物流跟踪中心 |
| 39 | | 跟踪状态单上传 | 国际运输物流状态变化时上传的接口 | 当物流状态发生改变时，需将此物流状态变化的情况上传到物流跟踪中心，如发车、到达、签收 |
| 40 | | 运单状态查询 | 货物运单状态查询接口 | 服务需求方，如货主、国际货代、集装箱运输企业、CFS 仓储企业通过运单号等向跟踪服务提供商，如货代、集装箱运输企业、CFS 仓储企业进行查询，获取与该运单号相关的多个运输状态信息 |

## 2. 国际集装箱运输管理信息系统接口需求

国际集装箱运输企业通过智慧物流信息网络与相关业务方，如国际货代企业、国际仓储企业之间进行业务单据往来，同时，通过智慧物流信息网络查询相关货物、单据跟踪信息，具体接口如表 3-3 所示。

**表 3-3　国际集装箱运输企业接口需求表**

| 序号 | 国际物流阶段 | 单证/接口名称 | | 单证/接口说明 |
|---|---|---|---|---|
| 1 | 装箱进港 | 设备交接单 | 货代转交给集装箱运输企业、仓储企业的放箱信息接口 | 国际货代将放箱指令发给被委托的集装箱运输企业、仓储企业，说明放箱堆场、放箱箱型等信息 |
| 2 | | 装箱单 | 货代交给集装箱运输企业、仓储企业的装箱信息接口 | 国际货代将装箱单发给被委托的集装箱运输企业、仓储企业，说明装箱要求及相应船舶等信息 |
| 3 | | 运输委托单 | 货代发给集装箱运输企业委托运输指令接口 | 制造企业、商贸企业、货代企业等委托国际集装箱道路运输企业运输的电子单证 |
| 4 | | 确认单 | 集装箱运输企业发给货代确认拖卡业务的接口 | 国际集装箱道路运输企业在收到托运单后，将确认信息反馈给制造企业、商贸企业、货代企业等电子单证格式 |
| 5 | | 派车单 | 集装箱运输企业发给货代所派驾驶员信息的接口 | 国际集装箱道路运输企业有委托任务时，安排车辆运输，形成派车信息，并发送给国际货代等单位的电子单证格式 |
| 6 | | 运输回执 | 集装箱运输企业发给货代集装箱信息的接口 | 国际集装箱道路运输企业在出口业务中，获取箱号和封号后，将运输回执信息反馈国际货代等单位的电子单据格式 |
| 7 | | 电子装箱单 | 货代发给港区进港货物明细的接口 | 国际货代需在货物进港前发集装箱相关信息给港区，说明集装箱及货物的基本信息 |
| 8 | | 集装箱动态信息查询 | 集装箱在堆场状态查询接口 | 服务需求方，如船司、货主、货代、集装箱运输企业、CFS 仓储企业通过提单号等关键字向各堆场进行精确匹配查询，获取与集装箱在堆场状态相关的数据 |
| 9 | | | 集装箱在港口状态查询接口 | 服务需求方，如船司、货主、货代、集装箱运输企业、CFS 仓储企业通过船舶呼号、船名、航次、IMO 号等关键字向各港区进行精确匹配查询，获取与集装箱在港状态相关的数据 |
| 10 | 跟踪 | 跟踪托运单上传 | 国际运输物流企业托运单的上传接口 | 物流企业进行运输托运货物受理时生成托运单，并将托运单及明细发送给数据交换中心 |
| 11 | | 跟踪状态单上传 | 国际运输物流状态变化时的上传接口 | 当物流状态发生改变时，需将此物流状态变化的情况上传到物流跟踪中心，如发车、到达、签收 |
| 12 | 集装箱双重运输 | 运单状态查询 | 货物运单状态查询接口 | 服务需求方，如货主、国际货代、集装箱运输企业、CFS 仓储企业通过运单号等向跟踪服务提供商，如货代、集装箱运输企业、CFS 仓储企业进行查询，获取与该运单号相关的多个运输状态信息 |
| 13 | | 集装箱拖车信息 | 集装箱拖车信息上传 | 拥有集装箱拖车的企业通过智慧物流信息网络，将车源信息、起运地、目的地等信息发送到相关业务系统，如物流资源中心 |

续表

| 序号 | 国际物流阶段 | 单证/接口名称 | | 单证/接口说明 |
|---|---|---|---|---|
| 14 | | 集装箱箱源信息 | 集装箱箱源信息的上传 | 拥有集装箱箱源的企业通过智慧物流信息网络，将集装箱需求信息、起运地、目的地等信息发送到相关业务系统，如物流资源中心 |
| 15 | | 集装箱匹配信息 | 集装箱匹配信息的上传 | 相关业务系统，如物流资源中心将经过集装箱车货源匹配后的车货源匹配信息通过智慧物流信息网络发送到车货源上传方 |

### 3. 国际仓储管理信息系统接口需求

国际仓储企业通过智慧物流信息网络与相关业务方，如国际货代企业、国际集装箱企业之间进行业务单据往来，同时，通过智慧物流信息网络查询相关货物、单据跟踪信息，具体接口如表 3-4 所示。

**表 3-4 国际仓储企业接口需求表**

| 序号 | 国际物流阶段 | 单证/接口名称 | | 单证/接口说明 |
|---|---|---|---|---|
| 1 | 装箱进港 | 设备交接单 | 货代转交给集卡、仓储放箱信息接口 | 国际货代将放箱指令发给被委托的集装箱运输企业、仓储企业，说明放箱堆场、放箱箱型等信息 |
| 2 | | 装箱单 | 货代交给集卡、仓储装箱信息接口 | 国际货代将装箱单发给被委托的集装箱运输企业、仓储企业，说明装箱要求及相应船舶等信息 |
| 3 | | 进仓通知单 | 货代发给仓储货物进仓委托的接口 | 国际货代等单位有货物入库时，向 CFS 仓库发出入库通知的电子单证 |
| 4 | | 入库明细 | 仓储发给货代货物进仓明细的接口 | CFS 仓库在货物入库后，将入库信息反馈给国际货代等单位的电子单证 |
| 5 | | 出仓通知单 | 货代发给仓储货物出仓装箱委托的接口 | 国际货代等单位有货物需要出库时，向 CFS 仓库单位发出出库通知的电子单证，主要包括货物、集装箱和运输等信息 |
| 6 | | 出库明细 | 仓储发给货代货物出仓装箱明细的接口 | CFS 仓库等单位在货物出库完毕后，将实际出库信息反馈给国际货代等单位的电子单证 |
| 7 | | 电子装箱单 | 货代发给港区进港货物明细的接口 | 国际货代需在货物进港前发集装箱相关信息给港区，说明集装箱及货物的基本信息 |
| 8 | | 船舶动态 | 船舶动态查询接口 | 服务需求方，如船司、货主、货代、集装箱运输企业、CFS 仓储企业通过船舶呼号、船名、航次、IMO 号等关键字向各港区进行精确匹配查询，获取与船舶相关的数据 |
| 9 | | 集装箱动态信息查询 | 集装箱在堆场状态查询接口 | 服务需求方，如船司、货主、货代、集装箱运输企业、CFS 仓储企业通过提单号等关键字向各堆场进行精确匹配查询，获取与集装箱在堆场状态相关的数据 |
| 10 | 装箱进港 | 集装箱动态信息查询 | 集装箱在港口状态查询接口 | 服务需求方，如船司、货主、货代、集装箱运输企业、CFS 仓储企业通过船舶呼号、船名、航次、IMO 号等关键字向各港区进行精确匹配查询，获取与集装箱在港状态相关的数据 |

续表

| 序号 | 国际物流阶段 | 单证/接口名称 | | 单证/接口说明 |
|---|---|---|---|---|
| 11 | 跟踪 | 跟踪托运单上传 | 国际运输物流企业托运单上传接口 | 物流企业进行运输托运货物受理时生成托运单，并将托运单及明细发送给物流跟踪中心 |
| 12 | | 跟踪状态单上传 | 国际运输物流状态变化时上传的接口 | 当物流状态发生改变时，需将此物流状态变化的情况上传到数据交换中心，如发车、到达、签收 |
| 13 | | 运单状态查询 | 货物运单状态查询接口 | 服务需求方，如货主、国际货代、集装箱运输企业、CFS 仓储企业通过运单号等向跟踪服务提供商，如货代、集装箱运输企业、CFS 仓储企业进行查询，获取与该运单号相关的多个运输状态信息 |
| 14 | 集装箱双重运输 | 集装箱拖车信息 | 集装箱拖车信息上传 | 拥有集装箱拖车的企业通过智慧物流信息网络，将车源信息、起运地、目的地等信息发送到相关业务系统，如物流资源中心 |
| 15 | | 集装箱箱源信息 | 集装箱箱源信息上传 | 拥有集装箱箱源的企业通过智慧物流信息网络，将集装箱需求信息、起运地、目的地等信息发送到相关业务系统，如物流资源中心 |
| 16 | | 集装箱匹配信息 | 集装箱匹配信息上传 | 相关业务系统，如物流资源中心将经过集装箱车货源匹配后的车货源匹配信息通过智慧物流信息网络发送到车货源上传方 |

### 4．行业监管部门的接口需求

行业监管部门包括港口、海关等，通过智慧物流信息网络互联可以采集到货物申报信息，同时对外提供各物流相关参与方所需单据流转或集装箱流转信息，具体接口如表 3-5 所示。

**表 3-5　行业监管部门接口需求表**

| 序号 | 国际物流阶段 | 单证/接口名称 | | 单证/接口说明 |
|---|---|---|---|---|
| 1 | 集装箱动态 | 船舶动态 | 港区、船公司提供船舶动态信息接口 | 服务需求方，如船司、货主、货代、集装箱运输企业、CFS 仓储企业通过船舶呼号、船名、航次、IMO 号等关键字向各港区进行精确匹配查询，获取与船舶相关的数据 |
| 2 | | 集装箱动态信息查询 | 集装箱在堆场状态查询接口 | 服务需求方，如船司、货主、货代、集装箱运输企业、CFS 仓储企业通过提单号等关键字向各堆场进行精确匹配查询，获取与集装箱在堆场状态相关的数据 |
| 3 | | | 集装箱在港口状态查询接口 | 服务需求方，如船司、货主、货代、集装箱运输企业、CFS 仓储企业通过船舶呼号、船名、航次、IMO 号等关键字向各港区进行精确匹配查询，获取与集装箱在港状态相关的数据 |
| 4 | 报检报关 | 报关 | 报关单接收接口 | 货主、货代、报关行发给海关报关数据 |
| 5 | | 报检 | 报检单接收接口 | 货主、货代、报检员发给商检报检数据 |
| 6 | | 通关状态查询 | 报检报关单据通关状态查询接口 | 集装箱通关状态查询服务提供方——各电子口岸将通关状态报文通过智慧物流信息网络发送给通关状态信息接收方，如货主、货代、报关行、报关员，获取与集装箱通关状态相关的数据 |

续表

| 序号 | 国际物流阶段 | 单证/接口名称 | | 单证/接口说明 |
|---|---|---|---|---|
| 7 | 放行 | 运抵报告 | 一代发给港区集装箱运抵报告接口 | 国际货代所需进港的集装箱相关信息发给港区，包含集装箱和所装货物的基本信息 |
| 8 | | 预配船图 | 港区现场发给船代、外理货物配载信息接口 | 港区现场发给船代、外理关于货物配载的信息，包含船舶和对应集装箱、货物的基本信息 |
| 9 | | 出口船图 | 外理发给海关关于货物配载信息的接口 | 驻港外轮代理将船舶、集装箱、货物相对应的信息发给海关 |
| 10 | | 出口舱单 | 船代发给海关关于货物明细的接口 | 船舶代理将船舶、集装箱、货物相对应的信息发给海关 |

5．商业增值平台的接口需求

商业增值平台通过智慧物流信息网络互联可以采集愿意提供增值服务的物流企业的相关业务信息，包括车源、货源、仓储等信息，同时面向所有需要增值业务信息的物流企业、货主、货代、司机等提供接口或网页查询服务，具体接口如表 3-6 所示。

表 3-6　商业增值平台接口需求表

| 序号 | 国际物流阶段 | 单证/接口名称 | | 单证/接口说明 |
|---|---|---|---|---|
| 1 | 跟踪 | 船舶动态 | 港区、船公司提供船舶动态信息接口 | 服务需求方，如船司、货主、货代、集装箱运输企业、CFS 仓储企业通过船舶呼号、船名、航次、IMO 号等关键字向各港区进行精确匹配查询，获取与船舶相关的数据 |
| 2 | | 集装箱动态信息查询 | 集装箱在堆场状态查询接口 | 服务需求方，如船司、货主、货代、集装箱运输企业、CFS 仓储企业通过提单号等关键字向各堆场进行精确匹配查询，获取与集装箱在堆场状态相关的数据 |
| 3 | | | 集装箱在港口状态查询接口 | 服务需求方，如船司、货主、货代、集装箱运输企业、CFS 仓储企业通过船舶呼号、船名、航次、IMO 号等关键字向各港区进行精确匹配查询，获取与集装箱在港状态相关的数据 |
| 4 | | 通关状态查询 | 报检报关单据通关状态查询接口 | 集装箱通关状态查询服务提供方——各电子口岸将通关状态报文通过智慧物流信息网络发送给通关状态信息接收方，如货主、货代、报关行、报关员，获取与集装箱通关状态相关的数据 |
| 5 | | 跟踪托运单上传 | 国际运输物流企业托运单上传接口 | 物流企业进行运输托运货物受理时生成托运单，并将托运单及明细发送给物流跟踪中心 |
| 6 | | 跟踪状态单上传 | 国际运输物流状态变化时上传的接口 | 当物流状态发生改变时，需将此物流状态变化的情况上传到物流跟踪中心，如发车、到达、签收 |
| 7 | | 运单状态查询 | 货物运单状态查询接口 | 服务需求方，如货主、国际货代、集装箱运输企业、CFS 仓储企业通过运单号等向跟踪服务提供商，如货代、集装箱运输企业、CFS 仓储企业进行查询，获取与该运单号相关的多个运输状态信息 |

续表

| 序号 | 国际物流阶段 | 单证/接口名称 | | 单证/接口说明 |
|---|---|---|---|---|
| 8 | 集装箱双重运输 | 集装箱拖车信息 | 集装箱拖车信息上传接口 | 拥有集装箱拖车的企业通过智慧物流信息网络，将车源信息、起运地、目的地等信息发送到相关业务系统，如物流资源中心 |
| 9 | | 集装箱箱源信息 | 集装箱箱源信息上传接口 | 拥有集装箱箱源的企业通过智慧物流信息网络，将集装箱需求信息、起运地、目的地等信息发送到相关业务系统，如物流资源中心 |
| 10 | | 集装箱匹配信息 | 集装箱匹配信息上传接口 | 相关业务系统，如物流资源中心将经过集装箱车货源匹配后的车货源匹配信息通过智慧物流信息网络发送到车货源上传方 |

## 3.3　航空运输信息交换

本节从航空运输的角度描述物流数据交换场景、互联对象和互联内容，并给出各互联对象的信息交换接口需求。

机场航空货站作为地面服务代理，在整个物流链上起着举足轻重的作用，它贯穿着整个物流链。目前，各大客户、航空货物销售代理、各驻场航空公司、各机场联检单位、地面服务代理均建有自己的信息系统，且各信息系统间相互孤立，造成数据的反复录入，费时费力。机场可以联合航空销售代理、各驻场航空公司、各机场联检单位、各大客户，利用智慧物流信息网络实现各业务参与方的数据交换和信息服务共享，优化运作效率。在此基础上，采用标准的方式开放航空货站货物动态信息，为各参与方及客户提供便捷、统一的查询服务，提升服务水平。

由航空货站作为整个物流链的切入点对整个物流信息链进行整合，具有较好的示范性，能较好地协调各驻场航空公司与各机场联检单位，更好地规范各家航空销售代理，更有效地为广大货主提供航空运输货物的网上订舱、查询服务。通过与航空业各物流企业的合作，梳理航空物流链的接口标准与物流信息化标准，实现航空业各物流企业、海关等机场联检单位间的数据共享，减少物流信息的不对称造成的物流成本。

以标准的方式开放航空物流各参与方与航空货站之间的信息交换通道，为公路航空等多式联运扫清信息交流的障碍。

同时建立航空物流信息平台可以实现机场的相关数据与智慧物流信息网络的数据交换，促进机场融入综合运输体系。

### 3.3.1　交换对象与流程

机场主要需要与货代、航空公司、海关、商检等单位进行信息交换，如图 3-9 所示。

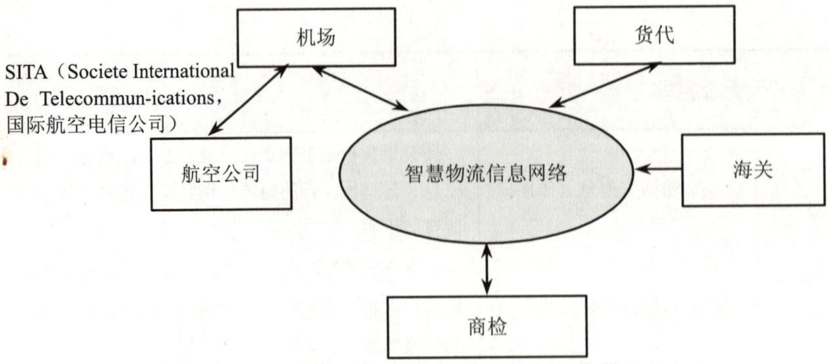


图 3-9　航空运输过程中的互联对象

### 1. 空运出港

1）理货

当货物送至相关的货站后，货运代理会根据航空公司的运单号码，制作主标签和分标签，贴在货物上，以便于起运港及目的港的货主、货代、货站、海关、航空公司、商检、及收货人识别；数据报送海关、国检。

2）过磅

将贴好标签的货物交由货站过安全检查，过磅，以及丈量货物尺寸计算体积重量，之后货站将整单货物的实际重量及体积重量写入“可收运书”，加盖“安检章”、“可收运章”及签名确认；数据报送海关、国检。

3）打单

货运代理根据货站的“运输委托回执”将全部货物数据，打入航空公司的运单上。

4）特殊处理

可能因货物的重要性、危险性，以及装运限制（如超大、超重等），货站将要求承运的航空公司代表进行审核，并签字说明，才可入仓。

5）配载、入仓

完成装机配载，并复核货物重量。完成货物的装机工作。

### 2. 空运进港

1）理货

货物到达后，机场货站将根据航空运单上的数据，整理并核对货物的完整性，对有破损、短缺的货物，将协助收货人对航空公司进行追查或索赔，对于分批到达的货物将跟踪直到货物全部收集完毕。

2）通知

货站将通知航空运单上所显示的收货人领取提单报关托运人联。

3）查验

（1）海关将对进口货物进行 1 小时的审核，并对审核通过的货物给予放行。

（2）如果需要做商检的货物需向商检局申报，一旦查验合格后商检局将出具证明文件，由报关行或货主/货代交入海关，再进行进口报关海关程序。

（3）即将放行的货物将按国家法律征收相关的海关关税。

4）取货

收货人将已通过海关的单证交给货站处理，并领取货物。

5）结算

根据收费标准交付报关费用。

### 3.3.2　交换场景与流程

#### 1．机场货站与货运代理人之间的互联

机场货站与货运代理人之间需要互联代理人托运书及代理人托运书回执信息。代理人托运书是托运人用于委托承运人或其代理人填开航空货运单的一种表单，表单上列有填制货运单所需的各项内容，并应印有授权于承运人或其代理人代其在货运单上签字的文字说明。

互联内容参照 IATA（国际航空运输协会，International Air Transport Association）标准 SLI（Shipper’s Letter of Instruction，国际货物运输托运书）报文标准，主要包括运单号、运输声明价值标志、品名、商品代码、毛重、体积、件数、包装重量、发货人姓名、发货人注册号、收货人姓名、收货人注册号、始发站、始发站描述、最终目的站、目的站、目的站描述、动作发生时间等。

数据交换方式：货运代理人将代理人托运书信息通过智慧物流信息网络发送给机场货站；机场货站接收确认后将回执信息通过智慧物流信息网络反馈至货运代理人。

#### 2．机场货站与海关之间的互联

根据海关总署令第 172 号《中华人民共和国海关进出境运输工具舱单管理办法》自 2009 年 1 月 1 日起施行正式生效，现行的舱单传输、申报模式将发生重大变化。新的舱单管理办法不再仅是对舱单本身的管理，而是延伸至对整个物流链的管理，从运输工具进境的预报、抵港申报、卸货到出境的装箱、配载、装货涵盖了物流全过程，涉及船公司/航空公司、无船承运业务经营人、船代、海关监管场所、理货公司、货主等多方面。

数据交换方式：机场货站将各类申报信息通过智慧物流信息网络发送给海关；海关接收确认后将回执信息通过智慧物流信息网络反馈至机场货站。

机场货站与海关之间需互联如下信息。

（1）空运出口理货报告申报：航班抵港后，机场货站对货物的实际理货信息向海关

进行申报。

主要信息包括航次航班编号、运输方式代码、运输工具代码、运输工具名称、装卸开始时间、装卸结束时间、申报地海关代码、理货部门代码、理货责任人名称、理货责任人联系号码、通信方式类别代码、总提运单号、分提运单号、包装种类代码、托运货物件数、货物总毛重、货物体积等。

（2）空运出口理货报告申报：出境驶离装货港的 6 小时以内，海关监管场所经营人或理货部门以电子数据方式向海关提交“空运出口理货报告”。

主要信息同空运出口理货报告申报。

（3）空运出口运抵报告申报：出境货物、物品运抵海关监管场所时，海关监管场所经营人应当以电子数据方式向海关提交“空运出口运抵报告”。

主要信息包括航次航班编号、运输方式代码、运输工具代码、运输工具名称、总提运单号、分提运单号、托运货物序号、托运货物包装种类、托运货物件数、货物简要描述、货物总毛重、唛头、卸货地代码、到达卸货地时间、申报地海关代码。

（4）空运进口分流运抵报告申报：航班抵港后，其他监管场所经营人对需要分流的货物进行分流申请。主要信息同空运出口运抵报告申报。

（5）报关单放行回执：机场货站接收海关对报关单的放行指令。主要信息包括报关单号、总提运单号、目的接收企业组织机构代码、目的接收企业名称、发送时间/回执生成时间、报文类型、发送方编号。

### 3. 机场货站与航空公司之间的互联

机场货站与航空公司之间采用航协（ITTA）协作的国际航空通信协会（SITA）的信息传输标准格式，通过 SITA 网络传输进出口舱单报文，使进境飞机尚未落地前，离岗飞机起飞后舱单报文自动实现交换，如图 3-10 所示。

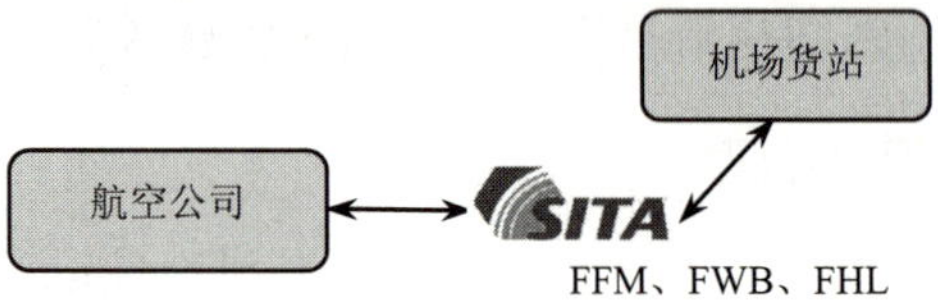


图 3-10　机场货站与航空公司之间的互联

机场货站与航空公司之间需互联如下信息。

（1）航空公司舱单电（Flight Freight Manifest，FFM）。

（2）主舱单报（Freight Waybill，FBW）。

（3）分舱单报（Flight House Waybill，FHL）。

### 4. 机场货站与商检之间的互联

机场货站需根据实际接收货物的情况，向商检申报主舱单数据，数据用于与航空货运代理企业申报的数据进行比对，评估货物实际的数量、体积、件数及属性。

机场货站与航空公司之间通过智慧物流信息网络互联，互联的信息如下。

（1）货物出境信息申报：总运单号、分运单号、品名、件数、重量、重量单位、入库日期、预计进出港日期、运输工具、货运代理人、货物类型、货物存放地等。

（2）货物出入境舱单国检回执：总运单号、出入境日期、审核状态。

（3）出入境舱单核销申请：总运单号、出入境日期、运输包件数。

（4）出入境舱单核销回执：总运单号、出入境日期、核销状态。

## 3.4　铁路运输信息交换

本节从铁路运输的角度描述物流数据交换场景、互联对象和互联内容，并给出各互联对象的信息交换接口需求。

铁路货物运输是现代运输主要方式之一，也是构成陆上货物运输的两个基本运输方式之一。它在整个运输领域中占有重要的地位，并发挥着越来越重要的作用。

铁路运输由于受气候和自然条件影响较小，且运输能力及单车装载量大，在运输的经常性和低成本性占据了优势，再加上有多种类型的车辆，使它几乎能承运任何商品，几乎可以不受重量和容积的限制，而这些都是公路和航空运输方式所不能比拟的。

### 3.4.1　交换对象与内容

典型的铁路运输能够完成站到站的运输，在实际业务过程中往往需要与道路运输方式相结合来完成门到门的服务。所以在铁路运输中根据不同的业务场景，有铁路承运方，铁路货物代理方、货主、道路运输承运方、铁路集装箱设备提供方等多个参与方协作完成完整的货物运输服务。铁路运输过程中的互联对象如图 3-11 所示。

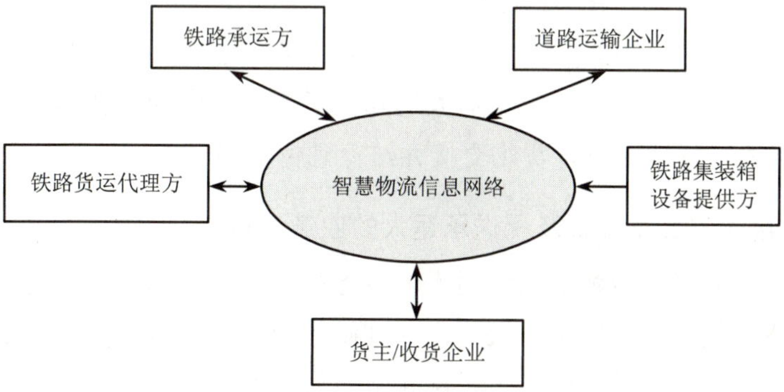


图 3-11　铁路运输过程中的互联对象

铁路运输互联应用主要以铁路承运方为主体，通过智慧物流信息网络，实现铁路物流链上各交换对象的信息系统互联。

（1）铁路承运方：铁路承运方作为铁路运输中的主体，在整个信息互联中主要需要接收铁路货运委托方的货物运输需求信息包括运输计划预测及托运信息，提供货物运输的托运信息确认、货票信息、运输过程状态等信息。

（2）铁路货运代理方：铁路货运代理方作为铁路运输中承接铁路和公路转换的节点，在整个信息互联中主要包括接收整理货主的货物运输委托，向铁路承运方发送货物运输需求，接收铁路承运方的信息反馈。

（3）道路运输企业：接收铁路承运方或铁路货运代理方的公路运输需求，向运输需求方反馈公路运输的状态信息。

（4）铁路集装箱设备提供方：接收铁路集装箱设备需求。

## 3.4.2　交换场景与流程

### 1. 铁路托运人与铁路承运人之间的运输业务流程

铁路托运人与铁路承运人之间的运输业务流程主要适用于铁路干线运输业务的托运方与承运方之间关于运输需求和运输状态反馈的信息互联，主要涉及的单据包括铁路运输预约单、铁路运输预约批复单、铁路运输委托单、铁路运单、铁路货票、物流跟踪状态单、运输回执单等，业务流程如图 3.12 所示。

整个互联流程分为运输计划、托运受理、进站装车、途中管理及到货交接五个环节：

运输计划环节：实现托运人对承运人上报中长期运力使用计划（如月度计划），便于承运人进行运力调度与安排。该环节为可选环节。

托运受理环节：托运人明确了运输需求后向承运人办理货物托运，承运人审核后确认受理该托运业务。

进站装车：实现托运人运送货物进站装车，托运人与承运人之间确认托运货物数量、状态等，并进行费用结算，开具铁路货票。

途中管理：在运输途中的重要节点车站对货物状态进行反馈。

到货交接：在货物到站前后，承运人通知托运人到站时间，托运人通知收货人安排货物提取，承运人与托运人进行货物交接并结算到付费用。

### 2. 铁路承运人与公路集货及配送承运人的业务流程

铁路承运人与公路集货及配送承运人的业务流程主要适用于铁路在提供门到门服务的过程中与两端揽货（门到发站）及配送（到站到门）承运方之间关于运输需求和运输状态反馈的信息互联。在大多数情况下揽货及配送业务由道路运输企业完成。

此业务场景流程、互联单据与本章 3.1 节中托运方与承运方之间的互联场景类似，其中铁路属于道路运输的托运方。

该业务场景主要涉及的单据包括普通运输托运单、普通运输状态变化单和普通运输回执单等。

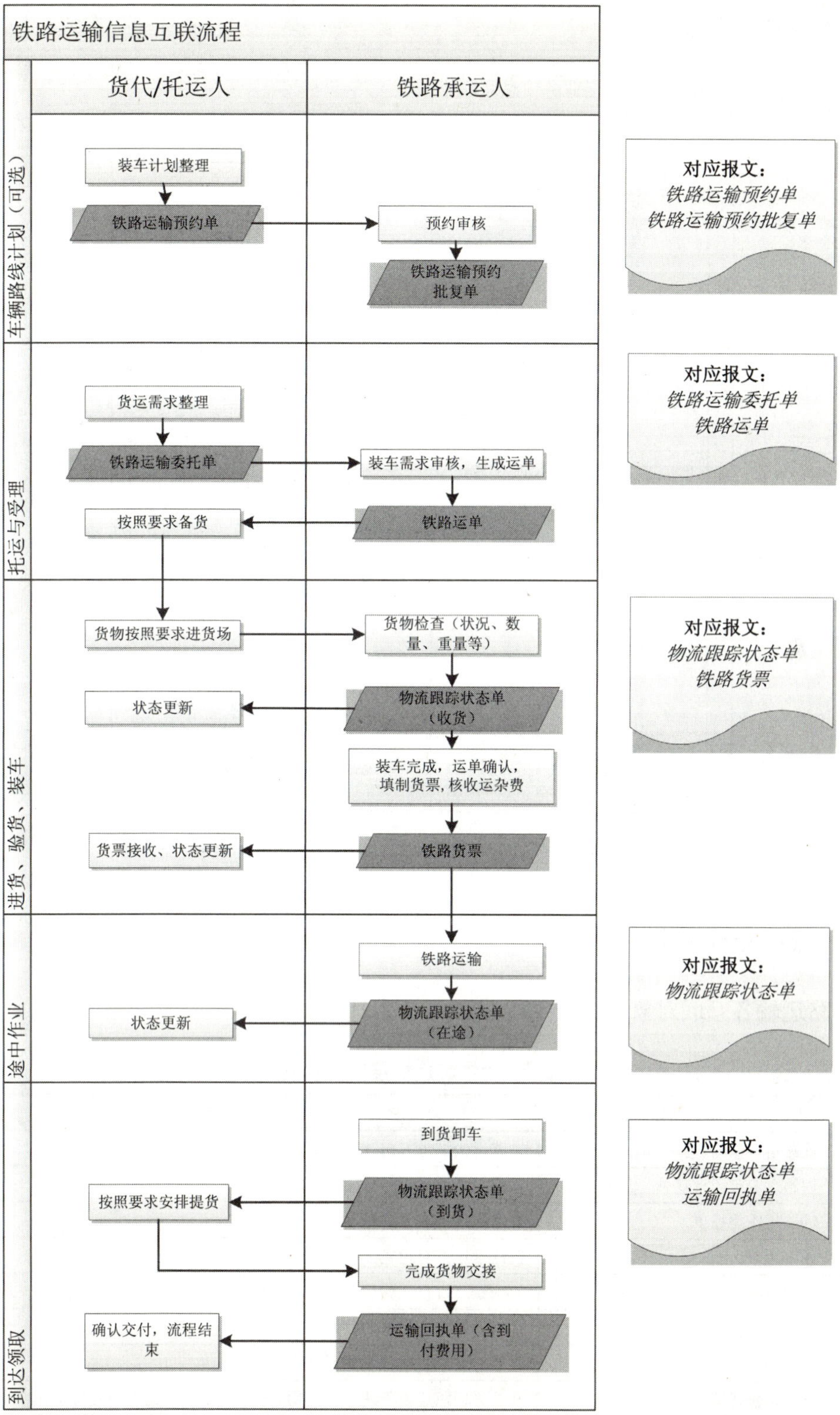


图 3.12　铁路托运人与铁路承运人之间的运输业务流程

业务流程如图 3-13 所示。

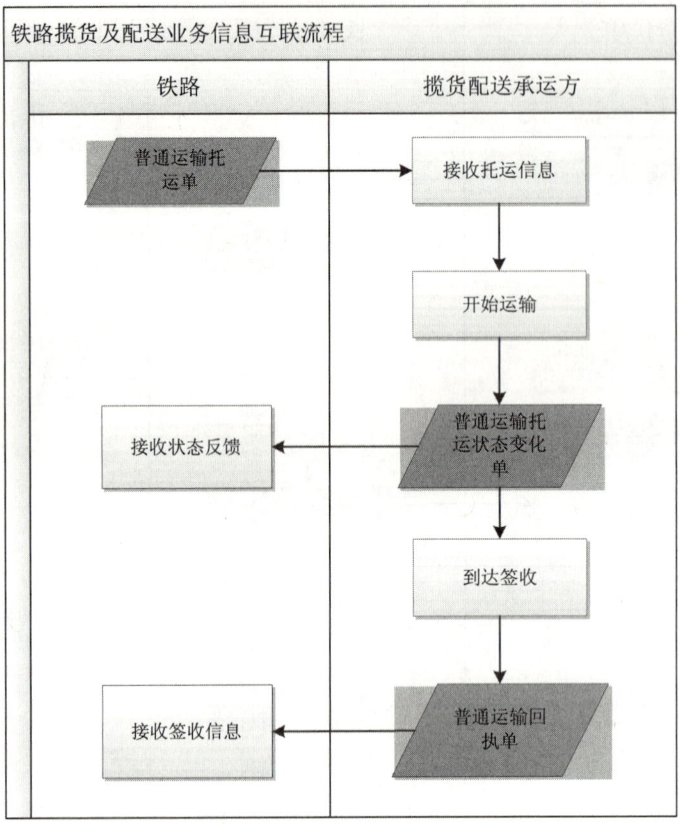


图 3-13　铁路承运人与公路承运人的业务流程

### 3.4.3　交换电子单证列表

铁路运输各互联对象之间的电子单证如表 3-7 所示。

表 3-7　铁路运输接口需求表

| 序号 | 单证名称 | 单证/接口说明 |
|---|---|---|
| 1 | 铁路运输预约单 | 铁路运输需求方向铁路承运方进行运输预约 |
| 2 | 铁路运输预约批复单 | 铁路承运商对铁路运输预约的批复 |
| 3 | 铁路运输委托单 | 铁路运输需求方前承运方的运输委托 |
| 4 | 铁路运单 | 铁路承运方对运输委托的确认 |
| 5 | 铁路货票 | 对应铁路货票（含运单及费用信息） |
| 6 | 物流跟踪状态单 | 承运方对物流状态的反馈 |
| 7 | 运输回执单 | 承运方将签收信息及时反馈给托运方 |
| 8 | 普通运输托运单 | 托运方向承运方下达正式货物运输要求，向承运方发送托运单 |
| 9 | 普通运输托运状态变化单 | 承运方向托运方回传司机反馈的节点状态信息 |

## 3.5　物流信用信息服务

物流信用信息在物流市场中起着重要的作用。物流信用信息的共享有助于推动物流行业逐步形成健康良好的信用环境，构建行业诚信体系，规范物流市场秩序。本节介绍物流信用信息服务的需求、服务对象与模式，以及信息服务调用接口。

### 3.5.1　服务概述与需求

我国物流业虽然总体规模大，但物流市场不规范，各种欺诈、失信现象仍较为频繁，具体表现在物流市场中骗取中介费、骗取货物现象层出不穷。一方面，供应链上下游客户对物流企业不信任，物流企业对个体运输户不信任，使得物流市场交易成本增加，物流效率低下，难以实现供应链管理整体效率和效益的优化。货主企业往往出于对物流服务的不信任而采取自营物流，从而导致物流效率低下和物流服务的市场需求不足，违背了现代物流业的发展理念。另一方面，物流市场秩序混乱、诚信缺失加大了规范经营、诚实守信的物流企业的经营成本，导致这些企业不得不通过压价、超载等非常规方式，去获取利润相对偏低的物流业务，进而破坏了公平原则，进一步恶化竞争机制。物流市场信用缺失成为物流供应链的短板。

为了构建我国物流信用信息体系，规范物流市场秩序，国内开展了一系列研究与实践。张晓丽提出了面向电子商务的物流征信系统，构建了物流信用评估指标体系、物流信用评分模型，并基于聚类的模糊多分类支持向量机算法的信用评估算法。谢小林参考社会信用体系框架和运作的基本模式，研究了道路运输行业信用评级体系，研究了信用数据的征集渠道和信用数据的记录格式，建立了道路运输行业信用评级模型。罗清玉提出建立一套科学合理的道路运输行业评价监控指标体系。就信用信息共享而言，毕强提出了电子商务信用信息服务的政府驱动模式、市场驱动模式，并设计了以 ebXML 为基础架构，集信用信息服务、信用管理等信用信息服务为一体的电子商务框架模式。张琼妮提出建立以信用号码为基础的科技信用数据库和基于 Web Services 的科技信用信息共享。

就实践应用而言，目前向公众提供的物流信用信息服务主要依靠道路运输主管部门提供的经营业户、经营车辆、从业人员信息的简单网站查询，其他相关行业管理部门或协会发布的推荐名单，以及阿里物流等物流交易信息平台的物流企业评价信息查询等方式。然而，物流是一个综合性很强的行业，跨区域、跨行业特征明显，物流企业、车辆相关的信用数据存储于不同区域、不同行业的信息系统中，用户无法全方位了解物流企业或者车辆的信用信息。

因此，为了解决这个问题，有必要建立物流信用信息共享系统。该信息系统采用物流信息服务交换技术，整合运输管理部门、物流基地、物流企业及其他相关政府部门的分布式异构的信用信息系统，为公众提供一站式物流信用信息服务，推动物流行业逐步形成健康良好的信用环境，构建行业诚信体系，规范物流市场秩序。

### 3.5.2　服务对象与模式

物流是一个综合性很强的行业，跨区域、跨行业特征明显，物流企业、车辆相关的信用数据散布于不同区域、不同行业的政府与企业信息系统中，如工商管理局系统中存储了物流企业注册信息，公安局系统中有车辆违章信息及人员的身份信息，银行系统中有企业的开户信息及担保/抵押信息，运输管理局系统中有物流企业和车辆的经营许可信息及投诉、行政处罚信息，阿里物流等物流交易信息平台有物流企业信用评价信息等。各个信息系统往往是异构的，来自不同软件开发商或供应商，并且大多数信用信息是动态变化的，这使得信用信息共享具有复杂性。

因此，以物流信息服务交换技术为基础，采用物流信息服务交换网络架构，整合运输管理部门、物流基地、物流企业及其他相关政府部门的分布式异构的信用系统，建立物流信用信息共享系统，为公众提供一站式物流信用信息服务，让用户全方位了解物流企业或者车辆的信用信息。

#### 1. 物流信用信息共享系统结构模型

基于物流信息服务交换模式的物流信用信息共享系统面向各级行业管理部门、物流企业、从业人员、货主单位、社会公众等用户提供物流信用信息服务。各类应用的展现方式包括门户网站和呼叫中心等。各个物流信用信息服务提供方（如道路运输管理局、民航局、港航局、铁路局、港口、物流园区、物流交易信息平台、公安、海关、税务、银行、法院、保险公司等）首先将各种信用查询服务在智慧物流信息网络上进行注册，由智慧物流信息网络并统一受理用户的请求。智慧物流信息网络收到请求后，在系统内部进行搜索，得到与该请求相关的物流服务提供方清单，并将服务请求转发给相关的物流服务提供方；物流服务提供方处理后，将服务数据返回给智慧物流信息网络，由智慧物流信息网络处理后将服务数据转发给物流服务需求方，从而实现跨区域、跨行业的分布式异构信息系统物流信用数据的整合，为用户提供一站式服务。物流信用信息共享系统结构模型如图 3-14 所示。

物流信用信息共享的具体过程如下。

（1）用户使用信用中心网站发起某种信用信息查询的请求，所需记录数量由信用中心默认设置。

（2）信用中心查询自己的服务记忆，若符合条件的记录数量满足约束条件，返回给用户；否则，转（3）。

（3）信用中心向智慧物流信息网络发送查询请求，标明起始序号和终止序号。

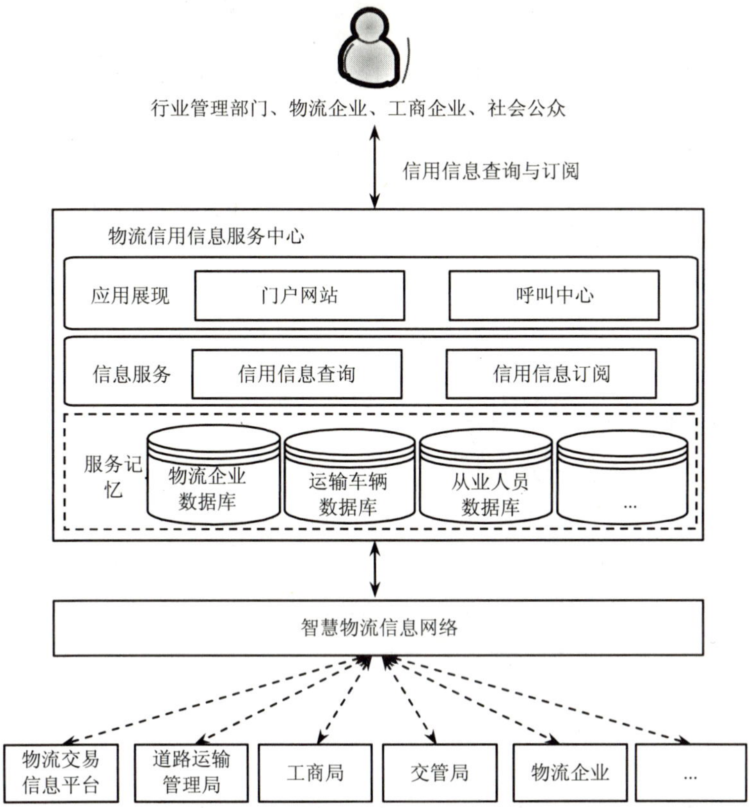


图 3-14　物流信用信息服务共享系统结构模型

（4）智慧物流信息网络向服务提供商转发请求，包括起始序号和终止序号。

（5）服务提供商按照基本查询条件获取所有记录，并将起始序号和终止序号之间的记录返回满足条件的记录。

（6）智慧物流信息网络将所有记录返回给信用中心。

（7）信用中心将所有记录存入服务记忆（去掉重复记录，并且将新增记录按顺序放在后面），并选择一定数量的记录呈现给用户。

（8）若用户需要更多记录，单击“MORE”，返回（1）。

### 2. 物流信用信息共享的内容

物流信用信息主要涉及物流企业、车辆、从业人员等信用对象，每个信用对象的信息又可划分为基本信用信息和动态信用信息两种类型。

基本信用信息包括物流企业工商注册信息、物流企业银行开户信息、物流企业运输经营许可证信息、车辆行驶证信息、人员从业资格信息、人员身份证信息等。

动态信用信息是指物流企业、车辆、人员在从事物流业务过程中产生的信用信息，包括行政处罚信息、投诉信息、交易双方的评价信息、交通责任事故信息、保险信息、担保/抵押信息、荣誉信息、行政强制信息、法院判决信息、公共事业欠费信息、欠缴税费、劳动与社会保障信息等。

以物流企业运政信用信息为例描述信用信息的内容。物流企业运政信用信息来源于道路运输管理局、邮政局、港航管理局、民航管理局等政府行业主管部门，具体信息内容如表 3-8 所示。

表 3-8　物流企业运政信用信息内容

| 类　别 | 数据项名称 |
|---|---|
| 企业标志信息 | 企业名称 |
| | 组织机构代码 |
| 运输许可证信息 | 许可证编号 |
| | 许可证是否有效 |
| | 警示信息 |
| | 发证单位 |
| | 资格证发放日期 |
| | 期限开始时间 |
| | 期限结束时间 |
| | 经营范围 |
| | 法人代表 |
| | 诚信考核年度 |
| | 信用评价等级代码 |

### 3.5.3　信息服务调用接口

为了实现上述功能，物流信用信息服务中心及物流信用信息服务需求方所需接口如表 3-9 所示。

表 3-9　物流信用信息接口需求表

| 序号 | 单证/接口名称 | 单证/接口说明 |
|---|---|---|
| 1 | 业户诚信信息查询 | 服务需求方/物流信用信息服务中心通过物流企业名称、许可证编号、起始时间等向诚信服务提供商查询，获取该物流企业的诚信信息，包括静态信息和动态信息 |
| 2 | 车辆诚信信息查询 | 服务需求方/物流信用信息服务中心通过车辆牌照号码、牌照类型代码、道路运输证号、起始时间等向诚信服务提供商查询，获取该车辆诚信信息，包括静态信息和动态信息 |
| 3 | 人员诚信信息查询 | 服务需求方/物流信用信息服务中心通过人员的姓名、身份证号、从业资格证号、起始时间等向诚信服务提供商查询，获取该人员诚信信息，包括静态信息和动态信息 |

## 3.6　物流跟踪信息服务

物流跟踪是实现供应链可视化，进而实现供应链协同运作的基础。本节介绍物流跟踪信息服务的需求、服务对象与模式，以及信息服务调用接口。

### 3.6.1　服务概述与需求

随着我国物流行业的信息化水平不断提高，我国物流行业得到了迅猛的发展，无论是企业或个人对于物流服务信息化需求也在不断提高，货主、物流企业、收货方都需要及时获得货物运输过程中的信息，希望在物流供应链过程中及时、准确地获取物流状态及安全等方面信息，满足自身及众多的参与方对物流信息服务的需要，进而促进供应链服务水平的提升。

然而，物流活动往往横跨多家供应链成员企业，而供应链成员企业间普遍存在信息分散、运输方式多样现象。因此，要实现供应链级的物流全过程跟踪，前提条件是必须要对不同运输方式、不同运输企业、不同信息系统中的单据信息、节点信息及其他相关信息进行整合。这种供应链级的信息整合工作，如果单是由货主企业、大型物流企业和收货企业独立开展，因为总体投资成本大，而且货主企业、大型物流企业和收货企业对于物流供应商的协调难度也比较大，所以往往只能获取到部分物流跟踪信息，缺乏完整的供应链物流信息的获取手段。

随着供应链复杂程度的不断提高，现有企业的跟踪功能已经无法满足更高服务水平的要求，需要站在整个供应链管控的高度，依托智慧物流信息网络，整合供应链各成员企业的物流信息，建设形成一个物流跟踪中心，为供应链各方提供全面、精细、个性化等多方面服务，以满足用户类型多、信息整合要求高、服务内容多等要求。

因此，通过智慧物流信息网络建设物流信息通道，进行物流节点信息采集，整合物流信息资源，建设物流跟踪中心，是解决供应链级的物流跟踪难题的最好解决办法之一。

### 3.6.2　服务对象与模式

#### 1. 供应链中物流跟踪基本模式

目前，大部分物流跟踪仅限于一个企业内部，而对于跨企业的供应链级的物流跟踪难以实现。供应链级的物流跟踪模式主要分为四种类型，即集中式仓库型（Centralized Warehouse）、集中式索引型（Centralized Indexing）、集中式流程型（Centralized Process）和跟踪供应链型（Follow the Chain）。

1）集中式仓库型

集中式仓库型模式中，全局有一个中央的仓库。物品在流经供应链上各环节时，所产生的状态变化事件一方面在本地存储，另一方面直接通过智慧物流信息网络写入仓库。这个过程可通过两种方式完成：一是仓库主动到各个企业的信息系统中收集新的物流状态变化事件；二是企业的信息系统主动向仓库提交或报告新的物流状态变化事件。因此，用户直接查询仓库，即可得到物品在供应链中流动的详细信息。

该模式的优点是实现简单，用户接口也很简单，查询速度快。但是存在局限性，一方面的问题是，仓库如何有效地存储如此海量的数据，而且还能有效地响应海量的访问；另一方面是安全问题，企业的信息系统对于本地的数据应该是绝对控制，尤其是对于复杂的多级安全（如对于不同级别的用户返回不同程度的信息），仓库模式无法做到这一点。所以，该模式适用于物流状态变化事件数据完全共享、数据规模小、访问量小的供应链环境。

2）集中式索引型

全局有一个中央的发现服务器。物品在流经供应链上各环节时，产生的状态变化事件，一方面在本地存储，另一方面以地址索引的形式向中央的发现服务器报告。用户以某一标准的标志（如物品、单证、托盘的 EPC 代码、128 条形码，集装箱的标志代码，车辆牌照号码等）为输入向发现服务器发出查询，由发现服务器返回一系列的索引地址，然后用户自行访问各个地址，整合成最终结果，即物品在供应链中移动的详细信息。

该模式的优点一是实现简单；二是安全，各企业的信息系统只公开物流状态变化事件的索引信息，用户对详细信息的访问完全由各企业的信息系统进行访问控制，可以根据用户不同的安全级别返回相应的信息；三是中央发现服务器负担也较轻。因为发现服务器存储的是地址索引而不再是完整的物流状态变化事件，而且数据库查询负担也相应减轻。该模式的局限性在于用户接口复杂，用户需要查询发现服务器和各个企业的信息系统，查询发现服务器速度较快，但加上查询各个企业的信息系统的时间，总体响应速度变慢。所以，该模式适用于物流状态变化事件数据部分共享的大规模的供应链环境。

3）集中式流程型

全局有一个中央的发现服务器，物品在流经供应链上各环节时，产生的状态变化事件，一方面在本地存储，但并不以地址索引的形式向中央的发现服务器报告。

用户预先设置一个流程，明确物品所要流经的特定节点（如港口、仓库、运输企业、海关等），当物品离开某个节点后，发现服务器再以某种定时器的方式向其下一个节点不断轮循。一旦物品抵达该节点，相关事件信息存入本地数据库，并受理发现服务器的查询，返回相应的事件信息给中央数据库。物品在同一个节点内部也会发生状态的多次变化，发现服务器也以某种定时器的方式向该节点不断轮循，以及时获取物品状态的变化。

该模式的优点是减少各个企业的信息系统的负担，只需要一个服务调用接口即可。缺点是，当中央数据库中有大量未完成的流程时，中央发现服务器会同时存在大量的轮循工作。

4）跟踪供应链型

跟踪供应链型是一种分布式的模式。在这种模式下，需要将一个查询引擎安装在各个企业的信息系统中。各个企业的信息系统对本地物流状态变化事件进行绝对的访问控制。本地查询引擎接收查询并结合本地数据和本地安全策略给出一个查询结果，基于该结果，最初的查询被重写（可能加入本地的某些结果数据），并沿着供应链发往下游企业的信息系统的查询引擎，如此递归地查询下去。这个过程称为“Process and Forward”。在各个企业的信息系统上的查询结果也是递归地返回，最后整合为物品在供应链中移动的详细信息返回给初始查询者。

该模式的优点是采用分布式策略取消了中央仓库，避免了中央查询压力。但是局限性在于本模式的实现非常复杂，需要设计专门的事件格式标准及查询引擎；查询的响应时间较长，因为一个查询沿着供应链将变成多个查询，而且在每个查询引擎上的处理比较复杂。所以，该模式适用于企业的信息系统完全控制本地数据、数据规模小、访问量小的供应链环境。

### 2. 供应链事件管理的用户类型及需求

不同的用户类型对于货物跟踪服务有着不同的需求，如个体用户对于单批货物的运输状态比较关注，供应链核心企业对于客户订单管理、整体货物运输状态、运输企业的运输效率等内容比较关注，物流运输企业对于货物的运输流程、车辆运输情况等内容比较关注。

1）供应链核心企业

供应链核心企业对于客户订单管理、整体货物运输状态、运输企业的运输效率等内容比较关注，需要有效便捷地进行货物运输状况跟踪，并且能够进一步开展对业务流程优化和物流功能整合。同时掌握运输企业的运输效率，以便对运输效率情况进行管理和分析。

2）物流服务提供商企业

物流服务提供商企业对于货物的运输流程、车辆运输情况等内容比较关注，希望实现运输业务流程优化、车辆运输状态的跟踪和查询。

通过使用跟踪系统来提升自身企业的价值，为客户提供更丰富、更有价值的服务。

物流服务商也可以通过跟踪系统知晓自身在核心货主企业同类物流供应商中的运输效率排名情况，后续可以提升自身服务质量和形象。

3）核心企业上游供应商、下游客户

上游供应商和下游客户对订单货物状态、运输流程等内容比较关心。希望通过对物流运输流程的跟踪和查询，知晓所属货物的物流状态，也可提升企业自身的物流水平。

4）个人

个体对于单批货物的运输状态比较关注，对单批货物的状态进行有效的跟踪和查询。

### 3. 物流跟踪的实现方式

在智慧物流信息网络的支撑下，可以有效地解决供应链级的物流跟踪难题。

具体地，基于智慧物流信息网络，针对用户的具体需求，本书提出了两种物流跟踪服务，一种是针对运输公司的运单跟踪服务，另一种是针对货主和供应链核心企业的供应链事件管理（Supply Chain Event Management，SCEM）。

1）运单跟踪服务

一票货物，可能由一家物流企业运输，也可能由物流企业交由其他运输企业运输，也可能将运单分拆，分别由不同的运输企业运输。为了实现对该票货物的跟踪，需要对该票货物在不同企业之间所发生的状态变化信息进行整合，还原该票货物运输的全过程，实现对该票货物的跟踪。

在智慧物流信息网络环境下，将货主、货代、运输企业、收货方之间的运输单证信息以数据交换的方式上传至统一的物流跟踪中心。针对一票货运业务，通过托运单、派车单、托运状态变化单、运输回执单等相关单证的关联，能够实现货主对该票货物的运输状态进行跟踪。显然，这种方式属于集中式仓库型跟踪模式。

运单跟踪基于运单的不同物流节点状态提供跟踪服务，类似于目前广泛使用的快递查询模式。所不同的是运单查询面向的对象是货运企业，货运企业通过智慧物流信息网络以数据交换的方式把托运单相关的节点状态信息通过“托运状态变化单”上传到物流跟踪中心，物流跟踪中心经过清洗、整合后将结果呈现给需要查询的用户。“托运状态变化单”主要用来描述哪个托运单在什么时间、什么地点、发生了什么事。在整个运输过程中，无论经过多少家运输企业、装卸、出入库多少次，每发生一次物流活动，托运单状态就更新一次。

2）供应链事件管理

供应链事件管理是指通过预定义物流流程的方式，基于物流链的跨企业的物流状态跟踪服务，不仅适用于跨物流企业的货物状态整合查询、定位服务，还能够基于流程提供异常预警处理、KPI 考核等功能。

（1）物流状态整合查询：根据预定义的物流流程，在跟踪界面上实现全流程的可视化查询。

（2）实时定位服务：提供 GPS、手机基站等定位跟踪服务，并能根据物流产业链环节中的业务状态，结合系统外部数据采集的协同信息，对运行线路上的天气、道路通畅情况等信息进行综合分析。

（3）流程异常预警处理：对供应链事件管理的用户，在物流状态异常情况下实现以邮件、短信等方式来呈现的预警和通知。

（4）KPI 考核：对使用供应链跟踪的用户，提供相关的 KPI 考核指标的设置功能，并提供相应的统计分析服务。

表 3-10 显示了供应链事件管理与运单跟踪的联系与区别。

表 3-10　供应链事件管理与运单跟踪的联系与区别

| 类　别 | 供应链事件管理 | 运单跟踪 |
| --- | --- | --- |
| 服务定义 | 提供基于物流产业链的物流状态跟踪服务，包括国内、出口等不同模式下的物流跟踪 | 提供基于单个物流企业的运单跟踪查询服务 |
| 服务主体对象 | 货主企业 | 物流运输企业 |
| 服务使用方 | • 物流服务提供商（运输企业、仓储企业）<br>• 收货方（企业、个人）<br>• 货主企业等 | 收货方（企业、个人） |
| 服务内容 | • 物流状态跟踪：根据预设流程，预知下一步动作<br>• 流程异常报警处理<br>• KPI 考核<br>• 定位服务（实时获得当前位置） | • 物流状态跟踪（状态展示）<br>• 定位服务（实时获得当前位置） |
| 数据采集源 | • 数据交换：通过物流企业的管理信息系统上传<br>• 服务交换：调用港口平台、电子口岸等数据资源 | 数据交换：通过物流企业的管理信息系统上传 |

显然，供应链事件管理属于集中式流程型跟踪模式。

#### 4．供应链事件管理实现原理

1）供应链事件管理中的流程

供应链事件管理中的流程一般由供应链核心企业创建，它由物流业务流程中的诸多业务节点信息组合而成。核心企业可以根据自己不同的业务情况，定制不同的业务流程，让物流服务提供商参与到自身的业务流程中。每个流程中包含多个节点，每个节点中包含业务动作信息、业务状态等属性。

（1）节点。

物流跟踪中心中的节点建立在核心企业流程下，每个流程中包含多个节点，每个节点中包含业务动作信息、业务状态等属性。

核心企业创建流程后，需要在流程基础上创建节点信息。核心企业可以定制自己特有的节点信息，并且可以在多个流程中重复使用，提高维护效率。核心企业可以通过设置当前流程下的业务节点和该节点的前置节点，来规定节点的触发的先后顺序，把多个节点串联成节点链，从而形成固定完整的业务流程；也可以通过不设置前置节点，不规定节点的触发顺序，形成更具灵活性的业务流程。

物流跟踪中心中在每个业务节点触发时，需要在前置节点满足某状态、完成某动作等条件后，才能进行下一节点的展示，否则流程将停止，等待系统采集的状态信息或问题处理完成后，继续进行。若问题未能解决或流程终止，节点则不会再继续进行并显示未能继续的状态及原因。

（2）动作。

物流跟踪中心中的动作，是建立在业务节点下的，每个节点中包含多个动作属性，每个动作包含动作结果状态属性，例如，执行中、执行失败、执行成功等状态。

供应链核心企业创建节点后，需要在节点基础上创建动作信息。核心企业可以定制自己特有的动作信息，并且可以在多个节点中重复使用，提高维护效率。核心企业可以通过设置节点下的当前动作和该动作的前置动作，来规定动作触发的先后顺序。

物流跟踪中心中在每个业务动作触发时，需要在前置动作满足某状态、完成某动作结果状态等条件后，才能进行下一动作的展示，否则节点将停止，等待系统采集的状态信息或问题处理完成后，继续进行。若问题未能解决或流程终止，动作则不会再继续进行并显示未能继续的状态及原因。

（3）状态。

物流跟踪中心中的状态是建立在业务动作基础上的，与动作相互关联，每个动作中可能包含一个状态属性也可能包含多个状态属性。状态有不同的业务类型如业务状态、商务状态。每个状态包含多个状态值属性如已下单、未下单等状态值。

2）流程示例

（1）普通道路运输业务流程示例。

普通道路运输业务流程包括预约计划、出库发运、运输途中、到达签收共 4 个节点。节点说明如表 3-11～表 3-14 所示。

**表 3-11　预约计划节点**

| 序　号 | 动　作 | 状　态 | 报文单据 |
|---|---|---|---|
| 1 | 托运预约 | 已完成预约 | 预约单（托运单） |
| 2 | 车辆安排 | 准备运输、拒绝运输 | 派车单 |
| 3 | 出库安排 | 已安排 | 出库通知单 |
| 4 | 入库安排 | 已安排 | 入库通知单 |

**表 3-12　出库发运节点**

| 序　号 | 动　作 | 状　态 | 报文单据 |
|---|---|---|---|
| 1 | 车辆抵达 | 已抵达 | |
| 2 | 开始装车 | 准备装载 | |
| 3 | 出库发运 | 已发货 | 出库明细单 |

**表 3-13　运输途中节点**

| 序　号 | 动　作 | 状　态 | 报文单据 |
|---|---|---|---|
| 1 | 车辆到离站 | 在途 | 托运单状态变化单 |
| 2 | GPS | 在途 | |

表 3-14　到达签收节点

| 序　号 | 动　作 | 状　态 | 报文单据 |
|---|---|---|---|
| 1 | 车辆抵达 | 完全到达 | |
| 2 | 卸车签收 | 已交付、依照指示已交货、未完成交付 | 签收单 |
| 3 | 仓库入库 | 已确认收货、收货部分确认 | 入库明细单 |

（2）出口物流业务流程示例。

出口业务涉及 6 个业务节点：预约计划、出库发运、运输途中、到达签收、报关报检、码头状态。节点说明如表 3-15～表 3-20 所示。

表 3-15　预约计划节点

| 序　号 | 动　作 | 状　态 | 报文单据 |
|---|---|---|---|
| 1 | 订舱预约 | 已完成预约 | 订舱托书* |
| 2 | 订舱情况 | 已完成订舱 | 订舱单 |
| 3 | 托运预约 | 已完成预约 | 预约单、集装箱托运单（出口） |
| 4 | 车辆安排 | 准备运输、拒绝运输 | 派车单 |
| 5 | 出库安排 | 已出库、未出库 | 出库通知单 |

表 3-16　出库发运

| 序　号 | 动　作 | 状　态 | 报文单据 |
|---|---|---|---|
| 1 | 提空箱 | 已有箱号、未有箱号 | 集装箱运输回执单（箱号反馈） |
| 2 | 车辆抵达 | 已抵达 | |
| 3 | 开始装车 | 准备装载 | |
| 4 | 出库发运 | 已发货 | 出库明细单 |

表 3-17　运输途中

| 序　号 | 动　作 | 状　态 | 报文单据 |
|---|---|---|---|
| 1 | 车辆到离站 | 在途 | 托运单状态变化单 |
| 2 | GPS | 在途 | |

表 3-18　到达签收

| 序　号 | 动　作 | 状　态 | 报文单据 |
|---|---|---|---|
| 1 | 车辆抵达 | 完全到达 | |
| 2 | 卸车签收 | 已交付、依照指示已交货、未完成交付 | 签收单 |
| 3 | 仓库入库 | 已确认收货、收货部分确认 | 入库明细单 |

表 3-19　报关报检

| 序　号 | 动　作 | 状　态 | 报文单据 |
|---|---|---|---|
| 1 | 报关 | 电子申报、电脑审单、人工审单、现场结单、查验管理、单证打印、单证放行、货物截关 | 通关状态查询接口 |
| 2 | 放行 | 商检放行、船司放行、海关放行、港务放行 | 通关状态查询接口 |

表 3-20　码头状态

| 序　　号 | 动　　作 | 状　　态 | 报文单据 |
|---|---|---|---|
| 1 | 进港 | 已进港 | 船舶动态查询接口 |
| 2 | 装船 | 已装船 | 船舶动态查询接口 |
| 3 | 离港 | 已离港 | 船舶动态查询接口 |
| 4 | 抵达 | 已抵达 | 船舶动态查询接口 |
| 5 | 卸船 | 已卸船 | 船舶动态查询接口 |
| 6 | 出港 | 已出港 | 船舶动态查询接口 |

3）物品的关联

发现服务器通过节点的关联来找到待查询的目的信息系统。除此之外，还需要通过物品编号的关联，实现各个事件之间的关联。就单据而言，存在两种关联方式。第一种是在节点间，单据通过前一单据的单号关联；第二种是节点内部，单据间通过节点内第一个单据的单号将整个节点内的单据关联，如图 3-15 所示。

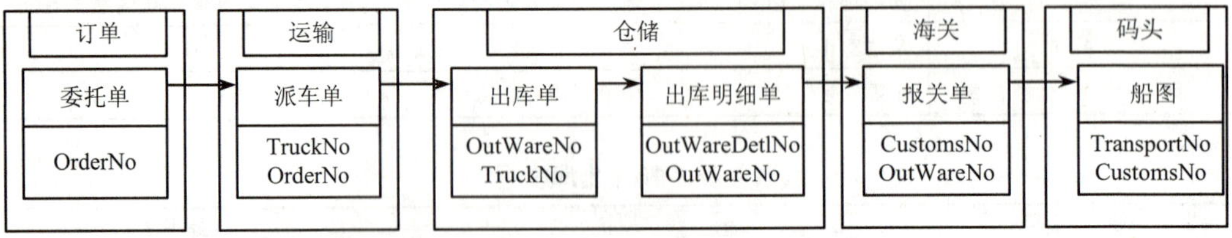


图 3-15　物品的关联模型

## 3.6.3　信息服务调用接口

为实现上述功能，物流跟踪服务需求方的信息系统或物流跟踪中心所需接口如表 3-21 所示。

表 3-21　物流跟踪信息接口需求表

| 序号 | 单证/接口名称 | 单证/接口说明 |
|---|---|---|
| 1 | 普通运输跟踪托运单上传 | 物流企业进行普通运输托运货物受理时生成托运单，并将托运单中相关明细生成普通运输跟踪托运单 |
| 2 | 物流跟踪状态单上传 | 当物流状态发生改变时，需将此物流状态变化的情况生成物流跟踪状态单 |
| 3 | 运单状态查询 | 服务需求方通过运单号和承运方的物流交换代码向跟踪服务提供商进行查询，获取与该运单号相关的多个运输状态信息 |
| 4 | 车辆实时定位信息查询 | 服务需求方通过车辆牌照号和牌照类型代码向定位服务提供商进行查询，获取与车辆牌照号相关的定位信息 |
| 5 | 集装箱在港口状态查询 | 服务需求方通过船舶呼号、船名、航次、IMO 号等关键字向服务提供方进行精确匹配查询，获取与集装箱在港状态相关的数据 |
| 6 | 集装箱通关状态查询 | 服务需求方通过船舶呼号、船名、航次、IMO 号等关键字向服务提供方进行精确匹配查询，获取与集装箱通关状态相关的数据 |

## 3.7　物流园区信息交换与服务

3.1～3.4 节针对 4 种运输方式讲述各种运输方式下的典型物流单证交换业务，3.5、3.6 节讲述了两种典型的物流信息服务交换业务。事实上，在每种运输方式下均存在大量的物流信息服务交换，如车源货源信息、物流信用信息、物流跟踪信息等。

物流园区是道路运输的核心实体节点，是道路运输与其他运输方式的衔接节点，也是物流信息交汇枢纽。本节以物流园区为例，阐述围绕物流园区所发生的物流单证数据交换和物流信息服务交换。

### 3.7.1　交换对象与内容

物流园区主要与以下几类对象的信息系统互联。

1）与入驻企业之间的互联

实现与物流园区内入驻的货主、货代、司机、物流企业等主体的互联，主要提供物流园区的仓储资源、停车场泊位、车源货源等信息服务。

2）与其他物流园区信息系统互联

实现与其他物流园区、堆场之间信息共享，主要包括车辆卡信息、信用信息等。

3）与各种物流公共信息服务平台互联

实现与物流信用中心、物流交易中心等物流公共信息服务平台的互联，实现物流园区基本信息、车货源信息、货物跟踪信息、行业动态信息等信息的共享应用。同时，实现与物流金融平台、电子商务平台等商业增值平台之间物流相关信息的共享应用。

4）与行业主管部门信息系统互联

通过智慧物流信息网络调用行业监管数据，同时和交通运输、海关、质检、税务工商等部门的业务系统互联，实现车辆进出园区、物流站场统计信息、人车户信用信息等信息的共享和调用，同时物流园区通过智慧物流信息网络可以获取行业管理信息、通关检验状态等政府服务信息。

物流园区的互联对象如图 3-16 所示。

### 3.7.2　交换场景与流程

以物流园区中车辆的进出场业务流程为例，分析物流园区的主要互联场景。

1）车辆发卡

具备停车场职能的物流园区可对经常进出本园区的货运车辆发放会员车辆卡。其基本过程如下。

（1）驾驶员向物流园区发起申请。

（2）园区对驾驶员信息、车辆信息进行登记。其中驾驶员信息一般包括人员姓名、人员身份证号、人员从业资格证类型、人员从业资格证号等基本信息，车辆信息一般包括车辆牌照、车辆类型、车辆所属单位、联系人等基本信息；并在信息系统中设定收费标准、会员有效期。

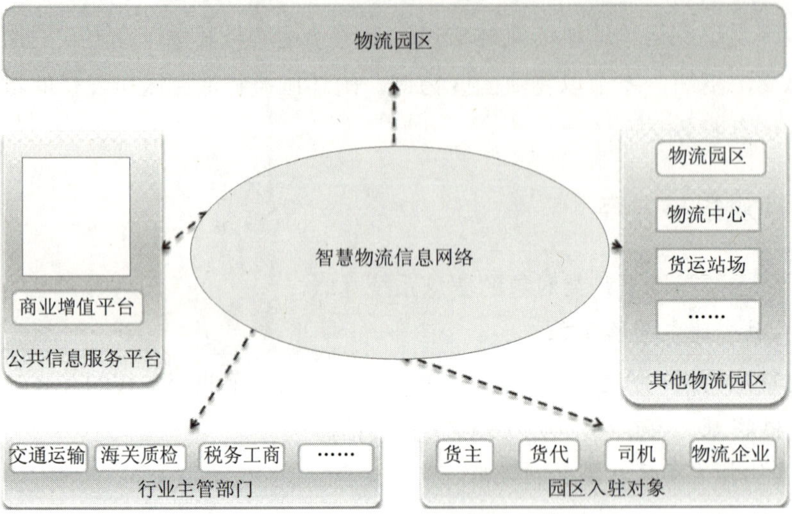


图 3-16　物流园区的互联对象

（3）园区通过智慧物流信息网络查询车辆、驾驶员的基础信息及其信用信息，简便信息录入环节，实现与证件信息的比对，了解驾驶员的信用情况。

（4）物流园区制作车辆 RFID 卡，并根据硬件实施规范进行安装，完成 RFID 卡与车辆的绑定。

（5）将车辆发卡信息、驾驶员登记信息通过智慧物流信息网络实现与其他园区或港口堆场的共享。

2）车辆登记

对于其他物流园区发卡并已共享信息的车辆，物流园区无须重复发卡，可通过智慧物流信息网络查询相关的车辆发卡信息，用于自身进行车辆登记，具体过程如下。

（1）园区通过智慧物流信息网络查询获取车辆发卡信息，并在物流园区管理信息系统中设定收费标准、会员有效期，完成车辆登记注册环节。

（2）园区车辆登记注册信息可通过智慧物流信息网络实现共享，以利于政府或园区掌握会员车辆卡的应用范围及车辆主要活动区域。

3）车辆入场

（1）当车辆抵达物流园区道口时，物流园区管理信息系统可支持停车场管理职能，道口管理人员可根据读取的车辆卡信息判断是否放行。

（2）对于设置专用会员车辆道口的物流园区可实现自动道口服务，完成快速通行。

（3）对于未办理会员车辆卡的车辆，可发放临时卡完成通行。

（4）在上述过程中，系统会自动向智慧物流信息网络发起对该车辆的信用数据查询，如发现存在黑名单级别的问题，在信息系统中给予警示，并由园区自主判断是否需要查询具体事件信息及是否对车辆放行。

（5）车辆进场信息可通过智慧物流信息网络实现共享，以掌握货运市场景气指数、货物流量流向等。

（6）公众可通过智慧物流信息网络查询物流园区动态信息，包括停车场可用泊位数量、车辆进出园区统计信息等。

4）物流资源交易

具备物流资源交易功能的物流园区，可向入驻的经营户、驾驶员提供动态信用评价信息查询服务，了解交易对象以往的经营评价情况，降低交易风险。

5）车辆出场

（1）当车辆驶离本园区道口时，物流园区管理信息系统可支持停车场管理功能，道口管理人员可根据所读取的车辆卡信息判断是否放行。

（2）对于设置了专用会员车辆道口的物流园区可实现自动道口服务，完成快速通行。

（3）对于未办理会员车辆卡的车辆，可依据临时车辆计费规则进行收费，完成通行。

（4）物流园区车辆出场信息通过智慧物流信息网络实现共享，以掌握货运市场景气指数、货物主要流量流向。

（5）对于在物流园区内进行装卸作业、运输交易的车辆驾驶员，以及在园区内入驻业户经营行为可由物流园区作为管理方进行信用评价，评价信息可通过智慧物流信息网络在合作园区间实现共享。

（6）公众可通过智慧物流信息网络查询到物流园区动态信息，包括物流园区停车场可用泊位数量、车辆进出园区统计信息等。

除车辆进出场业务流程以外，物流园区还有其他业务需要与外界进行信息的交换。例如，向外界提供停车场资源、仓储资源、车源、货源信息，提供车辆、货物的跟踪信息等。

### 3.7.3　交换单证接口列表

#### 1. 物流园区管理信息系统接口需求

为了实现上述功能，物流园区管理信息系统所需接口如表 3-22 所示。

表 3-22　物流园区管理信息系统所需接口

| 序号 | 单证/接口名称 | | 单证/接口说明 |
|---|---|---|---|
| 1 | 园区基本信息 | 基本信息上传接口 | 将园区基本信息上传至物流园区数据中心 |
| 2 | | 基本信息查询接口 | 向园区服务对象（入驻业户、货主、货代、司机、物流企业）提供基本信息查询服务 |
| 3 | | 动态信息查询接口 | 向园区服务对象（入驻业户、货主、货代、司机、物流企业）提供动态信息查询服务 |
| 4 | 园区信用信息 | 入场车辆注册信息上传接口 | 将车辆卡的登记信息以及变更、注销信息上传至物流园区数据中心 |
| 5 | | 入驻业户基本信息上传接口 | 将入驻业户基本信息上传至物流园区数据中心 |
| 6 | | 入场从业人员基本信息上传接口 | 将入场从业人员基本信息上传至物流园区数据中心 |
| 7 | | 车辆园区登记信息上传接口 | 将车辆园区登记信息上传至物流园区数据中心 |
| 8 | | 业户诚信信息上传接口 | 将业户诚信信息上传至物流园区数据中心 |
| 9 | | 车辆诚信信息上传接口 | 将车辆诚信信息上传至物流园区数据中心 |
| 10 | | 人员诚信信息上传接口 | 将人员诚信信息上传至物流园区数据中心 |
| 11 | | 车辆卡注册信息查询接口 | 从物流园区数据中心中查询非本园区发放的车辆卡信息，验证车辆的真实性 |
| 12 | | 业户诚信信息查询接口 | 从物流园区数据中心或其他信用中心中查询企业的诚信信息，包括静态信息和动态信息，验证企业的合法性 |
| 13 | | 车辆诚信信息查询接口 | 从物流园区数据中心或其他信用中心中查询车辆的诚信信息，包括静态信息和动态信息，验证车辆是否合法运营 |
| 14 | | 人员诚信信息查询接口 | 从物流园区数据中心或其他信用中心中查询人员的身份信息和从业资格信息，获取该人员诚信信息，包括静态信息和动态信息 |
| 15 | | 货运专线信息上传/接收接口 | 将货运专线信息上传至商业增值平台，或者接收来自入驻企业的该信息 |
| 16 | | 车源信息上传/接收接口 | 将车源信息上传至商业增值平台，或者接收来自入驻企业的该信息 |
| 17 | | 货源信息上传/接收接口 | 将货源信息上传至商业增值平台，或者接收来自入驻企业的该信息 |
| 18 | | 仓储信息上传/接收接口 | 将仓储资源信息上传至商业增值平台，或者接收来自入驻企业的该信息 |
| 19 | | 车源信息查询接口 | 向商业增值平台查询车源信息 |
| 20 | | 货源信息查询接口 | 向商业增值平台查询货源信息 |
| 21 | | 专线信息查询接口 | 向商业增值平台查询专线信息 |
| 22 | | 仓储信息查询接口 | 向商业增值平台查询仓储信息 |
| 23 | 园区行业监管信息 | 车辆进出信息上传接口 | 将车辆进出信息上传至物流园区数据中心或行业主管部门信息系统，辅助行业主管部门进行市场监管 |
| 24 | | 物流站场（园区）统计信息上传接口 | 将物流站场（园区）统计信息上传至物流园区数据中心或行业主管部门信息系统，辅助行业主管部门进行市场监管 |

### 2．数据中心的接口需求

物流园区数据中心通过园区互联可以采集所有物流园区基本信息、信用信息及行业监管信息，面向所有物流园区、物流企业、货主、货代、司机等提供接口或网页查询服务，因此物流园区数据中心需要根据园区互联需求设计物流园区上传信息的接收接口和对外部系统调用服务信息的查询接口，同时开发网页查询服务。物流园区数据中心涉及具体接口包括园区基本信息、园区相关信用信息及园区行业监管信息，如表 3-23 所示。

表 3-23　数据中心接口需求表

| 序号 | 单证/接口名称 | | 单证/接口说明 |
|---|---|---|---|
| 1 | 园区基本信息 | 基本信息接收接口 | 接收从物流园区上传来的园区基本信息 |
| 2 | | 基本信息查询接口 | 向社会公众提供园区基本信息查询服务 |
| 3 | | 动态信息查询接口 | 向园区服务对象（入驻业户、货主、货代、司机、物流企业）提供动态信息查询服务 |
| 4 | 园区信用信息 | 入场车辆注册信息接收接口 | 接收从物流园区上传来的车辆卡的登记信息及变更、注销信息 |
| 5 | | 入驻业户基本信息接收接口 | 接收从物流园区上传来的入驻业户基本信息 |
| 6 | | 入场从业人员基本信息接收接口 | 接收从物流园区上传来的入场从业人员基本信息 |
| 7 | | 车辆园区登记信息接收接口 | 接收从物流园区上传来的车辆园区登记信息 |
| 8 | | 业户诚信信息接收接口 | 接收从物流园区上传来的业户诚信信息 |
| 9 | | 车辆诚信信息接收接口 | 接收从物流园区上传来的车辆诚信信息 |
| 10 | | 人员诚信信息接收接口 | 接收从物流园区上传来的人员诚信信息 |
| 11 | | 车辆卡注册信息查询接口 | 提供非本园区发放的车辆卡信息的查询服务 |
| 12 | | 业户诚信信息查询接口 | 提供企业的诚信信息查询服务 |
| 13 | | 车辆诚信信息查询接口 | 提供车辆的诚信信息查询服务 |
| 14 | | 人员诚信信息查询接口 | 提供人员的身份信息和从业资格信息查询服务 |
| 15 | 园区行业监管信息 | 车辆进出信息接收接口 | 接收从物流园区上传来的车辆进出信息 |
| 16 | | 物流站场（园区）统计信息接收接口 | 接收从物流园区上传来的物流站场（园区）统计信息 |

### 3. 园区入驻企业物流信息系统接口需求

园区入驻企业通过园区互联可以查询物流园区基本信息、信用信息，以及车源、货源、专线、仓储信息等，同时可以将拥有的车源、货源、专线、仓储等业务信息发送给物流园区管理信息系统或商业增值平台，因此入驻企业需要根据互联需求开发信息服务查询接口和上传业务信息接口，具体接口如表 3-24 所示。

表 3-24　园区入驻企业接口需求表

| 序号 | 单证/接口名称 | | 单证/接口说明 |
|---|---|---|---|
| 1 | 园区基本信息 | 基本信息查询接口 | 向物流园区数据中心查询园区基本信息 |
| 2 | | 动态信息查询接口 | 向物流园区数据中心查询园区动态信息 |
| 3 | 园区信用信息 | 车辆卡注册信息查询接口 | 向物流园区数据中心查询非本园区发放的车辆卡信息 |
| 4 | | 业户诚信信息查询接口 | 向物流园区数据中心查询企业的诚信信息 |
| 5 | | 车辆诚信信息查询接口 | 向物流园区数据中心查询车辆的诚信信息 |
| 6 | | 人员诚信信息查询接口 | 向物流园区数据中心查询人员的身份信息和从业资格信息 |

续表

| 序号 | 单证/接口名称 | | 单证/接口说明 |
|---|---|---|---|
| 7 | 园区增值服务信息 | 货运专线信息上传接口 | 将货运专线信息上传至物流园区或商业增值平台 |
| 8 | | 车源信息上传接口 | 将车源信息上传至物流园区或商业增值平台 |
| 9 | | 货源信息上传接口 | 将货源信息上传至物流园区或商业增值平台 |
| 10 | | 仓储信息上传接口 | 将仓储资源信息上传至物流园区或商业增值平台 |
| 11 | | 车源信息查询接口 | 向物流园区或商业增值平台查询车源信息 |
| 12 | | 货源信息查询接口 | 向物流园区或商业增值平台查询货源信息 |
| 13 | | 专线信息查询接口 | 向物流园区或商业增值平台查询专线信息 |
| 14 | | 仓储信息查询接口 | 向物流园区或商业增值平台查询仓储信息 |

### 4. 行业监管平台的接口需求

行业监管平台通过园区互联可以采集到辖区内物流园区车辆进出信息和物流站场（园区）统计信息，因此行业监管平台需要根据互联需求改造物流园区车辆进出信息和物流站场（园区）统计信息接收接口，具体接口如表 3-25 所示。

表 3-25　行业监管平台接口需求表

| 序号 | 单证/接口名称 | | 单证/接口说明 |
|---|---|---|---|
| 1 | 园区行业基本信息 | 车辆进出信息接收接口 | 接收来自物流园区或物流园区数据中心的车辆进出信息，辅助行业主管部门进行市场监管 |
| 2 | | 物流站场（园区）统计信息接收接口 | 接收来自物流园区或物流园区数据中心的物流站场（园区）统计信息，辅助行业主管部门进行市场监管 |

### 5. 商业增值平台的接口需求

商业增值平台通过园区互联可以采集愿意提供增值服务的物流园区的相关业务信息，包括货运专线、车源、货源、仓储等信息，同时面向所有需要增值业务信息的物流园区、物流企业、货主、货代、司机等提供接口或网页查询服务，因此商业增值平台需要根据园区互联需求开发物流园区上传业务信息的接收接口和对外部系统调用信息服务的查询接口，同时开发网页查询服务，具体接口如表 3-26 所示。

表 3-26　商业增值平台接口需求表

| 序号 | 单证/接口名称 | | 单证/接口说明 |
|---|---|---|---|
| 1 | 园区增值服务信息 | 货运专线信息接收接口 | 接收来自物流园区或入驻企业的货运专线信息 |
| 2 | | 车源信息接收接口 | 接收来自物流园区或入驻企业的车源信息 |
| 3 | | 货源信息接收接口 | 接收来自物流园区或入驻企业的货源信息 |
| 4 | | 仓储信息接收接口 | 接收来自物流园区或入驻企业的仓储资源信息 |
| 5 | | 车源信息查询接口 | 向物流园区、物流企业、货主、货代、司机提供车源信息查询服务 |
| 6 | | 货源信息查询接口 | 向物流园区、物流企业、货主、货代、司机提供货源信息查询服务 |
| 7 | | 专线信息查询接口 | 向物流园区、物流企业、货主、货代、司机提供专线信息查询服务 |
| 8 | | 仓储信息查询接口 | 向物流园区、物流企业、货主、货代、司机提供仓储信息查询服务 |

# 第4章 智慧物流信息网络标准规范

**内容提要**

标准化是智慧物流信息网络的一个重要特征，实现信息系统之间信息的交换离不开信息的标准化。本章针对第 3 章所介绍的物流数据交换和物流信息服务交换业务内容，研究制定相应的标准。首先介绍了智慧物流信息网络的数据元、代码集。在此基础上，以第 3、4 章互联场景和应用服务涉及的业务内容为例，重点介绍了道路运输、水路运输、航空运输、物流园区相互关联交换业务中的主要单证标准规范，以及物流信用、物流跟踪等信息服务交换中的服务函数规范。

**本章重点**

- 数据元、代码集
- 道路运输主要单证
- 物流园区主要单证
- 物流诚信服务函数
- 物流跟踪服务函数

在实践中，不同层次的智慧物流信息网络或面向不同业务的智慧物流信息网络，可能建立不同的标准体系。以国外为例，e-Freight、EFM、TradeNet、DTTN 针对各自的业务特点均建立了各自的标准体系，并且遵循的国际标准也不尽相同如 EDIFACT、UBL、ebXML、EPCIS、RosettaNet 等。就我国而言，电子口岸与 LOGINK 也建立了各自的标准体系。

本章的目的不在于介绍某个具体的标准体系，而是想要以标准的形式来描述第 3 章所介绍的物流数据交换和物流信息服务交换的具体业务内容。在此思路下，本章采用 LOGINK 的标准体系来描述上述业务内容。

## 4.1　基本原则

智慧物流信息网络标准体系的建设应遵循以下基本原则。

1）统筹规划，有序推进

在统一的标准体系框架下，充分借鉴和利用国家、行业、地方及企业开展的物流信息标准化工作基础，科学合理地确定标准制修订计划，有步骤、有目的地开展标准化工作。

2）加强组织，广泛参与

建立政府主管部门、物流服务需求方、物流服务提供方、物流信息技术服务商、物流信息平台运营商、科研单位，以及有关标准化技术委员会之间协调配合、合作联动的工作机制，加强政府引导，鼓励多方参与，积极发挥市场和社会力量，共同推动智慧物流信息网络标准体系建设。

3）需求导向，持续深化

以统一的基础数据交换标准为核心，立足跨部门、跨区域信息交换及应用系统互联需求，以各参与方业务和服务需求为导向，通过标准的试点应用效果反馈，深化标准研究和制定，不断补充与完善标准体系。

基于以上原则，在开展标准化工作时，应该允许物流各相关领域内的龙头企业参与标准共建，负责各自领域内的标准制修订工作。通过标准共建，使标准与行业企业实际需求结合更紧密，在行业企业中应用更广泛，成为物流信息交换领域被市场广泛采纳的技术标准。

## 4.2　数据元与代码集

物流数据交换及物流信息服务交换的业务内容分别采用电子单证和服务函数这两种标准规范加以表示，而电子单证及服务函数的基本组成单元是数据元。

数据元是组成电子单证、服务函数的基本单元，规范电子单证与服务函数首先要规范数据元。

数据元的表示形式分成代码型和叙述性两大类。代码型数据元的代码值是实际传输和表达的业务内容。代码集是描述相应代码型数据元值域范围的集合。

因此，有必要在交通运输信息基础数据元行业标准（JT/T 697）的基础上，根据智慧物流信息网络互联和应用服务需求，研究和制定智慧物流信息网络涉及的数据元（含代码）标准。主要内容包括物流信息交换中主要数据元的分类和表示、详细的数据元目录以及代码型数据元的代码值。

### 4.2.1 数据元

数据元（data element），又称为“数据元素”，是用一组属性描述其定义、标识、表示和允许值的数据单元。在特定的语义环境中它被认成不可再分的数据最小单位。

#### 1. 数据元标准编制的基本思路和原则

1）依据物流业务和与国际互联的实际需求，保证数据元标准的实用性、可操作性

数据元的编制主要是根据物流各个环节（包括运输、仓储、配送、货运代理等）的业务需求、各类物流应用服务（包括车货跟踪、船舶跟踪、集装箱跟踪、信用服务、物流资源应用及车辆识别卡应用）的需求，以及与国际互联的需求，借鉴和参考国际国内标准，采用 GB/T 15191—2010《贸易数据交换贸易数据元目录数据元》中数据元的分类方法。

2）遵循现有行业标准的相关规定和要求

JT/T 697《交通信息基础数据元》系列标准中对数据元分类编号和表示的基本属性都做出了明确规定。在编制智慧物流信息网络数据元时首先参照 JT/T 697.1《交通信息基础数据元总则》中编码规则、基本属性的规定，以保证标准在体例上与行业标准的衔接与一致；其次将每项数据元与 JT/T 697 系列标准中的相关部分主要包括道路运输信息基础数据元、港口信息基础数据元、水运信息基础数据元、船舶信息基础数据元进行对照，对于含义相同的数据元，将直接引用现有行业标准，避免相同数据元的重复规定。

3）立足实际应用需求，采取自定义方式规定数据元

对于上述国家标准、行业标准中未定义的数据元，需要根据实际应用需求，自行定义，但在编码规则和基本属性方面要与行业标准保持一致。

#### 2. 数据元分类、编码规则及表示规范

1）分类

根据智慧物流信息网络物流信息交换的服务和管理对象，以及物流业务信息的基本内容和属性，参考 GB/T 15191 的数据元的类目分组（UN/EDIFACT 标准的数据元类目分

组），将物流信息交换的主要数据元划分为十大类，类目名称如下。

（1）服务数据元。

（2）单证、参考。

（3）日期时间、期限。

（4）参与方、地址、地点、国家。

（5）条款、条件、术语、说明。

（6）金额、费用、百分比。

（7）计量标识符、数量（非货币量）。

（8）货物和物品的描述和标识符。

（9）运输方式、工具、集装箱及其他设备。

（10）其他数据元。

2）编码规则

数据元分类编号为数据元的特征号，反映该数据元在数据元集中的排列位置，长度为 9 位，分类编号从左至右由物流信息交换业务领域代码、数据元一级分类顺序号、数据元二级分类顺序号和数据元顺序号组成，分类编号结构如图 4-1 所示。

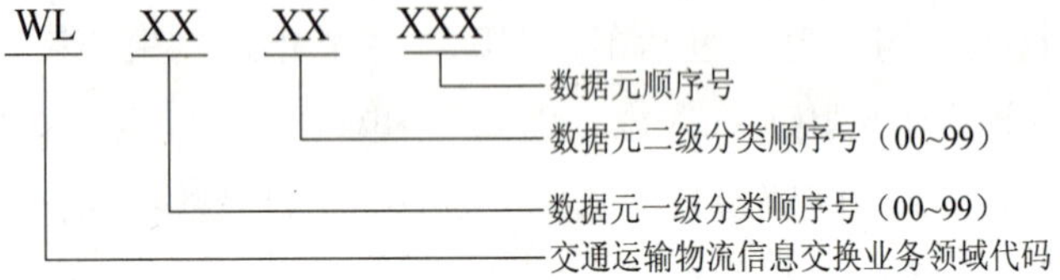


图 4-1　智慧物流信息网络数据元分类编号结构

数据元顺序号代表某一级分类下的数据元的序号，从 001 开始顺序编码；数据元顺序号为偶数，则表示该数据元为用自然语言描述的数据元（包括非代码的数值），紧随其后的奇数顺序号的数据元为代码型数据元；顺序号为 000～799 的数据元参考 GB/T 15191 中的相关数据元的标识符后 3 位，顺序号为 800～999 的数据元由本部分自定义。

智慧物流信息网络数据元的具体分类及编号如表 4-1 所示。

**表 4-1　智慧物流信息网络数据元分类**

| 一级分类编号 | 类目名称 | 说　明 |
| --- | --- | --- |
| 0 | 服务数据元 | 需要为用户数据交换过程提供服务的数据元 |
| 1 | 单证、参考 | 用于数据处理或单证的数据元，例如单证和报文名称、参考和参考号、顺序号（如项号、页号及单证副本数） |
| 2 | 日期时间、期限 | 所有日期时间的表示，如日历日期、时间、期限（月、星期、日）、时限、起始和终止日期 |

续表

| 一级分类编号 | 类目名称 | 说　明 |
| --- | --- | --- |
| 3 | 参与方、地址、地点、国家 | 法人和自然人的名称和地址、组织机构、地点、国家、路线 |
| 4 | 条款、条件、术语、说明 | 鉴证、授权、背书、证明、条目、条件、条款、参考条目、戳记、标签、请求、说明、收据、声明、资料文本 |
| 5 | 金额、费用、百分比 | 财产价值、金额、费用；用于商业、运输、海关、统计及其他用途的数额和价值，例如作为发票计算基准的价格、费率、百分率和折扣的详细内容 |
| 6 | 计量标识符、数量（非货币量） | 尺码、重量、体积、距离、温度、货币及其他数量（第 5 类中的货币量除外）、计量单位说明符 |
| 7 | 货物和物品的描述和标识符 | 货物和物品的描述、分类和标识、托运物标识符、包装号和种类、危险品细目 |
| 8 | 运输方式、工具、集装箱及其他设备 | 运输工具和集装箱及其他设备的标识和描述、运输设备细目、运输方式和动态、航次号和航班号等 |
| 9 | 其他数据元 | 01～08 类中未列出的其他数据元 |

3）基本属性

数据元的基本属性参考 JT/T 697.1 中的相关规定如表 4-2 所示。

表 4-2　数据元的基本属性

| 序号 | 数据元属性 | 约束 | 定义及说明 |
| --- | --- | --- | --- |
| 1 | 分类编号 | M | 数据元的特征号，反映该数据元在数据元集中的排列位置 |
| 2 | 数据元名称 | M | 赋予数据元的单个或多个中文字词的指称 |
| 3 | 英文名称 | M | 赋予数据元英文全称。英文名称的拼写应采用大骆驼（Upper Camel Case，UCC）命名方式，即每个单词的首字母为大写，其他字母均为小写，并把这些单词组合起来；不应包括任何空格、破折号、下画线或分隔符等 |
| 4 | 定义 | M | 描述数据元语义方面的属性，表达一个数据元的本质特性并区别于其他所有数据元的陈述 |
| 5 | 数据类型 | M | 用于表示数据元的符号、字符或其他表示的类型 |
| 6 | 数据格式 | M | 从业务的角度规定的数据元值的格式需求，包括所允许的最大和/或最小字符长度，数据元值的表示格式等 |
| 7 | 值域 | M | 根据相应属性中所规定的数据元值的类型、数据格式而决定的数据元的允许值的集合 |
| 8 | 关系 | O | 当前数据元与其他相关数据元之间的关系描述 |
| 9 | 计量单位 | O | 属于数字型的数据元值的计量单位 |
| 10 | 同义名称 | O | 与给定数据元名称有区别但表示有相同数据元概念的，在不同应用环境下的不同称谓，一般为被广泛使用的该数据元的其他名称 |
| 11 | 版本号 | O | 数据元的版本号 |
| 12 | 备注 | O | 该数据元的补充描述或说明 |

4）数据类型的表示

数据元值的类型可能的取值有字符型、数字型、布尔型、二进制型等。其中，二进制型用于表示图形、图像、音视频等。

5）数据格式的表示

数据格式中使用的字符含义如下。

a = 字母字符。

n = 数字字符。

an = 字母数字字符。

m（自然数）= 定长 m 个字符（字符集采用 GB 2312 中的有关规定）。

.. = 字符型数据的最小长度到最大长度的分隔符。

，= 区分数字字符个数与小数点后小数位数的分隔符，即“，”前为数字字符个数，“，”后为小数点后小数位数。

ul = 长度不确定的文本。

YYYYMMDDhhmmss = 隔符，即“YYYY”表示世纪和年份，“MM”即表示月份，“DD”表示日期，“hh”表示小时，“mm”表示分钟，“ss”表示秒，可以视具体实际情况组合使用。

True/False = 布尔型，数据的逻辑判断值。

二进制型的数据格式为 binary，表示限定长度的二元八位字节集。

示例 1：an3..8 表示最大长度为 8，最小长度为 3 的不定长字符。

示例 2：an5（aannn）表示定长 5 个字母数字字符，前 2 个为字母字符，后 3 个为数字字符。

示例 3：n..8,4 表示该数值最大长度为 8 位数字字符、小数点后 4 位数字。

### 3. 数据元样例

1）单证名称

分类编号：WL0100000。

数据元名称：单证名称。

英文名称：DocumentName。

定义：单证的自由文本名称。

数据类型：字符型。

数据格式：an..35。

2）单证名称代码

分类编号：WL0100001。

数据元名称：单证名称代码。

英文名称：DocumentNameCode。

定义：规定单证名称的代码。

数据类型：字符型。

数据格式：an..3。

值域：采用 GB/T 16833—2011 中的“1001 单证名称代码”。

### 4.2.2 代码集

标准代码集是描述相应代码型数据元值域范围的集合。代码集的制定是为了规范和统一智慧物流信息网络的数据标准，使接入网络的物流管理软件、其他行业信息系统在进行数据交换时有唯一、确定、标准、通用的语义描述。

在编制代码集时，首先参考 ISO 标准、UNECE 推荐标准、国家标准、行业标准及 UN/EDIFACT 等成熟标准体系中的代码集，其次结合物流信息化业务实际需求，自定义一部分代码集。

示例：

1）采用国际标准的代码集

运输状态代码

分类编号：WL0100829。

定义：表示货物在各运输环节中的状态代码。

参考标准：使用 UN/Rec24 标准代码集。

代码值域如表 4-3 所示。

表 4-3　运输状态代码值域

| 代码 | 名　称 | 英文名称 | 描　述 |
|---|---|---|---|
| 1 | 完全到达 | Arrival，completed | 货物/托运物/设备/运输工具已到达 |
| 2 | 允许装载 | Loading，authorized | 接到装货许可 |
| 3 | 残损到达 | Arrival，in defective condition | 货物/托运物/设备/运输工具到达时已有损坏 |
| 4 | 破损设备返修 | Defective equipment returned to service | 破损状态的设备已被返回检修 |

2）采用国家标准的代码集

单证名称代码

分类编号：WL0100001。

定义：规定单证名称的代码。

参考标准：参考 GB/T 16833—2011 中的“1001 单证名称代码”。

代码值域如表 4-4 所示。

表 4-4 单证名称代码值域

| 代码 | 名　称 | 英文名称 | 描　述 |
|---|---|---|---|
| 3 | 质量证书 | Certificate of quality | 证明货物、服务等质量的证书 |
| 5 | 产品性能报告 | Product performance report | 说明产品性能值的报告 |
| 6 | 产品规格型号报告 | Product specification report | 提供产品规格值的报告 |
| 16 | 证书 | Certificate | 跟单信用证申请人说明该证书的适用条件和证书由谁签发 |

3）平台自定义代码集

揽货方式代码

分类编号：WL0800905。

定义：标识承运人揽取货物方式的代码。

代码值域如表 4-5 所示。

表 4-5 揽货方式代码值域

| 代　码 | 名　称 |
|---|---|
| 010 | 客户自送 |
| 020 | 上门揽货 |
| 999 | 其他 |

## 4.3 电子单证

智慧物流信息网络互联业务包含运输、仓储、货代、船代、船公司、物流场站（园区）、机场、港口等各个物流环节和节点，涉及的单证有托运单、出（入）库单等。制定电子单证标准，保证工商企业、物流企业、政府部门均可以按照统一标准通过智慧物流信息网络进行物流各环节的数据交换和共享。

电子单证标准规定信息交换中涉及的主要单证的报文结构，报文体包含的业务数据及每个数据项的属性（引用相关数据元标准）。

单证报文结构由报文头和报文体两部分组成。

（1）报文头：每个单证报文头的数据结构是相同的，由报文参考号、单证名称、报文版本号、发送方代码、接收方代码、发送日期时间和报文功能代码 7 个数据项组成；

（2）报文体：由描述业务的数据组成。

在报文结构属性中，采用报文层、分类编号、英文名称、中文名称等 8 个属性说明报文结构，具体如表 4-6 所示。

表 4-6　单证报文属性

| | | |
|---|---|---|
| 1 | 报文层 | 识数据元在报文结构中的位置和层次关系 |
| 2 | 分类编号 | 识该数据元的唯一标记，反映该数据元在数据元集中的排列位置，分类编号从左至右由交通运输物流信息交换业务领域代码、数据元一级分类顺序号、数据元二级分类顺序号和数据元顺序号组成，具体编码规则见 JT/T XXXX.1-XXXX 中的 5.1.2 |
| 3 | 英文名称 | 据元和段组的英文标记名，可用作可扩展标记语言（XML）标记名，段组是由多个数据元构成的数据实体 |
| 4 | 中文名称 | 数据元的中文描述 |
| 5 | 约束/出现次数 | 该数据元在报文中重复出现的次数<br>a）0..1——数据元值域可填，且出现一次<br>b）0..n——数据元值域可填，且可出现多次<br>c）1..1——数据元值域必填，且出现一次<br>d）1..n——数据元值域必填，且可出现多次 |
| 6 | 数据格式 | 数据类型是用于表示数据元的符号、字符或其他表示的类型。数据元值的类型可能的取值有“字符型”、“数字型”、“日期型”、“时间型”、“日期时间型”、“布尔型”、“二进制型” |
| | | 数据格式中使用的字符含义如下<br>a）a = 字母字符<br>b）n = 数字字符<br>c）an = 字母数字字符<br>d）m（m=为自然数） = 定长 m 个字符（字符集默认为 GB2312）<br>e）..ul = 长度不确定的文本<br>f）.. = 从最小长度到最大长度，前面附加最小长度，后面附加最大长度<br>g）YYYYMMDDhhmmss = “YYYY”表示世纪和年份，“MM”表示月份，“DD”表示日期，“hh”表示小时，“mm”表示分钟，“ss”表示秒，可以视具体实际情况组合使用<br>h)　True/False =布尔型 |
| | | 示例 1<br>an5（aannn）表示定长 5 个字母数字字符，前 2 个为字母字符，后 3 个为数字字符 |
| | | 示例 2<br>an3..8 表示最大长度为 8，最小长度为 3 的不定长字符 |
| | | 示例 3<br>n..8,4 表示该数值最大长度为 8 位整数、4 位小数 |
| | | 示例 4<br>True/False 表示该数值为布尔型 |
| 7 | 引用文件 | 代码型数据元值域引用的标准 |
| 8 | 说明 | 对标记名的简要解释和应用说明 |

## 4.3.1　道路运输主要单证

道路运输电子单证主要包括普通运输托运单、普通运输派车单、普通运输托运状态单、普通运输回执单。

### 1. 普通运输托运单

普通运输托运单报文结构及属性说明如表 4-7 所示。

表 4-7　普通运输托运单报文结构及属性说明

| 序号 | 报文层 | 分类编号 | 英文名称 | 中文名称 | 约束/出现次数 | 数据格式 |
|---|---|---|---|---|---|---|
| 1 | 1 | | Root | 根 | 1..1 | |
| 2 | 2 | | Header | 报文头 | 1..1 | |
| 3 | 3 | WL0000062 | MessageReferenceNumber | 报文参考号 | 1..1 | an..35 |
| 4 | 3 | WL0100000 | DocumentName | 单证名称 | 1..1 | an..35 |
| 5 | 3 | WL0000052 | DocumentVersionNumber | 报文版本号 | 1..1 | an..17 |
| 6 | 3 | WL0900813 | SenderCode | 发送方代码 | 1..1 | an..20 |
| 7 | 3 | WL0900817 | RecipientCode | 接收方代码 | 1..1 | an..20 |
| 8 | 3 | WL0200863 | MessageSendingDateTime | 发送日期时间 | 1..1 | n14 |
| 9 | 3 | WL0100225 | MessageFunctionCode | 报文功能代码 | 0..1 | an..3 |
| 10 | 2 | | Body | 报文体 | 1..1 | |
| 11 | 3 | WL0100802 | ShippingNoteNumber | 托运单号 | 1..1 | an..20 |
| 12 | 3 | WL0100820 | OriginalDocumentNumber | 原始单号 | 0..1 | an..35 |
| 13 | 3 | WL0200805 | ConsignmentDateTime | 托运日期时间 | 1..1 | n14 |
| 14 | 3 | WL0800903 | BusinessTypeCode | 业务类型代码 | 0..1 | an..7 |
| 15 | 3 | WL0800902 | BusinessTypeName | 业务类型名称 | 0..1 | an..35 |
| 16 | 3 | WL0900896 | OperationRequirment | 作业要求 | 0..1 | an..35 |
| 17 | 3 | WL0800921 | PriorityCode | 紧急程度代码 | 1..1 | an..3 |
| 18 | 3 | WL0800920 | PriorityDescription | 紧急程度描述 | 0..1 | an..17 |
| 19 | 3 | WL0800905 | GoodsPickupMethod Code | 揽货方式代码 | 1..1 | an..3 |
| 20 | 3 | WL0800904 | GoodsPickupMethodDescription | 揽货方式描述 | 0..1 | an..17 |
| 21 | 3 | WL0800923 | GoodsDeliverMethod Code | 送货方式代码 | 1..1 | an..3 |
| 22 | 3 | WL0800922 | GoodsDeliverMethodDescription | 送货方式描述 | 0..1 | an..17 |
| 23 | 3 | WL0800972 | VehicleServiceType | 车辆服务类型 | 0..1 | an..35 |
| 24 | 3 | WL0800973 | VehicleServiceTypeCode | 车辆服务类型代码 | 0..1 | an3 |
| 25 | 3 | WL0800179 | TransportMeansTypeCode | 运输工具类型代码 | 0..1 | an..8 |
| 26 | 3 | WL0300878 | Shipper | 托运人 | 0..1 | an..100 |
| 27 | 3 | WL0300879 | ShipperCode | 托运人代码 | 0..1 | an..50 |
| 28 | 3 | WL0900844 | MemberType | 会员类型 | 0..1 | an..10 |
| 29 | 3 | WL0400052 | Termsof eliveryOrTransport | 交货或运输条款 | 0..1 | an..70 |
| 30 | 3 | | ConsignorInfo | 发货方信息 | 1..1 | |
| 31 | 4 | WL0300336 | Consignor | 发货人 | 1..1 | an..512 |
| 32 | 4 | WL0300337 | ConsignorCode | 发货人代码 | 1..1 | an..17 |
| 33 | 4 | WL0300412 | ContactName | 联系人名称 | 1..1 | an..256 |
| 34 | 4 | WL0300869 | TelephoneNumber | 电话号码 | 1..1 | an..18 |
| 35 | 4 | WL0300875 | MobileTelephoneNumber | 移动电话号码 | 0..1 | an..18 |

续表

| 序号 | 报文层 | 分类编号 | 英文名称 | 中文名称 | 约束/出现次数 | 数据格式 |
|---|---|---|---|---|---|---|
| 36 | 4 | WL0300871 | FaxNumber | 传真号码 | 0..1 | an..18 |
| 37 | 4 | WL0300228 | CountrySubdivisionName | 国家行政区划名称 | 1..1 | an..70 |
| 38 | 4 | WL0300229 | CountrySubdivisionCode | 国家行政区划代码 | 0..1 | an..12 |
| 39 | 4 | WL0300334 | PlaceOfLoading | 装货地点 | 1.1 | an..256 |
| 40 | 4 | WL0300251 | PostalIdentificationCode | 邮政标识代码 | 0..1 | an..17 |
| 41 | 4 | WL0300843 | FreightTransportStationCode | 货运站代码 | 0..1 | an..17 |
| 42 | 4 | WL0300842 | FreightTransportStationName | 货运站名称 | 0..1 | an..100 |
| 43 | 3 | WL0200809 | ResquestedLoadingDateTime | 要求装货日期时间 | 0..1 | n14 |
| 44 | 3 | | ConsigneeInfo | 收货方信息 | 1..1 | |
| 45 | 4 | WL0300132 | Consignee | 收货人 | 1..1 | an..512 |
| 46 | 4 | WL0300133 | ConsigneeCode | 收货人代码 | 1..1 | an..17 |
| 47 | 4 | WL0300412 | ContactName | 联系人名称 | 1..1 | an..256 |
| 48 | 4 | WL0300869 | TelephoneNumber | 电话号码 | 1..1 | an..18 |
| 49 | 4 | WL0300875 | MobileTelephone Number | 移动电话号码 | 0..1 | an..18 |
| 50 | 4 | WL0300871 | FaxNumber | 传真号码 | 0..1 | an..18 |
| 51 | 4 | WL0300228 | CountrySubdivisionName | 国家行政区划名称 | 1..1 | an..70 |
| 52 | 4 | WL0300229 | CountrySubdivisionCode | 国家行政区划代码 | 0..1 | an..12 |
| 53 | 4 | WL0300160 | GoodsReceiptPlace | 收货地点 | 1..1 | an..256 |
| 54 | 4 | WL0300251 | PostalIdentificationCode | 邮政标识代码 | 0..1 | an..17 |
| 55 | 4 | WL0300843 | FreightTransportStationCode | 货运站代码 | 0..1 | an..17 |
| 56 | 4 | WL0300842 | FreightTransportStationName | 货运站名称 | 0..1 | an..100 |
| 57 | 3 | WL0200821 | RequestedUnloadedDate | 要求卸货日期 | 0..1 | n8 |
| 58 | 3 | WL0100825 | IsReturn | 是否回执 | 1..1 | n1 |
| 59 | 3 | WL0500077 | PriceCurrencyCode | 价格货币代码 | 0..1 | an..35 |
| 60 | 3 | WL0500004 | MonetaryAmount | 货币金额 | 0..1 | n..18 |
| 61 | 3 | WL0100829 | ShippingNoteStatusCode | 托运单状态代码 | 1..1 | an..3 |
| 62 | 3 | WL0900842 | Remark | 备注 | 0..1 | an..256 |
| 63 | 3 | WL0400440 | FreeText | 自由文本 | 0..1 | an..512 |
| 64 | 3 | | GoodsInfo | 货物信息 | 1..n | |
| 65 | 4 | WL0700823 | ArticleNumber | 商品编码 | 0..1 | an..35 |
| 66 | 4 | WL0700819 | CargoHSNumber | 货物 HS 编码 | 0..1 | an..10 |
| 67 | 4 | WL0700820 | GoodsClassificationName | 货物分类名称 | 0..1 | an..35 |
| 68 | 4 | WL0700002 | DescriptionOfGoods | 货物名称 | 1..1 | an..512 |
| 69 | 4 | WL0700832 | GoodsSpecification | 货物规格 | 0..1 | an..35 |
| 70 | 4 | WL0700338 | ArticleBatchNumber | 产品批次号 | 0..1 | an..17 |

续表

| 序号 | 报文层 | 分类编号 | 英文名称 | 中文名称 | 约束/出现次数 | 数据格式 |
|---|---|---|---|---|---|---|
| 71 | 4 | WL0200931 | QualityAssuranceDate | 质保日期 | 0..1 | n8 |
| 72 | 4 | | ManufacturerInfo | 制造商信息 | 0..1 | |
| 73 | 5 | WL0300898 | EnterpriseName | 企业名称 | 1..1 | an..100 |
| 74 | 5 | WL0300224 | PlaceOrLocation | 地点/位置 | 0..1 | an..256 |
| 75 | 4 | WL0700370 | TotalNumberOfPackages | 总件数 | 1..1 | n..8 |
| 76 | 4 | WL0700065 | PackageTypeCode | 包装类型代码 | 1..1 | an..17 |
| 77 | 4 | | ItemInfo | 分项信息 | 0..n | |
| 78 | 5 | WL0700824 | GoodsSelfNumber | 货物自编号 | 1..1 | an..100 |
| 79 | 4 | WL0300880 | GoodsOwner | 货主 | 0..1 | an..100 |
| 80 | 4 | WL0900842 | Remark | 备注 | 0..1 | an..256 |
| 81 | 4 | | ItemGrossWeight | 货物毛重 | 0..1 | |
| 82 | 5 | WL0600292 | GoodsItemGrossWeight | 货物项毛重 | 1..1 | n..14 |
| 83 | 5 | WL0600411 | MeasurementUnitCode | 计量单位代码 | 1..1 | an..3 |
| 84 | 4 | | ItemVolume | 货物体积 | 0..1 | |
| 85 | 5 | WL0600322 | Cube | 体积 | 1..1 | n..9 |
| 86 | 5 | WL0600411 | MeasurementUnitCode | 计量单位代码 | 1..1 | an..3 |
| 87 | 5 | | Size | 尺寸 | 0..1 | |
| 88 | 6 | WL0600168 | Length | 长度 | 1..1 | n..15 |
| 89 | 6 | WL0600140 | Width | 宽度 | 1..1 | n..15 |
| 90 | 6 | WL0600008 | HeightMeasure | 高度 | 1..1 | n..15 |
| 91 | 6 | WL0600411 | MeasurementUnitCode | 计量单位代码 | 1..1 | an..3 |
| 92 | 3 | | ContainerInfo | 容器信息 | 0..n | |
| 93 | 4 | WL0700828 | TransportEquipmentAccessoryName | 运输设备附件名称 | 1..1 | an..20 |
| 94 | 4 | WL0700823 | ArticleNumber | 商品编码 | 0..1 | an..35 |
| 95 | 4 | WL0600810 | ContainerQuantity | 容器数量 | 0..1 | n..6 |
| 96 | 4 | | ContainerGrossWeight | 容器毛重 | 0..n | |
| 97 | 5 | WL0600292 | GoodsItemGrossWeight | 货物项毛重 | 1..1 | n..14 |
| 98 | 5 | WL0600411 | MeasurementUnitCode | 计量单位代码 | 1..1 | an..3 |
| 99 | 4 | | ContainerVolume | 容器体积 | 0..n | |
| 100 | 5 | WL0600322 | Cube | 体积 | 1..1 | n..9 |
| 101 | 5 | WL0600411 | MeasurementUnitCode | 计量单位代码 | 1..1 | an..3 |
| 102 | 5 | | Size | 尺寸 | 0..1 | |
| 103 | 6 | WL0600168 | Length | 长度 | 1..1 | n..15 |
| 104 | 6 | WL0600140 | Width | 宽度 | 1..1 | n..15 |
| 105 | 6 | WL0600008 | HeightMeasure | 高度 | 1..1 | n..15 |
| 106 | 6 | WL0600411 | MeasurementUnitCode | 计量单位代码 | 0..1 | an..3 |
| 107 | 4 | WL0900842 | Remark | 备注 | 0..1 | an..256 |

续表

| 序号 | 报文层 | 分类编号 | 英文名称 | 中文名称 | 约束/出现次数 | 数据格式 |
|---|---|---|---|---|---|---|
| 108 | 3 | | Service | 服务信息 | 0..n | |
| 109 | 4 | WL0700273 | ServiceRequirementCode | 服务需求代码 | 0..1 | an..3 |
| 110 | 4 | WL0400440 | FreeText | 自由文本 | 0..1 | an..512 |
| 111 | 3 | | PriceInfo | 费用信息 | 0..1 | |
| 112 | 4 | WL0500160 | TotalMonetaryAmount | 货币总金额 | 1..1 | n..18 |
| 113 | 4 | WL0500077 | PriceCurrencyCode | 价格货币代码 | 1..1 | an..35 |
| 114 | 4 | WL0400237 | PaymentArrangementCode | 付款安排代码 | 1..1 | an..3 |
| 115 | 4 | | PriceDetail | 费用明细 | 0..n | |
| 116 | 5 | WL0800022 | FreightAndCharges | 运费和费用名称 | 1..1 | an..26 |
| 117 | 5 | WL0800023 | FreightAndChargesIdentification | 运费和费用标识 | 1..1 | an..17 |
| 118 | 5 | WL0500077 | PriceCurrencyCode | 价格货币代码 | 1..1 | an..35 |
| 119 | 5 | WL0500004 | MonetaryAmount | 货币金额 | 1..1 | n..18 |
| 120 | 5 | WL0900842 | Remark | 备注 | 0..1 | an..256 |

## 2. 普通运输派车单

普通运输派车单报文结构及属性说明如表 4-8 所示。

表 4-8 普通运输派车单报文结构及属性说明

| 序号 | 报文层 | 分类编号 | 英文名称 | 中文名称 | 约束/出现次数 | 数据格式 |
|---|---|---|---|---|---|---|
| 1 | 1 | | Root | 根 | 1..1 | |
| 2 | 2 | | Header | 报文头 | 1..1 | |
| 3 | 3 | WL0000062 | MessageReferenceNumber | 报文参考号 | 1..1 | an..35 |
| 4 | 3 | WL0100000 | DocumentName | 单证名称 | 1..1 | an..35 |
| 5 | 3 | WL0000052 | DocumentVersionNumber | 报文版本号 | 1..1 | an..17 |
| 6 | 3 | WL0900813 | SenderCode | 发送方代码 | 1..1 | an..20 |
| 7 | 3 | WL0900817 | RecipientCode | 接收方代码 | 0..1 | an..20 |
| 8 | 3 | WL0200863 | MessageSending DateTime | 发送日期时间 | 1..1 | n14 |
| 9 | 3 | WL0100225 | MessageFunction Code | 报文功能代码 | 0..1 | an..3 |
| 10 | 2 | | Body | 报文体 | 1..1 | |
| 11 | 3 | WL0100812 | JobOrderNumber | 作业单号 | 1..1 | an..50 |
| 12 | 3 | WL0800802 | VehicleNumber | 车辆牌照号 | 1..1 | an..35 |
| 13 | 3 | WL0800819 | LicensePlateTypeCode | 牌照类型代码 | 0..1 | an..20 |
| 14 | 3 | WL0800800 | VehicleClassification | 车辆分类 | 0..1 | an..12 |
| 15 | 3 | WL0900998 | InsureContent | 投保详情 | 0..1 | an..256 |
| 16 | 3 | WL0800067 | TransportModeNameCode | 运输方式代码 | 0..1 | an..3 |
| 17 | 3 | WL0300334 | PlaceOfLoading | 装货地点 | 1..1 | an..256 |
| 18 | 3 | WL0200809 | ResquestedLoadingDateTime | 要求装货日期时间 | 0..1 | n14 |

续表

| 序号 | 报文层 | 分类编号 | 英文名称 | 中文名称 | 约束/出现次数 | 数据格式 |
|---|---|---|---|---|---|---|
| 19 | 3 | WL0300392 | PlaceOfDischarge | 卸货地点 | 1..1 | an..256 |
| 20 | 3 | WL0200821 | RequestedUnloadedDate | 要求卸货日期 | 0..1 | n8 |
| 21 | 3 | | Driver | 驾驶员 | 1..n | |
| 22 | 4 | WL0300412 | ContactName | 联系人名称 | 1..1 | an..256 |
| 23 | 4 | WL0100808 | IdentityDocumentNumber | 身份证号 | 1..1 | an..18 |
| 24 | 4 | WL0300869 | TelephoneNumber | 电话号码 | 1..1 | an..18 |
| 25 | 4 | WL0100810 | QualificationCertificateNumber | 从业资格证号 | 1..1 | an..19 |
| 26 | 3 | | GoodsInfo | 货物信息 | 1..n | |
| 27 | 4 | WL0100802 | ShippingNoteNumber | 托运单号 | 1..1 | an..20 |
| 28 | 4 | WL0100820 | OriginalDocumentNumber | 原始单号 | 1..1 | an..35 |
| 29 | 4 | WL0700823 | ArticleNumber | 商品编码 | 0..1 | an..35 |
| 30 | 4 | WL0700819 | CargoHSNumber | 货物 HS 编码 | 0..1 | an..10 |
| 31 | 4 | WL0700820 | GoodsClassificationName | 货物分类名称 | 0..1 | an..35 |
| 32 | 4 | WL0700002 | DescriptionOfGoods | 货物名称 | 1..1 | an..512 |
| 33 | 4 | WL0700832 | GoodsSpecification | 货物规格 | 0..1 | an..35 |
| 34 | 4 | WL0700338 | ArticleBatchNumber | 产品批次号 | 0..1 | an..17 |
| 35 | 4 | WL0700370 | TotalNumberOfPackages | 总件数 | 1..1 | n..8 |
| 36 | 4 | WL0700065 | PackageTypeCode | 包装类型代码 | 1..1 | an..17 |
| 37 | 4 | WL0300880 | GoodsOwner | 货主 | 0..1 | an..100 |
| 38 | 4 | WL0900842 | Remark | 备注 | 0..1 | an..256 |
| 39 | 4 | | ItemGrossWeight | 货物毛重 | 0..1 | |
| 40 | 5 | WL0600292 | GoodsItemGrossWeight | 货物项毛重 | 1..1 | n..14 |
| 41 | 5 | WL0600411 | MeasurementUnitCode | 计量单位代码 | 0..1 | an..3 |
| 42 | 4 | | ItemVolume | 货物体积 | 0..1 | |
| 43 | 5 | WL0600322 | Cube | 体积 | 1..1 | n..9 |
| 44 | 5 | WL0600411 | MeasurementUnitCode | 计量单位代码 | 1..1 | an..3 |

### 3. 普通运输托运状态单

普通运输托运状态单报文结构及属性说明如表 4-9 所示。

表 4-9　普通运输托运状态单报文结构及属性说明

| 序号 | 报文层 | 分类编号 | 英文名称 | 中文名称 | 约束/出现次数 | 数据格式 |
|---|---|---|---|---|---|---|
| 1 | 1 | | Root | 根 | 1..1 | |
| 2 | 2 | | Header | 报文头 | 1..1 | |
| 3 | 3 | WL0000062 | MessageReferenceNumber | 报文参考号 | 1..1 | an..35 |

续表

| 序号 | 报文层 | 分类编号 | 英文名称 | 中文名称 | 约束/出现次数 | 数据格式 |
|---|---|---|---|---|---|---|
| 4 | 3 | WL0100000 | DocumentName | 单证名称 | 1..1 | an..35 |
| 5 | 3 | WL0000052 | DocumentVersionNumber | 报文版本号 | 1..1 | an..17 |
| 6 | 3 | WL0900813 | SenderCode | 发送方代码 | 1..1 | an..20 |
| 7 | 3 | WL0900817 | RecipientCode | 接收方代码 | 0..1 | an..20 |
| 8 | 3 | WL0200863 | MessageSendingDateTime | 发送日期时间 | 1..1 | n14 |
| 9 | 3 | WL0100225 | MessageFunctionCode | 报文功能代码 | 0..1 | an..3 |
| 10 | 2 | | Body | 报文体 | 1..1 | |
| 11 | 3 | WL0100802 | ShippingNoteNumber | 托运单号 | 1..1 | an..20 |
| 12 | 3 | WL0100820 | OriginalDocumentNumber | 原始单号 | 0..1 | an..35 |
| 13 | 3 | WL0100829 | ShippingNoteStatusCode | 托运单状态代码 | 1..1 | an..3 |
| 14 | 3 | WL0100829 | ShippingNoteStatusDescription | 托运单状态描述 | 0..1 | an..35 |
| 15 | 3 | WL0200867 | StatusChangeDateTime | 状态变更日期时间 | 1..1 | n14 |
| 16 | 3 | WL0300224 | PlaceOrLocation | 地点/位置 | 0..1 | an..256 |
| 17 | 3 | WL0300404 | NameOfPerson | 姓名 | 0..1 | an..25 |
| 18 | 3 | WL0900842 | Remark | 备注 | 0..1 | an..256 |
| 19 | 3 | | DetailStatusInfo | 详细状态信息 | 0..n | |
| 20 | 4 | WL0100812 | JobOrderNumber | 作业单号 | 1..1 | an..50 |
| 21 | 4 | WL0800802 | VehicleNumber | 车辆牌照号 | 1..1 | an..35 |
| 22 | 4 | WL0800819 | LicensePlateTypeCode | 牌照类型代码 | 0..1 | an..20 |
| 23 | 4 | WL0100833 | JobOrderStatusCode | 作业单状态代码 | 1..1 | an..3 |
| 24 | 4 | WL0800067 | TransportModeNameCode | 运输方式代码 | 0..1 | an..3 |
| 25 | 4 | | Driver | 驾驶员 | 1..1 | |
| 26 | 5 | WL0300412 | ContactName | 联系人名称 | 1..1 | an..256 |
| 27 | 5 | WL0300869 | TelephoneNumber | 电话号码 | 1..1 | an..18 |
| 28 | 4 | WL0300334 | PlaceOfLoading | 装货地点 | 1..1 | an..256 |
| 29 | 4 | WL0200809 | ResquestedLoadingDateTime | 要求装货日期时间 | 0..1 | n14 |
| 30 | 4 | WL0200821 | RequestedUnloadedDate | 要求卸货日期 | 0..1 | n8 |
| 31 | 4 | WL0200349 | EstimatedArrivalDateTime | 预计抵达日期时间 | 0..1 | n14 |
| 32 | 4 | WL0200171 | DespatchActualDateTime | 发运实际日期时间 | 1..1 | n14 |
| 33 | 4 | WL0200441 | GoodsReceiptDateTime | 收货日期时间 | 0..1 | n14 |
| 34 | 4 | WL0200867 | StatusChangeDateTime | 状态变更日期时间 | 1..1 | n14 |

### 4．普通运输回执单

普通运输回执单报文结构及属性说明如表 4-10 所示。

**表 4-10　普通运输回执单报文结构及属性说明**

| 序号 | 报文层 | 分类编号 | 英文名称 | 中文名称 | 约束/出现次数 | 数据格式 |
|---|---|---|---|---|---|---|
| 1 | 1 | | Root | 根 | 1..1 | |
| 2 | 2 | | Header | 报文头 | 1..1 | |

续表

| 序号 | 报文层 | 分类编号 | 英文名称 | 中文名称 | 约束/出现次数 | 数据格式 |
|---|---|---|---|---|---|---|
| 3 | 3 | WL0000062 | MessageReference Number | 报文参考号 | 1..1 | an..35 |
| 4 | 3 | WL0100000 | DocumentName | 单证名称 | 1..1 | an..35 |
| 5 | 3 | WL0000052 | DocumentVersionNumber | 报文版本号 | 1..1 | an..17 |
| 6 | 3 | WL0900813 | SenderCode | 发送方代码 | 1..1 | an..20 |
| 7 | 3 | WL0900817 | RecipientCode | 接收方代码 | 1..1 | an..20 |
| 8 | 3 | WL0200863 | MessageSendingDateTime | 发送日期时间 | 1..1 | n14 |
| 9 | 3 | WL0100225 | MessageFunctionCode | 报文功能代码 | 0..1 | an..3 |
| 10 | 2 | | Body | 报文体 | 1..1 | |
| 11 | 3 | WL0100802 | ShippingNoteNumber | 托运单号 | 1..1 | an..20 |
| 12 | 3 | WL0100820 | OriginalDocumentNumber | 原始单号 | 0..1 | an..35 |
| 13 | 3 | WL0100829 | ShippingNoteStatus Code | 托运单状态代码 | 1..1 | an..3 |
| 14 | 3 | WL0400440 | FreeText | 自由文本 | 0..1 | an..512 |
| 15 | 3 | | ConsigneeInfo | 收货信息 | 0..n | |
| 16 | 4 | WL0200441 | GoodsReceiptDateTime | 收货日期时间 | 0..1 | n14 |
| 17 | 4 | WL0300160 | GoodsReceiptPlace | 收货地点 | 1..1 | an.. 256 |
| 18 | 4 | WL0300042 | StreetAndNumberOrPOBox | 街道名称和门牌号码/邮政信箱 | 0..1 | an..256 |
| 19 | 4 | WL0300132 | Consignee | 收货人 | 1..1 | an..512 |
| 20 | 4 | WL0300133 | ConsigneeCode | 收货人代码 | 0..1 | an..17 |
| 21 | 4 | WL0300412 | ContactName | 联系人名称 | 1..1 | an..256 |
| 22 | 4 | WL0300869 | TelephoneNumber | 电话号码 | 1..1 | an..18 |
| 23 | 4 | WL0300815 | PersonalIdentityDocumentType Code | 个人证件类别代码 | 0..1 | n3 |
| 24 | 4 | WL0100808 | IdentityDocumentNumber | 身份证号 | 1..1 | an..18 |
| 25 | 4 | WL0700817 | SignTypeCode | 签收类型代码 | 0..1 | an..3 |
| 26 | 4 | | GoodsInfo | 货物信息 | 0..n | |
| 27 | 5 | WL0700823 | ArticleNumber | 商品编码 | 0..1 | an..35 |
| 28 | 5 | WL0700819 | CargoHSNumber | 货物 HS 编码 | 0..1 | an..10 |
| 29 | 5 | WL0700820 | GoodsClassificationName | 货物分类名称 | 0..1 | an..35 |
| 30 | 5 | WL0700002 | DescriptionOfGoods | 货物名称 | 1..1 | an..512 |
| 31 | 5 | WL0700832 | GoodsSpecification | 货物规格 | 0..1 | an..35 |
| 32 | 5 | WL0700338 | ArticleBatchNumber | 产品批次号 | 0..1 | an..17 |
| 33 | 5 | WL0700065 | PackageTypeCode | 包装类型代码 | 1..1 | an..17 |
| 34 | 5 | WL0700224 | PackageQuantity | 包装数量 | 1..1 | n..8 |
| 35 | 5 | WL0600832 | PackagesNumber | 货物实收数量 | 1..1 | n..6 |
| 36 | 5 | WL0600834 | DamagePackagesNumber | 货物破损数量 | 1..1 | n..6 |

续表

| 序号 | 报文层 | 分类编号 | 英文名称 | 中文名称 | 约束/出现次数 | 数据格式 |
|---|---|---|---|---|---|---|
| 37 | 5 | WL0600836 | RejectPackagesNumber | 货物拒收数量 | 1..1 | n..6 |
| 38 | 5 | WL0600838 | MissingPackagesNumber | 货物缺件数量 | 1..1 | n..6 |
| 39 | 5 | WL0400440 | FreeText | 自由文本 | 0..1 | an..512 |
| 40 | 3 | | FreightCharges | 运输费用 | 0..1 | |
| 41 | 4 | WL0500077 | PriceCurrencyCode | 价格货币代码 | 0..1 | an..35 |
| 42 | 4 | WL0500004 | MonetaryAmount | 货币金额 | 0..1 | n..18 |
| 43 | 3 | | CollectingFees | 代收货款 | 0..1 | |
| 44 | 4 | WL0500077 | PriceCurrencyCode | 价格货币代码 | 0..1 | an..35 |
| 45 | 4 | WL0500004 | MonetaryAmount | 货币金额 | 0..1 | n..18 |
| 46 | 3 | WL0900842 | Remark | 备注 | 0..1 | an..256 |

## 4.3.2　物流园区主要单证

物流园区主要单证包括车辆卡注册信息、车辆园区登记信息和车辆进出信息。

### 1. 车辆卡注册信息

车辆卡注册信息报文结构及属性说明如表 4-11 所示。

表 4-11　车辆卡注册信息报文结构及属性说明

| 序号 | 报文层 | 分类编号 | 英文名称 | 中文名称 | 约束/出现次数 | 数据格式 |
|---|---|---|---|---|---|---|
| 1 | 1 | | Root | 根 | 1..1 | |
| 2 | 2 | | Header | 报文头 | 1..1 | |
| 3 | 3 | WL0000062 | MessageReferenceNumber | 报文参考号 | 1..1 | an..35 |
| 4 | 3 | WL0100000 | DocumentName | 单证名称 | 1..1 | an..35 |
| 5 | 3 | WL0000052 | DocumentVersionNumber | 报文版本号 | 1..1 | an..17 |
| 6 | 3 | WL0900813 | SenderCode | 发送方代码 | 1..1 | an..20 |
| 7 | 3 | WL0900817 | RecipientCode | 接收方代码 | 0..1 | an..20 |
| 8 | 3 | WL0200863 | MessageSendingDateTime | 发送日期时间 | 1..1 | n14 |
| 9 | 3 | WL0100225 | MessageFunctionCode | 报文功能代码 | 0..1 | an..3 |
| 10 | 2 | | Body | 报文体 | 1..1 | |
| 11 | 3 | | VehicleInfomation | 车辆信息 | 1..n | |
| 12 | 4 | WL0800828 | VehicleIdentityCardNumber | 车辆识别卡号 | 1..1 | an..20 |
| 13 | 4 | WL0800827 | VehicleIdentityCardTypeCode | 车辆识别卡类型代码 | 1..1 | an..2 |
| 14 | 4 | WL0800938 | AuthenticatingCode | 防伪认证码 | 1..1 | an..20 |
| 15 | 4 | WL0800941 | CardOperatingCode | 卡操作方式代码 | 1..1 | an..2 |
| 16 | 4 | WL0200867 | StatusChangeDateTime | 状态变更日期时间 | 1..1 | n14 |
| 17 | 4 | WL1000913 | LogisticsExchangeCode | 物流交换代码 | 1..1 | an..20 |

续表

| 序号 | 报文层 | 分类编号 | 英文名称 | 中文名称 | 约束/出现次数 | 数据格式 |
|---|---|---|---|---|---|---|
| 18 | 4 | WL0800819 | LicensePlateTypeCode | 牌照类型代码 | 1..1 | an..20 |
| 19 | 4 | WL0800802 | VehicleNumber | 车辆牌照号 | 1..1 | an..35 |
| 14 | 4 | WL0800938 | AuthenticatingCode | 防伪认证码 | 1..1 | an..20 |
| 15 | 4 | WL0800941 | CardOperatingCode | 卡操作方式代码 | 1..1 | an..2 |
| 16 | 4 | WL0200867 | StatusChangeDateTime | 状态变更日期时间 | 1..1 | n14 |
| 17 | 4 | WL1000913 | LogisticsExchangeCode | 物流交换代码 | 1..1 | an..20 |
| 18 | 4 | WL0800819 | LicensePlateTypeCode | 牌照类型代码 | 1..1 | an..20 |
| 19 | 4 | WL0800802 | VehicleNumber | 车辆牌照号 | 1..1 | an..35 |
| 20 | 4 | WL0800801 | VehicleClassificationCode | 车辆分类代码 | 1..1 | an3 |
| 21 | 4 | WL0800812 | VehicleTonnage | 车辆载质量 | 1..1 | n..9,2 |
| 22 | 4 | WL0800820 | VehicleEngineNumber | 发动机号 | 0..1 | an..50 |
| 23 | 4 | WL0800822 | VehicleFrameNumber | 车辆车架号 | 0..1 | an..17 |
| 24 | 4 | WL0800824 | VehicleBrandModel | 车辆厂牌型号 | 0..1 | an..50 |
| 25 | 4 | WL0800830 | VehicleSeats | 车辆座位 | 0..1 | n..6 |
| 26 | 4 | WL0800963 | RoadTransportationCertificateCode ContainedProvinceAbbreviation | 道路运输省简称 | 0..1 | an..6 |
| 27 | 4 | WL0800965 | RoadTransportationCertificateCode ContainedCityAbbreviation | 道路运输地市简称 | 0..1 | an..6 |
| 28 | 4 | WL0800816 | RoadTransportCertificateNumber | 道路运输证号 | 0..1 | n12 |
| 29 | 4 | WL0200853 | VehicleLicenceIssueDate | 车辆行驶证签发日期 | 0..1 | n8 |
| 30 | 4 | WL0200855 | VehicleInspectionEffectiveEndDate | 车辆检验有效截止日期 | 0..1 | n8 |
| 31 | 4 | WL0800930 | Vehicle CorporationName | 车辆所属单位名称 | 1..1 | an..50 |
| 32 | 4 | WL0300922 | VehicleUserName | 车辆使用者名称 | 0..1 | an..50 |
| 33 | 4 | WL0100808 | IdentityDocumentNumber | 身份证号 | 0..1 | an..18 |
| 34 | 4 | WL0300412 | ContactName | 联系人名称 | 1..1 | an..256 |
| 35 | 4 | WL0300869 | TelephoneNumber | 电话号码 | 1..1 | an..18 |
| 36 | 4 | WL0300874 | E-mail | 电子邮件地址 | 0..1 | an..50 |
| 37 | 4 | WL0400440 | FreeText | 自由文本 | 0..1 | an..512 |

## 2. 车辆园区登记信息

车辆园区登记信息报文结构及属性说明如表 4-12 所示。

表 4-12　车辆园区登记信息报文结构及属性说明

| 序号 | 报文层 | 分类编号 | 英文名称 | 中文名称 | 约束/出现次数 | 数据格式 |
|---|---|---|---|---|---|---|
| 1 | 1 | | Root | Root | 1..1 | |
| 2 | 2 | | Header | 报文头 | 1..1 | |
| 3 | 3 | WL0000062 | MessageReferenceNumber | 报文参考号 | 1..1 | an..35 |

续表

| 序号 | 报文层 | 分类编号 | 英文名称 | 中文名称 | 约束/出现次数 | 数据格式 |
|---|---|---|---|---|---|---|
| 4 | 3 | WL0100000 | DocumentName | 单证名称 | 1..1 | an..35 |
| 5 | 3 | WL0000052 | DocumentVersionNumber | 报文版本号 | 1..1 | an..17 |
| 6 | 3 | WL0900813 | SenderCode | 发送方代码 | 1..1 | an..20 |
| 7 | 3 | WL0900817 | RecipientCode | 接收方代码 | 0..1 | an..20 |
| 8 | 3 | WL0200863 | MessageSendingDateTime | 发送日期时间 | 1..1 | n14 |
| 9 | 3 | WL0100225 | MessageFunctionCode | 报文功能代码 | 0..1 | an..3 |
| 10 | 2 | | Body | 报文体 | 1..1 | |
| 11 | 3 | WL0800828 | VehicleIdentityCardNumber | 车辆识别卡号 | 1..1 | an..20 |
| 12 | 3 | WL0800827 | VehicleIdentityCardTypeCode | 车辆识别卡类型代码 | 1..1 | an..2 |
| 13 | 3 | WL0800802 | VehicleNumber | 车辆牌照号 | 1..1 | an..35 |
| 14 | 3 | WL0800819 | LicensePlateTypeCode | 牌照类型代码 | 1..1 | an..20 |
| 15 | 3 | WL1000913 | LogisticsExchangeCode | 物流交换代码 | 1..1 | an..20 |
| 16 | 3 | WL0200903 | RegisterDateTime | 注册日期时间 | 1..1 | n14 |
| 17 | 3 | WL0400440 | FreeText | 自由文本 | 0..1 | an..512 |

### 3. 车辆进出信息

车辆进出信息报文结构及属性说明如表 4-13 所示。

表 4-13　车辆进出信息报文结构及属性说明

| 序号 | 报文层 | 分类编号 | 英文名称 | 中文名称 | 约束/出现次数 | 数据格式 |
|---|---|---|---|---|---|---|
| 1 | 1 | | Root | 根 | 1..1 | |
| 2 | 2 | | Header | 报文头 | 1..1 | |
| 3 | 3 | WL0000062 | MessageReferenceNumber | 报文参考号 | 1..1 | an..35 |
| 4 | 3 | WL0100000 | DocumentName | 单证名称 | 1..1 | an..35 |
| 5 | 3 | WL0000052 | DocumentVersionNumber | 报文版本号 | 1..1 | an..17 |
| 6 | 3 | WL0900813 | SenderCode | 发送方代码 | 1..1 | an..20 |
| 7 | 3 | WL0900817 | RecipientCode | 接收方代码 | 0..1 | an..20 |
| 8 | 3 | WL0200863 | MessageSendingDateTime | 发送日期时间 | 1..1 | n14 |
| 9 | 3 | WL0100225 | MessageFunctionCode | 报文功能代码 | 0..1 | an..3 |
| 10 | 2 | | Body | 报文体 | 1..1 | |
| 11 | 3 | WL0300916 | LogisticsTerminalName | 物流站场（园区）名称 | 0..1 | an..100 |
| 12 | 3 | WL0900913 | LogisticsExchangeCode | 物流交换代码 | 0..1 | an..20 |
| 13 | 3 | | VehicleInfomation | 车辆信息 | 1..n | |
| 14 | 4 | WL0800819 | LicensePlateTypeCode | 牌照类型代码 | 1..1 | an..20 |
| 15 | 4 | WL0800802 | VehicleNumber | 车辆牌照号 | 1..1 | an..35 |
| 16 | 4 | WL0800962 | TrailerVehicle PlateNumber | 挂车车牌号 | 0..1 | an..35 |
| 17 | 4 | WL0800828 | VehicleIdentityCardNumber | 车辆识别卡号 | 0..1 | an..20 |

续表

| 序号 | 报文层 | 分类编号 | 英文名称 | 中文名称 | 约束/出现次数 | 数据格式 |
|---|---|---|---|---|---|---|
| 18 | 4 | WL0800827 | VehicleIdentityCardTypeCode | 车辆识别卡类型代码 | 0..1 | an..2 |
| 19 | 4 | | EnteringInformetion | 发送日期时间 | 1..1 | n14 |
| 20 | 5 | WL0200841 | EnteringDateTime | 报文功能代码 | 0..1 | an..3 |
| 21 | 5 | WL0400440 | FreeText | 报文体 | 1..1 | |
| 22 | 4 | | GoOffInformetion | 物流站场（园区）名称 | 0..1 | an..100 |
| 23 | 5 | WL0200839 | GoOffDateTime | 物流交换代码 | 0..1 | an..20 |
| 24 | 5 | WL0400440 | FreeText | 车辆信息 | 1..n | |
| 25 | 3 | | ParkingInformation | 牌照类型代码 | 1..1 | an..20 |
| 26 | 4 | WL0600063 | QuantityQualifier | 车辆牌照号 | 1..1 | an..35 |
| 27 | 4 | WL0600060 | Quantity | 挂车车牌号 | 0..1 | an..35 |

### 4.3.3　港口互联主要单证

#### 1. 海运托运单

海运托运单是指货主委托国际货代用于海运订舱的单证。海运托运单报文结构及属性说明如表 4-14 所示。

表 4-14　海运托运单报文结构及属性说明

| 序号 | 报文层 | 分类编号 | 英文名称 | 中文名称 | 约束/出现次数 | 数据格式 |
|---|---|---|---|---|---|---|
| 1 | 1 | | Root | 根 | 1..1 | |
| 2 | 2 | | Header | 报文头 | 1..1 | |
| 3 | 3 | WL0000062 | MessageReferenceNumber | 报文参考号 | 1..1 | an..35 |
| 4 | 3 | WL0100000 | DocumentName | 单证名称 | 1..1 | an..35 |
| 5 | 3 | WL0000052 | DocumentVersionNumber | 报文版本号 | 1..1 | an..17 |
| 6 | 3 | WL0900813 | SenderCode | 发送方代码 | 1..1 | an..20 |
| 7 | 3 | WL0900817 | RecipientCode | 接收方代码 | 0..1 | an..20 |
| 8 | 3 | WL0200863 | MessageSendingDateTime | 发送日期时间 | 1..1 | n14 |
| 9 | 3 | WL0100225 | MessageFunctionCode | 报文功能代码 | 0..1 | an..3 |
| 10 | 2 | | Body | 报文体 | 1..1 | |
| 11 | 3 | WL0100802 | ShippingNoteNumber | 托运单号 | 1..1 | an..20 |
| 12 | 3 | | VesselInfo | 船舶信息 | 0..1 | |
| 13 | 4 | WL0800841 | VesselNameCode | 船名代码 | 0..1 | an..10 |
| 14 | 4 | WL0800842 | VesselEnglishName | 船舶英文船名 | 1..1 | an..200 |
| 15 | 4 | WL0800028 | ConveyanceReferenceNumber | 运输参考号 | 1..1 | an..17 |
| 16 | 4 | WL0200813 | EstimatedDepartureDateTime | 预计离港日期时间 | 1..1 | n14 |
| 17 | 4 | WL0300127 | CarrierIdentifier | 承运人标识符 | 0..1 | an..17 |
| 18 | 4 | WL0300126 | Carrier | 承运人 | 0..1 | an..512 |

续表

| 序号 | 报文层 | 分类编号 | 英文名称 | 中文名称 | 约束/出现次数 | 数据格式 |
|---|---|---|---|---|---|---|
| 19 | 3 | | PlacePortsInfo | 地点和港口信息 | 0..1 | |
| 20 | 4 | WL0300895 | GoodsCollectedLocation | 集货地 | 0..1 | an..256 |
| 21 | 4 | WL0300160 | GoodsReceiptPlace | 收货地点 | 0..1 | an..256 |
| 22 | 4 | WL0300231 | LoadingPortOfCode | 装货港代码 | 0..1 | a5 |
| 23 | 4 | WL0300230 | LoadingPortName | 装货港 | 0..1 | an..35 |
| 24 | 4 | WL0300831 | TranshippingPortCode | 中转港代码 | 0..1 | a5 |
| 25 | 4 | WL0300830 | TranshippingPortName | 中转港 | 0..1 | an..35 |
| 26 | 4 | WL0300415 | DischargePortCode | 卸货港代码 | 0..1 | a5 |
| 27 | 4 | WL0300414 | DischargePortName | 卸货港 | 0..1 | an..35 |
| 28 | 4 | WL0300247 | PlaceOfDeliveryCode | 交货地代码 | 1..1 | an..35 |
| 29 | 4 | WL0300246 | PlaceOfDelivery | 交货地 | 1..1 | an..256 |
| 30 | 4 | WL0300259 | DestinationCode | 目的地代码 | 0..1 | an..35 |
| 31 | 4 | WL0900842 | Remark | 备注 | 0..1 | an..256 |
| 32 | 3 | | ConsignorInfo | 发货人信息 | 1..1 | |
| 33 | 4 | WL0300337 | ConsignorCode | 发货人代码 | 0..1 | an..17 |
| 34 | 4 | WL0300336 | Consignor | 发货人 | 1..1 | an..512 |
| 35 | 3 | | ConsigneeInfo | 收货人信息 | 1..1 | |
| 36 | 4 | WL0300133 | ConsigneeCode | 收货人代码 | 0..1 | an..17 |
| 37 | 4 | WL0300132 | Consignee | 收货人 | 1..1 | an..512 |
| 38 | 3 | | NotifyPartyInfo | 被通知方信息 | 1..n | |
| 39 | 4 | WL0100818 | SequenceCode | 流水号/序列号 | 1..1 | an..50 |
| 40 | 4 | WL0300181 | NotifyPartyCode | 被通知方代码 | 0..1 | an..17 |
| 41 | 4 | WL0300180 | NotifyParty | 被通知方 | 1..1 | an..512 |
| 42 | 3 | | CarriersAgentInfo | 货代信息 | 0..1 | |
| 43 | 4 | WL0300170 | FreightForwarder | 货运代理人 | 0..1 | an..512 |
| 44 | 4 | WL0300171 | FreightForwarderCode | 货运代理人代码 | 0..1 | an..35 |
| 45 | 4 | WL0300412 | ContactName | 联系人名称 | 0..1 | an..256 |
| 46 | 4 | WL0300869 | TelephoneNumber | 电话号码 | 0..1 | an..18 |
| 47 | 3 | | TotalGrossWeight | 货物总毛重 | 0..1 | |
| 48 | 4 | WL0600012 | ConsignmentGrossWeight | 托运物毛重 | 1..1 | n..16 |
| 49 | 4 | WL0600411 | MeasurementUnitCode | 计量单位代码 | 0..1 | an..3 |
| 50 | 3 | | TotalVolume | 货物总体积 | 0..1 | |
| 51 | 4 | WL0600422 | ConsignmentCube | 托运体积 | 0..1 | n..9 |
| 52 | 4 | WL0600411 | MeasurementUnitCode | 计量单位代码 | 0..1 | an..3 |
| 53 | 3 | | GoodsInfo | 货物明细信息 | 1..n | |
| 54 | 4 | WL0100496 | GoodsItemNumber | 货物分项号 | 1..1 | n..5 |
| 55 | 4 | WL0700002 | DescriptionOfGoods | 货物名称 | 1..1 | an..512 |
| 56 | 4 | WL0700819 | CargoHSNumber | 货物 HS 编码 | 0..1 | an..10 |

续表

| 序号 | 报文层 | 分类编号 | 英文名称 | 中文名称 | 约束/出现次数 | 数据格式 |
|---|---|---|---|---|---|---|
| 57 | 4 | WL0700820 | GoodsClassificationName | 货物分类名称 | 0..1 | an..35 |
| 58 | 4 | WL0700854 | PackageQuantityDescription | 包装件数描述 | 1..1 | an ..256 |
| 59 | 4 | WL0700064 | PackageType | 包装类型 | 1..1 | an..35 |
| 60 | 4 | WL0700065 | PackageTypeCode | 包装类型代码 | 1..1 | an..17 |
| 61 | 4 | WL0700811 | HazardSubstanceItemNumber | 危险品类别代码 | 0..1 | an..4 |
| 62 | 4 | WL0800078 | AdditionalHazardClassIdentifier | 附加危险品分类标识符 | 0..1 | an..7 |
| 63 | 4 | WL0700124 | UNDGNumber | 联合国危险品编号 | 0..1 | n4 |
| 64 | 4 | WL0700088 | DangerousGoodsFlashpoint | 危险品闪点 | 0..1 | an..8 |
| 65 | 4 | WL0600801 | TemperatureUnitCode | 温度单位代码 | 0..1 | a1 |
| 66 | 4 | WL0600242 | TransportTemperature | 货物名称 | 1..1 | an..512 |
| 67 | 4 | WL0600802 | LowestTemperature | 货物 HS 编码 | 0..1 | an..10 |
| 68 | 4 | WL0600804 | HighestTemperature | 货物分类名称 | 0..1 | an..35 |
| 69 | 4 | WL0700102 | ShippingMarks | 包装件数描述 | 1..1 | an ..256 |
| 70 | 4 |  | ItemGrossWeight | 包装类型 | 1..1 | an..35 |
| 71 | 5 | WL0600292 | GoodsItemGrossWeight | 包装类型代码 | 1..1 | an..17 |
| 72 | 5 | WL0600411 | MeasurementUnitCode | 危险品类别代码 | 0..1 | an..4 |
| 73 | 4 |  | ItemVolume | 附加危险品分类标识符 | 0..1 | an..7 |
| 74 | 5 | WL0600322 | Cube | 联合国危险品编号 | 0..1 | n4 |
| 75 | 5 | WL0600411 | MeasurementUnitCode | 危险品闪点 | 0..1 | an..8 |
| 76 | 4 | WL0900842 | Remark | 备注 | 0..1 | an..256 |
| 77 | 3 |  | ContainerInfo | 集装箱信息 | 0..n |  |
| 78 | 4 | WL0100818 | SequenceCode | 流水号/序列号 | 1..1 | an..50 |
| 79 | 4 | WL0800877 | CodeOfSizeAndType | 尺寸和箱型代码 | 0..1 | an4 |
| 80 | 4 | WL0700854 | PackageQuantityDescription | 包装件数描述 | 1..1 | an ..256 |
| 81 | 4 | WL0800884 | ContainerNumber | 集装箱号 | 0..n | an..12 |
| 82 | 4 |  | ContainerList | 集装箱列表 | 0..n |  |
| 83 | 5 | WL0900308 | SealNumber | 铅封号 | 0..1 | an..35 |
| 84 | 5 | WL0300174 | ContainerOperator | 集装箱经营人 | 0..1 | an..35 |
| 85 | 4 | WL0900842 | Remark | 备注 | 0..1 | an..256 |
| 86 | 3 |  | FreightClauseInfo | 运费和运输条款 | 1..1 |  |
| 87 | 4 | WL0400237 | PaymentArrangementCode | 付款安排代码 | 1..1 | an..3 |
| 88 | 4 | WL0800335 | MovementTypeCode | 运输交接方式代码 | 1..1 | an..3 |
| 89 | 4 | WL0900842 | Remark | 备注 | 0..1 | an..256 |

### 2. 配舱回单

配舱回单是指国际货代对货主或一级货代的委托进行反馈，包括对委托的受理确认，以及具体运输安排如船名、航次、装货港、卸货港等信息。配舱回单报文结构及属性说明如表 4-15 所示。

表 4-15　配舱回单报文结构及属性说明

| 序号 | 报文层 | 分类编号 | 英文名称 | 中文名称 | 约束/出现次数 | 数据格式 |
|---|---|---|---|---|---|---|
| 1 | 1 | | Root | Root | 1..1 | |
| 2 | 2 | | Header | 报文头 | 1..1 | |
| 3 | 3 | WL0000062 | MessageReferenceNumber | 报文参考号 | 1..1 | an..35 |
| 4 | 3 | WL0100000 | DocumentName | 单证名称 | 1..1 | an..35 |
| 5 | 3 | WL0000052 | DocumentVersionNumber | 报文版本号 | 1..1 | an..17 |
| 6 | 3 | WL0900813 | SenderCode | 发送方代码 | 0..1 | an..20 |
| 7 | 3 | WL0900817 | RecipientCode | 接收方代码 | 1..1 | an..20 |
| 8 | 3 | WL0200863 | MessageSendingDateTime | 发送日期时间 | 1..1 | n14 |
| 9 | 3 | WL0100225 | MessageFunctionCode | 报文功能代码 | 0..1 | an..3 |
| 10 | 2 | | Body | 报文体 | 1..1 | |
| 11 | 3 | WL0100802 | ShippingNoteNumber | 托运单号 | 1..1 | an..20 |
| 12 | 3 | WL0100804 | LadingBillNumber | 提单号 | 1..1 | an..20 |
| 13 | 3 | WL0800842 | VesselEnglishName | 船舶英文船名 | 1..1 | an..200 |
| 14 | 3 | WL0800841 | VesselNameCode | 船名代码 | 0..1 | an..10 |
| 15 | 3 | WL0300935 | ShippingCompanyCode | 船公司代码 | 0..1 | an..35 |
| 16 | 3 | WL0800028 | ConveyanceReferenceNumber | 运输参考号 | 1..1 | an..17 |
| 17 | 3 | WL0200813 | EstimatedDepartureDateTime | 预计离港日期时间 | 0..1 | n14 |
| 18 | 3 | WL0300230 | LoadingPortName | 装货港 | 0..1 | an..35 |
| 19 | 3 | WL0300231 | LoadingPortOfCode | 装货港代码 | 0..1 | a5 |
| 20 | 3 | WL0300830 | TranshippingPortName | 中转港 | 0..1 | an..35 |
| 21 | 3 | WL0300831 | TranshippingPortCode | 中转港代码 | 0..1 | a5 |
| 22 | 3 | WL0300414 | DischargePortName | 卸货港 | 0..1 | an..35 |
| 23 | 3 | WL0300415 | DischargePortCode | 卸货港代码 | 0..1 | a5 |
| 24 | 3 | WL0300410 | PlaceOfIssueOfDocument | 单证签发地 | 0..1 | an..256 |
| 25 | 3 | WL0400440 | FreeText | 自由文本 | 0..1 | an..512 |

### 3. 集装箱运输托运单

集装箱运输托运单报文结构及属性说明如表 4-16 所示。

表 4-16　集装箱运输托运单报文结构及属性说明

| 序号 | 报文层 | 分类编号 | 英文名称 | 中文名称 | 约束/出现次数 | 数据格式 |
|---|---|---|---|---|---|---|
| 1 | 1 | | Root | 根 | 1..1 | |
| 2 | 2 | | Header | 报文头 | 1..1 | |
| 3 | 3 | WL0000062 | MessageReferenceNumber | 报文参考号 | 1..1 | an..35 |
| 4 | 3 | WL0100000 | DocumentName | 单证名称 | 1..1 | an..35 |
| 5 | 3 | WL0000052 | DocumentVersionNumber | 报文版本号 | 1..1 | an..17 |
| 6 | 3 | WL0900813 | SenderCode | 发送方代码 | 1..1 | an..20 |

续表

| 序号 | 报文层 | 分类编号 | 英文名称 | 中文名称 | 约束/出现次数 | 数据格式 |
|---|---|---|---|---|---|---|
| 7 | 3 | WL0900817 | RecipientCode | 接收方代码 | 1..1 | an..20 |
| 8 | 3 | WL0200863 | MessageSendingDateTime | 发送日期时间 | 1..1 | n14 |
| 9 | 3 | WL0100225 | MessageFunctionCode | 报文功能代码 | 0..1 | an..3 |
| 10 | 2 | | Body | 报文体 | 1..1 | |
| 11 | 3 | WL0100802 | ShippingNoteNumber | 托运单号 | 1..1 | an..20 |
| 12 | 3 | WL0200803 | CommissionDateTime | 委托日期时间 | 1..1 | n14 |
| 13 | 3 | | ConsignorInfo | 托运方信息 | 1..1 | |
| 14 | 4 | WL0300412 | ContactName | 联系人名称 | 1..1 | an..256 |
| 15 | 4 | WL0300869 | TelephoneNumber | 电话号码 | 1..1 | an..18 |
| 16 | 3 | | CarrierInfo | 承运方信息 | 0..1 | |
| 17 | 4 | WL0300412 | ContactName | 联系人名称 | 1..1 | an..256 |
| 18 | 4 | WL0300869 | TelephoneNumber | 电话号码 | 1..1 | an..18 |
| 19 | 3 | WL0800898 | ImExIdentifier | 进出口标识符 | 1..1 | n2 |
| 20 | 3 | WL0800841 | VesselNameCode | 船名代码 | 0..1 | an..10 |
| 21 | 3 | WL0800842 | VesselEnglishName | 船舶英文名称 | 0..1 | an..200 |
| 22 | 3 | WL0800866 | VoyageNumber | 航次 | 0..1 | an..10 |
| 23 | 3 | WL0200349 | EstimatedArrivalDateTime | 预计抵达日期时间 | 0..1 | n14 |
| 24 | 3 | WL0100804 | LadingBillNumber | 提单号 | 1..1 | an..20 |
| 25 | 3 | WL0300231 | LoadingPortCode | 装货港代码 | 0..1 | a5 |
| 26 | 3 | WL0300230 | LoadingPortName | 装货港 | 0..1 | an..35 |
| 27 | 3 | WL0300831 | TranshippingPortCode | 中转港代码 | 0..1 | a5 |
| 28 | 3 | WL0300830 | TranshippingPortName | 中转港 | 0..1 | an..35 |
| 29 | 3 | WL0300415 | DischargePortCode | 卸货港代码 | 1..1 | a5 |
| 30 | 3 | WL0300414 | DischargePortName | 卸货港 | 1..1 | an..35 |
| 31 | 3 | | ContainerInfo | 集装箱信息 | 1..n | |
| 32 | 4 | WL0800884 | ContainerNumber | 集装箱号 | 0..1 | an..12 |
| 33 | 4 | WL0200887 | PromisedStuffingDateTime | 约定装箱日期时间 | 0..1 | n14 |
| 34 | 4 | WL0200847 | PromisedStrippingDateTime | 约定拆箱日期时间 | 0..1 | n14 |
| 35 | 4 | WL0200849 | PromisedReturnDateTime | 约定还箱日期时间 | 0..1 | n14 |
| 36 | 4 | WL0200889 | PromisedUnloadDateTime | 约定卸箱日期时间 | 0..1 | n14 |
| 37 | 4 | WL0300858 | PickUpContainerPlace | 提箱地点 | 0..1 | an..70 |
| 38 | 4 | WL0300856 | DischargeReturnContainerPlace | 卸还箱地点 | 0..1 | an..70 |
| 39 | 4 | WL0800904 | GoodsPickupMethodDescription | 揽货方式代码 | 0..1 | an..17 |
| 40 | 4 | | Stuff/DischargeContact | 装拆箱地点联系人 | 0..1 | |
| 41 | 5 | WL0300412 | ContactName | 联系人名称 | 1..1 | an..256 |
| 42 | 5 | WL0300869 | TelephoneNumber | 电话号码 | 1..1 | an..18 |
| 43 | 4 | WL0300268 | TransportEquipmentLoadingLocation | 运输设备装货地点 | 1..1 | an..256 |
| 44 | 4 | WL0800896 | StuffingRequirment | 装箱要求 | 1..1 | an..256 |

续表

| 序号 | 报文层 | 分类编号 | 英文名称 | 中文名称 | 约束/出现次数 | 数据格式 |
|---|---|---|---|---|---|---|
| 45 | 4 | WL0800877 | CodeOfSizeAndType | 尺寸和箱型代码 | 1..1 | an..4 |
| 46 | 4 | WL0900842 | Remark | 备注 | 0..1 | an..256 |
| 47 | 4 | WL0700811 | HazardSubstanceItemNumber | 危险品类别代码 | 0..1 | an..4 |
| 48 | 4 | WL0800078 | AdditionalHazardClassificationIdentifier | 附加危险品分类标识符 | 0..1 | an..7 |
| 49 | 4 | WL0700124 | UNDGNumber | 联合国危险品编号 | 0..1 | n4 |
| 50 | 4 | WL0700088 | DangerousGoodsFlashpoint | 危险品闪点 | 0..1 | an..8 |
| 51 | 4 | WL0600801 | TemperatureUnitCode | 温度单位代码 | 0..1 | a1 |
| 52 | 4 | WL0600242 | TransportTemperature | 运输温度 | 0..1 | an..8 |
| 53 | 4 | WL0600802 | LowestTemperature | 最低温度 | 0..1 | n..5 |
| 54 | 4 | WL0600804 | HighestTemperature. | 最高温度 | 0..1 | n..5 |
| 55 | 4 | WL0600004 | HumidityPercentageMeasure | 湿度百分比计量 | 0..1 | n..15 |
| 56 | 4 | WL0600822 | ContainerOverFront | 前超 | 0..1 | an..4 |
| 57 | 4 | WL0600824 | ContainerOverBack | 后超 | 0..1 | an..4 |
| 58 | 4 | WL0600826 | ContainerOverLeft | 左超 | 0..1 | an..4 |
| 59 | 4 | WL0600828 | ContainerOverRight | 右超 | 0..1 | an..4 |
| 60 | 4 | WL0600830 | ContainerOverhigh | 超高 | 0..1 | an..4 |
| 61 | 4 |  | ContainerAssembleInfo | 分票信息 | 0..n |  |
| 62 | 5 | WL0100850 | HouseBillOfladingNumber | 分提单号 | 1..1 | an..30 |
| 63 | 5 | WL0700854 | PackageQuantityDescription | 包装件数描述 | 0..1 | an..256 |
| 64 | 5 |  | OneBilWLrossWeight | 分票货物毛重 | 0..1 |  |
| 65 | 6 | WL0600292 | GoodsItemGrossWeight | 货物项毛重 | 1..1 | n..14 |
| 66 | 6 | WL0600411 | MeasurementUnitCode | 计量单位代码 | 0..1 | an..3 |
| 67 | 5 | WL0700102 | ShippingMarks | 运输标志 | 0..1 | an..512 |
| 68 | 5 | WL0700002 | DescriptionOfGoods | 货物名称 | 1..1 | an..512 |
| 69 | 5 | WL0900842 | Remark | 备注 | 0..1 | an..256 |

### 4. 集装箱运输派车单

集装箱运输派车单报文结构及属性说明如图 4-17 所示。

表 4-17　集装箱运输派车单报文结构及属性说明

| 序号 | 报文层 | 分类编号 | 英文名称 | 中文名称 | 约束/出现次数 | 数据格式 |
|---|---|---|---|---|---|---|
| 1 | 1 |  | Root | 根 | 1..1 |  |
| 2 | 2 |  | Header | 报文头 | 1..1 |  |
| 3 | 3 | WL0000062 | MessageReferenceNumber | 报文参考号 | 1..1 | an..35 |
| 4 | 3 | WL0100000 | DocumentName | 单证名称 | 1..1 | an..35 |
| 5 | 3 | WL0000052 | DocumentVersionNumber | 报文版本号 | 1..1 | an..17 |
| 6 | 3 | WL0900813 | SenderCode | 发送方代码 | 1..1 | an..20 |

续表

| 序号 | 报文层 | 分类编号 | 英文名称 | 中文名称 | 约束/出现次数 | 数据格式 |
|---|---|---|---|---|---|---|
| 7 | 3 | WL0900817 | RecipientCode | 接收方代码 | 1..1 | an..20 |
| 8 | 3 | WL0200863 | MessageSendingDateTime | 发送日期时间 | 1..1 | n14 |
| 9 | 3 | WL0100225 | MessageFunctionCode | 报文功能代码 | 0..1 | an..3 |
| 10 | 2 | | Body | 报文体 | 1..1 | |
| 11 | 3 | WL0100802 | ShippingNoteNumber | 托运单号 | 1..1 | an..20 |
| 12 | 3 | WL0100804 | LadingBillNumber | 提单号 | 1..1 | an..20 |
| 13 | 3 | WL0900842 | Remark | 备注 | 0..1 | an..256 |
| 14 | 3 | | ContainerInfo | 集装箱信息 | 0..n | |
| 15 | 4 | WL0800884 | ContainerNumber | 集装箱号 | 0..1 | an..12 |
| 16 | 4 | WL0800877 | CodeOfSizeAndType | 尺寸和箱型代码 | 1..1 | an..4 |
| 17 | 4 | WL0800802 | VehicleNumber | 车辆牌照号 | 1..1 | an..35 |
| 18 | 4 | WL0800819 | LicensePlateTypeCode | 牌照类型代码 | 0..1 | an..20 |
| 19 | 4 | | Driver | 驾驶员 | 1..1 | |
| 20 | 5 | WL0300412 | ContactName | 联系人名称 | 1..1 | an..256 |
| 21 | 5 | WL0300869 | TelephoneNumber | 电话号码 | 1..1 | an..18 |
| 22 | 4 | WL0200859 | VehicleDispactionDateTime | 派车日期时间 | 1..1 | n14 |
| 23 | 4 | WL0200349 | EstimatedArrivalDateTime | 预计抵达日期时间 | 0..1 | n14 |

### 5. 集装箱运输回执单

集装箱运输回执单报文结构及属性说明如图 4-18 所示。

表 4-18　集装箱运输回执单报文结构及属性说明

| 序号 | 报文层 | 分类编号 | 英文名称 | 中文名称 | 约束/出现次数 | 数据格式 |
|---|---|---|---|---|---|---|
| 1 | 1 | | Root | 根 | 1..1 | |
| 2 | 2 | | Header | 报文头 | 1..1 | |
| 3 | 3 | WL0000062 | MessageReferenceNumber | 报文参考号 | 1..1 | an..35 |
| 4 | 3 | WL0100000 | DocumentName | 单证名称 | 1..1 | an..35 |
| 5 | 3 | WL0000052 | DocumentVersionNumber | 报文版本号 | 1..1 | an..17 |
| 6 | 3 | WL0900813 | SenderCode | 发送方代码 | 1..1 | an..20 |
| 7 | 3 | WL0900817 | RecipientCode | 接收方代码 | 1..1 | an..20 |
| 8 | 3 | WL0200863 | MessageSendingDateTime | 发送日期时间 | 1..1 | n14 |
| 9 | 3 | WL0100225 | MessageFunctionCode | 报文功能代码 | 0..1 | an..3 |
| 10 | 2 | | Body | 报文体 | 1..1 | |
| 11 | 3 | WL0100802 | ShippingNoteNumber | 托运单号 | 1..1 | an..20 |
| 12 | 3 | WL0100804 | LadingBillNumber | 提单号 | 1..1 | an..20 |
| 13 | 3 | WL0900842 | Remark | 备注 | 0..1 | an..256 |
| 14 | 4 | | ContainerInfo | 集装箱信息 | 1..n | |

续表

| 序号 | 报文层 | 分类编号 | 英文名称 | 中文名称 | 约束/出现次数 | 数据格式 |
|---|---|---|---|---|---|---|
| 15 | 5 | WL0800802 | VehicleNumber | 车辆牌照号 | 0..1 | an..35 |
| 16 | 5 | WL0800819 | LicensePlateTypeCode | 牌照类型代码 | 0..1 | an..20 |
| 17 | 5 | WL0800884 | ContainerNumber | 集装箱号 | 1..1 | an..12 |
| 18 | 5 | WL0900308 | SealNumber | 铅封号 | 1..1 | an..35 |
| 19 | 5 | WL0900842 | Remark | 备注 | 0..1 | an..256 |

## 4.3.4 机场互联主要单证

### 1. 机场货站与货运代理人之间的互联

机场货站与货运代理人之间的互联内容参照 IATA 标准 SLI 报文标准。

### 2. 机场货站与海关之间的互联

机场货站与海关之间的互联主要涉及空运出口理货报告申报、空运进口理货报告申报、空运出口运抵报告申报、空运进口分流运抵报告申报、报关单放行回执。

其中理货报告数据项如表 4-19 所示。

表 4-19　机场货站理货报告数据项

| 序号 | 中国海关数据元名称 | WCO DATA MODEL 或 UNTDED 编号 | 填制条件 | | | |
|---|---|---|---|---|---|---|
| | | | 水运进口 | 水运出口 | 空运进口 | 空运出口 |
| 1 | 航次航班编号 | 149 Conveyance reference number | 必填 | 必填 | 必填 | 必填 |
| 2 | 运输方式代码 | 183 Mode/type of means of transport crossing the border，coded | 必填 | 必填 | 必填 | 必填 |
| 3 | 运输工具代码 | 167 Identification of means of transport crossing the border，coded | 必填 | 必填 | 选填 | 选填 |
| 4 | 运输工具名称 | 160 Identification of means of transport crossing the border | 必填 | 必填 | 选填 | 选填 |
| 5 | 装卸开始时间 | UNTDED 2380 Date/time/period | 必填 | 必填 | 必填 | 必填 |
| 6 | 装卸结束时间 | UNTDED 2380 Date/time/period | 必填 | 必填 | 必填 | 必填 |
| 7 | 申报地海关代码 | 065 Customs office of declaration，coded | 必填 | 必填 | 必填 | 必填 |
| 8 | 理货部门代码 | 238 Party ID identification | 必填 | 必填 | 必填 | 必填 |
| 9 | 理货责任人名称 | 246 Department or employee contact name | 选填 | 选填 | 选填 | 选填 |
| 10 | 理货责任人联系号码 | 240 Communication number | 选填 | 选填 | 选填 | 选填 |
| 11 | 通讯方式类别代码 | 253 Communication number Type | 选填 | 选填 | 选填 | 选填 |
| 12 | 船长/大副名称 | 246 Department or employee contact name | 选填 | 选填 | 选填 | 选填 |
| 13 | 船长/大副联系号码 | 240 Communication number | 选填 | 选填 | 选填 | 选填 |
| 14 | 通讯方式类别代码 | 253 Communication number Type | 选填 | 选填 | 选填 | 选填 |

续表

| 序号 | 中国海关数据元名称 | WCO DATA MODEL 或 UNTDED 编号 | 填制条件 | | | |
|---|---|---|---|---|---|---|
| | | | 水运进口 | 水运出口 | 空运进口 | 空运出口 |
| 15 | 总提运单号 | 015 Transport document number | 条件 | 条件 | 必填 | 必填 |
| 16 | 分提运单号 | 189 Associated transport document number | 条件 | 条件 | 条件 | 条件 |
| 17 | 装货地代码 | 070 Place of loading，coded | — | 必填 | — | 必填 |
| 18 | 卸货地代码 | 080 Place of discharge，coded | 必填 | — | 必填 | — |
| 19 | 集装箱（器）编号 | 159 Equipment identification number | 条件 | 条件 | — | — |
| 20 | 集装箱（器）尺寸和类型 | 152 Equipment size and type identification | 条件 | 条件 | — | — |
| 21 | 重箱或者空箱标识代码 | 154 Transport equipment loaded status | 条件 | 条件 | — | — |
| 22 | 封志号码、类型和施加封志人 | 165 Seal number | 选填 | 选填 | — | — |
| 23 | 船舶贝位 | UNTDED 8043　Stowage place onboard，coded | 条件 | 条件 | — | — |
| 24 | 残损类型代码 | UNTDED 7501 Damage type description code | 条件 | 条件 | — | — |
| 25 | 残损类型 | UNTDED 7500 Damage type description | 选填 | 选填 | — | — |
| 26 | 残损范围代码 | UNTDED 7503 Damage area description code | 条件 | 条件 | — | — |
| 27 | 残损范围 | UNTDED 7502 Damage area description | 选填 | 选填 | — | — |
| 28 | 残损程度 | UNTDED 7508 Damage severity description | 选填 | 选填 | — | — |
| 29 | 包装种类代码 | 141 Type of packages identification | 条件 | 条件 | 选填 | 选填 |
| 30 | 托运货物件数 | 146 Total number of packages | 条件 | 条件 | 必填 | 必填 |
| 31 | 货物总毛重 | 131 Total gross weight | 条件 | 条件 | 必填 | 必填 |
| 32 | 货物体积 | 134 Cube | 选填 | 选填 | 选填 | 选填 |
| 33 | 备注 | 105 Free text | 选填 | 选填 | 选填 | 选填 |

运抵报告数据项如表 4-20 所示。

**表 4-20　机场货站运抵报告数据项**

| 序号 | 中国海关数据元名称 | WCO DATA MODEL 或 UNTDED 编号 | 填制条件 | | | |
|---|---|---|---|---|---|---|
| | | | 水运进口运抵 | 水运出口运抵 | 空运进口运抵 | 空运出口运抵 |
| 1 | 航次航班编号 | 149 Conveyance reference number | 必填 | 必填 | 必填 | 必填 |
| 2 | 运输方式代码 | 183 Mode/type of means of transport crossing the border，coded | 必填 | 必填 | 必填 | 必填 |
| 3 | 运输工具代码 | 167 Identification of means of transport crossing the border，coded | 必填 | 必填 | 选填 | 选填 |
| 4 | 运输工具名称 | 160 Identification of means of transport crossing the border | 必填 | 必填 | 选填 | 选填 |
| 5 | 集装箱（器）编号 | 159 Equipment identification number | 条件 | 条件 | — | — |
| 6 | 集装箱（器）尺寸和类型 | 152 Equipment size and type identification | 条件 | 条件 | — | — |
| 7 | 重箱或者空箱标识代码 | 154 Transport equipment loaded status | 条件 | 条件 | — | — |
| 8 | 封志号码，类型和施加封志人 | 165 Seal number | 选填 | 选填 | — | — |

续表

| 序号 | 中国海关数据元名称 | WCO DATA MODEL 或 UNTDED 编号 | 填制条件 | | | |
|---|---|---|---|---|---|---|
| | | | 水运进口运抵 | 水运出口运抵 | 空运进口运抵 | 空运出口运抵 |
| 9 | 总提运单号 | 015 Transport document number | 条件 | 条件 | 必填 | 必填 |
| 10 | 分提运单号 | 189 Associated transport document number | 条件 | 条件 | 条件 | 条件 |
| 11 | 托运货物序号 | 006 Consignment item sequence number | 条件 | 条件 | 必填 | 必填 |
| 12 | 托运货物包装种类 | 141 Type of packages identification | 条件 | 条件 | 选填 | 选填 |
| 13 | 托运货物件数 | 146 Total number of packages | 条件 | 条件 | 必填 | 必填 |
| 14 | 货物简要描述 | 138 Brief cargo description | 条件 | 条件 | 必填 | 必填 |
| 15 | 货物描述补充信息 | 105 Free text | 选填 | 选填 | 选填 | 选填 |
| 16 | 货物总毛重 | 131 Total gross weight | 条件 | 条件 | 必填 | 必填 |
| 17 | 唛头 | 142 Shipping marks | 选填 | 选填 | 选填 | 选填 |
| 18 | 卸货地代码 | 080 Place of discharge，coded | 必填 | 必填 | 必填 | 必填 |
| 19 | 到达卸货地时间 | 208 Itinerary arrival date and time | 必填 | 必填 | 必填 | 必填 |
| 20 | 申报地海关代码 | 065 Customs office of declaration，coded | 必填 | 必填 | 必填 | 必填 |
| 21 | 备注 | 105 Free text | 选填 | 选填 | 选填 | 选填 |

报关放行回执字段定义如表 4-21 所示。

**表 4-21　机场报关放行回执字段定义**

| 字段中文名称 | 字段英文名称 | 字段类型 | 是否为空 | 备　注 |
|---|---|---|---|---|
| 报关单号 | ENTRY_ID | Varchar(18) | 否 | |
| 总提运单号 | BILL_NO | Varchar(32) | 是 | 报关单中定义可以为空 |
| 目的接收企业组织机构代码 | TradeCode | Varchar(10) | 是 | 报关单中定义可以为空 |
| 目的接收企业名称 | TradeCode | Varchar(255) | 是 | 报关单中定义可以为空 |
| 发送时间\回执生成时间 | MessageSentDateTime | datetime | 否 | |
| 报文类型 | MessageType | Varchar(20) | 否 | 报关单放行：ENTRY |
| 发送方编号 | SourceSystemID | Varchar(20) | 否 | 默认：ZHKG |

### 3. 机场货站与航空公司之间的互联

机场货站与航空公司之间采用国际航空运输协会（ITTA，International Air Transport Association）协作的国际航空通信协会 SITA 的信息传输标准格式。

## 4.4　服务函数

服务函数描述的是服务调用过程中请求与响应中的业务数据之间的映射关系，用于规范物流信息服务需求方、物流信息服务交换平台、物流信息服务提供方之间的请求和响应中的业务信息。

## 4.4.1　物流诚信应用服务

物流诚信应用服务是为物流各相关企业、各级行政管理单位和社会公众提供运输企业、从业人员和运输车辆的信用记录查询的应用服务。通过与行业管理部门政务系统、企业管理系统、货运站场（物流园区）管理系统、电子商务交易系统等外部信息资源进行互联互通，整合运输企业、从业人员和运输车辆的信用记录，建立完整、系统的分类信用信息库，为用户提供信用信息查询服务。

### 1．业户诚信信息查询

业户诚信信息查询服务调用是服务需求方通过物流企业名称、许可证编号（可以选填）、起始时间等向诚信服务提供商查询，获取该物流企业的诚信信息，包括静态信息和动态信息。

1）请求参数中的 QueryParams（见表 4-22）

表 4-22　请求参数中的 QueryParams

| 序　　号 | 报文层 | 分类编号 | 英文名称 | 中文名称 | 约束/出现次数 | 数据格式 |
|---|---|---|---|---|---|---|
| 1 | 1 | WL0300898 | EnterpriseName | 企业名称 | 1..1 | an..20 |
| 2 | 1 | WL0300926 | PermitNumber | 许可证编号 | 0..1 | an9 |
| 3 | 1 | WL0900961 | SearchTypeCode | 查询方式代码 | 0..1 | n3 |
| 4 | 1 | WL0200877 | StartTime | 起始时间 | 0..1 | an..70 |
| 5 | 1 | WL0200879 | EndTime | 结束时间 | 0..1 | an..12 |

2）响应结果中的 ResultsBody（见表 4-23）

表 4-23　响应结果中的 ResultsBody

| 序号 | 报文层 | 分类编号 | 英文名称 | 中文名称 | 约束/出现次数 | 数据格式 |
|---|---|---|---|---|---|---|
| 1 | 1 | WL0300898 | EnterpriseName | 企业名称 | 1..1 | an..100 |
| 2 | 1 | WL1000913 | LogisticsExchangeCode | 物流交换代码 | 1..1 | an..20 |
| 3 | 1 | WL0300801 | OrganizationCode | 组织机构代码 | 0..1 | an9 |
| 4 | 1 | WL0300963 | EnterpriseEconomicTypeCode | 企业经济类型代码 | 0..1 | n3 |
| 5 | 1 | WL0300228 | CountrySubdivisionName | 国家行政区划名称 | 0..1 | an..70 |
| 6 | 1 | WL0300229 | CountrySubdivisionCode | 国家行政区划代码 | 0..1 | an..12 |
| 7 | 1 | WL0300412 | ContactName | 联系人名称 | 1..1 | an..256 |
| 8 | 1 | WL0300869 | TelephoneNumber | 电话号码 | 1..1 | an..18 |
| 9 | 1 | WL0300871 | FaxNumber | 传真号码 | 0..1 | an..18 |
| 10 | 1 | WL0300148 | CommunicationNumber | 通讯地址 | 1..1 | an..512 |
| 11 | 1 | WL0300251 | PostalIdentificationCode | 邮政标识代码 | 0..1 | an..17 |
| 12 | 1 | WL0300874 | E-mail | 电子邮件地址 | 0..1 | an..50 |
| 13 | 1 | WL0300906 | NetworkAccessAddress | 网络访问地址 | 0..1 | ul |

续表

| 序号 | 报文层 | 分类编号 | 英文名称 | 中文名称 | 约束/出现次数 | 数据格式 |
|---|---|---|---|---|---|---|
| 14 | 1 | WL0900842 | Remark | 备注 | 0..1 | an..256 |
| 15 | 1 | | BusinessLicenceInformation | 营业执照信息 | 0..1 | |
| 16 | 2 | WL0300803 | EnterpriseRegistrationNumber | 企业注册号 | 1..1 | an..15 |
| 17 | 2 | WL0300900 | EnterpriseRegistrationAddress | 企业注册地址 | 1..1 | an..512 |
| 18 | 2 | WL0300804 | LegalRepresentative | 法定代表人 | 1..1 | a..30 |
| 19 | 2 | WL0300912 | CompanyType | 公司类型 | 1..1 | an..50 |
| 20 | 2 | WL0300924 | BusinessScope | 经营范围 | 1..1 | a..500 |
| 21 | 2 | WL0300928 | RegisteredCapital | 注册资本 | 1..1 | an..50 |
| 22 | 2 | WL0200907 | EstablishmentDate | 成立日期 | 1..1 | n8 |
| 23 | 2 | WL0200897 | PeriodStartDate | 期限开始日期 | 1..1 | n8 |
| 24 | 2 | WL0200899 | PeriodEndDate | 期限结束日期 | 1..1 | n8 |
| 25 | 2 | WL0100860 | CertificationUnit | 发证单位 | 1..1 | an..100 |
| 26 | 2 | WL0900819 | Photo | 照片 | 0..1 | an..256 |
| 27 | 1 | | RoadTransportBusinessOperatingPermit Information | 道路运输经营许可证信息 | 0..1 | |
| 28 | 2 | WL0300926 | PermitNumber | 许可证编号 | 1..1 | an..50 |
| 29 | 2 | WL0300898 | EnterpriseName | 企业名称 | 1..1 | an..100 |
| 30 | 2 | WL0300224 | PlaceOrLocation | 地点/位置 | 1..1 | an..256 |
| 31 | 2 | WL0300924 | BusinessScope | 经营范围 | 1..1 | a..500 |
| 32 | 2 | WL0200905 | PermitGrantDate | 许可证发放日期 | 1..1 | n8 |
| 33 | 2 | WL0200897 | PeriodStartDate | 期限开始日期 | 1..1 | n8 |
| 34 | 2 | WL0200899 | PeriodEndDate | 期限结束日期 | 1..1 | n8 |
| 35 | 2 | WL0100860 | CertificationUnit | 发证单位 | 1..1 | an..100 |
| 36 | 4 | WL0900819 | Photo | 照片 | 0..1 | an..256 |
| 37 | 1 | | TransportOperatingInformation | 运输经营信息 | 0..1 | |
| 38 | 2 | WL0600842 | OwnCargoVehiclesNumber | 自有货运车辆数 | 0..1 | n..8 |
| 39 | 2 | WL0300908 | TransportCapacityScale | 运力规模 | 0..1 | an..16 |
| 40 | 2 | WL0600844 | WorkersNumber | 职工人数 | 0..1 | n..8 |
| 41 | 2 | WL0900842 | Remark | 备注 | 0..1 | an..256 |
| 42 | 1 | | DynamicCreditInformation | 动态诚信信息 | 0..n | |
| 43 | 2 | WL0900907 | CreditTypeCode | 诚信类型代码 | 1..1 | an..3 |
| 44 | 2 | WL0900976 | CreditEvaluationRecord | 诚信评价记录 | 0..1 | an..2000 |
| 45 | 2 | WL0200885 | AppraiseDateTime | 评价日期时间 | 1..1 | n14 |
| 46 | 2 | WL0900957 | WarningIdentity | 警示标志 | 0..1 | n1 |
| 47 | 2 | | EventInformation | 事件信息 | 0..n | |
| 48 | 3 | WL0200380 | DateOrTimeOrPeriod | 日期/时间/期限 | 0..1 | an..35 |
| 49 | 3 | WL0300224 | PlaceOrLocation | 地点/位置 | 0..1 | an..256 |
| 50 | 3 | WL0400440 | FreeText | 自由文本 | 1..1 | an..512 |

### 2. 车辆诚信信息查询

车辆诚信信息查询服务调用是服务需求方通过车辆牌照号码、牌照类型代码、道路运输证号（可选填）、起始时间等向诚信服务提供商查询，获取该车辆诚信信息，包括静态信息和动态信息。

1）请求参数中的 QueryParams（见表 4-24）

表 4-24　请求参数中的 QueryParams

| 序号 | 报文层 | 分类编号 | 英文名称 | 中文名称 | 约束/出现次数 | 数据格式 |
|---|---|---|---|---|---|---|
| 1 | 1 | WL0800802 | VehicleNumber | 车辆牌照号 | 1..1 | an..35 |
| 2 | 1 | WL0800819 | LicensePlateTypeCode | 牌照类型代码 | 1..1 | an..20 |
| 3 | 1 | WL0800816 | RoadTransportCertificateNumber | 道路运输证号 | 0..1 | n12 |
| 4 | 1 | WL0900961 | SearchTypeCode | 查询方式代码 | 1..1 | n2 |
| 5 | 1 | WL0200877 | StartTime | 起始时间 | 1..1 | n14 |
| 6 | 1 | WL0200879 | EndTime | 结束时间 | 0..1 | n14 |

2）响应结果中的 ResultsBody（见表 4-25）

表 4-25　响应结果中的 ResultsBody

| 序号 | 报文层 | 分类编号 | 英文名称 | 中文名称 | 约束/出现次数 | 数据格式 |
|---|---|---|---|---|---|---|
| 1 | 1 | WL0800802 | VehicleNumber | 车辆牌照号 | 1..1 | an..35 |
| 2 | 1 | WL0800819 | LicensePlateTypeCode | 牌照类型代码 | 1..1 | an..20 |
| 3 | 1 | WL0300920 | Owner | 所有人 | 1..1 | an..256 |
| 4 | 1 | WL0300906 | NetworkAccessAddress | 网络访问地址 | 0..1 | Ul |
| 5 | 1 | WL0900842 | Remark | 备注 | 0..1 | an..256 |
| 6 | 1 |  |  | 行驶证信息 | 0..1 |  |
| 7 | 2 | WL0800802 | VehicleNumber | 车辆牌照号 | 1..1 | an..35 |
| 8 | 2 | WL0800800 | VehicleClassification | 车辆分类 | 1..1 | an..12 |
| 9 | 2 | WL0300148 | CommunicationNumber | 通讯地址 | 1..1 | an..512 |
| 10 | 2 | WL0800924 | UseCharacter | 使用性质 | 1..1 | an..256 |
| 11 | 2 | WL0800824 | VehicleBrandModel | 车辆厂牌型号 | 1..1 | an..50 |
| 12 | 2 | WL0800822 | VehicleFrameNumber | 车辆车架号 | 1..1 | an..17 |
| 13 | 2 | WL0800820 | VehicleEngineNumber | 车辆发动机号 | 1..1 | an..50 |
| 14 | 2 | WL0200903 | RegisterDateTime | 注册日期 | 1..1 | n14 |
| 15 | 2 | WL0200853 | VehicleLicenceIssueDate | 车辆行驶证签发日期 | 1..1 | n8 |
| 16 | 2 | WL0100860 | CertificationUnit | 发证单位 | 1..1 | an..100 |
| 17 | 2 | WL0800814 | VehicleTare | 车辆自重 | 1..1 | n..6,2 |
| 18 | 2 | WL0800810 | VehicleLadenWeight | 满载车辆质量 | 1..1 | n..6,2 |
| 19 | 2 | WL0800812 | VehicleTonnage | 车辆载质量 | 1..1 | n..9,2 |
| 20 | 2 | WL0800926 | VehicleMaximumTractionWeight | 车辆准牵引总质量 | 0..1 | n..9,2 |
| 21 | 2 | WL0800830 | VehicleSeats | 车辆座位 | 0..1 | n..6 |
| 22 | 2 | WL0600854 | InternalDimension | 内部尺寸 | 0..1 | an..35 |

续表

| 序号 | 报文层 | 分类编号 | 英文名称 | 中文名称 | 约束/出现次数 | 数据格式 |
|---|---|---|---|---|---|---|
| 23 | 2 | WL0800804 | VehicleLength | 车辆长度 | 1..1 | n..6 |
| 24 | 2 | WL0800806 | VehicleWidth | 车辆宽度 | 1..1 | n..6 |
| 25 | 2 | WL0800808 | VehicleHeight | 车辆高度 | 1..1 | n..6 |
| 26 | 2 | WL0800928 | InspectionRecord | 检验记录 | 1..1 | an..256 |
| 27 | 2 | WL0900819 | Photo | 照片 | 0..1 | an..256 |
| 28 | 1 | | | 道路运输证信息 | 0..1 | |
| 29 | 2 | WL0800816 | RoadTransportCertificateNumber | 道路运输证号 | 1..1 | n12 |
| 30 | 2 | WL0300224 | PlaceOrLocation | 地点/位置 | 1..1 | an..256 |
| 31 | 2 | WL0800802 | VehicleNumber | 车辆牌照号 | 1..1 | an..35 |
| 32 | 2 | WL0300926 | PermitNumber | 许可证编号 | 1..1 | an..50 |
| 33 | 2 | WL0800800 | VehicleClassification | 车辆分类 | 1..1 | an..12 |
| 34 | 2 | WL0800812 | VehicleTonnage | 车辆载质量 | 1..1 | n..9,2 |
| 35 | 2 | WL0800804 | VehicleLength | 车辆长度 | 1..1 | n..6 |
| 36 | 2 | WL0800806 | VehicleWidth | 车辆宽度 | 1..1 | n..6 |
| 37 | 2 | WL0800808 | VehicleHeight | 车辆高度 | 1..1 | n..6 |
| 38 | 2 | WL0300924 | BusinessScope | 经营范围 | 1..1 | a..500 |
| 39 | 2 | WL0200935 | IssuingDate | 发证日期 | 1..1 | n8 |
| 40 | 2 | WL0200937 | LicenseInitialCollectionDate | 证件初次领取日期 | 0..1 | n8 |
| 41 | 2 | WL0100860 | CertificationUnit | 发证单位 | 1..1 | an..100 |
| 42 | 2 | WL0900819 | Photo | 照片 | 0..1 | an..256 |
| 43 | 1 | | | 驾驶员信息 | 0..n | |
| 44 | 2 | WL0300404 | NameOfPerson | 姓名 | 1..1 | an..30 |
| 45 | 2 | WL0100808 | IdentityDocumentNumber | 身份证号 | 1..1 | an..18 |
| 46 | 3 | | | 车辆卡信息 | 0..1 | |
| 47 | 2 | WL0800828 | VehicleIdentityCardNumber | 车辆识别卡号 | 1..1 | an..20 |
| 48 | 2 | WL0800827 | VehicleIdentityCardTypeCode | 车辆识别卡类型代码 | 1..1 | an..2 |
| 49 | 2 | WL0800938 | AuthenticatingCode | 防伪认证码 | 1..1 | an..20 |
| 50 | 2 | WL0800941 | CardOperatingCode | 卡操作方式代码 | 1..1 | n2 |
| 51 | 2 | WL0200867 | StatusChangeDateTime | 状态变更日期时间 | 1..1 | n14 |
| 52 | 2 | WL0800930 | VehicleCorporationName | 车辆所属单位名称 | 1..1 | an..100 |
| 53 | 2 | WL1000913 | LogisticsExchangeCode | 物流交换代码 | 1..1 | an..20 |
| 54 | 2 | WL0800940 | IssueCardEnterprise | 发卡单位 | 1..1 | an..100 |
| 5 | 1 | | DynamicCreditInformation | 动态诚信信息 | 0..n | |
| 56 | 2 | WL0900907 | CreditTypeCode | 诚信类型代码 | 1..1 | an..3 |
| 57 | 2 | WL0900976 | CreditEvaluationRecord | 诚信评价记录 | 0..1 | an..2000 |
| 58 | 2 | WL0200885 | AppraiseDateTime | 评价日期时间 | 1..1 | n14 |
| 59 | 2 | WL0900957 | WarningIdentity | 警示标志 | 0..1 | n1 |
| 60 | 2 | | EventInformation | 事件信息 | 0..n | |
| 61 | 3 | WL0200380 | DateOrTimeOrPeriod | 日期/时间/期限 | 0..1 | an..35 |
| 62 | 3 | WL0300224 | PlaceOrLocation | 地点/位置 | 0..1 | an..256 |
| 63 | 3 | WL0400440 | FreeText | 自由文本 | 1..1 | an..512 |

### 3. 人员诚信信息查询

人员诚信信息查询服务调用是服务需求方通过人员的姓名、身份证号、从业资格证号（身份证号和从业资格证号两者需选一）、起始时间等向诚信服务提供商查询，获取该人员诚信信息，包括静态信息和动态信息。

1）请求参数中的 QueryParams（见表 4-26）

表 4-26　请求参数中的 QueryParams

| 序号 | 报文层 | 分类编号 | 英文名称 | 中文名称 | 约束/出现次数 | 数据格式 |
|---|---|---|---|---|---|---|
| 1 | 1 | WL0300404 | NameOfPerson | 姓名 | 0..1 | an..30 |
| 2 | 1 | WL0100808 | IdentityDocumentNumber | 身份证号 | 0..1 | an..18 |
| 3 | 1 | WL0100810 | QualificationCertificateNumber | 从业资格证号 | 0..1 | an..19 |
| 4 | 1 | WL0900961 | SearchTypeCode | 查询方式代码 | 1..1 | n2 |
| 5 | 1 | WL0200877 | StartTime | 起始时间 | 1..1 | n14 |
| 6 | 1 | WL0200879 | EndTime | 结束时间 | 0..1 | n14 |

2）响应结果中的 ResultsBody（见表 4-27）

表 4-27　响应结果中的 ResultsBody

| 序号 | 报文层 | 分类编号 | 英文名称 | 中文名称 | 约束/出现次数 | 数据格式 |
|---|---|---|---|---|---|---|
| 1 | 1 | WL0300404 | NameOfPerson | 姓名 | 1..1 | an..30 |
| 2 | 1 | WL0300498 | Gender | 性别 | 1..1 | a..12 |
| 3 | 1 | WL0100808 | IdentityDocumentNumber | 身份证号 | 1..1 | an..18 |
| 4 | 1 | WL0300875 | MobileTelephoneNumber | 移动电话号码 | 0..1 | an..18 |
| 5 | 1 | WL0300869 | TelephoneNumber | 电话号码 | 0..1 | an..18 |
| 6 | 1 | | PhotoInformation | 照片信息 | 0..n | |
| 7 | 2 | WL0900819 | Photo | 照片 | 0..1 | an..256 |
| 8 | 2 | WL0900818 | PhotoDescription | 照片描述 | 0..1 | an..256 |
| 9 | 1 | WL0300874 | E-mail | 电子邮件地址 | 0..1 | an..50 |
| 10 | 1 | WL0900842 | Remark | 备注 | 0..1 | an..256 |
| 11 | 1 | | IdentityDocumentInformation | 身份证信息 | 0..1 | |
| 12 | 2 | WL0300806 | Nationality | 民族 | 1..1 | |
| 13 | 2 | WL0200491 | BirthDate | 出生日期 | 1..1 | n8 |
| 14 | 2 | WL0300148 | CommunicationNumber | 通讯地址 | 0..1 | an..512 |
| 15 | 2 | WL0100860 | CertificationUnit | 发证单位 | 1..1 | an..100 |
| 16 | 2 | WL0200897 | PeriodStartDate | 期限开始日期 | 1..1 | n8 |
| 17 | 2 | WL0200899 | PeriodEndDate | 期限结束日期 | 1..1 | n8 |
| 18 | 1 | | | 从业资格证信息 | 0..n | |
| 19 | 2 | WL0200491 | BirthDate | 出生日期 | 1..1 | n8 |
| 20 | 2 | WL0100810 | QualificationCertificateNumber | 从业资格证号 | 1..1 | an..19 |
| 21 | 2 | WL0100823 | QualificationCertificateCategoryCode | 从业资格类别代码 | 1..1 | n3 |

续表

| 序号 | 报文层 | 分类编号 | 英文名称 | 中文名称 | 约束/出现次数 | 数据格式 |
|---|---|---|---|---|---|---|
| 22 | 2 | WL0100860 | CertificationUnit | 发证单位 | 1..1 | an..100 |
| 23 | 2 | WL0200937 | LicenseInitialCollectionDate | 证件初次领取日期 | 1..1 | n8 |
| 24 | 2 | WL0200897 | PeriodStartDate | 期限开始日期 | 1..1 | n8 |
| 25 | 2 | WL0200899 | PeriodEndDate | 期限结束日期 | 1..1 | n8 |
| 26 | 2 | WL0300148 | CommunicationNumber | 通讯地址 | 0..1 | an..512 |
| 27 | 2 | WL0900818 | Photo | 照片 | 0..1 | an..256 |
| 28 | 1 | | | 驾驶证信息 | 0..1 | |
| 29 | 2 | WL0100194 | PersonalIdentityDocument | 个人证件号 | 1..1 | an..35 |
| 30 | 2 | WL0300206 | CountryName | 国家（地区）名称 | 1..1 | an..35 |
| 31 | 2 | WL0300148 | CommunicationNumber | 通讯地址 | 0..1 | an..512 |
| 32 | 2 | WL0200491 | BirthDate | 出生日期 | 1..1 | n8 |
| 33 | 2 | WL0200937 | LicenseInitialCollectionDate | 证件初次领取日期 | 1..1 | n8 |
| 34 | 2 | WL0800966 | VehicleTypePermittedToDrive | 准驾车型 | 1..1 | an..20 |
| 35 | 2 | WL0200877 | StartTime | 起始时间 | 1..1 | n14 |
| 36 | 2 | WL0200380 | DateOrTimeOrPeriod | 日期/时间/期限 | 1..1 | an..35 |
| 37 | 2 | WL0100860 | CertificationUnit | 发证单位 | 1..1 | an..100 |
| 38 | 2 | WL0800992 | Photo | 照片 | 0..1 | an..256 |
| 39 | 1 | | | 人员所属企业信息 | 0..1 | |
| 40 | 2 | WL0300898 | EnterpriseName | 企业名称 | 1..1 | an..100 |
| 41 | 2 | WL0300224 | PlaceOrLocation | 地点/位置 | 1..1 | an..256 |
| 42 | 1 | | DynamicCreditInformation | 动态诚信信息 | 0..n | |
| 43 | 2 | WL0900907 | CreditTypeCode | 诚信类型代码 | 1..1 | an..3 |
| 44 | 2 | WL0900976 | CreditEvaluationRecord | 诚信评价记录 | 0..1 | an..2000 |
| 45 | 2 | WL0200885 | AppraiseDateTime | 评价日期时间 | 1..1 | n14 |
| 46 | 2 | WL0900957 | WarningIdentity | 警示标志 | 0..1 | n1 |
| 47 | 2 | | EventInformation | 事件信息 | 0..n | |
| 48 | 3 | WL0200380 | DateOrTimeOrPeriod | 日期/时间/期限 | 0..1 | an..35 |
| 49 | 3 | WL0300224 | PlaceOrLocation | 地点/位置 | 0..1 | an..256 |
| 50 | 3 | WL0400440 | FreeText | 自由文本 | 1..1 | an..512 |

### 4.4.2　物流跟踪应用服务

物流跟踪应用服务是为实现对物流产业链中各角色全面、快速、有效的物流跟踪。它基于智慧物流信息网络与货主企业、物流企业、物流平台、各物流节点（如港口、海关/电子口岸、航运企业等）、定位平台的互联互通，整合物流产业链上的物流状态信息，以可视、可量化、可控为指导原则，为整个物流产业链提供跨企业、跨运输方式的个性化、多维度的物流跟踪服务。

跟踪应用服务内容繁多，本书仅介绍普通道路运输跟踪、集装箱通关状态查询两个跟踪应用服务。

### 1. 普通道路运输跟踪应用服务

1）运单状态查询

服务需求方通过运单号和承运方的物流交换代码向跟踪服务提供商进行查询，获取与该运单号相关的多个运输状态信息。

（1）请求参数中的 QueryParams 如表 4-28 所示。

表 4-28　请求参数中的 QueryParams

| 序号 | 报文层 | 分类编号 | 英文名称 | 中文名称 | 约束/出现次数 | 数据格式 |
|---|---|---|---|---|---|---|
| 1 | 1 | WL0100802 | ShippingNoteNumber | 托运单号 | 1..1 | an..20 |
| 2 | 1 | WL1000913 | LogisticsExchangeCode | 物流交换代码 | 1..1 | an..20 |

（2）响应结果中的 ResultsBody 如表 4-29 所示。

表 4-29　响应结果中的 ResultsBody

| 序号 | 报文层 | 分类编号 | 英文名称 | 中文名称 | 约束/出现次数 | 数据格式 |
|---|---|---|---|---|---|---|
| 1 | 1 | | StateInformation | 状态信息 | 0..n | |
| 2 | 2 | WL0200867 | StatusChangeDateTime | 状态变更日期时间 | 0..1 | n14 |
| 3 | 2 | WL0200911 | ReceiveTime | 接收时间 | 0..1 | n14 |
| 4 | 2 | WL0200029 | TimeZoneIdentifier | 时区标识符 | 0..1 | n..3 |
| 5 | 2 | WL0100802 | ShippingNoteNumber | 托运单号 | 1..1 | an..20 |
| 6 | 2 | WL0800913 | TransportStatusCode | 运输状态代码 | 1..1 | an..3 |
| 7 | 2 | WL0300224 | PlaceOrLocation | 地点/位置 | 1..1 | an..256 |
| 8 | 2 | WL0300225 | PlaceOrLocationIdentification | 地点/位置标识 | 0..1 | an..35 |
| 9 | 2 | WL0300404 | NameOfPerson | 姓名 | 1..1 | an..30 |
| 10 | 2 | WL0800802 | VehicleNumber | 车辆牌照号 | 0..1 | an..35 |
| 11 | 2 | WL0800819 | LicensePlateTypeCode | 牌照类型代码 | 0..1 | an..20 |
| 12 | 2 | WL0900842 | Remark | 备注 | 0..1 | an..256 |
| 13 | 2 | WL1000913 | LogisticsExchangeCode | 物流交换代码 | 1..1 | an..20 |
| 14 | 2 | WL0300334 | PlaceOfLoading | 装货地点 | 0..1 | an..256 |
| 15 | 2 | WL0300160 | GoodsReceiptPlace | 收货地点 | 0..1 | an..256 |
| 16 | 2 | WL0200349 | EstimatedArrivalDateTime | 预计抵达日期时间 | 0..1 | n14 |
| 17 | 2 | WL0700002 | DescriptionOfGoods | 货物名称 | 0..1 | an..512 |

2）车辆实时定位信息查询

服务需求方通过车辆牌照号和牌照类型代码向定位服务提供商进行查询，获取与车辆牌照号相关的定位信息。

（1）请求参数中的 QueryParams 如表 4-30 所示。

表 4-30　请求参数中的 QueryParams

| 序号 | 报文层 | 分类编号 | 英文名称 | 中文名称 | 约束/出现次数 | 数据格式 |
|---|---|---|---|---|---|---|
| 1 | 1 | WL0800802 | VehicleNumber | 车辆牌照号 | 0..1 | an..35 |
| 2 | 1 | WL0800819 | LicensePlateTypeCode | 牌照类型代码 | 0..1 | an..20 |
| 3 | 1 | WL0300875 | MobileTelephoneNumber | 移动电话号码 | 0..1 | an..18 |
| 4 | 1 | WL0100802 | ShippingNoteNumber | 托运单号 | 0..1 | an..20 |
| 5 | 1 | WL0900961 | SearchTypeCode | 查询方式代码 | 0..1 | n2 |
| 6 | 1 | WL0200877 | StartTime | 起始时间 | 0..1 | n14 |
| 7 | 1 | WL0200879 | EndTime | 结束时间 | 0..1 | n14 |
| 8 | 1 | WL0800986 | DispatchFrequency | 发车班次 | 0..1 | n..2 |

（2）响应结果中的 ResultsBody 如表 4-31 所示。

表 4-31　响应结果中的 ResultsBody

| 序号 | 报文层 | 分类编号 | 英文名称 | 中文名称 | 约束/出现次数 | 数据格式 |
|---|---|---|---|---|---|---|
| 1 | 1 | | PositionInfo | 定位信息 | 0..1 | |
| 2 | 2 | | LocationInfo | 位置信息 | 0..n | |
| 3 | 3 | WL0200883 | PositionTime | 定位时间 | 1..1 | n14 |
| 4 | 3 | WL0200911 | ReceiveTime | 接收时间 | 1..1 | n14 |
| 5 | 3 | WL0600002 | LongitudeDegree | 经度 | 1..1 | n..12,8 |
| 6 | 3 | WL0600000 | LatitudeDegree | 纬度 | 1..1 | n..12,8 |
| 7 | 3 | WL0600816 | Speed | 速度 | 0..1 | an..17 |
| 8 | 3 | WL0800834 | DirectionOfVehicle | 车辆行驶方向 | 0..1 | an..35 |
| 9 | 3 | WL0900954 | VehicleStatus | 车辆状态信息 | 0..1 | an..20 |
| 10 | 3 | WL0900924 | AlertInfomation | 报警信息 | 0..1 | an..100 |
| 11 | 3 | WL0300904 | PositionDescribe | 地理位置描述信息 | 0..1 | an..512 |
| 12 | 2 | WL0900948 | Distance | 里程 | 0..1 | n..8 |
| 13 | 2 | WL0300906 | NetworkAccessAddress | 网络访问地址 | 0..1 | ul |

### 2. 集装箱通关状态查询

集装箱通关状态查询服务提供方将通关状态报文通过交通运输物流 LOGINK 数据交换中心发送给通关状态信息接收方，获取与集装箱通关状态相关的数据。

1）请求参数中的 QueryParams（见表 4-32）

表 4-32　请求参数中的 QueryParams

| 序号 | 报文层 | 分类编号 | 英文名称 | 中文名称 | 约束/出现次数 | 数据格式 |
|---|---|---|---|---|---|---|
| 1 | 1 | WL0100426 | GoodsDeclarationNumber | 货物报关单号 | 0..1 | an..35 |
| 2 | 1 | WL0100804 | LadingBillNumber | 提单号 | 0..1 | an..20 |
| 3 | 1 | WL0100816 | VerificationDocumentNumber | 核销单号 | 0..1 | an..35 |

2）响应结果中的 ResultsBody（见表 4-33）

表 4-33　响应结果中的 ResultsBody

| 序号 | 报文层 | 分类编号 | 英文名称 | 中文名称 | 约束/出现次数 | 数据格式 |
|---|---|---|---|---|---|---|
| 1 | 1 | | DeclearStatusInformation | 通关状态信息 | 0..n | |
| 2 | 2 | WL0100426 | GoodsDeclarationNumber | 货物报关单号 | 1..1 | an..35 |
| 3 | 2 | WL0100804 | LadingBillNumber | 提单号 | 0..1 | an..20 |
| 4 | 2 | WL0800884 | ContainerNumber | 集装箱号 | 0..n | an..12 |
| 5 | 2 | WL0100816 | VerificationDocumentNumber | 核销单号 | 0..1 | an..35 |
| 6 | 2 | WL0800842 | VesselEnglishName | 船舶英文船名 | 0..1 | an..200 |
| 7 | 2 | WL0800866 | VoyageNumber | 航次 | 0..1 | an..10 |
| 8 | 2 | WL0300965 | CustomsCode | 关区代码 | 1..1 | an..4 |
| 9 | 2 | WL0900801 | CustomsClearingStatusCode | 海关通关状态代码 | 1..1 | n8 |
| 10 | 2 | WL0200867 | StatusChangeDateTime | 状态变更日期时间 | 1..1 | n14 |
| 11 | 2 | WL0400440 | FreeText | 自由文本 | 0..1 | an..512 |

# 第2篇　实践篇

# 第5章 国外智慧物流信息网络

**内容提要**

国外发达国家的智慧物流信息网络的发展现状及其发展趋势是什么？本章介绍了国外一些有代表性的智慧物流信息网络。首先介绍了新加坡的 PortNet、TradeNet 及 TradeXchange；其次介绍了韩国的 KT-NET 和 KL-NET；再次，介绍了日本的 NACCS 和 COLINS；然后，介绍了美国的 EFM 项目；最后，介绍了欧盟第七框架计划 e-Freight 项目。学习借鉴国外先进的智慧物流信息网络的理念与经验，能够促进我国智慧物流信息网络的建设与发展。

**本章重点**

- 新加坡 TradeNet
- 韩国 SP-IDC
- 日本 COLINS
- 美国 EFM
- 欧洲 e-Freight
- 协同运作模式

## 5.1 新加坡智慧物流信息网络

新加坡拥有强大的海上和空中网络连接亚洲和世界各地，有超过 9 000 家的物流企业利用新加坡作为区域转运及配运中心，包括位列全球业界前茅的 17 家第三方物流公司中的 10 家在新加坡设立亚洲总部，也有许多正在进入亚洲市场的跨国公司在这里设立亚洲总部。在智慧物流信息网络建设方面，新加坡政府也投入了大量的人力、物力，最终形成了由 PortNet、TradeNet、TradeXchange 组成的智慧物流信息网络体系。

### 5.1.1 PortNet

PortNet 由新加坡港务局（Port of Sigapore Authority，PSA）建设并从 1985 年开始提供服务，是连接用户与港口管理部门的港口 EDI 系统。现在约 1 500 家公司在使用，每年处理 8 000 万票业务。用户当中 60%是船公司，货主和货代占 20%，卡车公司占 20%。

1984 年，PortNet 开始时仅作为一个数据信箱，随着信息量逐渐增加，又包括了船舶到离、在港船舶和化学品数据库，随后又发展成双向通信；1987 年，与马士基公司首先实现了计算机到计算机的通信联系，进行电子数据交换；1988 年和中国香港国际码头公司建立了第一条海外通信线路，进行电子交换集装箱装载情况，提高了堆场和船舶的调度工作，加快了船舶周转时间；1989 年，正式实施 PORTNET，采用 EDIFACT 报文标准。

目前，新加坡港已与 2 个亚洲港口和 6 个非亚洲港口建立了电子通信线路。新加坡港务局 PSA 的未来发展计划是：不断延伸和改进 PortNet 功能，使其更加完善和自动化；建立更多的计算机通信线路，联通港口使用者、与航运相关的部门及银行，加速船舶和货物流动速度。截至 2008 年，PortNet 提供的服务涵盖了数据库查询服务，包括：船舶靠港时程、货柜/货物清单、货柜货物追踪及化学危险品数据库等；提供海运相关信息，船舶动态数据；电子文件交换、货柜舱单、危险品申报、靠港申请及出港时程预报等通关自动化。

此外，PortNet 可以通过贸易网络（TradeNet）与关贸网相连，实现海关等签审机关之间的数据交换，如图 5-1 所示。可以说新加坡港务集团每年 1 600 万吨的吞吐量及新加坡经济的快速发展与 PortNet、TradeNet 的成功运作是分不开的。PortNet、TradeNet 两个系统相互结合，实现了企业与政府部门之间的在线信息交换，同时实现了通关的无纸化。物流企业运用信息技术积极发展即时网上存货搜寻、货物跟踪及管理系统，为港口扩建、港口与内陆物流企业间、物流企业与服务对象间进行信息共享和即时传递物流信息创造了条件。

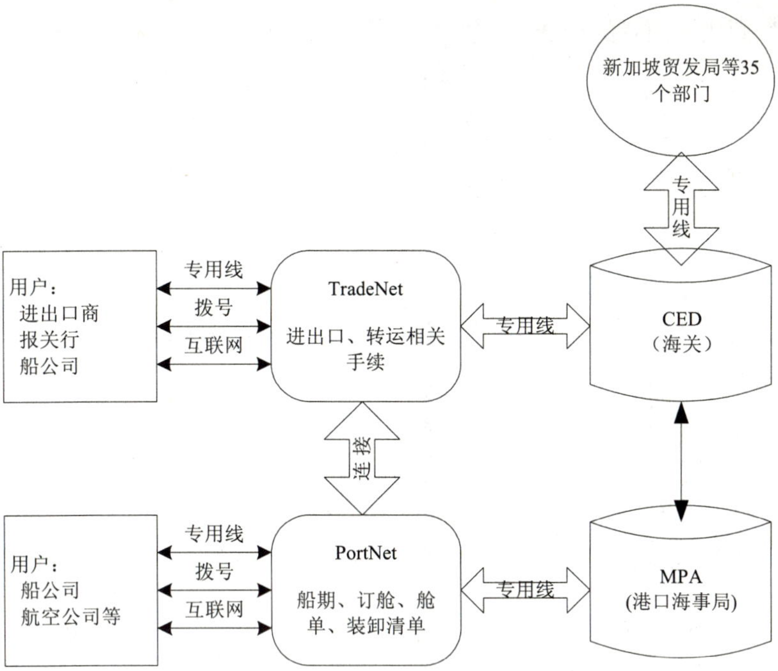


图 5-1 TradeNet 与 PortNet 的互联互通

## 5.1.2 TradeNet

### 1. 简介

TradeNet 是世界上第一个全国范围的、不间断连接的、无纸化电子通关系统，如图 5-2 所示。它是由劲升逻辑公司（CrimsonLogic Pte. Ltd.）的前身 SNS（新加坡网络服务公司）于 1988 年设计开发的。当时参照了涉及通关的 35 个政府管理机构的功能和要求而设计，它的目的是降低政府、企业在通关过程中的成本和时间。

20 世纪 80 年代中期，新加坡经历了第一次经济衰退。在此背景下，新加坡政府决定建立一个强有力的经济委员会来查找新加坡经济发展中的弱点，试图摆脱困境，从而提高经济竞争力。在此期间，作为新加坡的强有力的竞争者——中国香港正试图将信息技术广泛的应用到贸易当中去，积极筹建 Tradelink，这一举动给处在经济萧条中的新加坡强有力的启发，TradeNet 的建设开始酝酿。

TradeNet 系统自 1989 年正式提供服务以来，经历了多次的版本更新与完善，如表 5-1 所示，这也足以证明 TradeNet 的持久活力和不可忽视的地位。

### 2. 建设模式

TradeNet 的建设运营采用“PPP（Public Private Partnership）”模式，其中“Public”代表新加坡政府，“Private”代表 CrimsonLogic Pte Ltd（劲升逻辑私人有限公司），

“Partnership”则代表两者的合作。

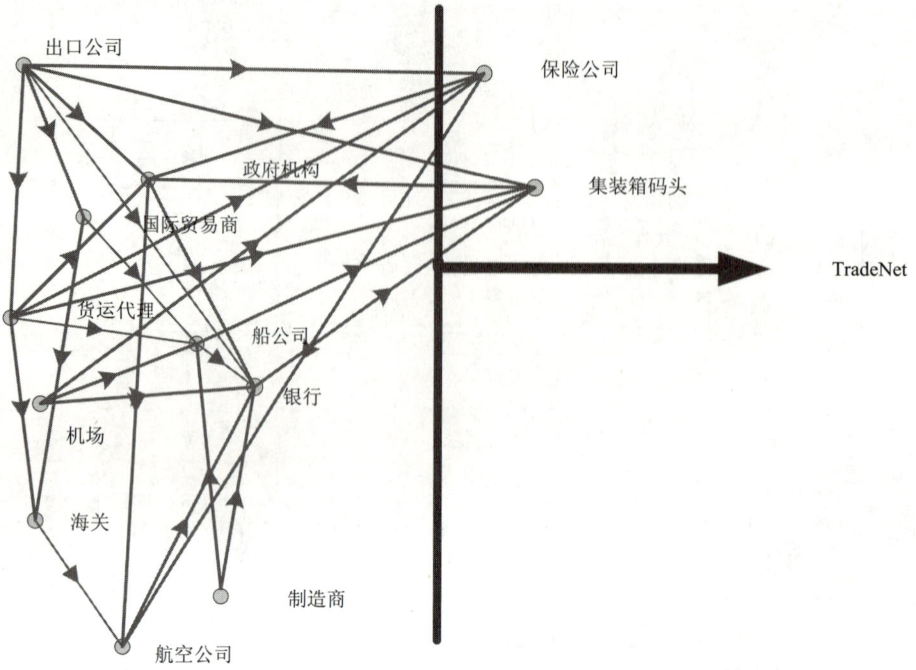


图 5-2　贸易网（TradeNet）

表 5-1　TradeNet 版本更新表

| 时间（年） | 版　本 |
|---|---|
| 1989 | 首版 1.0 |
| 1990 | 1.4 版 |
| 1991 | 1.5 版 |
| 1992 | 1.6 版 |
| 1994 | 1.7 版（GST） |
| 1996 | 1.8 版（WCO HS） |
| 1999 | 2.0 版（Y2K，UN/EDIFACT） |
| 2003 | 3.1 版 |
| 2007 | 4.0 版 |

这种模式对以后此类系统的建设提供了宝贵的经验。

1）政府部门全程参与，对进出口流程重新设计，为 TRADENET 系统建设做好必要准备

新加坡政府再造了整个贸易流程，所有通关程序表格整合为一份表格，这份表格的数据可以同时让许多政府存取，以便核准作业及报表之用。此举大大简化并整合了贸易流程的方案，提升了通关效率，减少了通关成本。

2）政府高层强势主导建设，推进 TradeNet 发展

政府高层的强力支持与清晰的发展目标是 TradeNet 建设成功的前提。新加坡政府根据 TradeNet 建设的不同发展阶段，制定了相应的发展规划，明确了阶段性目标和定位，总体上呈现出“决策慢、行动快”的稳健发展格局。

3）TradeNet 建设单位为第三方中立企业（CrimsonLogic Pte Ltd），兼顾了各利益相关方，又不隶属于任何共建部门

CrimsonLogic Pte Ltd 作为国有企业来经营 TradeNet。该企业既要确保与 TradeNet 系统有关联利益的各方得到出资机会，又要确保 TradeNet 的成功与有效利用不为任何一方所控制。随后，政府基本退出了公司的运营管理，完全交由企业自主操作。

4）政府给予前期建设资金投入，后续由企业主导、政府扶持

政府退出企业的运营管理后，并不是完全不管 TradeNet 的工作，而是继续提供政策支持、培训服务，并根据客户需要，牵头组织调整、整合和再造政府的流程，提供“一站式服务、一站式体验”服务。政府定期为新加坡相关企业管理人员举办研讨会，邀请政府重要主管和知名人士发表演讲，同时在主要媒体对公众发表相关报道。

### 3. 系统服务流程及实现模式

TradeNet 把新加坡所有国际贸易与进出口管理机构（35 个政府部门）连接到一个整体系统网络中，为进出口贸易企业和政府监管部门提供网络作业平台，贸易链上各方可以在网络上传输进出口电子文件、申办审批进出口货物，同时实现各管理部门之间的信息共享。服务流程如图 5-3 所示。

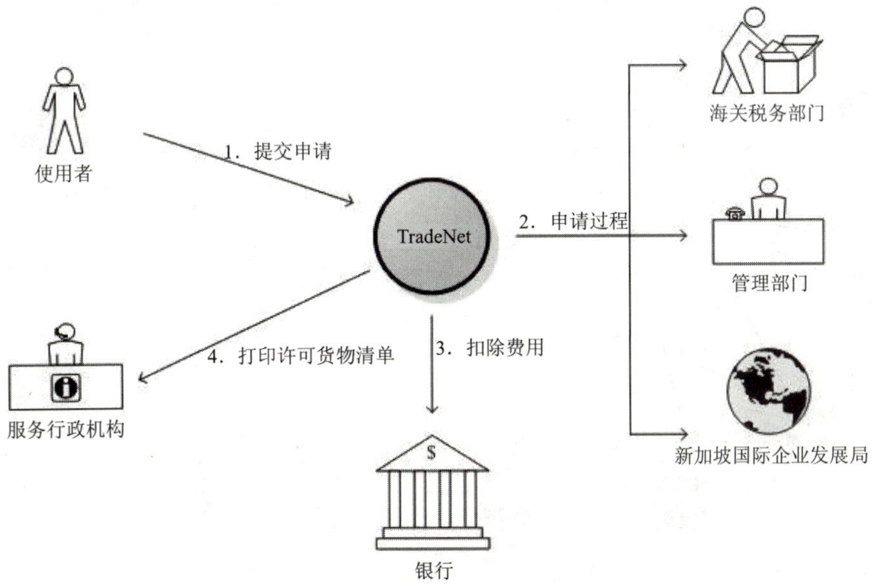


图 5-3　TradeNet 系统服务流程

### 4. 系统网络架构

TradeNet 系统网络架构如图 5-4 所示。

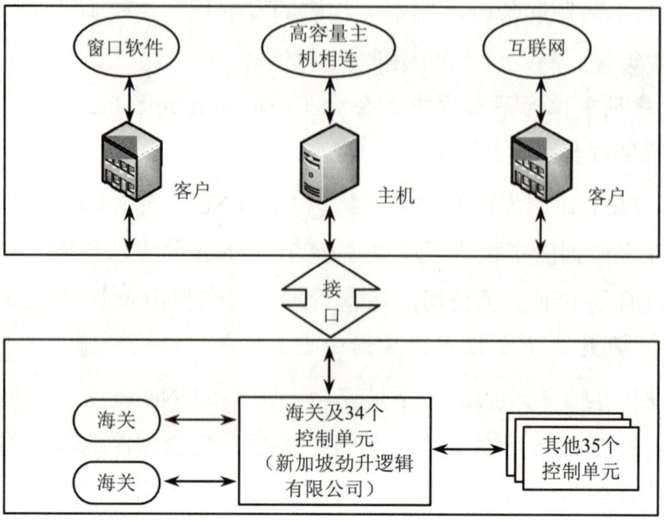


图 5-4　TradeNet 系统网络架构

### 5. 系统建设意义

该系统建设之前，大量的数据和文档、复杂的组织、文字的重复录入导致了贸易流程效率很低，出错率和交易成本居高不下，如图 5-5、图 5-6 所示。

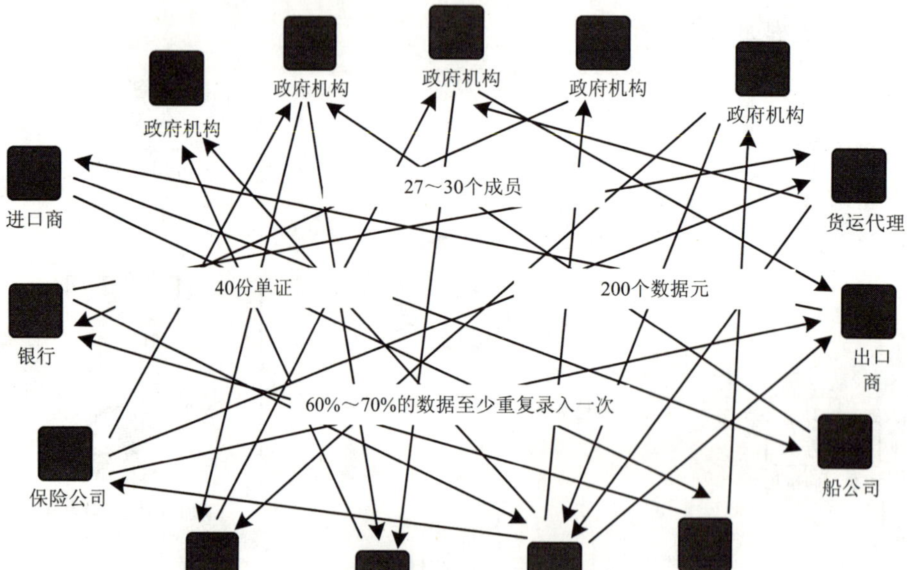


图 5-5　低效率的贸易流程

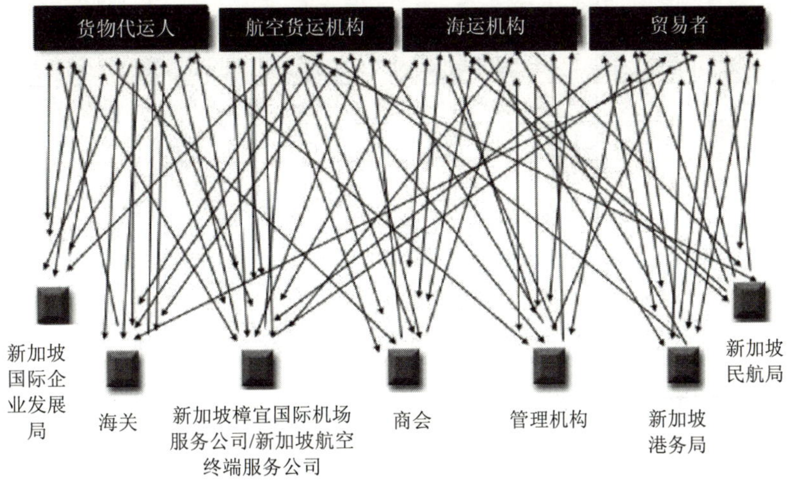


图 5-6　复杂的贸易关系

TradeNet 系统建立以后，大大地提高了新加坡贸易的效率，简化了贸易流程，降低了交易成本。据统计，通过 TradeNet 系统，企业最快可以在 10 秒钟内获得贸易许可，97%的贸易许可可以在 1 分钟内处理完毕，新加坡全国通关费用每年节省达 40%～60%，行政管理费用每年节省达 30%～50%。TradeNet 每年处理 1 000 万个报关单，可为新加坡节省 10 亿新元的文件处理费用，如图 5-7、表 5-2 所示。

虽然，TradeNet 大大地提高了新加坡贸易的效率，但是它也存在一些不足之处。例如，TradeNet 是一个以 G2B 及 G2G 为基础框架下的单一窗口平台，无法满足差异用户的使用要求。同时，来自本土的一些同类系统的竞争也给 TradeNet 的发展带来了困扰。在此环境下，劲升逻辑公司在 2007 年开发了 TradeXchange 系统，来进一步提高整个新加坡的贸易效率。

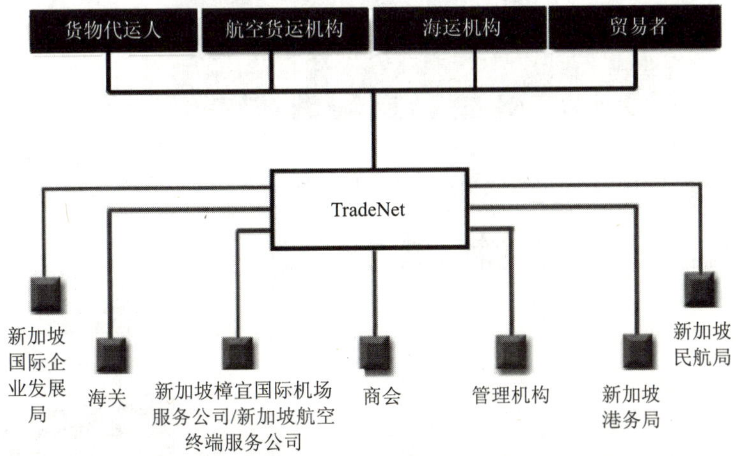


图 5-7　TradeNet 建成后的贸易网络

表 5-2　TradeNet 建成前后效率成本对比

| 特　　征 | 以往的人工处理方式 | TradeNet 方式 |
|---|---|---|
| 文件提交方式 | 人工派遣/快递 | 在办公室（家里）电子化的提交 |
| 提交时间 | 只能是工作时间内 | 一周全天候 |
| 每个文件在每个政府机构中流转次数 | 至少 2 次以上 | 不需要流转 |
| 文件的副本 | 多个副本 | 单一副本 |
| 获得批准的周转时间 | 从 4 小时到 2～7 天 | 10 分钟之内 |
| 征税货物的处理 | 专门文件用于海关处理 | 相同的电子文件传送到海关 |
| 受管制货物的处理 | 专门的文件发送到不同控制机构 | 相同的电子文件传送到各个政府机构 |
| 关税征收 | 支票支付 | 银行账户自动扣除 |

## 5.1.3　TradeXchange

### 1．简介

新加坡政府携手劲升逻辑公司联合打造的 TradeXchange 平台于 2007 年 10 月正式运营。TradeXchange 是由新加坡海关、经济发展部和信息交流发展局创始的 IT 工程，为新加坡的贸易和物流企业提供无缝的联通能力。同时，它为海港、机场、海事部门、海关和监管机构的整合工作流提供一个统一的电子窗口。网站首页如图 5-8 所示。

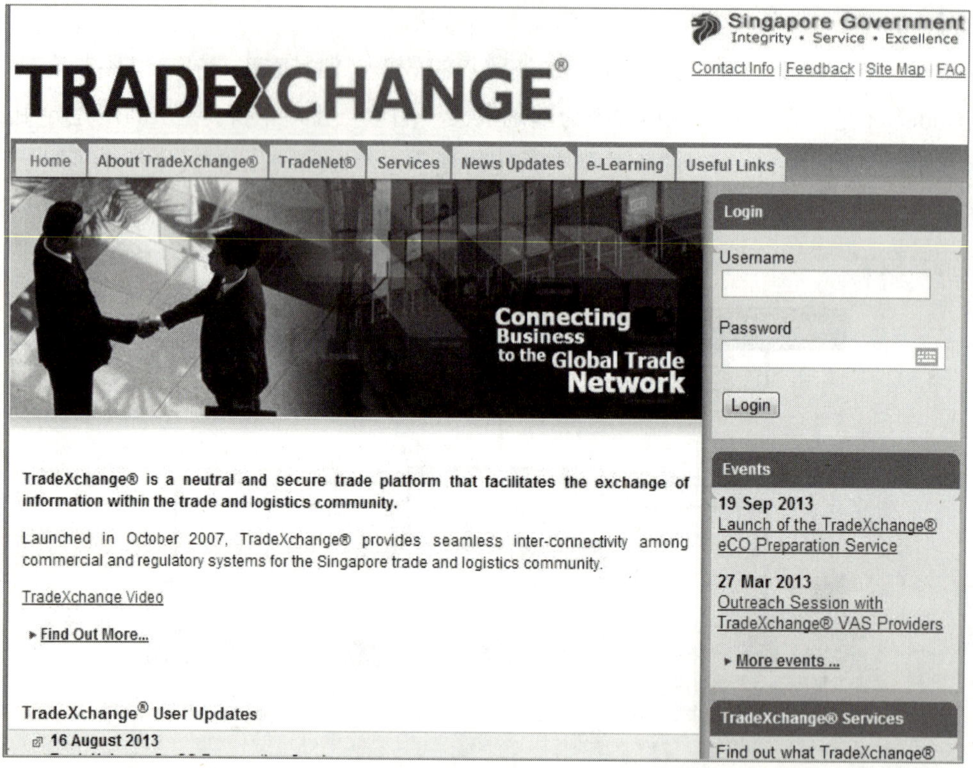


图 5-8　TradeXchange 网站首页

### 2. 系统架构

与 TradeXchange 连接的多个系统使用统一的界面，与 TradeXchange 连接的包括进出口部门、供应商、货运代理、保险公司、银行、政府部门等。

在以 TradeXchange 为核心构建的数据交换网络中，TradeXchange 的接口与海关系统、重要的贸易系统、海外相关系统、证书发放机构相连实现数据交换；通过门户网站、终端用户使用系统、其他增值服务等为运营商、货运代理、进出口商和供应商提供一站式服务。TradeXchange 所处的贸易网络框架如图 5-9 所示。

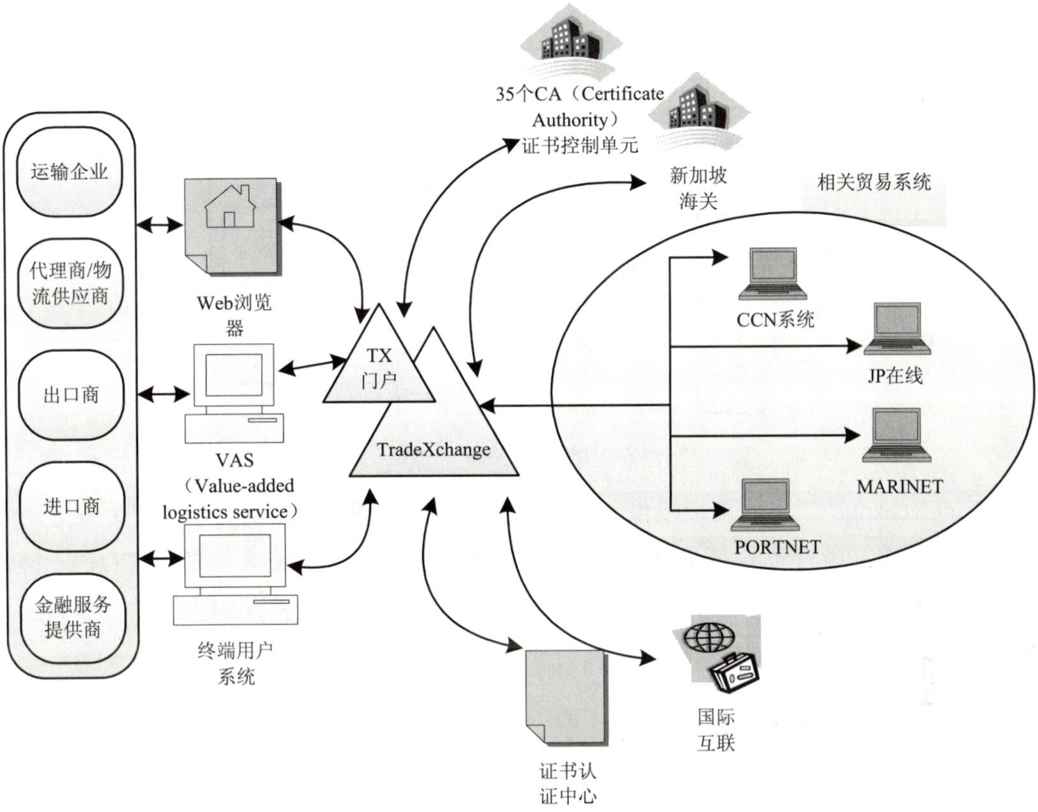


图 5-9　TradeXchange 所处的贸易网络框架图

通过 TradeXchange 自身系统的框架可以清晰地看出 TradeXchange 所提供的服务内容和服务对象。TradeXchange 自身系统的框架结构如图 5-10 所示。

### 3. 系统效果

使用 TradeXchange 平台，贸易和物流企业可以通过一个统一的界面享受简单的无缝的贸易处理。这个平台增强了新加坡作为地区物流和贸易枢纽的地位，并且创造了新的成长动力，因此推动新加坡贸易和物流部门进入更高的竞争水平。TradeXchange 平台能使商业机构和政府部门之间简单快捷地进行信息交换，使货物进出新加坡的程序更流畅。

对于商业企业来说，使用该平台可以让企业在一个统一的贸易平台上处理业务，电子化协同的能力给企业带来了巨大的收益。例如，多个系统使用统一的界面、简捷的贸易信息交互、更快速的贸易文档处理、减少因数据重复录入带来的差错、提高效率、降低贸易成本、增强全球竞争力等。

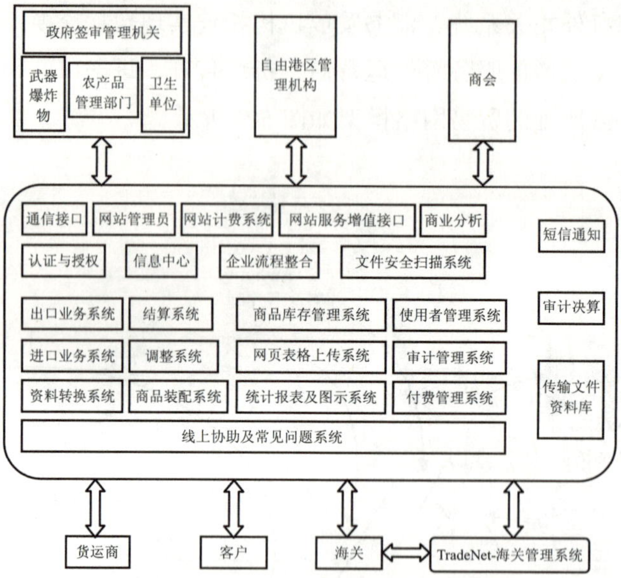


图 5-10　TradXechange 系统框架图

TradeXchange 平台为用户提供一个单一界面，以方便用户进入各种大型系统，只需输入资料一次，所有资料便能快速地传送至有关单位。像中国香港的 DTTN 一样，TradeXchange 将提供许多好处，如省时、更流畅的资讯流程及消除因人手输入资料而造成的错误等，从而使政府与企业在生产力和效率方面获显著的收益。

## 5.2　韩国智慧物流信息网络

韩国的贸易物流系统主要有两种，一种是韩国贸易信息网络（KT-NET），另一种是韩国物流信息网络（KL-NET）。KT-NET 是电子口岸网络，KL-NET 是港航信息网络，两者以 VAN（Value Added Network，增值网络）的方式实现互联。

### 5.2.1　KT-NET

KT-NET（http://www.ktnet.co.kr）于 1989 年由韩国国际贸易协会（KITA，Korea International Trade Association）独资建立，核心产品是 uTradeHub。uTradeHub 是利用网络等先进通信技术，与现有贸易程序上的相关机构有效地连接的新概念国家电子贸易平台，是无间断办理从营销到结汇的一系列贸易流程。uTradeHub 基础设备由电子文件中介系统、电子文件存管中心、所有权注册中心（Title Registry）的链接界面组成，如图 5-11 所示。该系统类似我国的电子口岸，方便用户向各政府管理部门办理进出口手续，实现一站式服务。

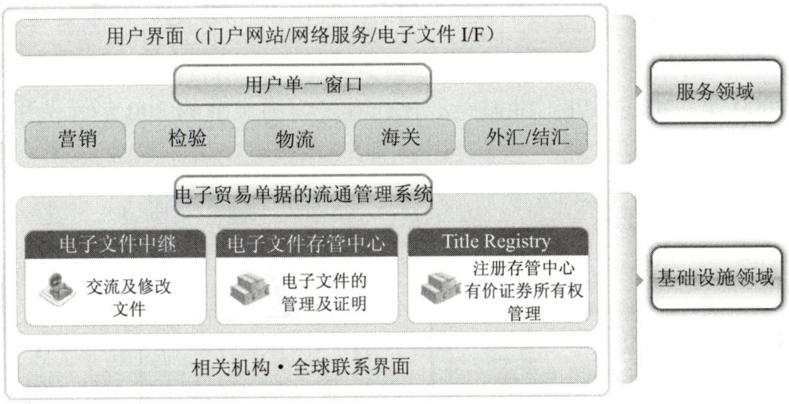


图 5-11　uTradeHub 总体框架

## 5.2.2　KL-NET

1994 年，为了韩国港航物流信息化，在国土海洋部的主管下，由韩国政府，以及韩国货柜码头公司、釜山货柜码头营运公司、现代商船、韩进、朝阳等物流企业共同出资成立了韩国 KL-Net 株式会社（http://www.klnet.co.kr/）。自成立以来，KL-Net 开发建设了许多物流信息系统，主要有港口运营信息系统 PORT-MIS、港口物流整合系统 PLISM、船舶与港口信息数据中心 SP-IDC（Shipping & Port-Internet Data Center）、全球集装箱跟踪系统 GCTS、集装箱码头运营系统 ATOMS 等。KL-Net 的信息网络如图 5-12 所示，本书着重介绍 PORT-MIS 及 SP-IDC。

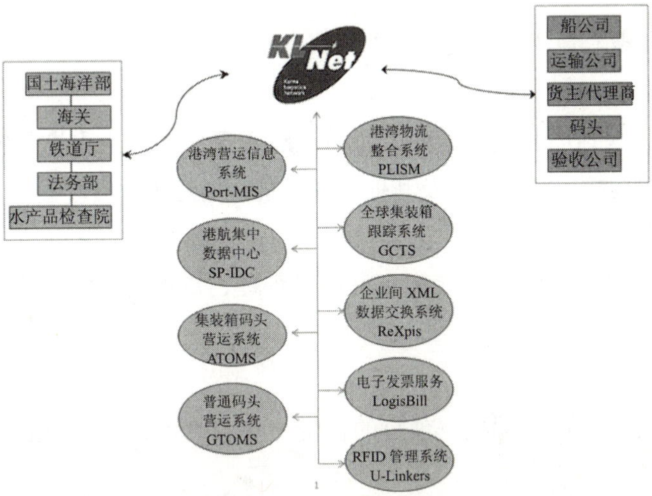


图 5-12　KL-Net 信息网络

1. PORT-MIS

韩国国土海洋部为使港口运营更先进科学，于 1987 年起开始开发港口运营综合信息系统 PORT-MIS。该系统于 1992 年初投入到釜山港使用，于 1994 年在仁川港使用，并逐步推广到国内其他港口。用户使用 PORT-MIS，可以以 EDI 的方式来处理进港预报、货物搬入搬出状态等 22 种文件，不仅促使作业无纸化，并且减少许多物流费用，提高了港口竞争力。2000 年，实现了韩国港口无纸化作业，为用户节约 300 亿元费用。PORT-MIS 系统功能如图 5-13 所示。

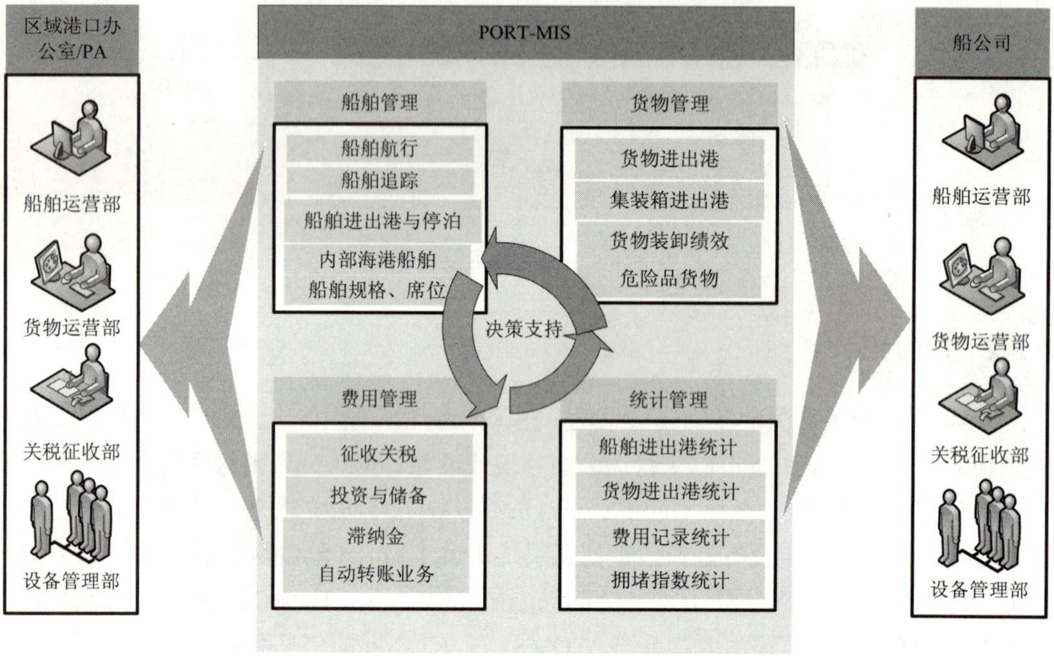


图 5-13　PORT-MIS 系统功能图

PORT-MIS 主要有以下 4 个功能。

1）船舶管理

船舶管理主要包括船舶航行管理、船舶追踪管理、船舶进出港与停泊管理、内部海港船舶管理、船舶规格、船席管理及其他管理功能（如灯火、信号管理，引水船管理等）。

2）货物管理

货物管理主要包括货物/集装箱搬出、搬入管理、货物装卸绩效管理及危险品货物的管理。

3）费用管理

费用管理主要包括征收关税、项目的投资与储备管理、滞纳金的管理和自动转账业务的管理等。

4）统计管理

统计管理主要包括对国际航线船舶及韩国国内航线船舶进出港统计管理、货物进出港统计管理、费用统计记录管理、港口拥堵指数统计分析管理和国际贸易管理等。

PORT-MIS 船舶进出港申报信息如图 5-14 所示。

图 5-14　PORT-MIS 船舶进出港申报信息界面

## 2. SP-IDC

韩国 SP-IDC（Shipping & Port-Internet Data Center）平台是 KL-Net 于 2004 年建设完成的船舶与港口信息数据中心，平台的基本框架及主界面如图 5-15、图 5-16 所示。

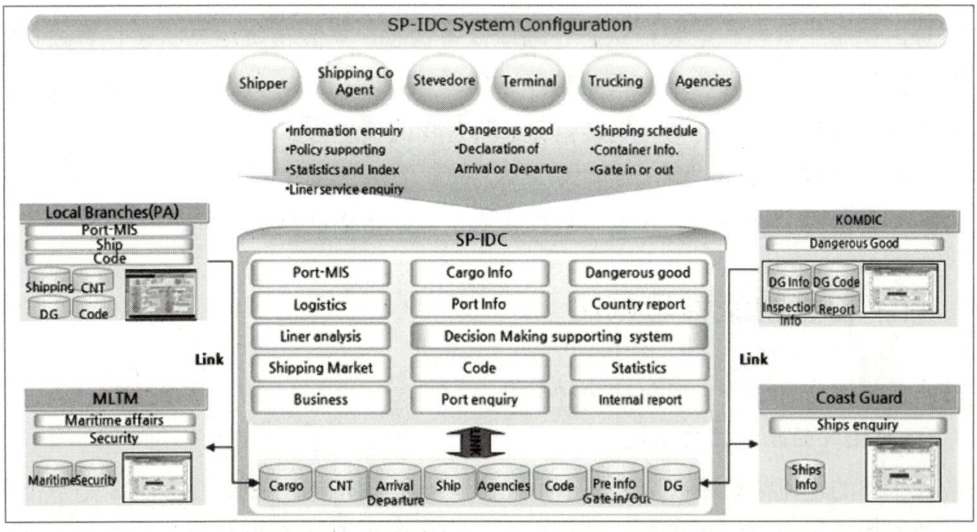


图 5-15　韩国 SP-IDC 平台的基本框架

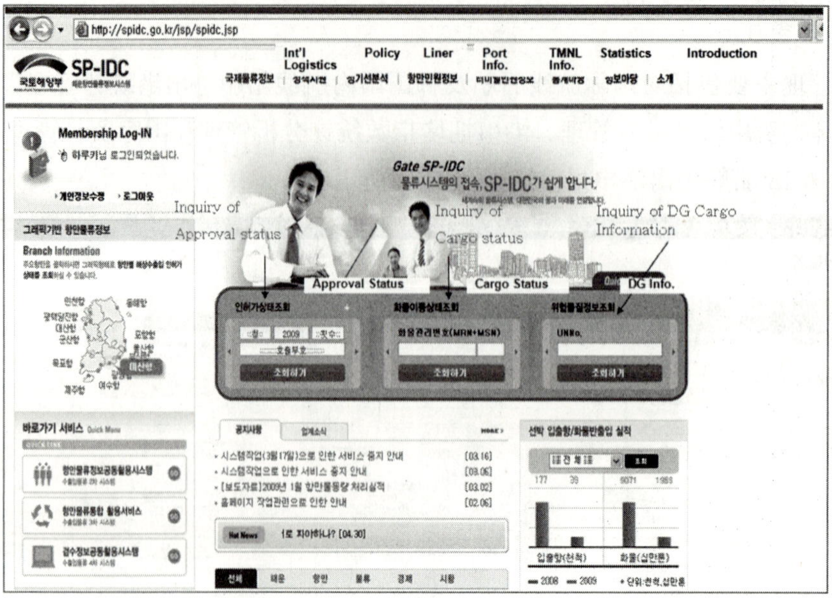


图 5-16　韩国 SP-IDC 主界面

SP-IDC 涉及的业务功能主要包括以下内容。

1）在线申报业务

为出入港口的船公司提供船舶出入港口申报及货物搬出入申报。

2）统计数据发布服务

为客户提供关于海运港口物流的各种统计，提供全球船舶分析数据、航线分析、进出口货物量数据、海运市场分析数据等。

3）国内外物流信息服务

发布航运、港口、物流相关企业的状态和国别信息；提供船舶和货物在港口的处理状态信息，如船舶状态、集装箱状态、港口设备状态、集装箱货运站状态、普通货物状态、船期信息等；提供危险货物查验信息、集装箱查验信息、货损详细信息；提供船舶出入港信息、码头进出境货物、集装箱和危险货物的信息等。

4）物流状态查询服务

在同一个窗口上进行审批状态、货物状态、危险货物信息的查询。

## 5.3　日本智慧物流信息网络

日本的物流信息系统主要包括两种类型。

1）政府主导的物流信息系统

政府主导的物流信息系统主要有 NACCS 系统和 COLINS 系统。NACCS 是一个电子口岸执法系统，为进出口提供单一窗口服务。COLINS 是一个集装箱跟踪系统，以实现供应链可视化为目标。

2）企业主导的物流信息系统

日本大部分物流企业都拥有自己的物流信息系统，以满足企业自身业务管理的需要，属于企业专用型或企业公用型信息系统。企业之间自行开展互联，以实现物流的跟踪和库存的管理与控制。

## 5.3.1 NACCS

NACCS（Nippon Automated Cargo and Port Consolidated System）是一个 B2G 平台，用于口岸电子执法，由 NACCS Inc 公司建设运营。电子报关及进出港申报等业务可直接通过 NACCS 平台处理。此外，NACCS 与食品卫生、动/植物检疫等信息系统互联，以一站式的方式为用户提供进出口通关服务。用户包括船公司、船代、货代、无船承运人（NVOCC）、码头、报关行、进出口商、银行。

NACCS 由港航 EDI、Sea-NACCS、Air-NACCS 整合而成，如图 5-17 所示。根据 1997 年日本综合物流施政大纲，为推动行政手续一站式服务，要实现海关通关系统 NACCS 与港航 EDI 之间的整合。

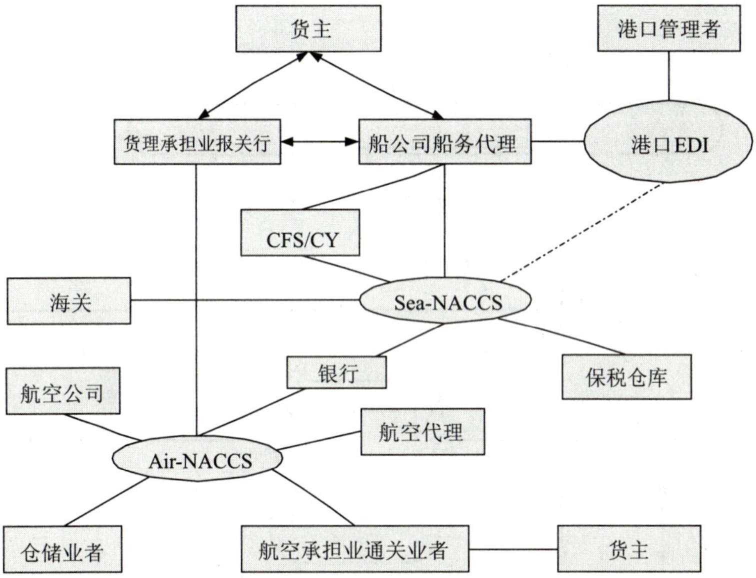


图 5-17　NACCS 结构图

2002 年，日本 IT 战略本部发布的《电子化日本 e-Japan》中重点提出，要采用国际标准实现通关信息处理系统（NACCS）、港航 EDI，以及乘船员上岸许可支援系统的联网，以提高使用者的便利性，简化手续。2003 年，正式实现 3 个系统的互联互通，成为日本港航物流信息系统的单一窗口（Single Window），如图 5-18、图 5-19 所示。

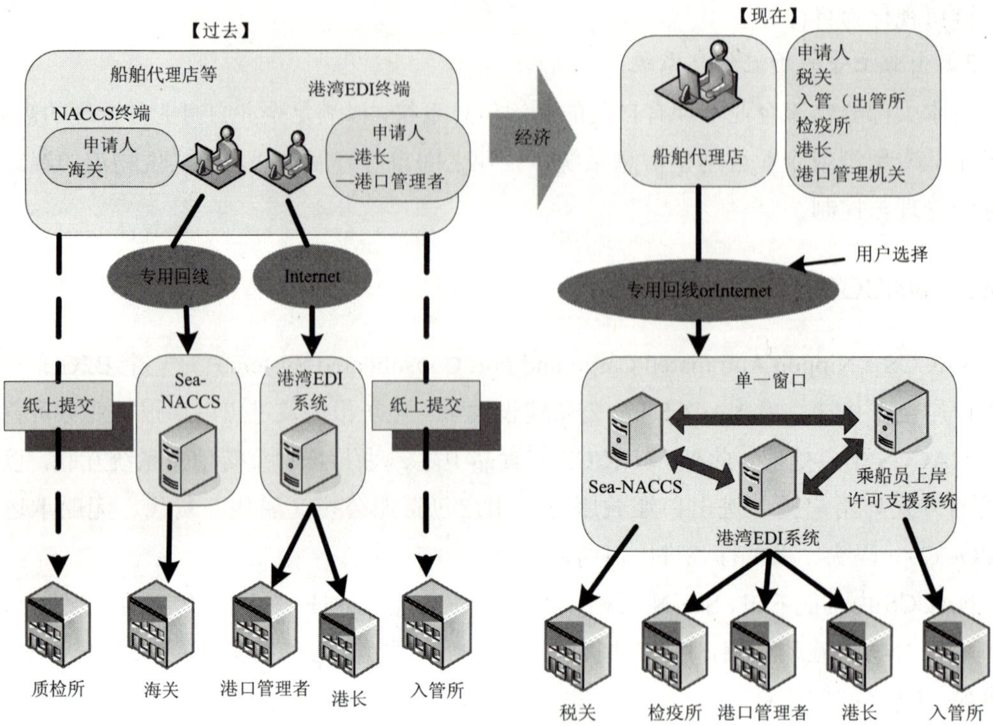


图 5-18　日本港航物流信息系统整合思路

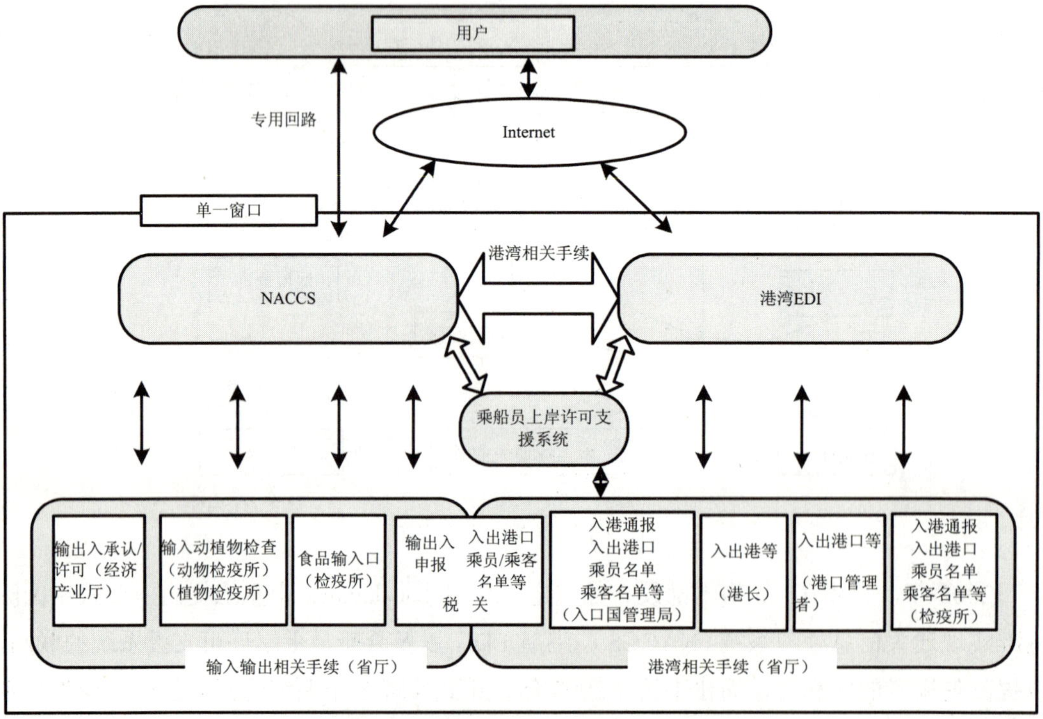


图 5-19　日本港航物流信息系统总体框架

日本港口物流信息系统总体框架如图 5-20 所示。

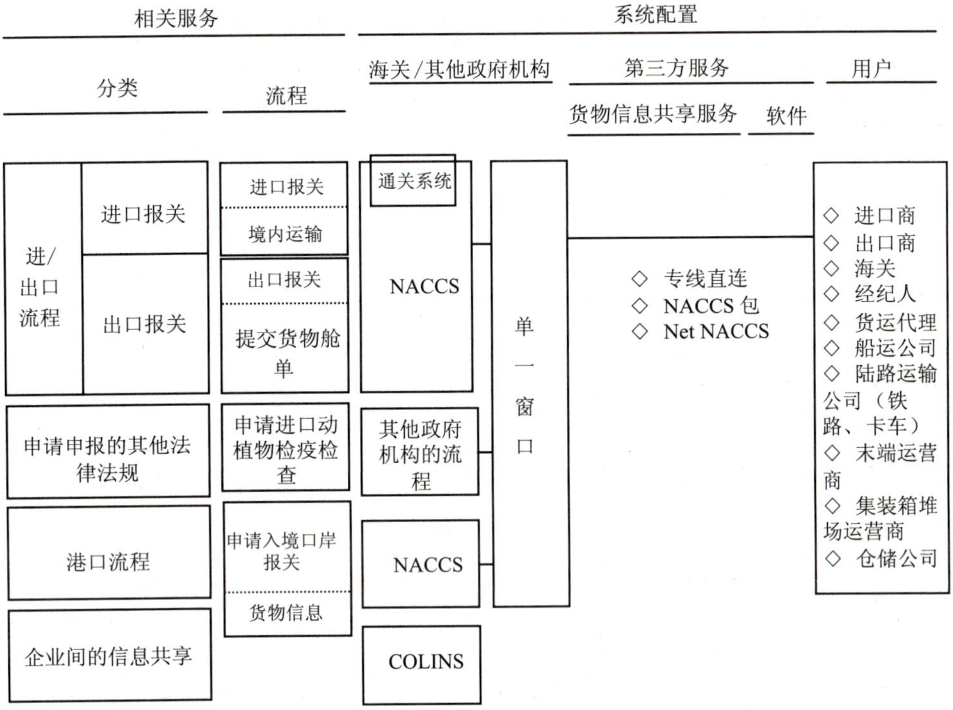


图 5-20　日本港航物流信息系统总体框架

除此之外，近年，NACCS 已经开始开展 B2B 业务，以 EDI 的方式实现企业之间的装船指示（Shipping Instruction）、发票、装箱单（Packing List）等电子文件的传递。

## 5.3.2　COLINS

日本集装箱物流信息服务平台［（Container Logistics Information Service，COLINS），www.colins.ne.jp］基于网络信息服务，为码头、进出品商、货代、承运人等提供进口集装箱放行信息、集装箱状态信息（进出闸口、装卸船）、船期信息、码头周边道路运输视频、闸口状态信息等信息服务。

COLINS 平台由日本国土交通省港湾局（Ports and Harbors Bureau，MLIT）负责运营，作为“集装箱物流全面和深入改革方案（2009—2011 财务年度）”的一部分。该平台已在东京（Tokyo）、川崎（Kawasaki）和横滨（Yokohama）3 个港口运行实施，整合了这些港口的数据，并于 2010 年 4 月 19 日开始运营，采取前 3 年免费服务策略，以吸引并积聚用户。根据计划，COLINS 平台于 2012 财务年度建立可持续的商业模式，从而将此业务由政府转移给其他合适的运营商。

COLINS 平台功能的实现过程及平台主界面分别如图 5-21、图 5-22 所示。

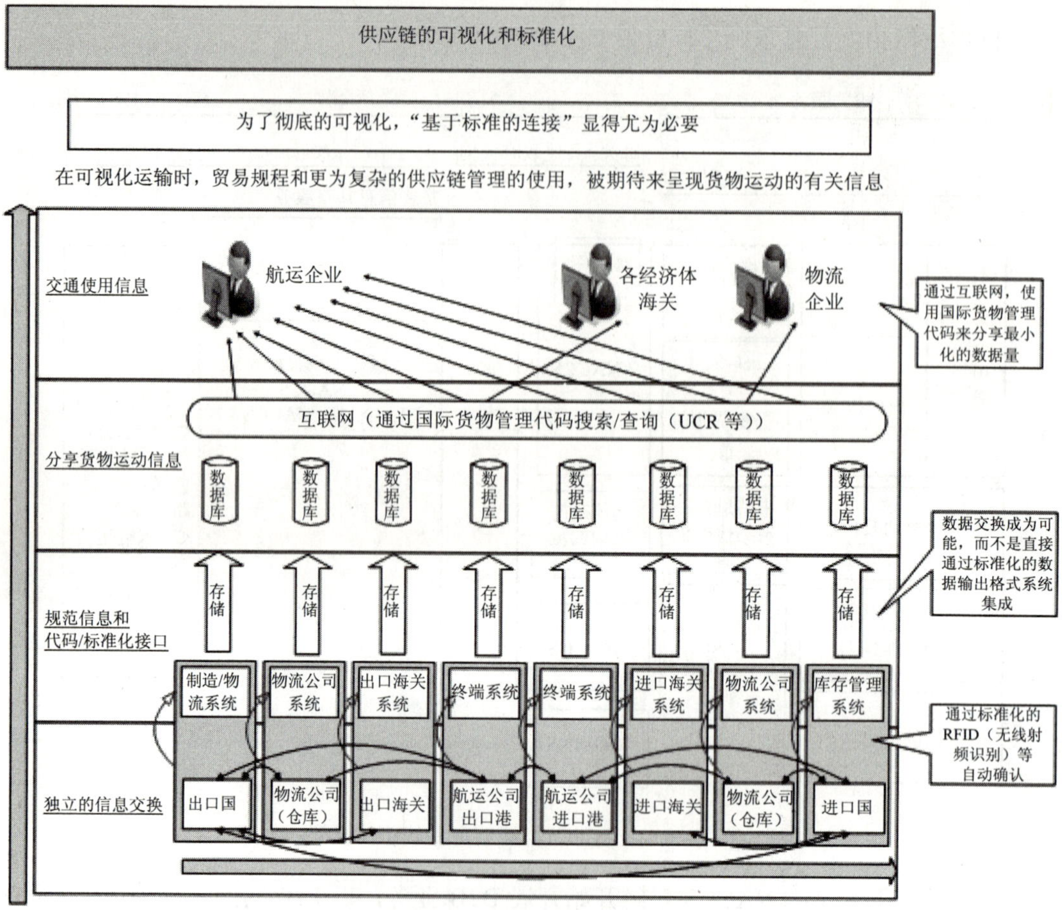


图 5-21　日本 COLINS 平台功能实现过程

图 5-22　COLINS 主界面

# 5.4　美国 EFM

2003 年，美国交通运输部基于多年的“无纸化货运”理论与实践，开展了“电子货运管理计划”（Electronic Freight Management Initiatives，EFM）项目。该项目拟构建一个基于 Web 技术的、结构开放的，不受任何一个供应链成员控制的中立平台，并且对数据、信息语法、IT 架构进行规范，以标准为“通用语言”进行信息沟通，实现供应链伙伴之间更好的合作和信息共享，加强政府与企业的合作，从而提高整条供应链的作业效率，增强货物运输的安全性。

## 5.4.1　EFM 的特点

### 1．最大限度地选择通用的、公开的标准

通用的、公开的标准既包括业务上的标准，也包括技术上的标准。业务上的标准主要有结构化信息标准促进组织（Organization for the Advancement of Structured Information Standards，OASIS）和通用商业语言（Universal Business Language，UBL）、世界海关组织（World Customs Organization，WCO）、联合国贸易便利化和电子商务中心（UN / CEFACT）；技术上的标准主要有基于 Web 服务的简单对象访问协议（Simple Object Access Protocol，SOAP）、Web 服务安全标准（WS-Security）等。例如，在 CEFM，Columbus Electronic Freight Management 示范项目中，在贸易商之间使用了基于 UBL2.0 的标准化数据交换，然后再延伸应用于该供应链上的其他企业之间的数据交换。此外，EFM 可以允许用户可以为每次交易，向所有得到授权的供应链合作伙伴提供唯一、可靠的交易标识。这个标识标准称为全球货物统一代码（Unique Consignment Reference，UCR），由 WCO 组织制定。UCR 可看成是贯穿整个货物发送地到目的地运输链的一组代码，从出口商接受国外订单开始，该批货物就被赋予一组可区别其他货物的唯一的 UCR 代码，不论途中经过多少中介商或政府机关，此代码一直与该批货物的运输流程紧密结合，直到国外进口商接收货物并完成通关手续为止。在 CEFM 示范项目中使用的运输状态数据元被制定成了标准，并被 UBL 接受，纳入下一个版本中。

### 2．采用 SOA 作为 EFM 的重要技术支撑

EFM 与其他大多数运输管理系统不同，其采用面向服务的架构技术（Service-Oreinted Architecture，SOA），提供了一个灵活的、松散耦合的、可重复使用的应用环境，从而可最大限度地利用 Web 服务。EFM 提供统一接口，并允许每个供应链的合作伙伴通过使用可扩展标记语言（XML）数据标准、SOA 和开放源码软件产品，通过 Web 服务与其他供应链合作伙伴进行数据交换。EFM 采用安全的加密和数字证书，以确保合作伙伴之间交换的任何信息都是授权和安全的，这些信息不会在数据传输中被损坏，并确保数据传输

的完整性。

### 3. 通过 Web 技术的应用，提高整个供应链的运输透明度

EFM 可减少延迟和纸质单据的等候时间，使得企业的资金和劳动力可以有更好的规划和利用；给供应链成员间带来更流畅的信息共享，减少所需数据的重复录入，提高数据质量；供应链伙伴只维持和保留与他们相关负责的数据，最小化大批量货运相关数据的需求；在数据标准化基础上执行，成为向所有用户开放的开放系统；提供充分的数据信息确保供应链更为安全。

## 5.4.2 EFM 带来的好处

（1）与传统的 EDI 相比较，EFM 实现信息共享所需要的成本更低，实现方式更简单有效。

（2）可以为所有供应链上各企业提供信息共享服务，但主要服务于中小企业。

（3）更加有利于供应链各企业之间信息流的个性化实现。

（4）确保数据一次录入，重复使用，以减少数据差错率。

（5）帮助企业实现无纸化贸易，减少人力资源投入。

## 5.4.3 EFM 的示范工程

2003 年，EFM 开展了 CEFM 测试项目。在此基础上，EFM 开展了一系列示范应用，其中 SAIC 开展了 6 项，Battelle 开展 2 项，并且正在开展中国—加拿大—美国供应链 EFM 示范工程，如表 5-3 所示。

表 5-3 EFM 开展的一系列示范应用

| 项目主体 | 项目名称 |
|---|---|
| SAIC | Kansas City SmartPort – DEMDACO |
| | Interdom Partners and Pride Logistics |
| | Interdom Partners and Agmark Logistics |
| | WorldWide Integrated Supply Chain Solution and Griffin Pipe Products Company |
| | Express Systems Intermodal，Inc |
| | Fellowes (a simulation) |
| Battelle | “ACME”，conducted through Freightgate |
| | Carter Transportation LLC and Freightgate |

EFM 的 8 个示范项目取得的成果如表 5-4 所示。所有这些项目目前均正在运行，从而为企业带来更多的效益。

表 5-4　EFM 示范项目定量分析结果

| 示范项目 | 最低收益率要求 | 运营时长 | 净现值 | 成本效益率 | 每年流程改进 |
|---|---|---|---|---|---|
| SAIC | | | | | |
| WorldWide Integrated Supply Chain Solutions | 10.00% | 5 Years | $58 648.33 | 7.33 | $17 916.00 |
| Kansas City SmartPort - DEMDACO | 10.00% | 5 Years | $25 470.06 | 2.49 | $11 216.00 |
| Interdom Partners-Agmark | 10.00% | 5 Years | ($1 151.63) | 0.94 | $4 800.00 |
| Interdom Partners-Pride | 10.00% | 5 Years | $77 193.57 | 6.62 | $23 990.00 |
| Express Systems Intermodal | 10.00% | 5 Years | ($579.56) | 0.96 | $3 830.00 |
| Fellowes (Simulation) | 10.00% | 5 Years | $1 603 676.52 | 18.39 | $276 000.00 |
| Battelle | | | | | |
| Carter Transportation | 10.00% | 5 Years | $57 761 | 1.36 | $24 710 |
| ACME (Simulation) | 10.00% | 5 Years | $8 814 749 | 127.15 | $2 619 293 |

## 5.5　欧盟 e-Freight

欧盟第七框架计划（7th Framework Programme，FP7）由欧盟委员会于 2007 年 1 月 1 日启动，是当今世界上最大的官方重大科技合作计划（2007—2013），总预算为 505.21 亿欧元。欧盟第七框架计划以国际前沿和竞争性科技难点为主要研究内容，具有研究水平高、涉及领域广、投资力度大、参与国家多等特点。

电子货运（e-Freight）项目是欧盟第七框架计划下的科技开发项目。项目开始于 2010 年 1 月，于 2013 年 6 月结束，总共历时 4 年时间，共有来自挪威和 14 个欧盟成员国组成的 30 个合作伙伴共同研发该项目，其目的是致力于解决多种运输方式下货物高效运输以及运输资源可持续利用等问题。

### 5.5.1　利益群体分析

e-Freight 项目的实施涉及以下 4 个主要的利益群体。

1）运输用户（货主、货运代理等）

e-Freight 项目能够有助于运输用户找到他们所需的最优的直达或联合运输货运服务。

2）运输服务提供商

e-Freight 项目的实施有助于运输服务提供商发布所提供的服务信息，并且实现与利益相关者之间的电子信息交换。此外，秉承多模式的原则，有助于运输服务提供商建立服务网络，提高陆路运输效率及门到门运输质量。

3）交通运输基础设施提供商

e-Freight 项目的实施能够促进交通运输基础设施的高效使用，为使用者提供基础设施状态信息，并指导他们如何使用。

4）运输监管部门

e-Freight 项目能够让运输监管部门以尽可能简单的方式获得运输监管所需的信息，并实现与其他政府部门之间的信息交换与共享，以促进安全与环境风险管理方面的合作。

### 5.5.2 e-Freight 项目目标

#### 1．为托运人寻找最优的货运路径

为了向运输用户提供他们所需的最优的直达或联合运输货运服务，项目需要开发电子货运市场，由服务提供者在互联网上发布他们所提供的服务。这种方式能够基于运输管理系统，很容易地通过独立的网络得到广泛应用。但其实现需要利益相关者参与到开放网络的推广和创新中来。而为了实现网络技术服务标准化和支持电子货运市场安全互连，e-Freight 项目将开发一个 e-Freight 服务注册表和工具。

#### 2．使运输服务提供商有效地管理利益相关者间的交互，并优化门到门的运输过程

为了实现多种不同运输模式的高效使用，利益相关者需要改进方法，有策略性地进行网络管理、计划和控制货物。为此，e-Freight 项目提供如货运链管理解决方案，帮助利益相关者建立一个通用的门到门运输流程。这个流程必须符合政府监管规则，并能够智能监测和控制。项目也高度重视交通运输基础设施和运输资源的优化管理整合过程。

#### 3．促进自觉遵从法规，安全合作，安全性和风险管理

以最佳的方式连接公路、铁路和水运资源的欧洲综合运输网络发展的先决条件，就是在所有模式中简化和协调欧盟各国之间的监管要求。为此，项目将在交通规划过程中产生的 STD（Single Transportation Document，单一运输单据）解决方案融入到相关模式中。此外，下一代单一窗口（NGSW，Next Generation Single Window）针对货物运输监管进行了研发，并通过 SSN（Sate Sea Net）系统和电子海关系统来支持各国政府部门在安全和环境风险管理方面开展合作。

### 5.5.3 e-Freight 项目结构

e-Freight 项目提供了一个平台用于支持 e- Freight 解决方案的设计、开发、部署和维护，解决方案也会结合具体的商业案例和试点进行验证。案例和试点涉及陆路运输中所有利益相关者的代表，而这些利益相关者包括大大小小的企业和政府机构。重要的是，商业案例的评估结果会对新兴的互联网技术的可扩展性、可靠性等问题提供反馈信息。e-Freight 项目结构如图 5-23 所示。

电子货运解决方案参考合作伙伴和商业案例实际的应用情况，从业务、技术、政策

和法律方面进行了需求分析，并将需求分析结果用于构建电子货运架构。电子货运架构可为电子货运市场、运输链条管理、单一运输单据报告及下一代国家单一窗口提供参考策略和流程模型。项目中间过程及最终成果可广泛发布，并用来制定法律文件和改进现有的标准，进而支持欧洲水陆运输电子货运技术的运用。项目的终极目标是能够使项目成果得到长期可持续性的应用。

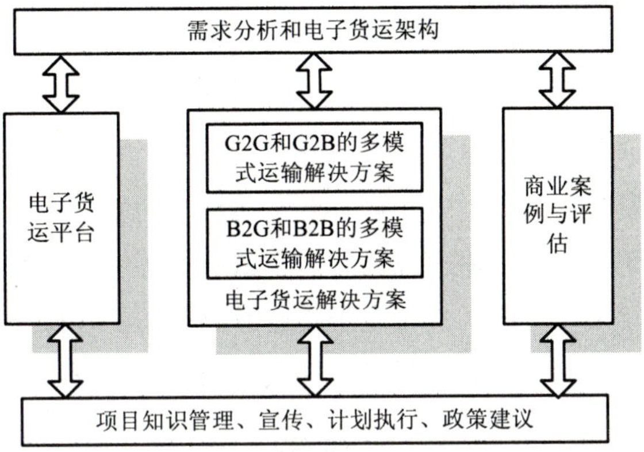


图 5-23　e-Freight 项目结构图

## 5.5.4　电子货运核心模块

电子货运概念由 4 个完全相互依赖的模块构成，分别是电子货运架构、电子货运平台、电子货运解决方案和电子货运服务，相互之间的关系如图 5-24 所示。

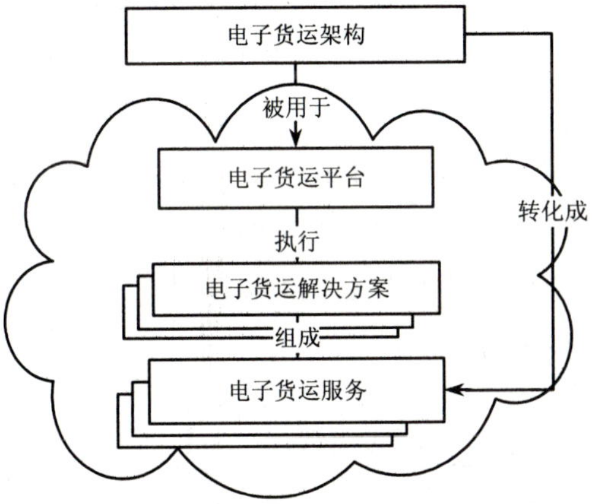


图 5-24　e-Freight 概念图

### 1. 电子货运架构

电子货运架构的目的是建立一个货物运输参考模型（描述过程、角色、信息和其他的领域实体）以支持利益相关者在多模式运输方式中的无纸化信息交换。与普通的架构一样，e-Freight 项目与 FREIGHTWISE、INTEGRITY、Smart CM、EURIDICE、SMARTFREIGHT 和 DiSC wise 等项目共同研发电子货运架构，并对其过程、角色、信息和其他领域实体进行了描述。电子货运架构结合具体的 e-Freight 项目商业案例进行研发，除了与标准化组织 GS/1 Global Standard 1 及其商业联盟建立合作，还关注电子货运架构的互操作性。电子货运架构开发的终极目标是使得电子货运架构作为一种可互操作的通用架构适用于全世界所有的标准化组织。

### 2. 电子货运平台

电子货运平台是一个综合的、用于反映电子货运架构的基础软件设施，用于促进电子货运解决方案的研发与部署。电子货运平台包括 3 个功能。

（1）提供一个知识库，从那里可以下载电子货运服务解决方案。

（2）作为一个运行工作环境，支持电子货运解决方案的互操作。

（3）为电子货运服务和解决方案的发展提供一个软件开发环境。

### 3. 电子货运解决方案（适用于 G2G 和 G2B，B2G 和 B2B 应用程序）

系统是由软件组件和反馈数据（如交通，天气，货物流等）构成的，并在货物物流运输等方面执行各种有意义的功能。e- Freight 项目主要提供以下解决方案。

#### 1）下一代国家单一窗口

下一代国家单一窗口（Next Generation National Single Window，NGNSW）是一个 B2G 应用程序。该应用程序允许贸易运输参与者以一个单一入口提供标准化的信息和文件，以此来履行报告欧盟国家内所有运输方式的义务。NGNSW 为现有的国家级系统及欧盟级平台（如 SSN、电子海关、RIS、TAF/TSL 等）提供互联。

#### 2）欧盟国家单一窗口管理中心

欧盟国家单一窗口管理中心（Central EU National Single Window Support Services）是一个 G2G 的应用程序，是一个主要的欧盟级别的程序模块，用来促进 NGNSW 系统的信息交换，并拥有所有 NGNSW 的注册信息，为保持监管要求和政策变化提供更新服务功能及其他统计信息和数据服务。

#### 3）安全合作风险管理

安全合作风险管理是一个 G2G 应用程序，旨在实时跟踪高风险的卡车和船舶，以及支持在同一国家不同地区管理部门间的安全风险信息的交换与共享。

#### 4）多模式运输网络

多模式运输网络是一个 B2B 的应用程序，其基于电子交互作用解决合作策略问题，并提供优质的运输服务。与此同时，改善整个供应链的环境足迹（the Environmental Footprint）。

5）多模式货运计划

多模式货运计划是一个 B2B 应用程序，旨在帮助承运人制定、比较和谈判所需的多模式运输服务。

6）运输服务执行监控

运输服务执行监控是一个 B2B 应用程序，支持多模式运输服务的状态监控，以及对运输计划是否有偏差进行检测。

7）单一运输单据

单一运输单据是一个 B2B 的应用程序，是由通用的服务构成，并基于一个共同的标准化模式（数据模型）从现有的运营数据中产生电子运输单据（运货单）。

#### 4．电子货运服务

电子货运服务就是一些基本软件，而这些基本软件就是电子货运解决方案的构建模块，也是直接源自电子货运架构的、完全可互操作的软件。

### 5.5.5　下一代国家单一窗口

#### 1．设计原则

国家单一窗口（National Singal Window）可以被定义为一个单一的系统，在现有的国家级别上接受特定的信息作为输入信息，并对不同的利益相关者开放。例如，按照当前的说法，国家海事单一窗口系统只接收关于海事领域业务方面的信息，并把它们传达给成员国中负责监管该领域的管理部门，如港务局和国家海事部门。同样，国家海关单一窗口系统就是所有货物相关信息的单点输入口系统。正如人们看到的，许多成员国已经开发或正在开发这种类型的国家单一窗口系统。

综合分析目前的形势，现存的这些信息系统之间存在的主要问题是几乎没有信息交换。政府管辖区域没有一个单一窗口系统能够自由地访问其他政府系统，所以不得不通过低效率的电话或电子邮件来和其他政府机构进行联系，这就使得许多重要的信息接收延迟，甚至造成信息完全遗失。而电子货运项目的目标就是开发一个多模式单一窗口，以促进电子监管信息的交换，从而满足政府部门对各种运输模式一体化监管的需求。

#### 2．e-Freight 概念模型的演变

e-Freight 的早期概念设计如图 5-25 所示。其基本原理是：企业先把监管信息提交给欧盟级别的中央系统，再把这些信息传递给每个欧盟成员国的 NSW 系统；NSW 系统使用特定模式的欧盟级别系统，如 SSN 和 RIS（River Information Service，欧洲内河航运信息系统），进行信息交换，有时也会使用欧盟级别的中央系统。然而这个系统并不能很好地解决现有的问题，并没有很好地体现出多模式单一窗口的理念。

事实上，一个窗口对应一种运输模式，从而形成多个单一窗口，这些显然是不合理的。此外，该模型要求每个成员国为每种运输模式及海关开发一种单一窗口。虽然有一些成员国已经朝着这个方向进行了研究，但是似乎没必要要求其他成员也这样做，其实一个多模式单一窗口系统就足够了。然而，像安全局和移民局这些操作所有模式的权力机构依然使用多个系统来进行他们的工作，这就违背了单一窗口的基本原则。

因此，基于以上考虑对初始模型进行了修订，并对集成模型进一步开发，得到了一个新的概念模型，如图 5-26 所示。

从图 5-26 可以看出，每个会员国均持有一个国家级单一窗口，该窗口集中多种运输模式，并实现与欧盟级单一窗口的对接，从而促进各政府部门机构间的信息的共享。这种方法有一个真正的好处，即形成了一个集中的单一窗口报告界面，在成员国政府中也形成了一个集中系统。

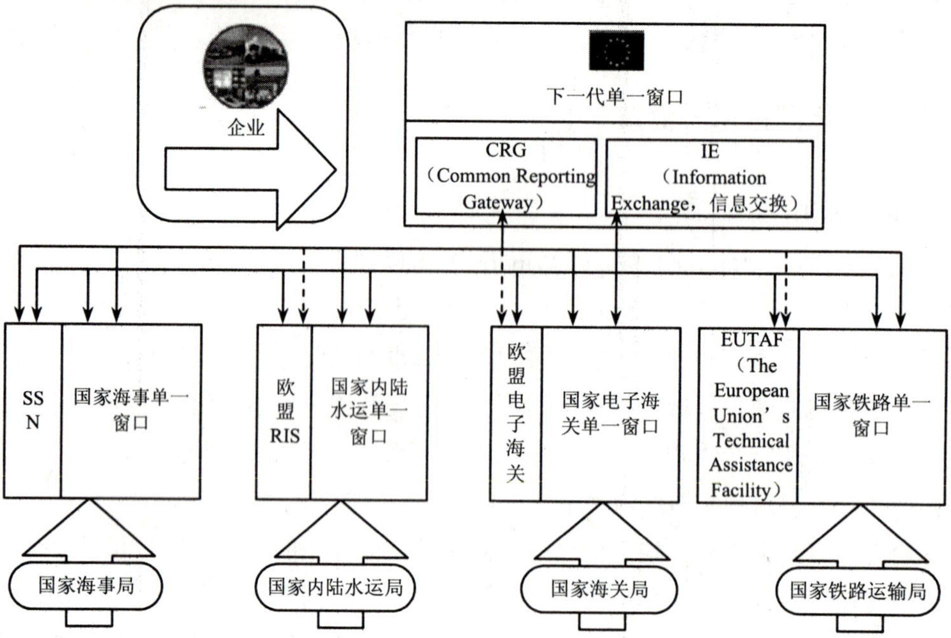


图 5-25　e-Freight 原 NGSW（Next Generation Singal Window，下一代单一窗口）概念图

在这种模式下，报告应用程序也是集中控制的，并能允许欧盟直接执行相关的政策。它的一个关键优势在于易于维护，对于涉及有关法规和政策的变更方面更是如此；另一个优势是数据的质量安全管理，但面对具体的环境时，技术和组织问题都需要重新进行考虑。

### 3. 最终的 NGSE 概念

#### 1）高层交互模型

图 5-27 显示了 3 个不同利益群体间的电子货运 SW 解决方案高层次交互模型。

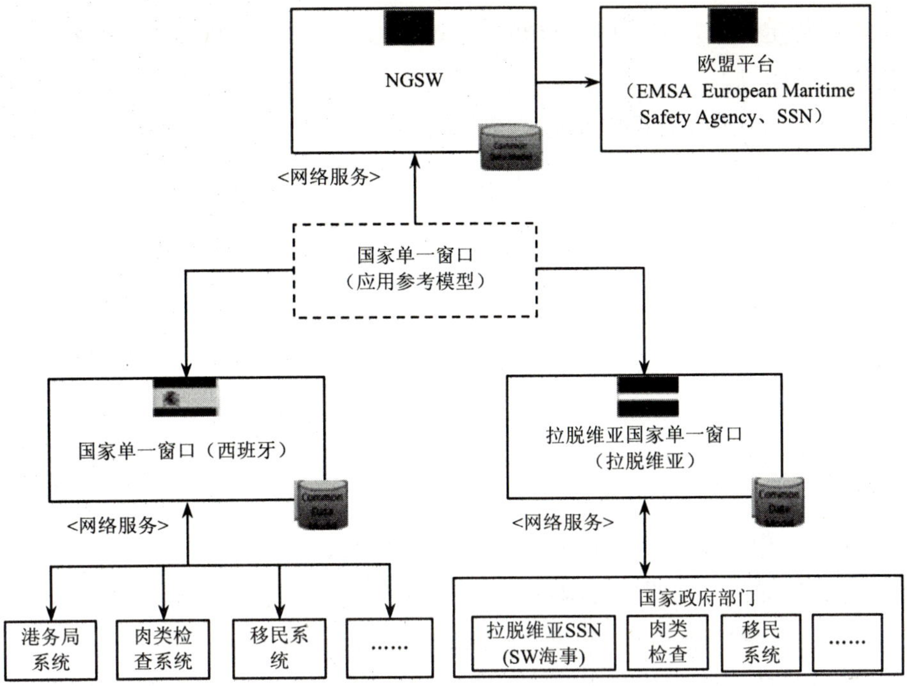


图 5-26　修改后的 NGSW 概念图

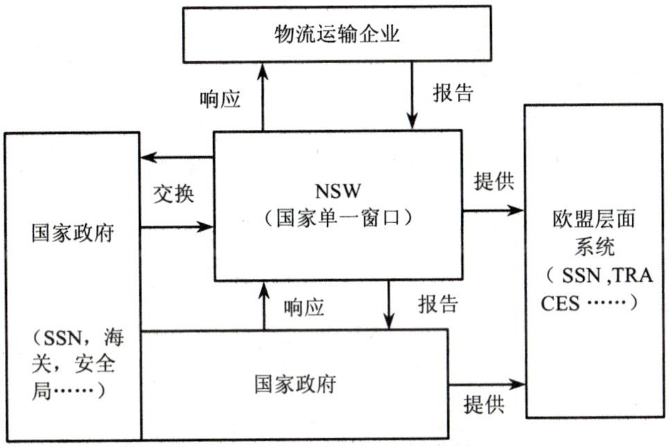


图 5-27　高层交互模型图

通过 NSW 应用程序促进了 3 个利益群体间的 4 种不同的监管信息交互。

（1）报告——运输物流企业向国家政府机构汇报信息。

图 5-27 显示的是企业的单一方向的报告和响应箭头。这意味着单一的接口只用于与指定的成员国进行单一交互。而且，该接口是标准化的，所有的 NSW 应用程序都能够通用。对于其他的成员国也都是一样的。

通过 NSW 应用程序，企业根据各欧盟成员国特定要求的形式向他们政府机构传送所需的信息，各政府机构收到的信息和格式都是由各国的国情决定的，NSW 也将为每个欧盟成员国配置特定需求，但这些需求并不是固定的，所以政府机构能够在将来很方便地更新他们所需的信息。

（2）响应——国家政府机构或是回应企业并给予授权，或者请求更多的信息。

NSW 从各个政府部门接收响应，并为企业把它们合并成为一个单一的响应业务。这样使得企业不必跟踪来自各个政府提交的响应，进而避免了混乱和差错的发生。

（3）提供——信息从国家政府部门或直接从 NSW 的应用程序提供给欧盟级别的系统。

目前，欧盟成员国有义务向欧盟级别系统提供特定信息。例如，为了安全管理，EMSA SSN 要求成员国报告海事信息。从图 5-27 中的模型可以看出，各成员国的政府机构可以继续采用现有方式将信息直接提交给欧盟级别系统（如 SSN）。但是，信息也可以通过各国的 NSW 提供。这就体现出了每个成员国只需要维护一个系统即可实现向欧盟级别系统报告的优势。

（4）交换——国家政府各部门间进行信息共享交换。

最后，NSW 提供了欧盟成员国各政府机构间用于交换信息的设施。目前，政府机构间没有任何信息共享机制，除了提供有限的数据库只读访问。NSW 所提供的服务将允许政府机构发布和访问数据，发出警报，并能够与其他机构共享信息。通过 NSW 的此项服务，将会使得各政府机构在安全、合作以及环境风险管理方面的能力将大大增强。

2）应用程序组件模型

图 5-28 给出了更加详细的电子货运 SW（Singal Window）概念来描绘其构成的应用程序组件。这里包含着两个主要的概念：国家单一窗口（NSW）和欧盟 NSW 管理中心。

从图 5-28 可以看到，左边的部分代表着从事运输物流业务的企业（如船舶代理、货主、货运代理），为了便于贸易运输监管，这类企业有义务提交相关监管信息；右边的部分代表着欧盟成员国内政府各部门机构，这些机构负责监管和报告相关信息。

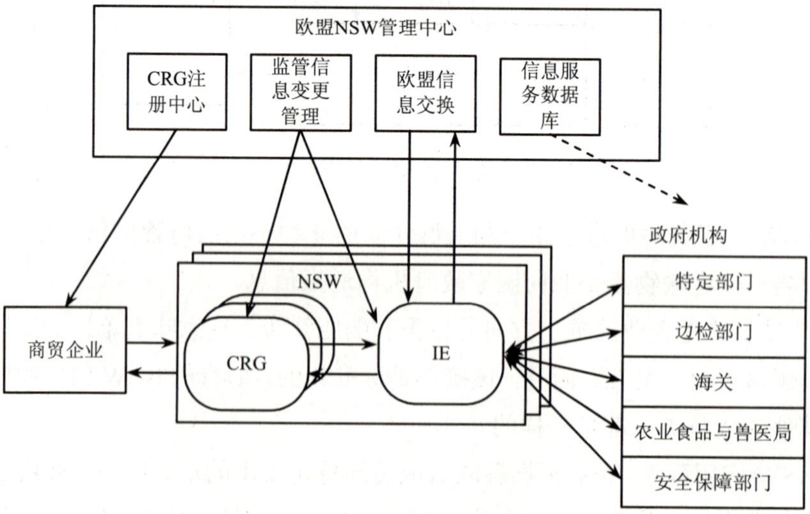


图 5-28　e-Freight NGSW 概念图

3）国家单一窗口（NSW）

欧盟的每个成员国都有一个 NSW 系统，该系统包含着两种应用程序。一种是物流企业用于向相关政府部门提交监管信息的应用程序，称之为公共报告网关（CRG）。企业通过 CRG 可以接收来自政府部门的相关响应信息。而 CRG 接收相关响应信息所采用的标准化格式被称为公共报告模式（Common Reporting Schema，CRS）。CRS 包含了所需的所有部门和所有模式的报告信息字段格式。

另一种应用程序是信息交换应用程序（Information Exchange，IE），它的功能是实现 CRG 与其他应用程序之间的监管信息交换与共享。IE 应用程序作为 NSW 的核心组件，用于实现欧盟成员国内部各政府部门之间的信息共享与交换。它的一个主要功能是通过 B2G（企业对政府）的信息交换模式实现监管报告过程。除此之外，它的另一个功能是实现欧盟成员国与欧盟级别系统间的信息交换。

电子货运的 NSW 概念不同于当前的单一窗口系统。一方面，无论何种运输方式和运输路线，NSW 都仅有一个信息输入端口点，成员国内的所有货物物流监管信息都通过此端口进行信息输入。另一方面，NSW 促进了欧盟成员国内部各政府部门间及相邻的欧盟成员国政府间的信息共享与交换。

4）公共报告网关（CRG）应用程序

从 e-Freight 的概念图中可以看到，一个 NSW 系统有多个 CRG 程序，从而可以得出这样一个结论：CRG 在一个成员国内既可以作为一个单一的中心程序进行部署，也可以进行分布式的部署；CRG 作为一个标准的组件能够向与传统相结合的 NSW 系统提供报告服务。这种灵活的解决方案允许本地系统运营商（如 Port Community System，PCS）获取与企业进行交互的管理权，这对提供增值服务业务是很重要的，同时标准化的报告接口也为企业保留着。

图 5-29 显示了不同的配置形式。虚线框中的部分代表一个完整的集中式 CRG+ IE 的 NSW 解决方案；右边部分所表示的是一个部署到传统系统中的分布式 CRG 的 NSW 解决方案。上述两种解决方案中，CRG 接收到的信息首先传输到中央 IE 应用程序，再发送到相关的政府部门。

5）信息交换（IE）应用程序

IE 应用程序作为 NSW 的核心组件，能够通过各种电子通信手段（网络服务、网页接口、电子通信、电子邮件、SMS 等）接收、处理和高效智能发布监管信息，也能允许现有的和未来的政府系统和用户与主系统进行信息交互。

IE 应用程序的核心是一个信息数据库，这个数据库保存着所有提交的运输监管信息。一旦协议达成，这些监管信息经过分析后就会立即发送给欧盟级别的系统、国家政府和其他邻国的 NSW 系统，而数据的访问权则是由欧盟成员国共同制定的。

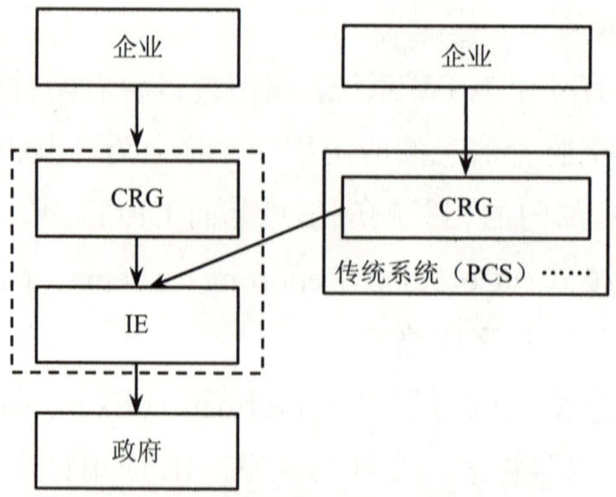


图 5-29　CRG 配置图

IE 应用程序也接收其他方面的信息，像成员国和非成员国的系统、交通系统、海运监管设施系统和欧盟级别系统都可作为应用程序的信息来源。基于 IE 数据库，可运用数据融合和语义推理等智能技术分析处理所接收的信息。而处理后的结果则可以用作险情通告预报，也可以用来支持安全环境风险管理。

6）欧盟 NSW 管理中心

为了实现欧盟单一窗口所设想的功能，已经设计出了一些软件模块来管理成员国的 NSW 系统。该计划实施的第一步，就是把 CRG 注册信息作为一个目录，以方便企业进行查找，并与报告接口相连。该系统也对新的 NSW 系统进行管理，并实时更新联系信息。

当监管要求和政策发生变化时，通过监管信息变更管理模块可以集中更新应用程序模块。这就意味着任何规定和相关措施的变化都可以及时自动转化到 NSW 新的解决方案中。

除了对各国 NSW 进行统一管理以外，管理中心还通过欧盟信息交换模块实现与其他欧盟级别的系统（如 SSN 和 TRACES）进行信息交换与共享，以此来支持安全合作和环境风险管理。管理中心提供用于与欧盟级别的系统进行信息交换的接口，信息交换方式几乎与 IE 一样。最后，通过欧盟服务和数据库模块，提供一些额外的服务和数据库，如向政府和企业提供统计信息，或者提供运营商在欧盟注册的数据库信息。

# 第6章 国内智慧物流信息网络

**内容提要**

本章主要介绍国内的智慧物流信息网络。分别介绍了交通运输部的港航 EDI 系统、中国香港 DTTN 系统，以及我国海关的中国电子口岸。通过国内智慧物流信息网络的分析，我们能够对国内智慧物流信息网络的发展现状与趋势有一个全面的了解。

**本章重点**

- 港航 EDI
- 中国香港 DTTN 数码贸易运输网络系统
- 中国电子口岸

## 6.1 港航 EDI

本节首先介绍了我国港航 EDI 的基本情况，然后着重介绍了我国六大港口的 EDI 报文。

### 6.1.1 港航 EDI 概述

1995 年，原交通部组织实施了“九五”重点科技攻关项目，简称“四点一线”，于 1997 年 12 月通过鉴定。“四点一线”示范工程涉及上海、天津、大连、宁波 4 个港口和中国远洋运输集团公司的 EDI 互联工程，其网络结构如图 6-1 所示。在该工程中有 20 多种 EDI 报文在国际集装箱系统中进入实际运作，传递效率平均提高 20 多倍，出错率大大减少。

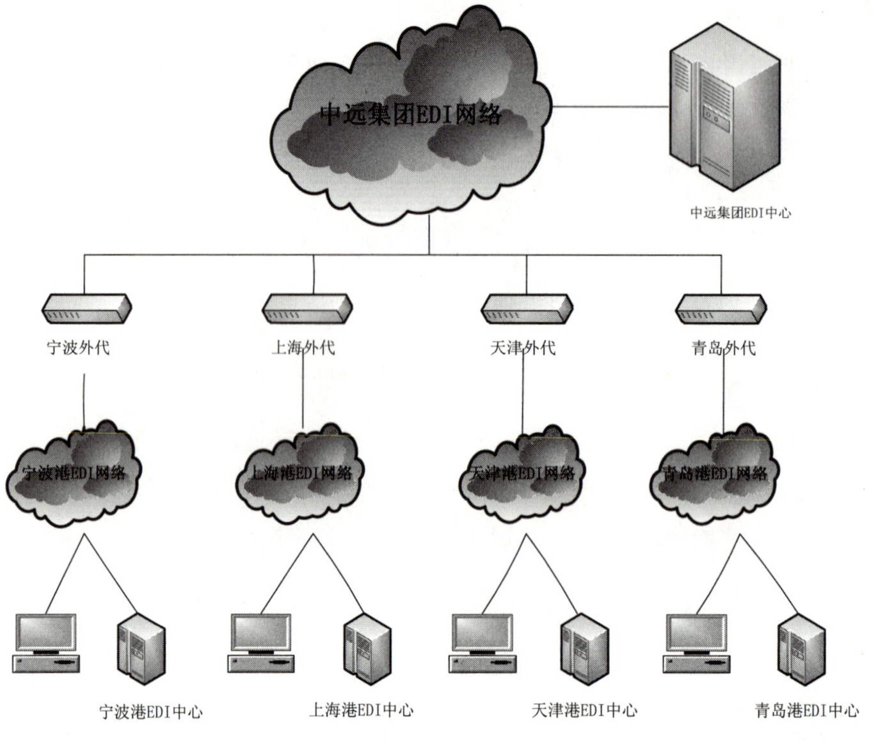


图 6-1　交通部“四点一线”网络总体结构

在运输行业，通过采用集装箱运输 EDI 业务，可以将船运、空运、陆路运输、外轮代理公司、港口码头、仓库、保险公司等企业之间各自的应用系统联系在一起，从而解决传统单证传输过程中的处理时间长、效率低下等问题，可以有效提高货物运输能力，实现物流控制电子化，从而实现国际集装箱多式联运，进一步促进中国各港口集装箱运输事业的发展。

我国首次建立的《国际集装箱运输电子信息传输和运作系统及示范工程》是既符合国情又与国际接轨的集装箱运输 EDI 标准体系。它等同或等效地采用以 UN/EDIFACT 为主体的一系列国际标准，并建立了中文版，使之完全符合 EDI 标准国际化的趋势。同时，又开发了一套生成国际标准报文的应用软件，使我国集装箱运输 EDI 报文交换提高到与发达国家相当的水准。我国在 EDI 应用过程中，形成了 EDI 和 EDP（电子数据处理，Electronic Data Processing）有机结合的“应用报文系统”。交换量大的用户在接收或发送报文的程序系统和本单位处理集装箱业务的应用系统有机地联结成一个整体，加快数据交换速度，提高了业务运作效率和管理水平。建立集装箱运输 EDI 报文运作的安全机制，对身份鉴别准确性、完整性、保密性及防止责任抵赖等建立了 4 种安全机制及密钥管理系统，并符合相应的国际标准，其总体技术水准与这类技术在先进国家的应用水平相当。我国还制定了集装箱运输 EDI 法规体系，实施了完善的培训体系，完成了进出场站码头集装箱信息自动传输技术的研究，使 EDI 整体技术水平已处于发达国家的应用水准。

我国先后在上海、大连、天津、宁波、青岛、深圳（盐田）各港口及中远集团建了 7 个 EDI 中心，并投入实际运行，覆盖当地各船务公司（或其船舶代理）、货运代理、集疏运场站、监管部门、港口码头以及外轮理货等单位，是一个以港口 EDI 服务中心为中心的准星型结构的开放网络，并与当地其他行业的 EDI 网络互联。

### 6.1.2　港航 EDI 报文

目前，我国六大港口分别有如下种类的 EDI 报文。

#### 1．上海港

上海港共 3 类 24 种 EDI 报文。

1）物流监控类

危险品清单、危险品清单回复、商检放行单、EDI 无纸报关（货物查验/放行通知回执）。

2）物流操作类

舱单报文、船图报文、装箱单报文、出口船舶信息报文、集装箱进出门报文、集装箱堆存报文、上海港务局月度计划表、集装箱短卸报文、集装箱溢卸报文、集装箱残损报文、提货单、空运舱单、空运快递通关单、邮件清单审核系统、集装箱装/卸。

3）贸易类

进口许可证、出口许可证、产地证、出口报关单、进口报关单。

#### 2．大连港

大连港共有 2 类 22 种 EDI 报文。

1）物流监控类

拆箱审批指令、允许提箱指令、允许入港指令、查验后允许入港指令。

2）物流操作类

卸船入场、出港信息、入港信息报文一卡口回执、拆拼箱申请、舱单（进口、出口）报文、直通关申请、EPZ 允许提箱指令、出口理货单报文、进口船图、出口清单、出口清洁清单、堆存报文、进/出口报文、拆空报文、空运舱单、DCT 回执、中心回执、出口预配。

### 3. 天津港

天津港共有 1 类 7 种 EDI 报文。

物流操作类：舱单、船图、装箱单、船舶挂靠信息、船舶离港信息、集装箱进/出口报告、集装箱堆存报告。

### 4. 青岛港

青岛港共有 2 类 4 种 EDI 报文。

（1）物流监控类：EDI 报关。

（2）物流操作类：船舶引航申请、码头作业申请、港口作业申请（上述为通过 Web 的 EDI 文件）。

### 5. 深圳（盐田）港

深圳（盐田）港共 2 类 13 种 EDI 报文。

（1）物流监控类：EDI 通关、关贸通业务联网管理软件。

（2）物流操作类：船图、舱单报文、装箱单报文、装箱单回复、出口船舶信息、集装箱进/出门报文、集装箱堆存报文、危险品清单、危险品回复清单、疏港清单报文、集装箱进/出闸报文。

### 6. 宁波港

宁波港共有 2 类 19 种 EDI 报文。

1）物流监控类

海关放行报文、危险品通知、危险品清单。

2）物流操作类

船图、挂靠信息、装箱残损报文、集装箱溢卸报文、集装箱进/出门报文、集装箱装/卸报文、集装箱短卸报文、集装箱堆存报文、装箱单报文、海关货物报告报文、舱单报文、订舱确认报文、船舶离港报文、船期表、装船指示报文、正式订舱报文。

## 6.2 中国香港 DTTN

本节以 DTTN 为例，介绍我国香港的智慧物流信息网络建设与应用情况。

香港贸易通电子有限公司，又称贸易通 Tradelink，于 1988 年由 11 家知名机构成立，包括两家主要银行、两家货柜码头公司、一个空运货站及多个主要商会，目的是推动香港商界广泛使用电子商贸，从而促进香港贸易便利化。1992 年，香港政府透过财政司司长法团成为贸易通的单一最大股东。经过多年卓越的增长，贸易通于 2005 年 10 月 28 日在香港联合交易所上市。

作为电子商贸的先锋，贸易通自 1997 年起已开始为贸易界提供政府电子贸易文件服务（Govermment Electronic Trade Service，GETS），由最初的 7 年专营牌照（1997—2003），至目前获得香港政府电子服务牌照至 2016 年。贸易通多年来致力于提升其服务素质及发展切合客户需要的服务，深得业界信赖与支持，稳居政府电子贸易服务市场的领先地位。凭借其雄厚实力，贸易通于 2003 年 7 月，被香港物流委员会选定开发及营运“数码贸易运输网络 DTTN”系统，其提供的电子物流平台可促进供应链内不同单位（包括其海外贸易伙伴）的电子文件互换。

## 6.2.1　DTTN 的创建背景及发展历程

香港 DTTN（Digital Trade and Transportation Network，数码贸易运输网络系统），是一个可助业界人士和相关用户系统实现联网互联、促进信息流通和提升营运效率的电子化平台。该系统作为拥有明确标准和规约的共享平台，可吸引现有的供货商参与，助其拓展各种新的业务（如物流软件开发、增值服务等），从而为香港经济的发展做出贡献，并创造就业机会。

2001 年，香港特别行政区政府为增强香港成为国际运输与物流中心的角色，成立了香港物流发展议会，讨论政府与民间的物流发展方向，规划建立一个全面的运输物流平台——DTTN；2003 年，贸易通电子贸易有限公司被政府挑选为开发 DTTN 系统的运营商；2004 年贸易通设立子公司——数码贸易运输网络公司（DTTN Co.）。2005 年，贸易通与香港政府签署股东协议，政府及贸易通分别占 DTTN Co. 21%及 51%股份，并签订为期 15 年的营运协议，2006 年 DTTN 物流平台正式营运。DTTN 发展历程如图 6-2 所示。

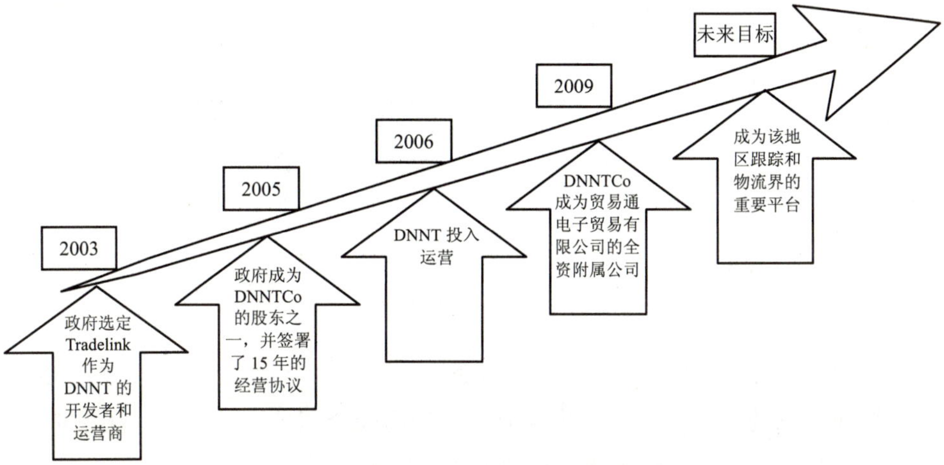


图 6-2　香港数码贸易网络系统发展历程

### 6.2.2　DTTN 的服务范围及功能

DTTN 涵盖 9 类主要用户。

（1）买方/进口商。

（2）卖方/出口商。

（3）发运人，包括第三方物流服务提供商。

（4）承运商（远洋、内河、道路、铁路及航空），包括速递货运商。

（5）货运站。

（6）政府及其有关机构。

（7）银行及金融机构。

（8）保险公司。

（9）检查机构。

上述用户将贸易链不同阶段内的业界人士彼此紧密联系起来。事实上，DTTN 与香港各类服务提供商的专业服务，以使现行的相关设施/制度并行不悖，而且更可补其不足；DTTN 也不会成为应用服务提供商（ASP，Application Service Provider）、互联网服务提供商（ISP，Internet Service Provider）或国际电讯网络运营商的竞争对手，因为该系统只会促成区域内电子商贸的普及，最终令商界得益。DTTN 在香港整体贸易物流体系中的定位如图 6-3 所示。

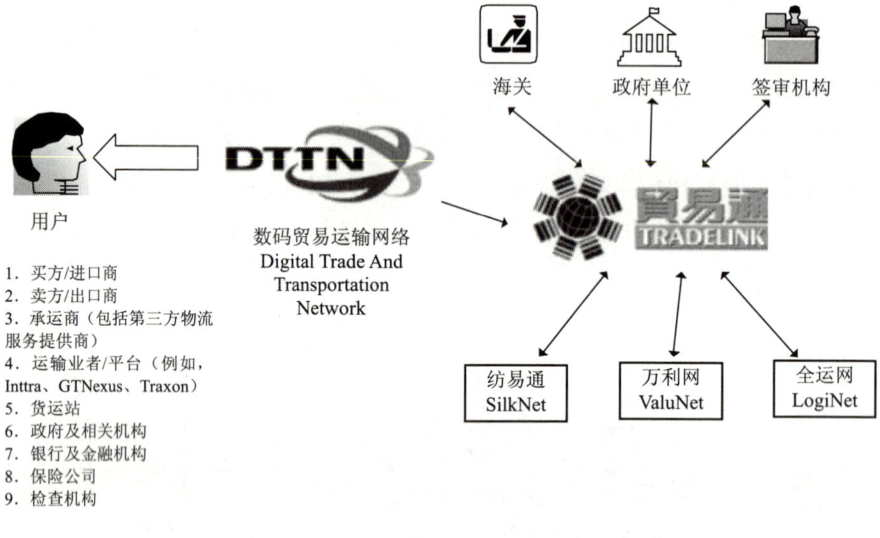


图 6-3　DTTN 在香港整体贸易物流中的定位

DTTN 的主要目标在于提升香港物流业的整体竞争力，该系统主要有以下 3 个功能。

（1）提供中立的电子平台，促进业界在区域内和全球性（尤其是珠江三角洲地区）的信息交流和服务融合，使香港成为首选的电子物流枢纽。

（2）提供稳定可靠的作业环境和先进的技术平台，以助业界内探讨、开发和提供创新的增值服务。

（3）鼓励及推动业界（尤其是中小企业）采用电子商务。

### 6.2.3 DTTN 的系统架构

数码贸易运输网络系统可以分为 3 个层面，如图 6-4 所示。第 1 层和第 2 层是该系统的核心部分，为该系统奠定基础，并为第 3 层（增值服务）的持续发展提供有利条件，这 3 个层面组合而成为 DTTN。

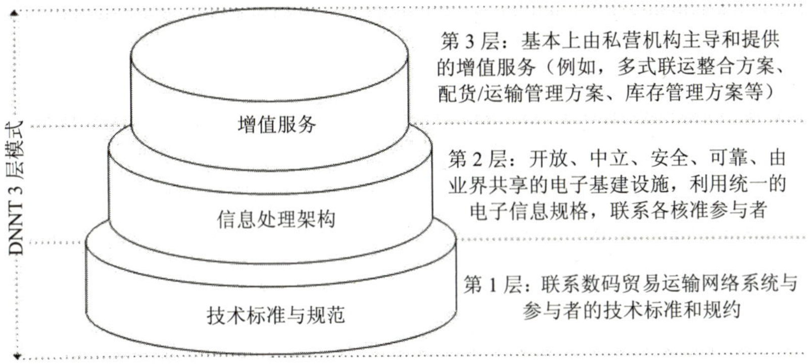


图 6-4 DTTN 系统的 3 层模式

#### 1. 第 1 层：技术标准与规约

DTTN 的核心基层是一组明确而灵活的技术标准和规约，这包括不同范畴的技术标准和规约，例如，信息规格、编码标准、保安标准、通信规约等，并且是第 2 层——信息处理架构及第 3 层——增值服务的基础部分，为了在切实可行的范围内兼容并蓄，DTTN 将支持本地及国际所认可的一系列开放标准和规约。

#### 2. 第 2 层：信息处理架构

这是一套开放、中立、安全、可靠、方便易用、供业界共享的电子基建设施，利用预先议定的电子信息规格和通讯规约，联系各核准参与者，实现商业联网互连。

#### 3. 第 3 层：增值服务

为系统用户提供沟通界面，以助其使用第三方服务提供商目前和未来所提供的增值服务。上述第 1 层及第 2 层面是该系统的基本共享部分，为私营机构所主导和负责提供的第 3 层服务提供了持续发展的有利条件。

### 6.2.4 DTTN 的服务内容

业界人士可借助适当渠道（浏览器、网关和电邮等），以直接或间接的方式接入 DTTN

内，借此拓展商机和开发新服务。DTTN 作为业界的共享基础设施，可助企业以电子通讯方式促成双方的贸易及物流交易。该系统可通过提供以下 6 种服务，协助用户达到上述目标。

1）电子信息路由服务

传送电子商业信息，并确保信息传递无误，以协助业界人士的沟通联系。例如，金融机构、付款人和收款人之间可采用路由服务，处理关于付款指示和付款确认的电子信息，确保有关交易顺利完成。

2）数据交换服务

支持公司对内及对外的数据交换工作。参与者可在贸易及物流程序内的适当环节上循环再用有关资料。DTTN 也可提供电子信息路由服务和信息格式转换服务，支持公司的对外数据交换工作。

3）电子信息格式转换服务

将通用的信息格式和字符编码转换为另一标准，以减少各企业安装和维护有关转换程序的花费，此服务有利于信息格式的变换，例如，以 EDI 方式按某一格式经由 DTTN 传送的信息，可先变换为另一格式，然后以传真、EDI 信息、电邮附件等方式转达收件人。

4）信息安全服务

提供安全的通信环境，让参与者建立互信，经由 DTTN 传送的信息可经过加密和认证，以确保有关信息符合保密要求并且完整无误，使发件人无法否认曾发出有关信息。

5）用于统计和分析的编报服务

支持个别企业和整体的编报要求，例如，记载发送时间、收件人名称和信息状况等稽核数据的传送日志，并设立适当的隐私监控机制。

6）门户网站服务

① 信息管理。

提供网上图形用户界面，方便参与者以互动方式撰写，收发和循环再用其商业信息。

② 用户数据管理。

提供一系列管理工具，方便参与者管理其账户和存放于 DTTN 内的用户数据。

③ 单一界面登录。

支持单一界面登录，使参与者只需登录 DTTN，便可使用不同服务提供商所提供的服务。

④ 增值服务。

允许参与者选用服务提供商或其他参与者经由 DTTN 门户网站所提供的各项服务。

其功能如图 6-5 所示。

### 6.2.5 DTTN 的技术框架

技术上，DTTN 作为信息处理枢纽，可提供信息格式转换服务，让交易各方按照一组明确而事先议定的信息格式交换信息，从而促进彼此之间的信息交流。如图 6-6 所示，DTTN 让发件人和收件人通过互联网收发信息。

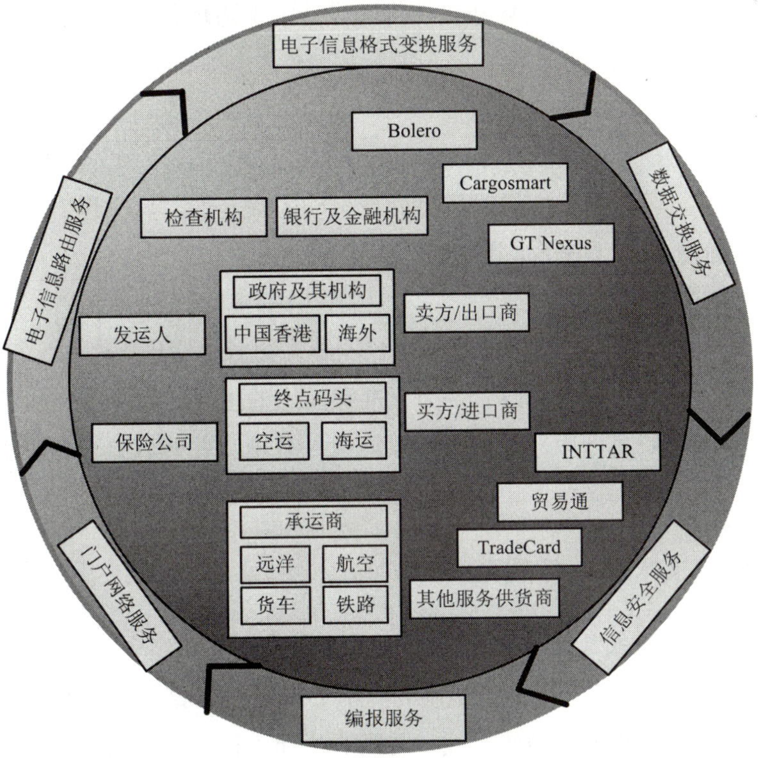


图 6-5　DTTN 的功能

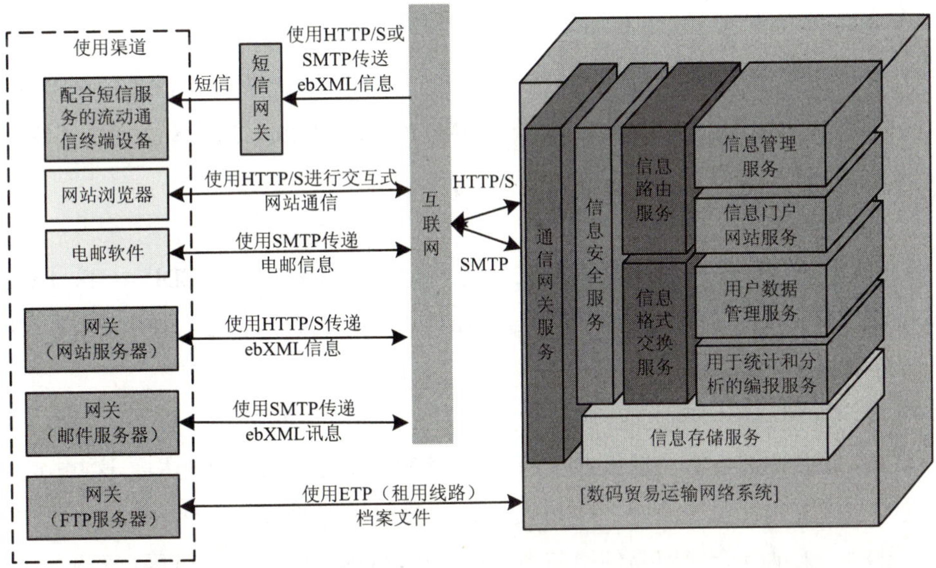


图 6-6　DTTN 的技术框架

DTTN 的技术框架凸显出该系统的特色有以下几个。

1）组件化和模块化

DTTN 的技术架构采用模块化和组件化的设计，保障现行设备的投资，而且可支持较多技术方案，方便系统升级，也有助于调节系统性能。

2）稳健、安全、可靠

在采用经验证的技术方案或新兴技术时，DTTN 技术架构致力于在两者间寻求平衡。在制定系统架构时，已经充分考虑了信息处理架构的安全性、可靠性、可利用性及其他重要特质（如投递保证、无法否认等）。

3）开放而方便使用

DTTN 可支持不同范畴的多种技术标准和规约（如多种信息规格和字符编码标准），而且拥有灵活的架构体系以应付日后各类标准和规约的融合，为扩展应用范围和鼓励业界采用其服务，DTTN 允许用户通过不同渠道接入系统，并开放给予各类用户使用。为此，该系统已公开其接入细节，以推动其他增值服务的开发及与系统本身的整合工作。

### 6.2.6 DTTN 的技术标准与规范

1）DTTN 的标准格式及通信协议

在 DTTN 的“3 层”概念中，第 1 层列明了 DTTN 能灵活支持一组明确的标准及规范，协助用户采用 DTTN 作为数码干线，与商业伙伴进行连接。当中涉及的标准及规范包括：①通信及保安信息处理规范；②单证格式；③DTTN 的 XML 认可文件架构；④代码表。

2）通信及保密各式信息协议

DTTN 支持以下常见的通信协议：SMTP、HTTP、HTTP/S、FTP、FTP/S。DTTN 支持以下的保密信息协定：ebMS V2.0 采用 SMTP、HTTP 或 HTTP/S；AS/1 采用 SMTP；AS/2 采用 HTTP 或 HTTP/S。

3）文件格式

DTTN 支持以下多种常用的商业文件格式：XML Vx.0、UN/EDIFACT、IATA Cargo Interchange Message Procedures（Cargo-IMP）、ANSI/X12、Microsoft Excel、Comma-Separated Values File。

4）DTTN 的 XML 文件结构

DTTN 标准咨询小组已经批核了超过 80 多种 XML 认可文件架构，这些由 DTTN 公司开发的文件架构涵盖了贸易、物流及金融业普遍采用的商业文件。DTTN 在界定文件架构标准时，采纳联合国贸易便捷与电子商务中（UN/CEFACT）所界定的核心构件方法（Core Component Methodology），并参考已实施核心构件方法的通用商业语言（Universal

Business Language，UBL）。有关方法集中界定一套名为“核心构件”的共用资讯实体，并用作文件架构标准的组成部分。由此，可同时保证“核心构件”内容一致和重复使用。此外，所有 DTTN 的标准 XML 认可文件架构，均需获得 DTTN 标准常务委员会认可。

5）代码表

代码表与 DTTN 的 XML 认可文件架构标准相辅相成。DTTN 同时支持专用代码表及国际认可或普遍采用的代码表。DTTN 可协助专用代码表及其他代码表进行指定配对，无论是另一专用代码表还是国际认可的代码表均可处理。国际认可的代码表是核心设施的一部分，因此 DTTN 采用国际认可的代码表。

6）单点登录

单点登录可使用户无间断地运作不同网络应用服务供应商所提供的网页应用程序，而不再需要逐一登录。经 DTTN 登入不同的应用服务网站，可确保维持不同应用程序所需的安全性。DTTN 作为一个整合平台，以安全接入标记语言（Secure Access Mark-up language，SAML）作为各网络应用及服务架接桥梁。DTTN 单点登录的实施指引，按照国际及业界标准制定。

### 6.2.7　DTTN 的效益

DTTN 的发展对参与 DTTN 的服务提供商、对物流业界及对整个中国香港的发展都带来了巨大的效益，具体体现在以下两个方面。

#### 1．对服务提供商

对于服务提供商而言，DTTN 可带来多方面的效益，主要包括：

（1）节省基础设施建设方面的开支；

（2）有助扩展业务以吸纳更多客户和业务伙伴；

（3）加速增值服务的市场投放；

（4）有助集中资源开发和提供各类增值服务。

#### 2．对物流业界及中国香港的发展

对于整个中国香港的发展，DTTN 带来的效益主要包括以下几个。

1）提高营运效率

DTTN 可提升业界的整体效益和效率，大大减少文书工作、处理时间及用于重新输入数据的时间。

2）开拓商机

DTTN 可加强中国香港在吸引外贸创办增值服务方面的能力，增值服务提供商所提供的服务，有赖各类运输模式之间、贸易链参与者之间及时而畅顺的信息交流，DTTN

所提供的基础设施，有助增值服务提供商充分利用本身的资产和资源。此外，该系统可使业界对相关软件和专业服务产生殷切需求，从而令本地的信息科技业受益，该系统可推动物流业和供应链软件业的发展，加快中国香港向知识型经济过渡。

3）以价值而非单靠成本竞争

信息有效流通是使中国香港的贸易及物流业实现转型的关键，建立 DTTN 这一安全而中立的基础设施，对推动相关服务、发展具有特色的市场将发挥十分重要的作用。日后的中国香港物流业将靠提供高质量的增值服务，而非单靠低廉成本取胜。

4）与全球的相关设施融合

DTTN 作为业界的共享基础设施，有助业界迅速掌握全球物流业的动态，履行全球贸易的有关规定。有助于本地业界集中资源、及时处理和应付这些变化，从而减少社会开支。

5）促进香港与内地的融合

DTTN 可在区域内经济的变革中发挥领航作用。该系统可确立香港在物流和供应链管理这两大领域内的市场定位，促进香港与内地在这两方面的融合，使香港在珠江三角洲地区经济发展中发挥示范作用。香港与内地的电子商贸基础设施互相配合是极为重要的，DTTN 作为具有中立角色的共享信息基础设施，更有助于香港企业向内地市场提供物流服务。

6）令业界无须顾虑技术标准和规约的频繁更新

DTTN 负责统一、融合和整理相关技术和信息处理服务的技术标准和规约，有助于整个贸易及物流业大幅度提升其营运效率。该系统由于集中管理，有利于贸易和物流业有关人士免受相关技术标准和规约频繁更新的困扰，从而减少业界的资源需求。

## 6.3 中国电子口岸

本节以中国电子口岸为例介绍我国进出口贸易领域智慧物流信息网络的建设与应用情况。

### 6.3.1 概述

1993 年，国务院提出实施金关工程。金关工程的核心有两块，一是海关内部的通关系统；二是外部口岸电子执法系统，即电子口岸。

我国电子口岸又称为口岸电子执法系统，简称电子口岸。它是一个公众数据中心和数据交换平台，依托国家电信公网，实现工商、税务、海关、外汇、外贸、质检、银行等部门，以及进出口企业、加工贸易企业、外贸中介服务企业、外贸货主单位的联网，将进出口管理流信息、资金流信息、货物流信息集中存放在一个集中式的数据库中心，随时提供国家各行政管理部门进行跨部门、跨行业、跨地区的数据交换和联网核查，并向企业提供网上办理报关、结付汇核销、出口退税、网上支付等实时在线服务。同时，企业利用电子口岸向各政府管理部门办理进出口手续，提高贸易效率，降低贸易成本。

电子口岸系统和海关通关系统，尤其是 H2000 通关系统连接起来后，构成了覆盖全国的进出口贸易服务和管理的信息网络系统。

进出口企业在其办公室使用一台微机，用一张 IC 卡，通过电子口岸特别服务号 95199 上网，就可以向海关及国家各有关部委办理与进出口贸易有关的各种手续，即进出口企业通过报关单申报子系统向海关通关系统发送电子数据报关单，海关通关系统对电子数据报关单进行处理，并将结果反馈给企业。

海关及与进出口贸易有关的国家其他各有关部委也能在网上对进出口贸易进行有效管理，如图 6-7、图 6-8 所示。

图 6-7　中国电子口岸界面

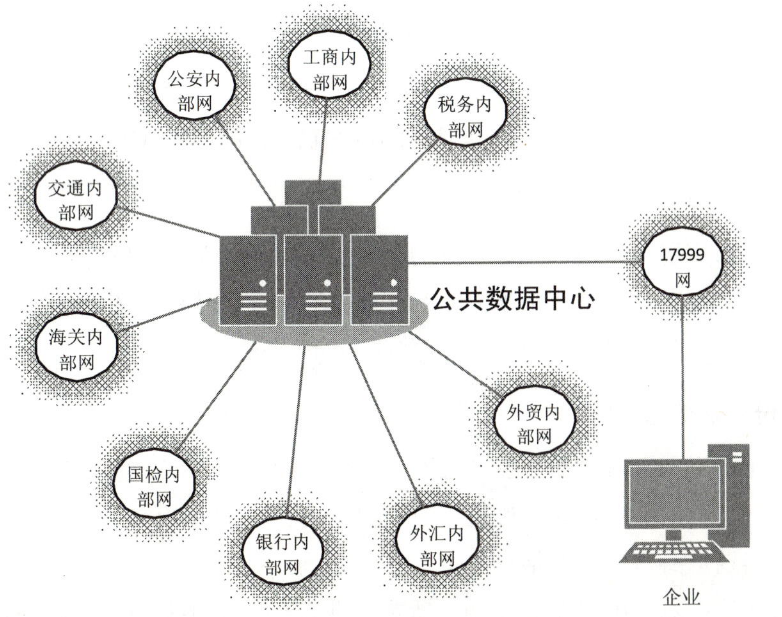


图 6-8　中国电子口岸网络结构

### 6.3.2　中国电子口岸产生的背景

20 世纪 90 年代中期，利用假单证、假批文、假印章进行的“三假”走私、骗汇、骗税违法犯罪活动十分猖獗。据不完全统计，1997 年全国海关共查获“三假”走私案案值为人民币 15 亿元，1998 年达到 21 亿元。“三假”走私骗汇、骗税对国家经济造成了严重损害。

实际上 1998 年国家外汇大量流失的主要原因是，不法分子根本没有进口货物，而是通过制造假的报关单到银行骗购外汇。为了配合有关部门打击骗汇、骗退税活动，全国海关曾经采取了许多防伪措施，进行单证防伪，并且配合外汇、国税和银行对进出口报关单进行“二次核对”。

1998 年，海关总署和外汇管理局按照国务院领导关于要加快银行、外汇管理局、海关之间的计算机联网，加强对报关单和外汇进出口核销工作的管理，从源头上防止骗汇、逃汇违法活动的发生的指示精神，联合开发了“进口付汇报关单联网核查系统”，该系统通过海关与外汇部门的联网核查来鉴别进出口付汇报关单的真伪，改变了靠书面单证防伪的做法，1999 年 1 月 1 日该系统在全国推广使用，并立刻收到了明显的效果。“口岸电子执法系统”采用“电子底账+联网核查”的管理模式，使有关部门之间可以通过计算机网络直接核查对方的执法电子数据，从根本上防止了不法分子的造假机会。

### 6.3.3　中国电子口岸的主要功能

#### 1. 数据交换功能

通过中国电子口岸平台，政府与政府部门、政府部门与企业之间可实现数据交换和共享。数据交换对象包括国家行政管理机关、社会团体、事业单位、国内外企业、驻华使领馆、个体工商户等；连接方法有 PSTN、ISDN、ADSL、DDN、FR、ATM 等有线，或者 GPRS、CDMA 等无线接入方式；交换格式包括 EDIFACT、XML、HTML、WML、SWIFT 等。

#### 2. 事务处理功能

中国电子口岸可为政府部门和企业办理核销单审批、加工贸易合同审批、减免税审批、报关单申报、进出口许可证件和外汇核销单的申领、结付汇核销、保税区台账申请、ATA 单证申请等提供实时在线服务。

#### 3. 身份认证功能

中国电子口岸入网用户都要经过工商、税务、质检、外贸、海关、外汇 6 个部门严格的入网资格审查，才能取得入网 IC 卡开展网上业务，从而有效解决网上业务信任关系和法律责任问题。身份认证包括对工商、税务、海关、外汇、外贸、技术监督局等政府部门的身份认证；对进出口企业、加工贸易企业、外贸工业服务企业、外贸附属企业的身份认证；对个体工商户的身份认证。

#### 4. 存证举证功能

根据国家行政管理机关的授权及中国电子口岸数据中心与各用户单位之间签订的协议，中国电子口岸数据中心针对部分联网应用项目承担存证举证的责任，电子数据存证期为 20 年。

#### 5. 标准转换功能

按照国家行政管理机关各部门及企业用户的需要，由中国电子口岸数据中心对交换数据进行代码转换，如组织机构代码转换、业务单证代码转换、参数数据代码转换。

#### 6. 查询统计功能

根据提供共享业务数据主管部门或单位的授权，有控制地开放数据查询和统计服务。共享数据包括进出口报关单数据、企业经济户口档案数据、外汇核销单数据、海陆空铁邮及快件等货运数据、知识产权数据等。

#### 7. 网上支付功能

针对用户支付税费和货款的需求，由中国银行、工商银行、农业银行、交通银行、招商银行等商业银行在中国电子口岸设立网上银行，为用户开设电子账户，提供资金支付、信用担保、账务管理等多种金融服务。

#### 8. 网络隔离功能

企业及个人与政府部门的联网通过电子口岸实现“一点接入”，使电子口岸成为政府网关，并实现政府网与互联网的逻辑隔离，从而确保政府网络的安全性。

### 6.3.4　中国电子口岸联网应用项目

1999 年 1 月 1 日中国电子口岸第一个项目“进口付汇报关单联网核查系统”到 2004 年年底，31 个口岸电子执法系统在线运行，包括身份认证管理系统、网上税费支付系统、加工贸易联网监管系统、电子口岸预录入系统、进口付汇报关单联网核查系统、出口收汇联网核查系统、报关单联网报关系统、出口退税系统、“ATA”单证册通关系统、ATA 索赔管理系统、质检通关单系统、进出口快件通关系统、数据对账系统、进口汽车证明书系统、业务统计系统、分中心热线查询项目、舱单系统、铁路口岸信息平台系统、进口增值税联网核查系统、深圳陆路口岸快速通关系统、香港和澳门原产地证明（CEPA）系统、“ATA”单证册通关系统（海外版）等。

电子执法系统初步实现与海关总署、外汇总局、税务总局、质检总局、工商总局、商务部、公安部、铁道部、贸促会、香港工贸署、澳门经济局等部委和单位，以及与中国银行、中国工商银行、中国农业银行、交通银行、招商银行等 13 家商业银行的互联互通和信息共享，入网企业近 19 万家，每日处理电子单证数量达 50 万笔，中国电子口岸门户网站日点击率超过 430 万次。

# 第3篇　探索篇

# 第7章 国家交通运输物流公共信息平台

## 内容提要

LOGINK 是典型的由政府主导的国家级智能物流信息网络，其核心是建设一个公平、开放、覆盖全国、辐射国际的物流信息基础交换网络，并依托该网络提供物流公共信息服务、市场增值服务、管理软件服务，以及与物流行业监管服务。本章着重介绍平台的目标、定位、总体功能、总体框架、建设内容，以及国家物流信息基础交换网络，并以案例的形式阐述平台所提供的 5 项主要服务。

## 本章重点

- LOGINK 的目标与定位
- LOGINK 的总体功能
- LOGINK 的总体框架
- LOGINK 的建设内容
- LOGINK 提供的服务

国家交通运输物流公共信息平台（LOGINK）是交通运输部和浙江省人民政府牵头，管理部门、行业协会、软件开发商、物流供应商多方共建的一个开放、共享、免费的国家级智慧物流信息网络。浙江省交通运输厅牵头负责 LOGINK 的建设和运维，也代表中国牵头东北亚物流信息服务网络（NEAL-Net）的建设。

2012 年 9 月 15 日，交通运输部在北京召开了“全国交通运输物流公共信息平台建设领导小组暨联席会第一次会议和技术专家组成立会议”，发布了国家交通运输物流公共信息平台建设纲要，明确了 1+32+nX 的总体架构。2013 年 11 月 15 日，交通运输部在浙江杭州召开了全国交通运输物流公共信息平台建设推进会，正式出台了《交通运输物流公共信息平台建设纲要》、《交通运输物流公共信息平台国家级行业管理系统建设方案》、《交通运输物流公共信息平台区域交换节点建设指南》3 个文件，进一步明确了平台的功能定位、总体目标、布局结构及建设运营保障方案。

2014 年 9 月 12 日国务院发布了《物流业发展中长期规划（2014—2020）》。在该规划的“主要任务”中明确指出，“进一步推进交通运输物流公共信息平台发展，整合铁路、公路、水路、民航、邮政、海关、检验检疫等信息资源，促进物流信息与公共服务信息有效对接，鼓励区域间和行业内的物流平台信息共享，实现互联互通”。并在“重点工程”中，要求“加快推进国家交通运输物流公共信息平台建设，依托东北亚物流信息服务网络等已有平台，开展物流信息化国际合作”。

## 7.1 LOGINK 建设的必要性

目前，我国建设了许多企业级、行业级、区域级智慧物流信息网络，这些智慧物流信息网络存在的问题主要体现在以下 5 个方面。

1）缺少信息交换标准，各自为政，信息资源无法共享

各地方政府、各类企业各自为政的开展智慧物流信息网络建设，各大型企业的物流信息系统也相对封闭，物流行业缺少统一的信息交换标准，信息孤岛现象较为普遍，物流信息流转的间断性严重阻碍了物流活动的连续性。

2）缺乏跨区域、跨行业整合资源能力

现有企业级、行业级、区域级智慧物流信息网络缺少跨行政区域、跨行业乃至跨国界整合各类物流公共信息资源、整合各类公共服务资源的能力，不同区域之间各类物流公共服务功能性的重复建设较为普遍，资源浪费严重，且不能形成合力更好地为物流行业提供便捷服务。

3）难以提供较强吸聚能力的公共服务

除了一些与行政审批结合紧密的政务信息服务以外，目前政府搭建的智慧物流信息网络大部分都难以提供对物流企业具备较强吸聚能力的公共服务，特别是未充分考虑我

国大量中小型物流企业的信息化发展困境与特色需求，或者所提供的服务脱离了政府职能，未能充分发挥政府独有的资源掌控优势，却与民争利，陷入激烈的市场竞争中。

4）缺少数据采集、分析、挖掘和再利用手段

目前尚缺少物流数据采集、分析、挖掘和再利用的手段，物流业发展动态趋势难以掌控，政府和大型企业科学决策缺乏技术支撑。

5）未从宏观层面考虑引领物流行业信息化发展

虽然部分地方政府牵头搭建了一些智慧物流信息网络，但大多偏重于解决某一区域的某一具体问题，而没有站在宏观层面去考虑如何引领和推动物流行业信息化的发展，尚未能充分履行政府推动物流行业发展的基本职能。

从上述分析可以看出，我国智慧物流信息网络发展到现阶段开始遭遇瓶颈，仅仅靠分散、孤立建设的行业级、区域级、企业级智慧物流信息网络已无法满足日益旺盛的物流公共信息服务需求，国家级智慧物流信息网络建设显得尤为必要。

LOGINK 建设的总体思路是，围绕提高社会物流系统运转效率、增强政府的物流公共信息服务能力与物流行业监测能力等目的，以促进物流信息交换为途径，以企业物流公共信息共享服务需求为导向，以统一物流信息交换标准为抓手，融合云计算、物联网、大数据等先进的信息化技术与理念，利用提供一站式公共信息服务、推广标准化物流管理软件、连接产业链上游大企业信息系统等手段逐步吸引物流企业特别是中小企业成为用户，从而逐步构建一个覆盖物流产业链各个业务环节的物流信息交换网络，并基于交换网络提供一批物流行业所需的公共服务，通过交换、服务相互促进与良性循环，最终形成物流行业内基础性、公共性、具备持续发展能力的国家级的智慧物流信息网络。

## 7.2　政府在 LOGINK 建设中的主导作用

跨国界、跨区域、跨行业、跨平台的信息交换，以及信息服务等需求仅仅依靠市场自身力量难以彻底解决，需要政府通过履行自身行业管理与公共服务职责、发挥政策导向、统筹规划与整合资源等优势予以破解。LOGINK 的建设必须由政府主导。

（1）政府具有维护公平竞争和公平交易的市场监管职能，有责任也有能力保证智慧物流信息网络的公正性。具体而言，政府能够确保智慧物流信息网络为物流产业链各类企业提供安全、可靠的信息交换服务，特别是保障企业的商业信息不被泄露，保障企业在线交易的信息对称。

（2）政府具有提供公共服务的职能，有责任也有能力利用所掌握的资源为行业提供物流公共信息服务。具体而言，政府能够利用所掌握的物流基础设施信息、物流行业管理信息（如从业人员、车辆、企业基本信息与信用信息等）、交通动态信息等进行开发利用，并整合相关社会信息资源，从而为物流行业提供全面、准确的公共信息服务。

（3）政府具有保护国家经济安全的职能，有责任也有能力在市场经济环境下保障智慧物流信息网络不受垄断影响。随着规模巨大的跨国物流企业进入和产业集中度提升，我国物流业内部蕴含着较大的垄断因素，我国本土的物流企业很难在这起步差异巨大的竞争中获得市场的主导优势。因此，从维护民族企业利益和国家经济安全角度考虑，需要政府部门积极参与智慧物流信息网络的建设，以弥补市场机制的内在缺陷与不足。

（4）政府具有推动行业发展与社会进步的职能，有责任也有能力按照国民经济发展对物流业的要求进行长远规划、分步实施，推进物流行业的标准化进程，带动中小物流企业的信息化发展，提高物流行业对国民经济发展的贡献。

可见，政府在国家级智慧物流信息网络的建设中起着十分关键的作用。但同时也应该认识到，物流活动是纯市场行为，国家级智慧物流信息网络不能纯粹依赖于政府，而只有遵循市场规律发展才具有强大的生命力。因此，在物流行业信息化发展相对滞后的现状条件下，政府利用自身具有的政策引导、信誉担保、资金补助、联合大企业等推进手段方面的优势来主导国家级智慧物流信息网络的起步建设工作是必要的，但同时应吸引企业的力量来共同推动网络的建设与发展。

## 7.3 LOGINK 的目标与定位

### 1. LOGINK 的总体目标

构建覆盖全国、辐射国际的物流信息基础交换网络和国家平台门户，实现 LOGINK 与相关物流信息系统和平台之间可靠、安全、高效、顺畅的信息交换，实现行业内相关信息平台交换标准统一，提供公正、权威的物流相关公共信息服务，有效促进物流产业链各环节信息互通与资源共享。

### 2. LOGINK 的定位

LOGINK 是我国的一个由政府主导的国家级智慧物流信息网络，是由交通运输主管部门推进建设，以提高社会物流效率为宗旨，以实现物流信息高效交换和共享为核心，以统一的标准为基础，以连通各类物流信息平台、企业生产作业系统，消除信息孤岛为目的，面向全社会的公共物流信息服务网络。

下面从物流信息化应用体系的角度剖析 LOGINK 定位。

物流信息化应用体系在法律法规体系、标准规范体系、安全保障体系的制约与支撑下，具体可分为微观层、中观层、宏观层 3 个层面。

微观层是指单一企业内部开展的物流信息化应用，包括产业链企业活动信息化（如大型制造企业自有物流管理系统）、物流企业信息化（如大型运输企业的运输车辆动态跟踪系统）等。

中观层是指在特定区域内部开展的面向多个企业的物流活动的信息化，包括物流专业领域信息化（如小件快运信息化）、区域物流信息化（如区域物流公共信息平台）、物流园区信息化（如物流园区公共信息平台）等。

宏观层是指跨国界、跨区域、跨行业开展的面向多类对象群体的物流活动的信息化，包括国际物流信息化（如跨国物流信息交换）、跨区域物流信息化（如长江航运物流公共信息平台）、多式联运信息化（如公铁联运、海铁联运的信息化）等。

LOGINK 是由政府主导的国家级智慧物流信息网络，在物流信息化应用体系中处于顶层位置，是物流信息化宏观层的具体应用。物流信息化应用体系及 LOGINK 在其中的基本定位如图 7-1 所示。

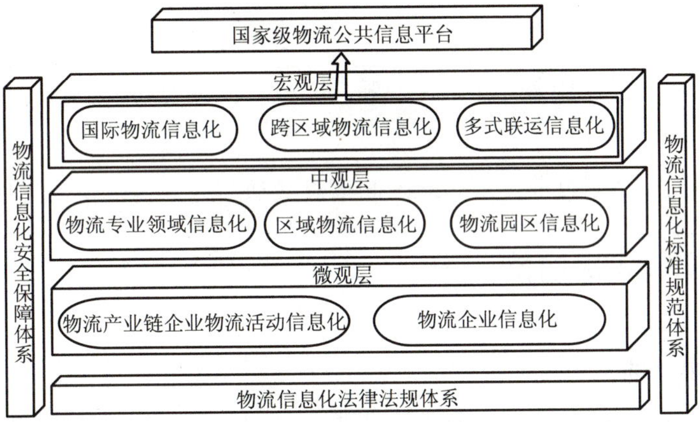


图 7-1　LOGINK 在物流信息化应用体系中的定位

### 3．LOGINK 的边界关系

LOGINK 是衔接相关行业和国际物流信息平台、负责全网有效协调运行、实现信息交换与资源共享的桥梁。

1）LOGINK 与“区域平台”的关系

“区域平台”特指各地方交通运输主管部门主导建设的、提供区域性物流公共信息服务的平台。“区域平台”可通过 LOGINK 实现与其他物流信息系统的互联互通，共享 LOGINK 提供的物流相关服务资源。

2）LOGINK 与“企业平台”的关系

“企业平台”是由企业主导建设，以满足企业自身物流业务需求或向物流市场提供有偿信息服务为目的的企业物流信息平台。“企业平台”是 LOGINK 的服务对象，通过 LOGINK 实现与其他“企业平台”之间的数据交换，共享 LOGINK 提供的物流相关服务资源。

3）LOGINK 与相关政务信息系统的关系

行业内外相关政务信息系统中物流相关服务功能与 LOGINK 共同构成交通运输物流

公共信息服务体系。LOGINK 连接交通运输行业各类政务信息系统和其他行业相关政务信息系统，通过 LOGINK 门户网站进行汇聚并对外提供信息服务。

4）LOGINK 与相关国际物流信息系统的关系

LOGINK 与相关国际物流信息系统在特定合作框架下，基于统一标准和交换机制进行对接，实现国际间物流资源共享、数据交换，提升各参与方国际物流信息服务水平。

### 4. LOGINK 的特征

1）公益性

平台不以盈利为目的，主要为各物流信息服务需求方提供基础性公共服务，核心是实现物流信息的交换与共享。

2）开放性

平台面向全社会提供服务，不局限于特定行业、特定作业环节和特定服务对象。

3）共享性

实现不同部门、不同行业、不同地区间信息交换与共享，减少信息孤岛和重复建设。

## 7.4　LOGINK 总体功能

### 1. 基础交换功能

主要解决跨国、跨行政区域、跨行业、跨部门的各类物流公共信息平台和物流产业链上下游企业之间缺乏统一数据交换标准，信息孤岛，信息传递效率低、集成能力低、交换成本高等问题，具体功能如下。

1）物流业务数据交换

(1) 跨区域交换。

实现各类物流信息平台跨区域的数据交换，交换内容主要包括物流产业链相关企业间业务单据信息、异地车货源信息、从业人员或企业物流活动历史记录信息、异地危险品运输信息等。

(2) 跨国交换。

实现我国与其他国家的物流信息共享，交换内容主要包括港口集装箱状态信息、参与跨国运输的船舶动态船期信息等。

2）物流公共信息服务交换

(1) 跨行业交换。

通过物流信息基础交换网络实现交通运输行业与其他行业的物流相关服务信息交换，交换内容主要包括海关部门的通关状态信息、公安部门的人员身份信息、工商部门的物流企业注册信息等。

（2）跨部门交换。

通过物流信息基础交换网络实现 LOGINK 与交通运输行业内各相关部门政务信息系统物流服务信息交换，所连接系统主要包括部道路运输司负责的道路运政管理系统、部水运局负责的交通电子口岸等。

**2. 公共信息服务功能**

主要解决国家层面物流公共信息服务资源零散，物流行业信息服务需求难以得到满足的问题。LOGINK 将按照“统一标准，互联互通，共享服务”的理念，主要依托交通运输部及行业已有的相关政务系统，通过多种技术手段实现物流信息服务统一渠道提供。LOGINK 发展过程中可不断扩展新的服务内容，可提供的公共信息服务内容如下。

1）物流基础设施信息查询服务

提供路网、场站、航道、港口等物流基础设施的静态基础信息及运行动态信息的查询服务，为物流企业科学高效地选择运输路径与运输方式、降低运输成本提供帮助。

2）物流政策法规信息查询服务

提供物流行业相关的政策、法规、标准等各类信息查询服务，为物流产业链各类企业及时掌控行业发展方向及动态、优化企业经营战略方针提供帮助。

3）物流信用信息查询服务

提供物流活动相关方（如运输经营业户、驾驶员、营运车辆等）的身份、资质、信用信息查询服务，从而打破物流市场交易中的信息不对称、不透明，为物流业诚信体系的逐步构建奠定基础。

4）国际及港澳台物流信息共享服务

提供国际及港澳台物流信息共享服务功能，实现包括港口集装箱状态、船期动态等信息的共享交换功能。

## 7.5 LOGINK 总体结构

本节分别介绍 LOGINK 的“1+32+nX”总体框架及技术结构。

### 7.5.1 LOGINK 总体框架

智慧物流信息网络可以采用数据中枢结构模式来实现数据和信息服务交换。但是网络中包括一个数据中枢还是多个数据中枢，数据中枢之间的结构关系是什么，还需要根据实际情况加以设计。

LOGINK 的核心是要建设一个物流信息基础交换网络。为了充分发挥各个部门的积极性，最终采用了“1+32+nX”总体框架。

（1）“1”代表平台的国家级管理服务系统；国家级管理服务系统由交通运输部组织建设，包括铁路、公路、水路、民航、邮政等国家交换节点、基础交换网络管理系统和门户网站，负责平台的运行管理、相关行业和国际物流平台的衔接和公共信息服务。

（2）“32”泛指 32 个省级交通运输主管部门建设的区域交换节点。由各省级交通运输主管部门推动建设，32 个区域交换节点与国家交换节点共同构成物流信息基础交换网络。

（3）“nX”是指平台拓展和衔接的信息服务体系。n 代表 n 类信息系统，X 代表某一类信息系统中 X 个具体的信息系统。n 类信息系统包括行业内相关政务信息系统（n1）、相关行业信息系统（n2）、相关企业信息系统（n3）、相关国际物流信息系统（n4）等。行业内相关政务信息系统中，包括道路运政管理系统（X1）、水路运政管理系统（X2）、交通电子口岸（X3）、长江航运物流公共信息平台（X4）等；相关行业信息系统中，包括海关（X1）、公安（X2）、商务（X3）、质检（X4）、金融（X5）等行业政务信息系统；相关企业信息系统中，包括物流产业链相关运输（X1）、仓储（X2）、商贸（X3）、制造及物流信息服务（X4）等企业信息系统；相关国际物流信息系统中，包括如日本（X1）、韩国（X2）、欧盟（X3）及东盟（X4）等相关物流合作国家的信息系统，以及其他类相关信息系统中的某个信息系统。随着 LOGINK 的不断发展，“nX”的范围将不断扩大。

LOGINK 总体框架如图 7-2 所示。

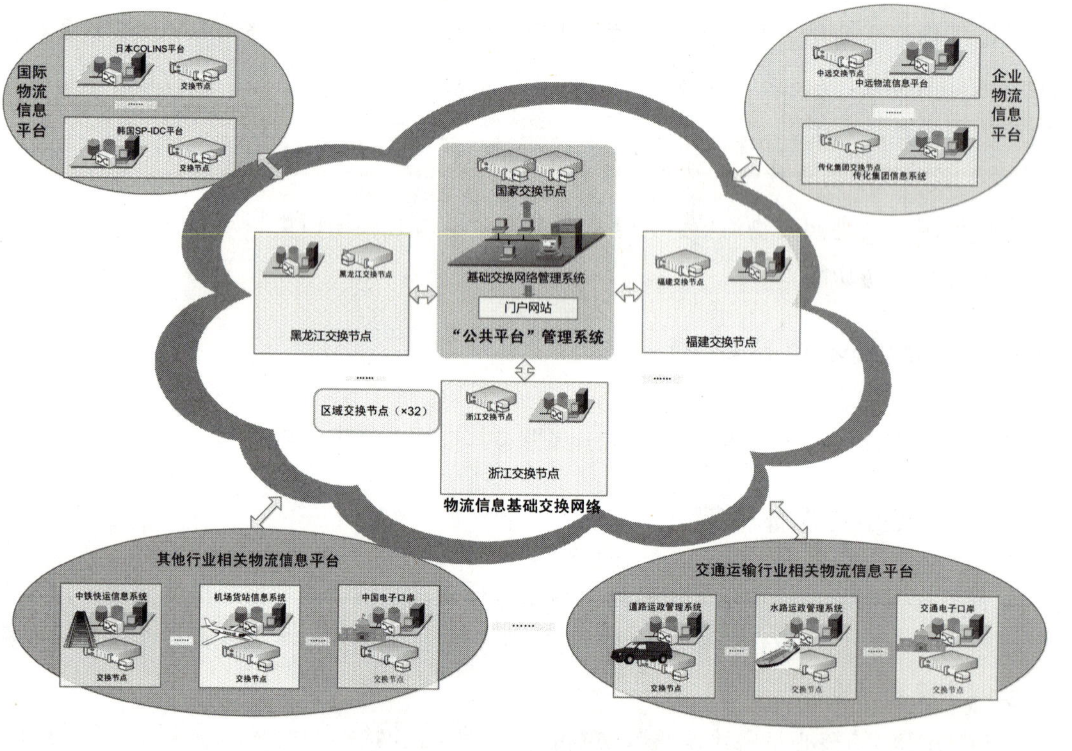


图 7-2　LOGINK 总体框架

## 7.5.2　LOGINK 技术结构

LOGINK 技术框架包括 4 个层面、2 套体系。LOGINK 的服务对象包括平台及最终用户两部分，为物流行业相关信息平台提供数据交换与服务整合功能，并通过国家平台门户为相关企业直接提供各类信息服务。技术架构如图 7-3 所示。

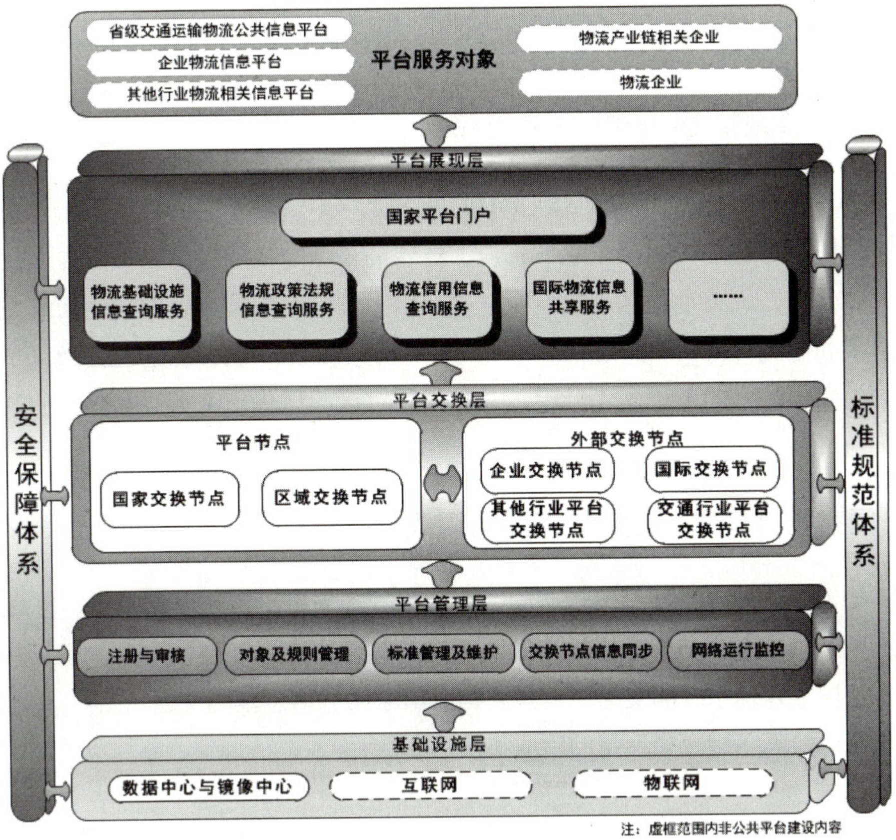


图 7-3　LOGINK 技术架构

1）平台展现层

平台展现层是指 LOGINK 的门户，是物流公共信息服务资源的集中展现。

2）平台交换层

平台交换层是指物流信息基础交换网络所能覆盖的平台节点与外部交换节点。

3）平台管理层

平台管理层是指基础交换网络管理系统，包括注册与审核、交换对象及规则管理、标准管理及维护、交换节点信息同步、网络运行监控等功能。

4）基础设施层

基础设施层是指支撑平台运行的信息化基础设施，包括数据中心及镜像中心，以及所依托的互联网、物联网等网络基础设施。

5）标准规范体系

标准规范体系是为实现 LOGINK 基础交换功能所必须明确制定并要求各参与方遵循的技术应用和管理保障规范的集合。

6）安全保障体系

根据《信息安全等级保护管理办法》，结合 LOGINK 的主要功能及所涉及的信息内容，国家级管理服务系统安全保护级别定为三级，区域交换节点安全保护级别定为二级。

## 7.6 国家物流信息基础交换网络

国家物流信息基础交换网络是 LOGINK 的核心。它为物流的仓储、运输、包装、装卸、加工、配送等各环节提供中立、开放、免费的单据交换和服务交换。任何一个物流信息系统或平台，只要遵循基础交换网络标准接入该网络，就可以同其他系统或平台进行数据交换和服务交换，从而彻底消除“信息孤岛”现象，为打通整个物流链、价值链、服务链创造条件。它的范围覆盖全国，并与国际对接，形成一个类似互联网的开放的物流信息交换网络。

### 7.6.1 国家物流信息基础交换网络的组成

国家物流信息基础交换网络由基础交换网络管理系统、国家交换节点、区域交换节点共同组成。国家交换节点、区域交换节点为对等的、点到点连接关系，按照网状结构在基础交换网络管理系统的支撑下，共同构成国家物流信息基础交换网络。

国家物流信息基础交换网络的组成如图 7-4 所示。

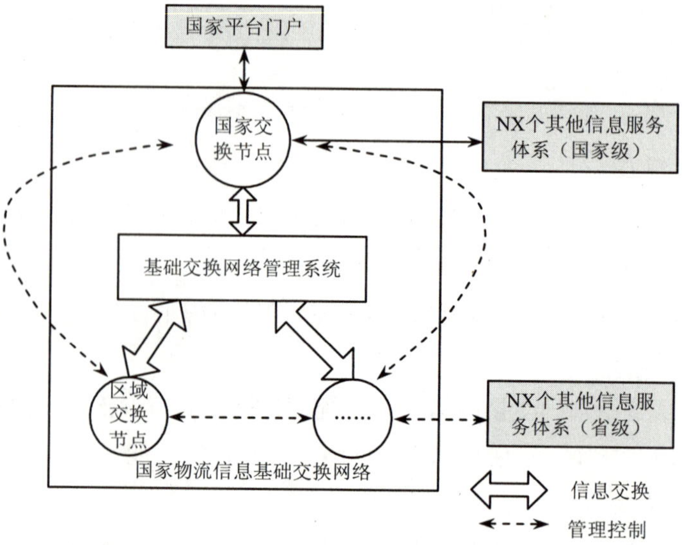


图 7-4　国家物流信息基础交换网络的组成

（1）基础交换网络管理系统负责对国家交换节点、区域交换节点进行管理与监控，包括对服务器接入许可、路由信息设置、运行情况监控，以及服务注册、服务发布等内容的统一管理，对接入用户进行统一注册等。

（2）国家交换节点衔接国家平台门户、国家级的 nX 个其他物流信息系统、区域交换节点，负责国家级道路货运、水路货运、航空货运、铁路货运、邮政等领域的物流信息交换，以及省际、部际、国际、港澳台物流信息交换。

国家交换节点可以由多个逻辑节点组成，可分为综合交换节点和行业交换节点两类。

① 综合交换节点主要完成交通运输部与海关、公安、工商、质检等其他部委的物流相关信息交换，以及交通运输部与日本、韩国及欧盟等其他国家或地区的物流相关信息交换。

② 行业交换节点主要完成交通运输部与相关行业的物流相关信息交换，包括道路货运物流信息交换节点、水路货运物流信息交换节点、航空货运物流信息交换节点、铁路货运物流信息交换节点、邮政物流信息交换节点。

综合交换节点和行业交换节点均为国家交换节点的逻辑组成部分，开展建设时可根据实际情况统一集中或分别独立部署。

（3）区域交换节点是与国家交换节点遵循相同标准规范的区域性物流信息交换基础支撑环境，由省级交通运输主管部门引导建设，与国家交换节点的功能是相同的，两者是一种对等的、点到点连接关系。

区域交换节点主要实现信息交换功能，为区域内、跨区域的物流业务数据交换（例如，企业单据信息、异地车货源信息、从业人员或企业物流活动历史记录信息等），以及跨行业、跨部门的物流公共信息服务交换（例如，海关系统通关信息、公安系统人员身份信息、工商系统企业注册信息等）提供安全可靠的技术支撑环境。

### 7.6.2　国家物流信息基础交换网络的逻辑结构

从逻辑上来看，国家物流信息基础交换网络由基础交换网络管理系统、数据交换、信息服务交换共三个子系统组成。国家交换节点及区域交换节点均由数据交换和信息服务交换两个子系统组成，如图 7-5 所示。

管理系统负责数据交换子系统、信息服务交换子系统的统一注册、管理与监控，主要提供物流交换代码、标准体系（标准代码）、数据交换中心注册管理、服务交换中心注册管理、用户统一认证、交换监控等功能。

数据交换子系统由多个分布式的数据交换节点（每个节点包含若干数据交换服务器）组成，为用户提供数据交换服务。

信息服务交换子系统由多个分布式的服务交换节点（每个节点包含若干服务交换服

务器）组成，为用户提供服务交换服务。

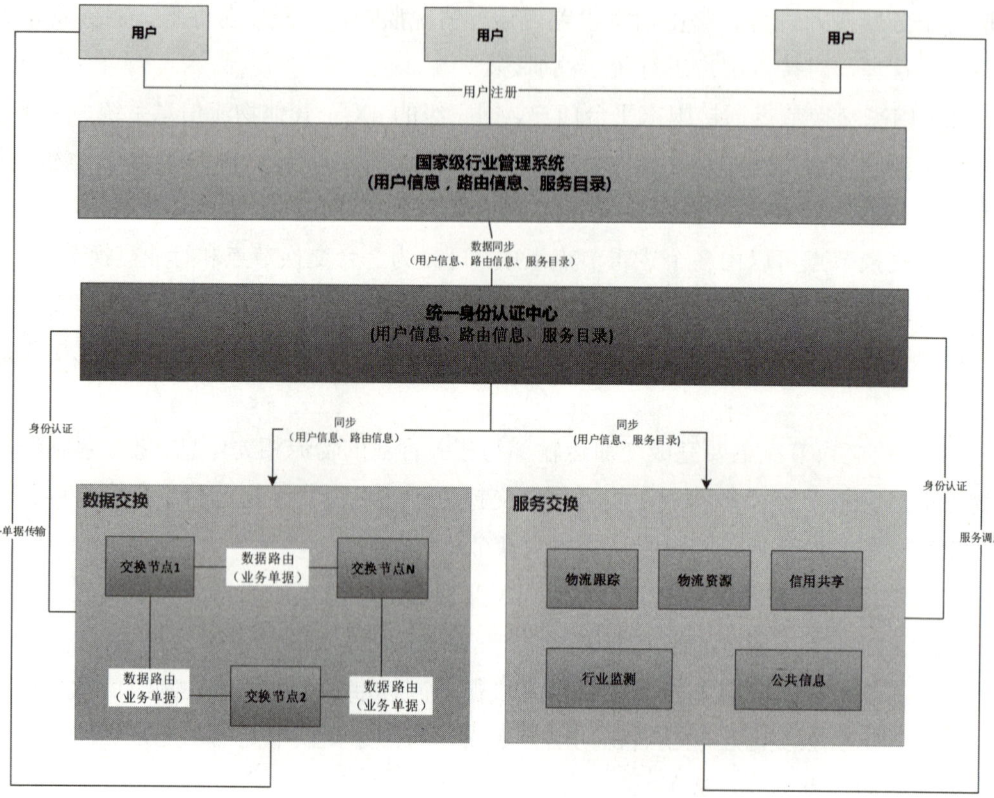


图 7-5　国家物流信息基础交换网络的逻辑结构

## 7.6.3　国家物流信息基础交换网络管理系统

基础交换网络管理系统是国家物流信息基础交换网络的管理中心，承担用户及服务注册、用户服务申请等功能；同时为确保交换网络各服务运行稳定，对数据交换、服务交换的运行情况进行综合监控。

管理系统由管理中心、监控中心以及统一认证中心三部分组成，主要包括物流交换代码的管理、用户管理、标准代码管理、交换服务器的日常管理和监控、数据统计分析、用户统一认证等功能。

基础交换网络管理系统的功能结构如图 7-6 所示。

## 7.6.4　国家物流信息基础交换网络数据交换系统

数据交换是国家物流信息基础交换网络的核心服务。它为物流产业链上的企业与其上下游合作企业、公共信息服务系统、企业服务商等物流活动参与方提供信息互联与共享的服务。

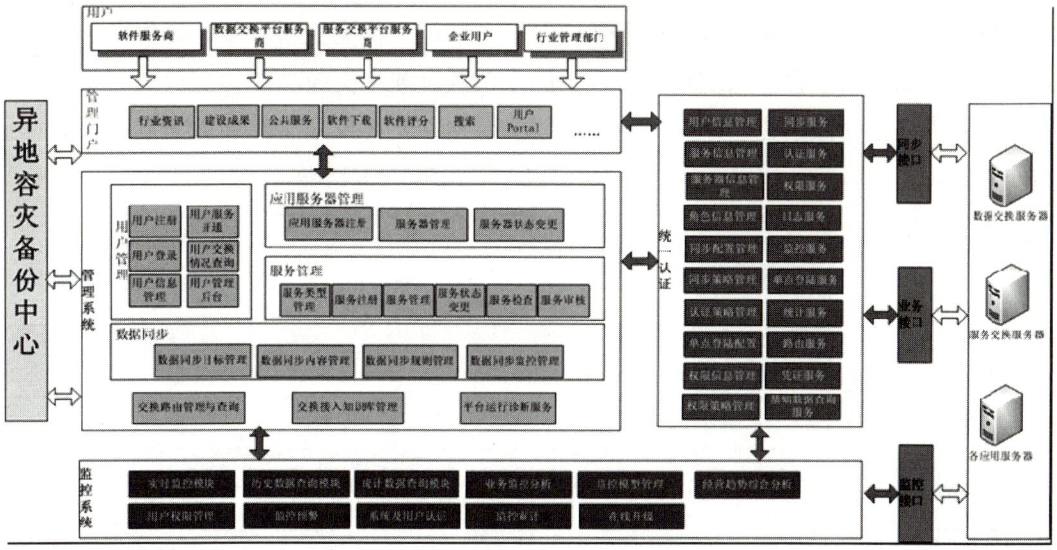


图 7-6　基础交换网络管理系统的功能结构

数据交换系统实现了用户管理、数据接收、数据发送、安全认证、交换监控等功能，并通过数据路由功能实现与其他交换系统之间的共享。在数据传输方面，支持 webservice、JMS、ftp 等协议，以便企业根据实际情况选择合适的协议接入基础交换网络。

数据交换目前有两种交换模式：集中式中心交换模式和点对点交换模式。集中式交换模式又可以分为有路由和无路由的两种状态，路由模式是指交换的双方分别注册在不同的交换节点上，无路由的模式是指交换的双方都注册在同一个交换节点上，如图 7-7 所示。

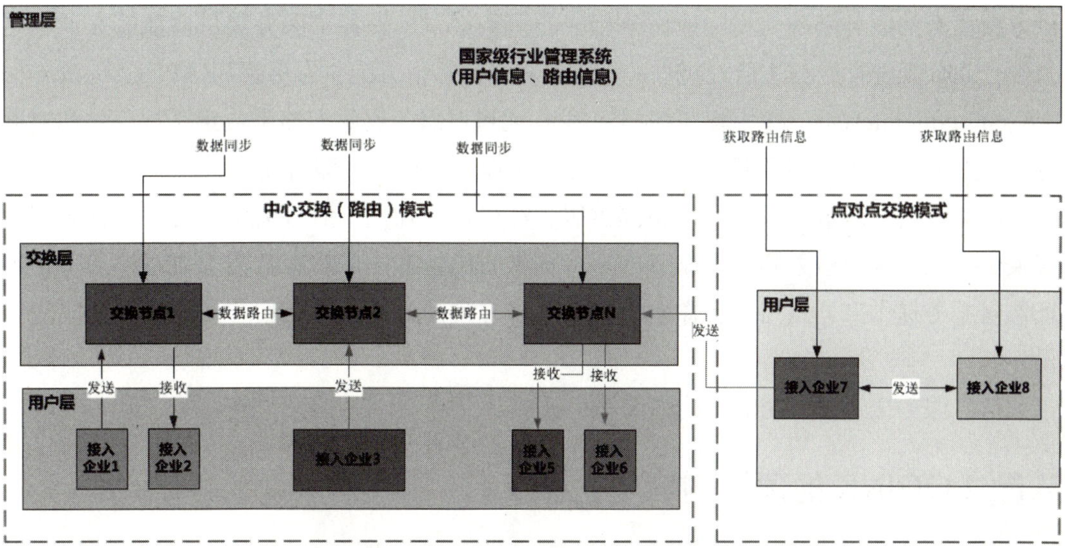


图 7-7　国家物流信息基础交换网络的数据交换模式和流程

数据交换服务可以实现行业管理部门、生产单位、物流企业、服务提供商之间的信息共享。该服务由在管理系统统一管理下的多个具有数据交换功能的交换节点来实现。不妨称之为数据交换中心。数据交换中心提供数据安全、数据接收、数据发送、数据路由、数据监控等服务。数据交换系统的功能结构如图 7-8 所示。

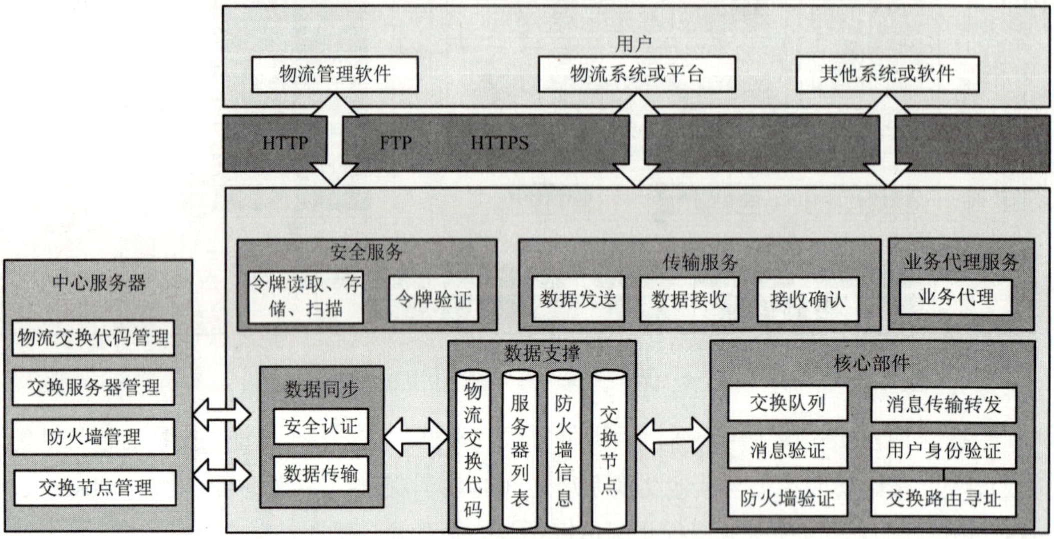


图 7-8　数据交换中心的功能结构

### 7.6.5　国家物流信息基础交换网络信息服务交换系统

信息服务交换中心的设计原则是提供信息服务中介。根据定义的标准函数，服务提供方在已有的服务基础上添加或修改相应的服务接口，使各个服务提供商能够在此平台上按行业分类进行服务注册。同时，管理方对服务需求方提供服务调用 API（Application Programming Interface，应用程序编程接口）。通过对服务提供方的函数定义规范化和对服务需求方的调用 API 的预开发，达到服务的快速安装配置、即时使用。

同时，信息服务交换中心同步提供服务注册索引功能，服务需求方可通过信息服务交换中心应用系统检索到所需服务的直接提供方的地址，然后服务需求方直接通过该地址访问服务提供方。这为服务需求方提供了多样性的选择，方便用户按照实际情况进行操作。

信息服务交换中心功能结构如图 7-9 所示。

## 7.7　LOGINK 的建设内容与主要工作

LOGINK 是以提高社会物流效率为宗旨的，以实现物流信息高效交换和共享为核心功能，由交通运输部和省级交通运输主管部门共同推进，连通各类物流信息平台、企业生产作业系统，统一信息交换标准、消除信息孤岛的面向全社会的公共物流信息服务网络。

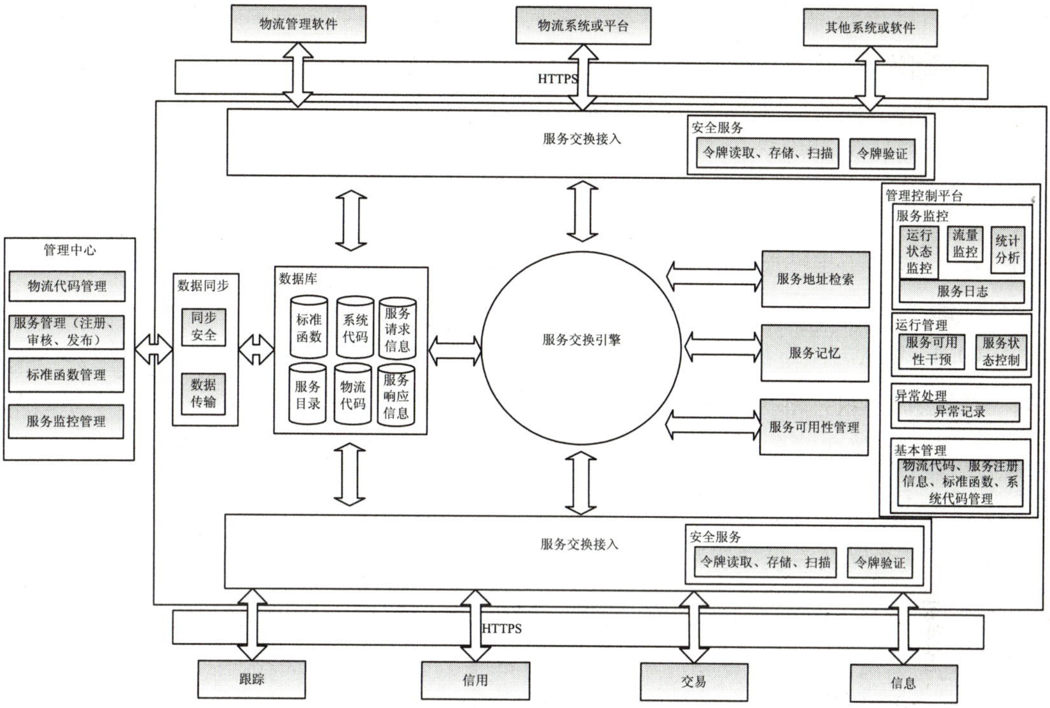


图 7-9　服务交换中心功能结构

## 7.7.1　LOGINK 的建设内容

LOGINK 中的“1+32N”，即国家级管理服务系统、区域交换节点是平台的两个核心建设内容。

### 1．国家级管理服务系统的建设内容

国家级管理服务系统建设内容主要包括国家平台门户、基础交换网络管理系统、国家交换节点、标准规范体系及安全保障体系的建设。

交通运输部发布了《交通运输物流信息平台国家级管理服务系统建设方案》，以加快开展国家级管理服务系统建设，保障 LOGINK 建设整体推进。

（1）国家平台门户是 LOGINK 对外发布信息的窗口，也是交通运输行业部级、省级各类物流公共信息服务集中展现的主要窗口。与交通运输部政府门户不同，国家平台门户专注于物流业所需公共信息的汇聚与发布；与各省建设的区域物流公共信息服务门户不同，国家平台门户负责提供跨区域及国际物流信息服务，并作为各省特色区域物流信息服务的发布渠道之一。

（2）基础交换网络管理系统负责对国家交换节点、区域交换节点进行管理与监控。

（3）国家交换节点衔接国家平台门户、国家级的 nX 个其他物流信息系统、区域交换节点，负责国家级道路货运、水路货运、航空货运、铁路货运、邮政等领域的物流信息交换，以及国际、港澳台物流信息交换。国家交换节点从逻辑上可分为综合交换节点和行业交换节点。综合交换节点主要完成交通运输部与海关、公安、工商、质检等其他部委的物流相关信息交换与应用推进，以及交通运输部与日本、韩国及欧盟等其他国家或地区的物流相关信息交换与应用推进。行业交换节点主要完成交通运输部与相关行业的物流相关信息交换与应用推进，包括道路货运物流信息交换节点、水路货运物流信息交换节点、航空货运物流信息交换节点、铁路货运物流信息交换节点、邮政物流信息交换节点。

（4）标准规范体系负责统一规范国家级管理服务系统、区域交换节点的软件、数据库、交换接口建设，确保信息互联互通。

（5）安全保障体系负责为 LOGINK 运行安全的多个技术层面提供保障，确保 LOGINK 稳定可靠运行，确保各类物流业务数据的安全保密。

### 2. 区域交换节点的建设内容

区域交换节点为 LOGINK 的重要组成部分，是与 LOGINK 遵循相同标准规范的区域性物流信息交换基础支撑环境，由省级交通运输主管部门引导建设，与国家交换节点是对等关系，两者与基础交换网络管理系统共同构成国家物流信息基础交换网络。

区域交换节点主要实现物流信息交换功能，为区域内、跨区域的物流信息交换提供安全可靠的技术支撑环境。

交通运输部发布了《交通运输物流公共信息平台区域交换节点建设指南》，旨在指导和规范各省（直辖市、自治区）级交通运输主管部门开展区域交换节点和互联应用项目的具体建设与实施工作，保证 LOGINK 总体建设目标的顺利实现。

#### 1）区域交换节点建设

区域交换节点建设主要包括三方面内容：①部署区域数据交换服务器；②部署配套的应用支撑系统，包括操作系统、数据库软件、中间件和数据交换软件等；③部署符合信息安全等级保护要求的网络环境，包括网络链路、防火墙、核心路由器、防病毒网关和核心交换机等。如果区域交换节点建设单位已经具备满足要求的网络环境，则重点部署数据交换服务器和应用支撑系统。

各区域交换节点部署数据交换服务器后，需向国家级管理服务系统提交联调方案，申请联网联调，完成数据交换服务器与国家级管理服务系统的联网联调后，正式并入国家物流信息基础交换网络进行联网运行。

#### 2）区域互联应用推广

各省可根据实际情况选择合适的互联应用项目，由具体实施单位开展系统之间的互联，充分发挥区域交换节点桥梁纽带的作用。

### 7.7.2　LOGINK 的主要工作

为了顺利完成 LOGINK 的建设目标与任务，LOGINK 应重点抓好以下 3 项工作。

（1）提供物流链各主体之间物流数据交换和物流信息服务交换的框架和相关标准规范的制定工作。

（2）在标准规范的基础上，建设国家级管理服务系统，部署一批交换服务器构建一个物流信息基础交换网络，实现物流信息高效交换和共享。

（3）开展一批互联应用项目，推动物流企业业务信息系统、物流信息服务平台、行业管理部门、软件服务商，以及港口、物流园区、机场、铁路等公共物流节点信息系统按照标准规范加以改造，接入物流信息基础交换网络，实现物流单据的交换和公共信息的查询。

## 7.8　LOGINK 应用及案例

LOGINK 面向社会主要提供基础交换服务、公共信息服务、市场增值服务、物流企业管理软件服务、行业监管服务 5 项服务。

### 7.8.1　基础交换服务

提供跨国、跨行政区域、跨行业、跨企业的各类物流相关信息系统与平台之间的物流业务数据交换，以及物流信息服务交换等基础交换服务，解决物流链中的信息孤岛问题。

本节选取平台所实施的几家大型企业：浙江省 X 书店、A 医药公司、B 医药公司、RS 集团 4 个典型互联案例向读者介绍平台的基础交换服务（以下均为真实企业信息，企业名称为化名）。

**案例 1：浙江省 X 书店**

浙江省 X 书店集团通过 LOGINK 实现了与 SBD 等承运商之间的信息交换，属于商贸企业与物流企业之间的数据交换，从而大幅度减少了纸质单据和人为出错率，降低成本，提高企业运营效率。

**1. 背景介绍**

浙江省 X 书店集团以新技术来提高规模效益，实行连锁经营，开拓网络销售，加快企业经营结构调整和市场化步伐，提高市场竞争力和企业整体实力。集团公司以技术为先导，建设信息系统和现代物流，开发了全行业领先的、具有自主知识产权的 ERP 系统，建设了 14 万平方米的大型现代化书业物流中心，规范业务流程，统一信息标准，整合行业产品资源和信息资源达 160 万种，年流转品种 100 万种，总部常年在架品种达到 50 万种，建立了全集团信息一体化、库存一体化、市场一体化的连锁经营运作体系。

### 2. 面临的问题

随着 X 书店自身业务的迅速发展，其对供应链的管理、承运商的掌控及信息的及时性的要求越来越高。X 书店与下游承运商的信息交换仍旧比较原始，这直接影响 X 书店的运营效率，也影响整个供应链的响应时间和效率。X 书店有 10 多家承运商及众多的供应商，每年保守估计约有 35 万个单据的交换和流通。X 书店和承运商之间的交换还是纸质单据的交换，并且没有实时的信息的交互，货物节点信息的获取，这直接导致：

（1）纸质单据成本高，容易丢失，损坏，统计结算麻烦。

（2）托运单线下沟通频繁，与承运商之间的托运信息基本依靠电话和传真解决。

（3）双方人员需要对纸质单据进行人工录入系统，费时、费力，极大影响货物的及时发运，并且经常出现录入差错。

（4）无法及时获取回单，信息核对、结算等全部需要手工处理，存在效率低下、准确性差、历史数据查询困难等问题。

（5）由于外部承运商的原因引起较高的客户投诉量，并且投诉处理费时费力，企业形象受到极大影响。

在采用 LOGINK 进行数据交换前，X 书店与下游承运商之间业务流程如图 7-10 所示。从图中可以看出 X 书店与下游承运商之间包含了大量的人工录入、电话沟通、传真确认等效率较低、容易出错的工作内容。

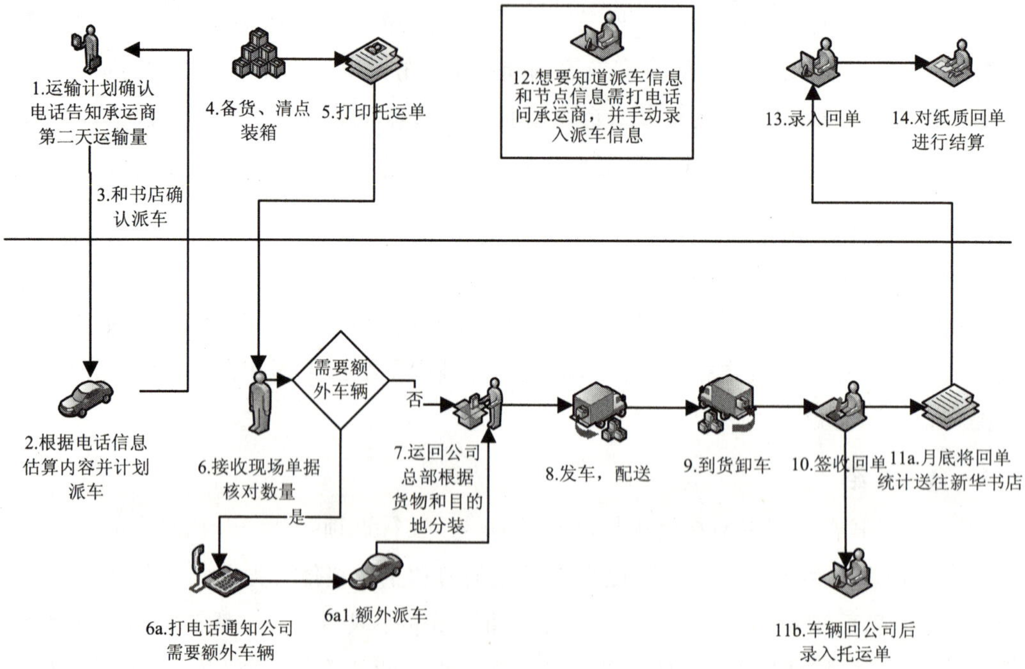


图 7-10　X 书店互联前业务流程

### 3. 解决方案

利用 LOGINK 的基础交换服务，以及平台的标准化软件、各种应用服务和外部系统接入方面的建设成果，实现 X 书店与其承运商之间的信息交换，具体措施如下。

1）统一企业间物流信息交换标准

X 书店与承运商的交换必须遵循物流信息交换标准。选取与 X 书店实际业务相匹配的单据标准，并根据实际情况对单据标准进行扩展以满足其业务需要。实现用统一的数据格式面对不同的下游承运商，做到了一个标准，多方交换。

2）简化承运商信息系统的接入

承运商的多样性一直是困扰 X 书店推进供应链信息整合的大问题，X 书店配送业务的承运商中既有长运物流、佳吉物流等拥有复杂运输管理系统的大型物流企业，也有 SBD 物流承运商、神州等有一定信息化基础的中型物流企业，更有圣通、恒茂等基本没有信息化辅助、专注于几条精品配送线路的小微型物流企业。针对企业的不同情况，LOGINK 通过不同的手段来推进承运商信息系统的接入。顺利进行系统对接是互联互通的关键。

3）建立数据交换通道

LOGINK 的基础交换网络提供了一个公共、便捷、安全的交换通道。平台对于报文只解析信封内容，而不解析业务内容。平台保证交换网络足够的带宽，通过物流交换代码、TOKEN、防火墙等来保证安全性和唯一性，这就相当于在互联网上搭建了一个免费、公共的电子信息邮局来处理各方的信息往来，使所有的交换方只需要面对唯一的交换平台，节省了大量接口开发及调试工作，如图 7-11 所示。

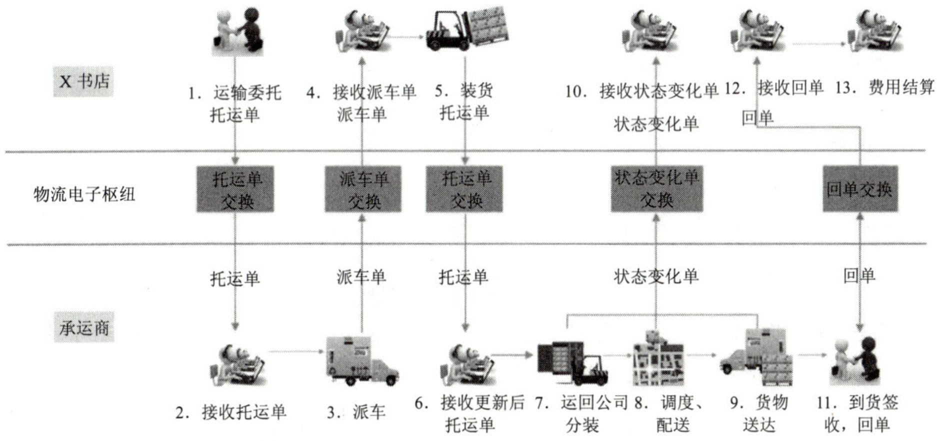


图 7-11　X 书店互联后业务流程

### 4. 效益分析

(1) 有效整合以 X 书店为主导企业的供应链，解决因数据不对称而造成的链条割裂、服务不到位及整个供应链效率低下问题，提升整个供应链的效率。

（2）减少货物运输和相关服务的纸质单据和人为出错率，降低成本、提高效率。

（3）提供贯穿整个供应链的货物和资产可视化的能力。

（4）减少企业间系统互联的建设成本及复杂度。

（5）提升企业整体形象和声誉。

X 书店互联的具体 KPI 如表 7-1 所示。

**表 7-1　X 书店互联成效分析**

| X 书店 | 项　目 | 互 联 前 | 互 联 后 |
|---|---|---|---|
| 成本减少： | 通讯费用（电话，传真等） | 200 元/月 | 140 元/月 |
| | 人力成本（需几人，每人工资） | 2×3500 元 | 1×3500 元 |
| | 单据成本（一单的成本，假设取消部分纸质单据） | 1 元/单 | 0.5 元/单 |
| | 时间成本（因信息滞后，或流程不规范带来的成本以及具体单据处理的时间的人力成本） | 625 元/月 | 55 元/月 |
| 效率提高： | 录入总体差错率（包括已改正的错误） | 3% | 0.05% |
| | 派车信息的获取 | 1 小时/天 | 10 分钟/天 |
| | 单据保存和查找效率 | 一般 | 高 |
| | 供应链可视化（实时节点信息的了解） | 无 | 可实现 |
| | 对承运商更好的管理和监控 | 普通 | 提高 |
| 企业声望： | 客户满意率 | 普通 | 提高 |
| | 和 LOGINK 一起进行推广，去企业培训 | 普通 | 提高 |
| | 企业表彰 | 无 | 提高 |
| 业务增长： | 在 LOGINK 的众多互联企业中寻找可靠的经过认证的新合作伙伴 | 无 | 可能性增加 |

注：以上数值均是平均约数，只针对单家承运商。

## 案例 2：A 医药股份有限公司

### 1. 企业背景

1）A 医药股份有限公司（商业）

A 医药股份有限公司（商业）主要从事抗生素、中成药、化学合成药、基因工程药品的生产，以及西药、中成药、药材参茸、医疗器械、化学试剂、玻璃仪器等医药商品的销售，是一家集医药工业、商业和科研开发于一体的大型、综合性医药企业。

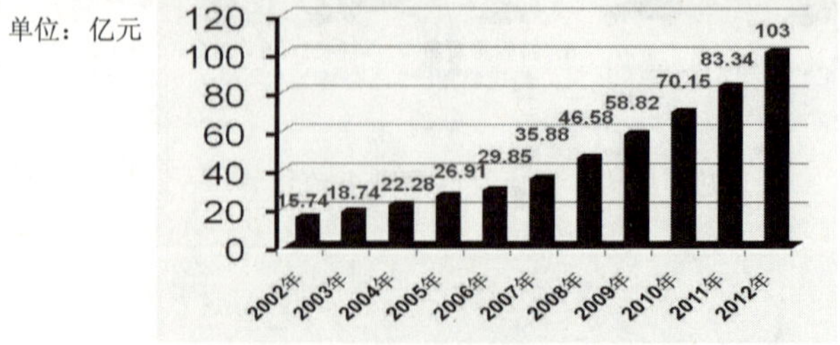


图 7-12　A 医药股份有限公司销售收入

2002—2012 年复合增长率为 20.55%，2012 年销售额为 2002 年的 6.5 倍。

2）A 医药供应链管理（杭州）有限公司

A 医药供应链管理（杭州）有限公司为 A 医药股份有限公司（商业）的全资子公司，经营范围为医药供应链技术的管理与咨询等，是一家立足医药行业，发挥医药行业的专业优势，在服务西药、中药事业部物流配送的基础上，拓展第三方物流业务，重点反战医药行业的代储代配送业务的专业公司。

公司内部已经搭建了较为完善的物流信息系统，主要包括 3PL、WMS、TMS 三大子系统。

3PL 系统：第三方物流业务系统，用来与多个不同货主的 ERP 系统实现数据接口，并提供货主网上物流操作平台，可完成统一的物流基础数据管理、货主信息管理，实现出入库订单的生成或接收、物流任务的调度与分配。

WMS 系统：仓库管理系统，能够同时管理多个物流中心的入库、出库、库内业务、移库等作业，完成货位管理和库存管理，完成对各个仓库 WCS 系统及相关物流设备的驱动，具有丰富的入库配位、上架、补货、出库配货、集货、盘点、养护等各类策略设置。

TMS 系统：运输管理系统，完成运输基础数据的管理、运输地点和路线的管理，车辆和人员的管理，可生成或接收物流运输任务订单，进行运输任务的调度和分派管理，实现派车和装载和管理，满足冷链管理的要求，实现订单追踪（GPS、车辆温湿度、运输回单等），实现运输费用及分摊管理（途费、油费、保养、维修），实现对承运商及外协运输的管理，并提供绩效等功能。TMS 系统可通过接口与 WMS/ERP 等系统相接。

这三大子系统之间通过接口相互连接，客户数据传递到 3PL 之后，平台根据设置的策略和规则，通过接口分发到 WMS 系统，库内完成相应的出库下架复核之后，将数据自动转入 TMS 系统，然后由 TMS 系统完成相应的运输任务，三大子系统环环相扣，协作完成从客户业务系统下订单到运输完成信息反馈整套流程。

信息系统打造了支持多物流中心体系架构的第三方现代医药物流信息化管理平台，在同一个平台上可整合自有及第三方业务，实现了物流资源的统一管理调配，为 A 医药在浙江全省物流配送布局打下了基础。

3）杭州 ZJ 物流有限公司

杭州 ZJ 物流有限公司是浙江省内从事集装箱运输为主的大型物流企业。经营范围：货运（普通货运、大型物件运输、国内集装箱运输、国际集装箱运输）、运输服务（仓储服务）。公司下设有集装箱部、仓储部、网络部、配送部、物流部、车队、装卸队等业务部门。

**2. 项目背景**

1）行业背景

2009 年 3 月国务院印发《物流业调整和振兴规划》以来，物流业快速发展，产业发展水平不断提升。但随着《规划》的深入实施，一些不适应物流业发展的政策问题进一步显现，制约了产业发展。2011 年 6 月 8 日时任国务院总理的温家宝主持召开国务院常务会议，研究部署促进物流业健康发展工作。推出了推动物流业发展的 8 项配套措施，其中谈到“要鼓励整合物流设施资源。支持大型优势物流企业对分散的物流设施资源进行整合，鼓励中小物流企业加强联盟合作。引导行业系统内的仓储和运输设施开展社会化物流服务，支持商贸流通企业发展共同配送”。“要推进物流技术创新和应用。加强物流新技术自主研发，加快先进物流设备研制，制定和推广物流标准，适时启动物联网的应用示范。推进物流信息资源开放共享。”

新版《药品经营质量管理规范》（GSP）开始起草（已经于 2013 年 2 月正式发布），社会对食品药品安全的关注程度不断提高，国家对药品行业的监管日趋严格，药品制造、采购、销售配送全程追溯的要求日益凸显。与此同时，国家 LOGINK 的数据交换服务初具规模，对外稳定提供服务。

2）企业应用背景

药品与老百姓生活息息相关，任何一个环节都不允许出现差错，从出厂到流通，为了保障其疗效，最核心的关注点就是存储和运输，特别是冷藏药品和特殊药品（如麻醉药品、一类精神药品、医疗用毒性药品、放射性药品等），存储可以由企业自身物流中心来控制，而运输的监控就显得尤为重要。

A 医药自身业务的不断发展，使其对供应链的管理，承运商的掌控及信息的及时性的要求越来越高，目前 A 医药供应链公司与下游承运商及上游供应商之间的信息交换还比较原始，相互之间的交换仍旧以纸质单据交换为主，通过传统的作业方式使用 U 盘导入和导出，并且没有实时的信息的交互，货物节点信息无法及时获取。供应链公司目前有 5 家承运商，每年保守估计约有 12 万个单据的交换和流通，大量的数据采用原始的交互方式，将导致：

- 纸质交互方式成本高、准确率低；
- 与承运商之间的统计、结算麻烦，效率低；
- 无法及时获取货物发运及在途信息，药品质量得不到有效监管；
- 无有效物流跟踪手段，客户感知低。

### 3. 企业需求

1）供应链公司需求

供应链公司面临的问题主要包含以下 3 个方面。

（1）缺少高效的托运信息传递渠道：互联前通过仅靠电话和传真获得托运信息的方式，不仅沟通成本高，差错率也高，并且不利于药品监管的追溯要求。

（2）缺少及时获得承运商派车信息的渠道：鉴于药品运输的及时性、安全性要求较高，客户会较关注货物的流向和到达情况，针对客户的需求，供应链公司需要及时了解承载此货的车辆及驾驶员信息，并及时获得其动向。在互联前供应链公司对于货物和车辆的信息获取基本靠电话，而且还经常存在驾驶员联系不上等情况，导致供应链公司对于货物的掌握力度很低，影响客户感知。

（3）缺少对托运回单的管理手段：纸质回单存在提交周期长、易丢损、不便于统计等缺点，目前供应链公司急需通过电子回单的方式，提高结算的效率和准确性，同时实现高效的统计、分析与查询要求。

2）承运商需求

对于承运商来说，也存在以下问题需要解决途径。

（1）耗时，托运单人工录入成本高：A 医药与 ZJ 之间的日均托运单在 400 单左右，如此大量的单据需要每天花 2～3 小时进行录入，产生了大量的人力物力消耗，并且导致较高的差错率，从来带来进一步的返工成本。

（2）耗财，单据打印成本高：某些纸质单据因财务、结算、法律要求等无法直接取消，也在一定程度上成为了信息高效传递的一个阻碍。因此如何通过流程优化、简化中间环节、减少纸质单据的打印成本，实现节能减排成为一个迫切的需求点。

（3）竞争，需要提升服务提高竞争力：物流企业拼价格的竞争已经日趋激烈，承运商如何避免低价恶性竞争，只能通过提升服务、提高效率来实现，在当前激烈的竞争环境下，不通过信息化的手段来提升自己是缺少持续发展动力的。

**4．解决方案**

1）确定供应链公司与承运商之间的互联流程

结合供应链公司与承运商的实际业务需求，确定具体互联流程如下。

（1）流程起点（托运单）：供应链公司发送托运单给承运商。

（2）中间环节（状态变化单）：承运商的车辆装货发车信息、运输过程中的状态变化信息发送给供应链公司。

（3）流程终点（运输回执单）：货物送达后承运商发送到货确认给供应链公司。

供应链公司与承运商数据交换的模式可以被应用到 A 医药股份公司及其子公司与所有承运商之间，从而使 A 医药能够通过物流公共信息平台形成完整的运输服务提供商管理能力。A 医药与承运商托运业务流程如图 7-13 所示。

2）确定供应链公司与承运商之间物流信息交换标准

供应链公司与承运商的交换适用其中主要单证普通运输部分的“托运单”、“托运单状态变化单”、“运输回执单”三张业务单据；在实际项目推进中选取了这三个单据与供应链公司的实际业务做了匹配，仅根据供应链公司实际情况对单据做了总共几个数据元的扩展就能满足其业务需要。

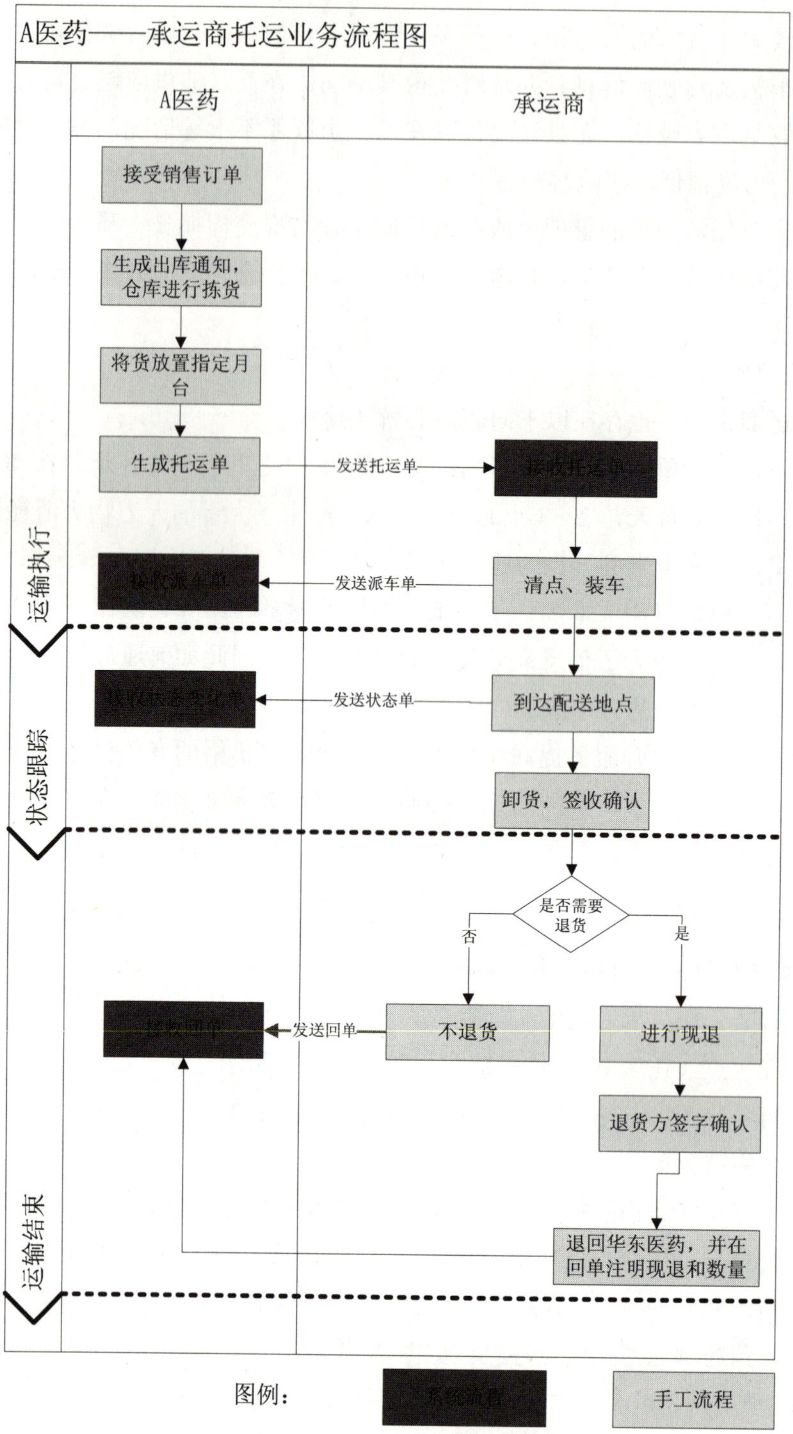


图 7-13　A 医药—承运商托运业务流程图

3）确定供应链公司与承运商之间的数据交换的通道

供应链公司与下游承运商通过国家 LOGINK 进行信息传递。平台的基础交换网络提供一个公共、便捷、安全的交换通道。平台对于报文只解析信封内容，不对业务内容进行解析。平台保证交换网络足够的带宽，通过物流交换代码、TOKEN（令牌）、防火墙，来保证安全性、唯一性。就相当于在互联网上搭建了一个免费、公共的电子信息邮局，处理各方的信息往来，使所有的交换方只需要面对唯一的交换平台，节省了大量接口开发及调试工作。A 医药与承运商互联结构如图 7-14 所示。

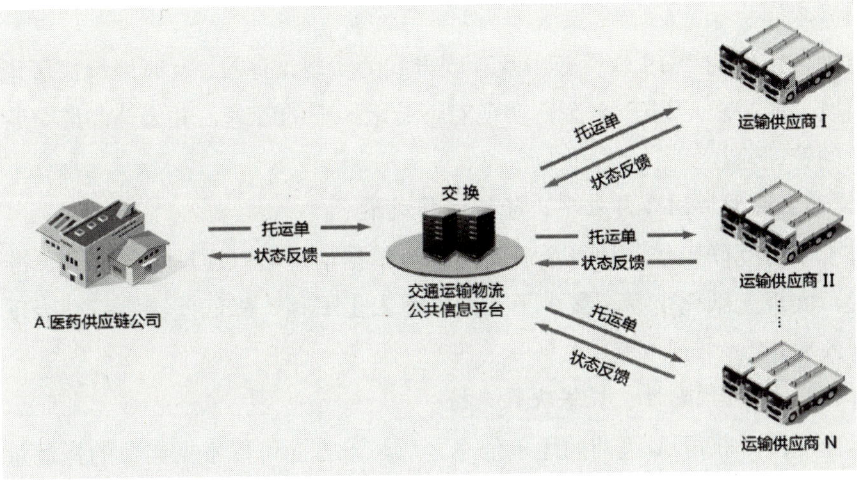


图 7-14 A 医药—承运商互联结构图

4）确定承运商信息系统的接入方式

根据承运商启用本身的不同情况，平台通过多种手段来推进承运商信息系统的接入。

（1）针对已有信息系统的承运商

企业有系统但未按照标准进行接口改造的，平台提供改造接口标准及改造技术支持，帮助企业快速完成接口改造。

已经是平台试点示范的企业，其系统已按照平台标准完成接口改造，只需要调整企业扩展字段即可。

（2）针对没有信息系统的承运商

推荐使用平台的标准化软件（包括免费的通用软件及商用的推荐软件），如专门针对信息化起步阶段中小企业使用的 SaaS 模式的免费通用软件。

### 5. 效益分析

A 医药与平台项目的实施，在加强对委托运输药品企业管理、实现药品物流过程跟踪监管、提升业务可预见性、提升企业运作效率和节约开发成本等方面，带来了巨大的效益。

1）加强对委托运输药品企业的管理，实现对物流过程的跟踪监管

新版 GSP《药品经营质量管理规范（卫生部令第 90 号）》中第 112 条明确规定，“企

业委托运输药品应当有记录，实现运输过程的质量追溯。记录至少包括发货时间、发货地址、收货单位、收货地址、货单号、药品件数、运输方式、委托经办人、承运单位，采用车辆运输的还应当载明车牌号，并留存驾驶人员的驾驶证复印件。记录应当至少保存5年”。这就要求承担药品运输的物流企业不仅要具备承担药品运输业务的能力，更要具备一定的信息化水平，满足药品运输记录、实现药品在医药供应链的各环节流转过程可追溯的要求。

通过平台提供的TMS软件应用及互联方式的实现，有效、及时地解决了承运商在信息化方面发展的需求，利于A医药实现对下游承运商的管理，并为药品监督管理部门提供了有效的管理途径。

2）提高企业间协同合作效率，降低运作成本

通过上下游互联工作，使得企业间的物流单据信息可以通过系统自动、准确地进行相互传递，实现无纸化交易，减少手工录入与人工干预，降低差错率；减少重复劳动，提高工作效率。

3）提升业务可预见性，提供决策支持

承运商在及时获得A医药的运单信息之后，一方面可以根据当日的托运量进行高效的车辆及人员的调度安排，提高业务配置的可预见性；另一方面通过数据的统计分析，可以准确的估计日后的货运需求，为企业的长期规划与业务发展提供决策支持。

A医药与承运商的互联之间除上述价值外，在直接经济效益的提升上也非常明显，具体如表7-2所示。

表7-2　A医药—承运商互联经济效益

| 直接经济效益 | A医药供应链公司 | | 承运商 | |
|---|---|---|---|---|
| | 互联前 | 互联后 | 互联前 | 互联后 |
| 人力成本 | 2×3500 | 1×3500 | 2×2500 | 1×2500 |
| 通信费用 | 200元/月 | 140元/月 | 100元/月 | 70元/月 |
| 录入总体差错率 | 3% | 0.05% | 5% | 0.05% |
| 单据成本 | 1元/单 | 0.5元/单 | — | — |
| 单据处理时间（所有单据） | 3小时/天 | 5分钟/次 | 3小时/天 | 5分钟/次 |

### 6．项目总结及展望

以A医药供应链公司为主的供应链通过枢纽进行互联，让原本传统的供应链实现了信息化互联，通过应用枢纽标准单据和软件，有效管理整个供应链，监管下游物流企业，提高整条供应链效率。

通过整合把原来要手动处理的业务流程改为自动化，信息化的业务流程，使供应链公司可以及时了解货物的节点信息，同时加强对承运商的掌握，以及通过KPI指数对承运商考核。同时也承运商而言大量单据录入工作的减少和单据的及时交换也带来了巨大

的好处。

A 医药与承运商的互联工作在目前单据传递的基础，下一步将在以下三方面进行进一步的深入。

1）推进 A 医药其他下游承运商的接入

积极推动其他没有互联的承运商通过枢纽和供应链公司互联，同时还将逐步推进 A 医药下属绍兴、湖州等子公司与承运商互联，实现以 A 医药为中心的整体供应链互联和可视化。

2）进一步扩展互联服务范围

在互联项目中，除基本的单据传递外，将深化与国家 LOGINK 的合作，应用平台的跟踪中心服务，将单据的实时节点获取后保留在平台中进行转换，方便各方查看物流节点的执行和反馈情况，整条供应链链上的各方均可查询实时情况。

3）深入细化跟踪内容

细化状态变化单，除了单据本身业务的细化（例如，药品有温湿度、特殊药品特殊控制等），可将承运商的车辆 GPS 定位嵌入到平台上，方便整条链上的各方查看车辆实时路线及温湿度等情况跟踪。

### 案例 3：浙江 B 医药在线股份有限公司

B 医药公司采用第三方物流将医药产品配送给用户。通过 LOGINK，B 医药公司实现了与承运商以及客户的信息系统之间的互联互通、信息共享，既包括商贸企业与物流企业之间的数据交换，也包括商贸企业与客户之间的数据交换。

#### 1. 背景介绍

B 医药公司是一家基于电子商务的医药分销和渠道增值服务提供商。公司依托自主开发并运营的 B2B 电子商务平台——“医药在线”，以现代医药物流配送体系为支撑，主要向浙江省及其周边省市的第二、第三终端提供 14 000 多个品规药品、医疗器械等产品的分销配送，并为 15 000 多家上下游用户提供信息共享、网络营销、数据分析、软件和技术等服务。

目前，公司拥有通过 GSP 规范的药品和医疗器械物流配送基地，WMS 等系统支持药品标准化编码、RF 自动识读、GPS 动态跟踪、24 小时温湿度在线监控，物流信息化已得到较好应用。基于电子商务的仓储管理系统、财务管理、业务管理系统，对接中国工商银行网络融资的贷款管理系统，为电子供应链融资服务提供支撑。公司的业务系统亦与国家电子监管码系统、国家药监局可信医药信息平台数据库实现对接，初步实现电子商务交易全过程的信息可追溯，基本药物质量信息的全供应链可追溯。

#### 2. 面临的问题

物流是电子商务的一个关键环节。电子商务已然较好满足了客户对产品搜索、网上下单、电子支付等服务高效性、快捷性的需求，但与之配套的物流配送速度、准确性及订单配送状态信息的了解和掌握，直接关系到客户满意度及企业对新市场的拓展。

公司为了适应市场拓展的需要，将部分订单的运输配送委托给了第三方物流承运商。公司是否能够达成与承运商之间的高度协同，成为进一步提升电子商务服务质量和效率的关键之一。其原因主要有三：一是从库房出来的货物，其物流标签的信息，如何与承运商实现高效传递，直接影响到承运商快速处理单据、发货配送速度；二是承运商环节中，货物单据的状态，如何高效的共享，直接关系到客户满意度；第三，通过电话等人工方式来查询单子的物流状态，需要不少人力投入，并且服务响应慢、效率低。因此，公司迫切需要与承运商建立互联互通、信息共享的机制，将关键信息进行实时交互。

此外，还需要解决与15 000家左右客户的系统对接，共享订单上的信息，消除供应链不同环节对信息的重复输入，降低人力成本、提高准确性，为客户提供更多增值服务。

要完成如此庞大的互联工程，对单个企业来说，如果完全靠自身的技术力量来完成，投入大、工期长、风险大。迫切需要一个标准、可信、高效、公用的信息平台，来帮助广大企业实现与承运商、上下游客户的互联互通。

### 3. 解决途径

“医药在线”通过交通运输物流LOGINK实现与承运商及客户进行信息互联。

（1）通过建立信息系统数据交换通道，实现“医药在线”与承运商物流信息的实时传输和反馈，提高物流作业效率和服务质量。

（2）通过建立信息系统数据交换通道，实现“医药在线”与客户之间产品、订单信息的实时传输，为客户采购、审核、验收入库等环节及时、准确地输入、确认产品信息、批号跟踪，提供便捷、高效的数据服务。

### 4. 技术方案

#### 1）互联总体框架

为实现与承运商、客户等系统互联，需要对各自内部系统进行接口改造，实现多方的数据互联，总体框架如图7-15所示。

#### 2）互联接口

参照接口互联示意图，开发3个接口与LOGINK对接，用以实现“医药在线”、承运商、客户和政府监管相关的数据互联。

（1）接口1：医药在线与LOGINK接口。

医药在线与平台接口用来上传“医药在线”的承运申请单、药品清单，接受下游承运商的承运单及承运单状态。为了实现数据对接，需要在内部ERP系统建立药品、承运商、客户等基础数据的对照表。

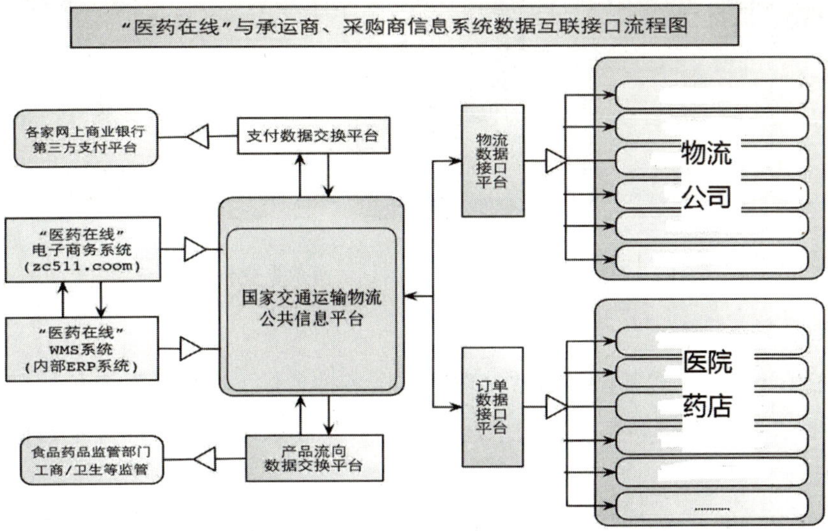


图 7-15　B 医药公司互联总体框架

（2）接口 2：物流数据接口平台。

这里提供的是一个接口平台，针对多个物流承运商开发，在保证进入 LOGINK 数据一致性条件下，各下游承运商通过各自接口接受承运申请及药品清单数据，在 TMS 中处理后，将承运单上传给 LOGINK，承运单的过程状态，也需要上传。

（3）接口 3：物流数据采集接口。

针对客户对物流信息和订单信息的查询需求，“医药在线”专门设计该接口，用来将相关的物流信息下载到专门的数据库，并结合 ERP 的业务数据，可以提供给客户较为详细的订单及物流状态查询。同时，该数据库也将为政府行业监管提供完整的数据信息。

3）互联流程

“医药在线”与承运商数据对接的流程可用图 7-16 表示。

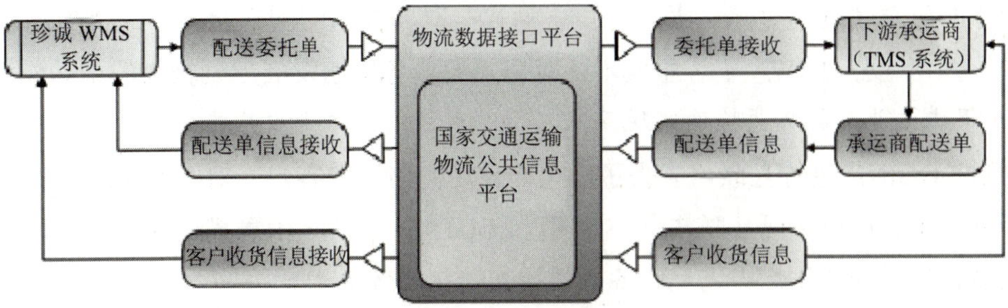


图 7-16　“医药在线”与下游承运商数据交换流程

“医药在线”与上游承运商进行数据对接的流程可用图 7-17 表示。

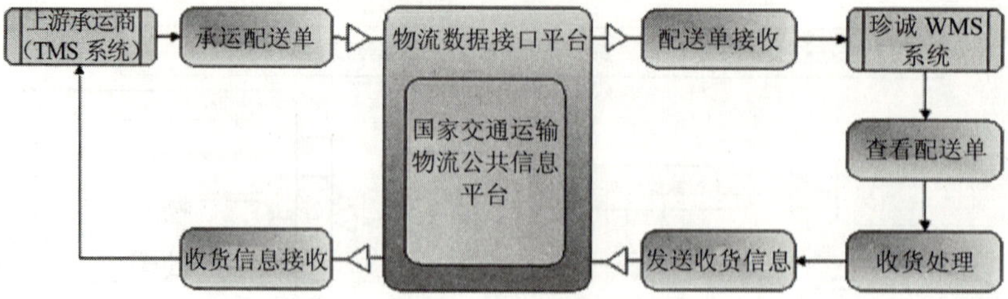


图 7-17　“医药在线”与上游承运商数据交换流程

4）实施方案

“医药在线”业务模式复杂，日常处理的数据多种多样，需要开发多种接口以处理各方系统的数据。第一步需要完成各类承运商的接入，而承运商的多样性是数据交换面临的最主要问题。

在此基础上，下一步将依托 LOGINK 统一的接口标准，统一的数据交换通道，解决“医药在线”与上游供应厂商、第三方支付结算平台、政府监管部门等电子商务参与方之间的数据交换要求，进一步提高医药物流服务能力、增强对药品质量信息的追溯能力，促进医药电子商务健康发展。

### 5. 效益分析

“医药在线”与 LOGINK 互联项目的实施，对于企业提升信息处理效率、保证信息输入的准确性、连通医药供应链上下游系统、实现药品医疗器械质量信息的跟踪和追溯，带来巨大的经济效益和社会效益。

1）大大提高与承运商之间工作协作效率、信息传递准确性和客户满意度

通过互联，公司的物流单据的关键信息，借助手持终端的条码识读，通过系统自动、准确地传递给承运商，承运商快速接受单据、处理运输配送事务，双方建立了高效的协作机制，明显提升物流配送的整体效率。

同时，承运商环节中的单据状态信息，通过系统及时反馈到公司，并最后在电子商务平台上与订单关联、显示，采购客户一站式获取其订单的配送状态，大大提高了客户满意度，并帮助公司节省 了客服成本，对公司的业务快速发展起到极大的推动作用。

2）促进企业与承运商快速实现互联、节约大量的技术开发成本

通过 LOGINK 进行互联，省去了公司与承运商与下游客户一对一对接的开发量，帮助企业低成本、快速实现互联共享；同时，LOGINK 接口、信息描述的标准化，也促进各方信息描述的规范化，提高互联各方数据初始化的效率。

3）增强对药品、医疗器械质量信息的跟踪、追溯能力

今后，通过上下游之间的互联共享和标准化传递，使得药品、医疗器械的质量信息，在医药供应链的各环节，进行高效、准确、及时的跟踪和追溯，为保障药械质量安全、

第一时间处理问题产品，提供了可能性。

### 案例 4：RS 集团

RS 集团通过 RT 物流公司进行 PTA 转运配送服务，建立了门到门的海陆联运立体化配送服务网络体系。作为总包商，RT 物流将业务外包给相关道路运输、海运企业。通过 LOGINK，RT 物流实现了与其他物流企业及上游供应商 RS 集团之间的信息交换，主要属于物流联盟内部的数据交换。

#### 1. 项目背景

RT 物流公司是 RS 集团下属的控股子公司，经营范围涵盖海陆联运、仓储配送、货运代理、危险品运输等多种物流服务。公司拥有货运车辆 65 台，其中危化品运输车辆 29 台，合作运力车辆 500 多车，租赁船舶 40 余艘，营运资金达 5 亿元，建立了可观的海陆联运实体网络。

RT 物流主营 PTA 总包业务，为 RS 集团提供全套 PTA 转运配送服务，运输方式涵盖海运、陆运、内陆驳船等多种形式，建立了门到门的海陆联运立体化配送服务网络体系。在该体系下，根据不同上游，又逐步发展成两大业务模式。其一是从集团控股的大连 PTA 生产单位先通过内海船舶运输到下游码头，再从码头通过车辆、驳船等运输工具运送到客户门站的业务模式。其二是从集团控股的宁波 PTA 生产单位通过自有槽车直接运输到集团。

#### 2. 面临的问题

RT 物流在之前的信息化开展过程中，始终没有找到一套合适的软件系统。普通的软件定制功能少，不能系统地解决如海陆联运等复杂多环节运输流程，单一的陆运软件或海运集装箱等软件是无法处理联运式运输流程的。而多式联运多节点控制的特点又使得普通的普适性软件无法处理多个环节中交叉产生的特殊业务要求。主要面临的问题如下。

（1）RT 物流总包承揽 RS 集团年运量 300 万吨的配送业务，而伴随上游生产能力的提高及新业务市场的开拓，预计明年的年运量至少超过 600 万吨，平均每天有超过 1.5 万吨的运量，需要各种车辆船舶数百台。在传统的纸质化办公条件下，已经无法满足如此大幅度的增量。

（2）RT 物流为总包商，所有的货物都转移货权给分包商，之前是通过手动开单的方式开具提货单，每天开具出去的单据数以百计，而在大幅度增量后，人工的开单方式需要更多的人力投入，并且人工方式非常容易造成货权转让差错，从而导致货物在漫长的运输过程中产生货物风险。

（3）RT 物流同时与下游 30 多个承运商、船东、中间商进行业务往来，在业务增量后，没有一套系统的软件来帮助实现信息传递和交互将大大滞缓物流效率。

（4）RT 物流业务流程中有一个必不可少的海运环节，目前没有较为合适的成熟软件可以兼顾海运和陆运两部分。

（5）缺乏对各类业务客户、供应商的管理，无法及时知晓他们的历史数据进行评价，导致大批货物委托运输时没有参考依据，影响具体业务决策的速度和质量。

为了解决上述问题，RT 物流启动了与 LOGINK 的互联项目。

### 3. 解决途径

1）与 LOGINK 推荐软件开发商充分接触

LOGINK 汇聚了一批国内顶尖的物流行业的软件开发商。RT 物流通过与平台多年的合作结识了不少业内顶尖的开发商，并最终选择了 BK 软件公司，确定使用其一款软件 MAP 系统，并进行改造开发。同时以母公司 RS 集团的名义申报加入 LOGINK 互联互通改造项目，将系统纳入到 LOGINK 中以实现与上下游互联互通的目的。

2）与开发商充分沟通调研，确立业务需求模式，定制蓝图

针对 RT 物流业务复杂性和不确定性，与博科公司进行了数月的调研和讨论，对海陆联运体系、上下游订单收发、库存管理几大模块及各个办事处不同业务开展模式进行需求分析，形成切合业务实际的需求分析说明书，主要的业务需求如下。

- 实现上游订单的及时下达，通过平台自动接收并实时更新，最大限度地缩短上游指令下达的时间，同时根据上游不同生产基地的不同运输模式开发可兼容的上游下单模块。
- 把海陆联运分为 2 个环节，分别实现海运和陆运 2 个运输阶段，同时有序关联，实现一票业务通过海陆联运联通的目的。解决一套软件实现两种业务模式的需求。
- 实现与下游承运商之间的信息互通，通过计算机承运商自主接收托运单并反馈派车情况，实时电脑开单，确保信息准确无误。
- 实现报表自定义功能，所有往来数据能够自由生成报表，方便监控整体运输过程。
- 实现系统结算功能，所有单据通过合同定制自动统计相关费用，提高人工效率，缩短结算周期。

3）充分利用 LOGINK 的资源，确定解决方案

RT 物流的主要需求之一是与下游数十家承运商进行信息互联互通。如果在自身系统的基础上与数十家承运商进行对接，需要面对不同的系统开发不同的接口，开发量大，而且不利于后续新的承运商的加入。因此 RT 物流利用 LOGINK 的优势，将自身系统和承运商系统整合到 LOGINK 中，实现信息互联互通。在开发 MAP 系统的同时，利用 BK 公司与 LOGINK 多年合作的经验，同步进行接口改造，成功与 LOGINK 对接，同时对下游承运商积极推广通用软件，在最短的时间内实现信息交互，满足了业务需求，解决了

上下游之间单据交换和接口的问题。接口互联总体流程图如图 7-18 所示。

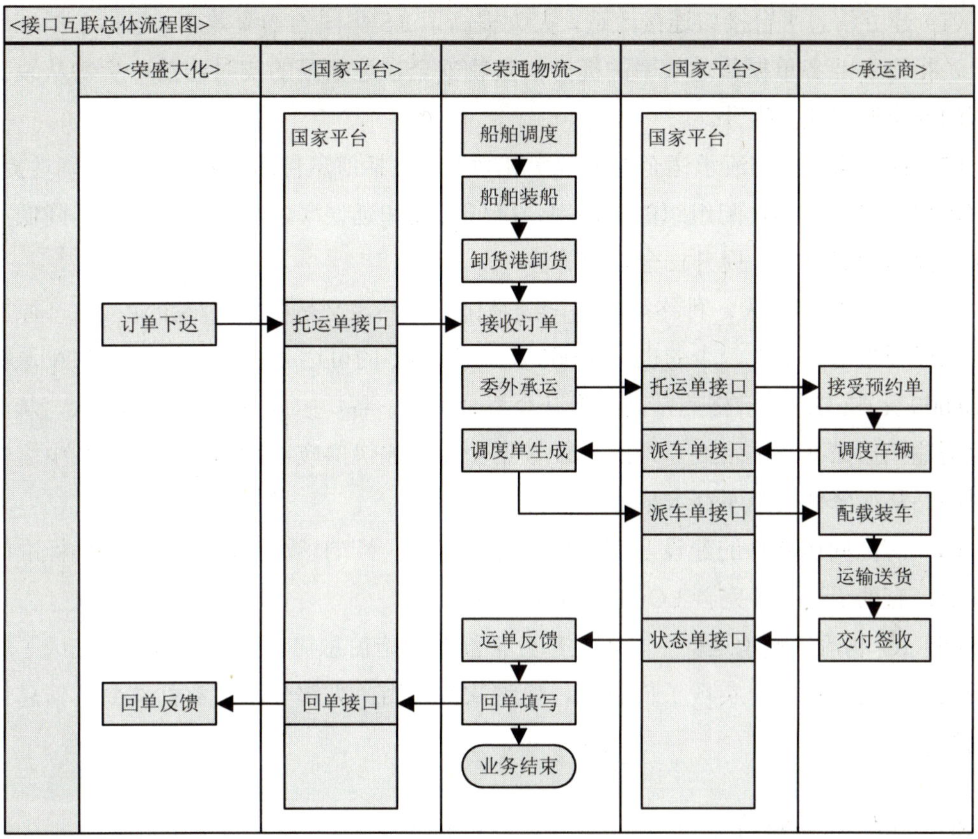


图 7-18　接口互联总体流程图

此解决方案充分利用了 LOGINK 的各种资源：

（1）BK 的物流推荐软件与 LOGINK 的数据交换接口改造早已实现，数据交换的对接不仅节约开发成本，也大大提高的项目实施的进度；

（2）LOGINK 对于普运托运单、状态反馈单、托运回单都制定有数据标准，如果后续其他下游承运商接入，只要对承运商的系统进行改造或应用平台推荐软件即可，软件程序无须改变，应用不受影响；

（3）下游承运商信息系统建设可以利用 LOGINK 推广政策给予资金补助支持，有利于项目开展。

4）结合 RT 物流运输模式，完善 LOGINK 标准

针对 RT 物流所涉及的总包业务及海运业务，LOGINK 标准体系在现有基础上增加了海陆联运交接单、派车单等多张单据和标准字段，一定程度上丰富了平台标准，增加了其业务的兼容性。

#### 4. 效益分析

（1）建立信息平台接口连接改造，大大提高了 RS 集团的物流效率，包括单据准确性提升，指令和业务单据传递效率的提升，货物安全在途状况的实时监控，货物从装到卸过程的安全监督能力提升。

（2）提升第三方物流承运企业的效率和效益，包括信息传达的及时性和准确性提高，能够确保车辆、船舶调配组织的成功率，降低空驶和延误率，减少能源消耗，降低人工成本，提前做好措施，提升安全防范。

（3）PTA 原料作为一种终端产品，既是化工成品，又是各家聚酯企业的生产原料，各厂家日用量都非常大，少的也有 1 000 多吨/日，多的可达 4 000 多吨/日。PTA 原料价格 10 000 元/吨左右，价格非常高，为减少资金占有，各厂家库存量为 3～15 天，从而对物流运输的时效要求非常高。通过单证数据交换，加快供应链的运作速度，减少运输在途时间，从而降低安全库存水平。

（4）海陆联运软件的建设及海运单据交换需求，推动了海陆联运数据交换标准的研究制定，有助于进一步完善 LOGINK 标准体系。

（5）RT 物流下游承运商中，绝大部分都没有实施信息化。通过本项目，完成了所有下游物流承运商接入，实现了信息化。通过软件应用，大部分承运商都体会到信息化带来的好处。

### 7.8.2 公共信息服务

在基础交换服务的基础之上，整合铁路、公路、水路、民航、邮政、海关、检验检疫等信息资源，促进物流信息与公共服务信息有效对接解决国家层面物流公共信息服务资源零散，物流行业信息服务需求难以得到满足的问题。可以提供的一些公共信息服务参见第 4 章。

本节选取物流园区和物流信用两个案例向读者介绍平台所提供的公共信息服务。

#### 案例 5：物流园区信息互联应用

#### 1. 物流园区互联意义

1）通过互联应用，有助于提升物流园区管理服务能力

目前物流园区掌握的入驻业户、车辆、驾驶员的信息有限，需要通过互联了解更多单位对入住园区的人、车、货相关信息，以加强信用管理；一些园区对进出园区车辆一般都要发放车辆卡，并逐步采用了 RFID 卡实现不停车管理，但由于园区之间信息系统各自独立，使得进出不同园区的车辆需要重复办卡，造成运输企业营运成本的提高。通过互联应用可以降低企业成本，提高车辆进入园区通行速度，提高园区整体服务水平。

2）通过互联应用，有助于提高企业经济效益

通过物流园区互联，能够进一步推动园区与其服务的车辆、货代、物流公司等企业的信息交换，优化作业流程，减少人工投入，实现物流作业的电子化、信息化管理，大大减少企业人工成本、办公耗材等方面支出，同时能够有效降低信息对接差错，减少经济损失，缩短货运周转周期，提高运输组织效率，从而降低企业经营综合成本。另一方面，基于信息园区间信息共享，可以有效支撑跨区域物流园区合作联盟网络的形成，有利于构建以物流园区辐射当地，园区网络跨区域覆盖的物流园区服务体系，实现物流资源的高效利用，进而实现跨区域物流活动的有效协作。

3）通过互联应用，有助于规范市场秩序和增强行业监管水平

目前交通运输主管部门很难准确地采集和统计物流业经济运行数据信息，对区域物流的发展动态缺乏监测手段。物流园区是物流信息的聚集之地，实现园区之间信息互联和共享，有利于吸引外部企业和车辆进入园区，有利于缓解市场散乱和交通拥堵的状况，有利于提高物流市场诚信度，有利于交通运输主管部门及时掌控区域内物流市场主体的经营诚信情况并规范市场运行秩序。同时，通过物流园区信息互联，可以改进货物运输传统统计方式，提供大量的市场运行动态信息，如货物运输流量流向、园区货物吞吐量、运输货类、运价等，为交通运输主管部门制定行业发展战略、规划和政策提供准确、动态、翔实的基础统计支撑。

### 2. 浙江物流园区通工程概况

目前我国物流园区、港区对进出卡车采用了 RFID 卡管理，提高了园区或港区内部的管理效率。然而，由于各园区、港区所发放的 RFID 卡信息不能共享，各物流园区向货运车辆重复发卡，从而提高了运输企业和车主的物流经营成本，降低了车辆进出各物流基地的效率。

浙江省于 2010 年启动了物流基地园区通工程。该工程以 RFID 卡为载体，只要一张卡，就可以在各物流园区、港区自由通用，避免了各物流园区对货运车辆重复发卡，为运输企业和车主降低物流经营成本，有利于提高车辆进出各物流基地的效率。同时，通过物流信息互通，实现“一地失信、各地全知”，能极大地提高企业和车辆信用追溯能力。

该工程由全省 12 家重点扶持物流基地发起，协会全面推进，行业进行监督指导，以 5 个部省共建物流基地为龙头，以港区和省市重点扶持物流基地为重点推进建设，构筑物流基地信息网络。

浙江省物流园区分布图如图 7-19 所示。

到目前为止，加入园区通工程的物流园区与港区总共已有 33 家，累积发放车辆 RFID 卡超过 30 000 张。

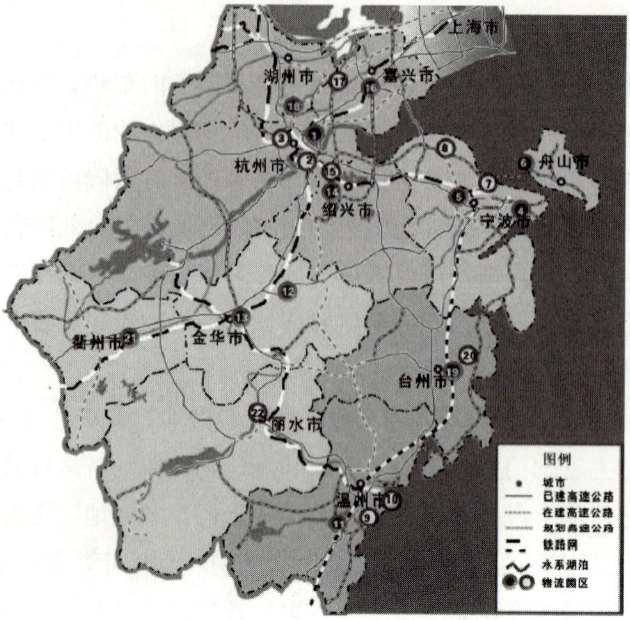


图 7-19 浙江省物流园区分布图

### 3. YW 物流园区接入园区通工程概况

YW 公司是一家以物流、客运、公路建设三大业务板块为主的义乌市属国有企业，物流是公司的主营业务之一，公司主要经营两大物流平台，即国内物流平台和国际物流平台，旨在通过物流平台的建设经营，引导全市物流朝着现代化、规模化方向发展。

### 4. YW 物流园区面临的问题

1）政府监管数据缺失

YW 物流园区需提供各类真实、可靠的管理报表等业务数据给政府管理部门，在管理部门的监管下规范运营。传统运作方式的物流园区有效数据收集困难，造成了相关管理部门监管数据缺失。

2）交通疏导依据缺失

目前出入 YW 物流园区的车辆和集装箱数量大、频次高，由于缺乏车辆和集装箱的动态信息收集，造成进出园区交通组织性和可预见性差，对周边道路交通造成较大影响。需要建立相关基础数据的动态采集、共享系统，实时掌握园区内车辆和集装箱的动态、货运动向，预测周边道路未来拥堵指数，及时对区域车辆进行诱导分流，有效缓解园区周边道路交通压力。

3）园区管理数据缺失

YW 物流园区希望达到管理网络化、作业智能化、结算电子化、现场可视化、物流便捷化的管理目标：通过网站平台向公众开放义乌各物流园区的业务数据为货代、货主等提供便捷服务；通过提升内部信息化管理水平，与海关、企业、宁波港达到信息匹配，建立内部调度作业系统，实现物流调度管理和监管查验调度作业管理；集中展示 YW 物流园区的场站资源，为需要客户提供便捷服务；特别是义乌港，作为内陆港及未来的始发港和目的港地位，利用 EDI 技术，整合船公司、物流企业、海关等与港口作业的信息通道。因缺乏相关基础数据的有效来源，这些管理目标实现困难。

4）入驻用户业务管理数据缺失

入驻用户在业务管理方面提出了更好的要求。例如，货主希望及时了解货物当前状态，对海关监管过程中产生费用希望公开透明；及时了解货物当前状态，统筹掌握各物流环节的费用、状态信息；报关行希望对海关监管区产生信息及时掌握；司机希望获取更多的货源，加快货物周转率，提高车辆利用率；等等。由于数据缺失，这些要求很难得到满足。

#### 5. YW 物流园区通工程的解决途径

1）部署使用物流基地通用软件

从 YW 物流园区实际的业务需求角度出发，通过软件实现对房屋设备租赁、合同、车货源信息发布、集装箱堆场的管理。在物流园区通用软件基础上进行部分的个性化需求改造。

2）园区车辆道口改造

基于 LOGINK 提供的《物流园区互联技术规范》，参考其中的硬件实施参考标准，由第三方服务商进行 RFID 道口改造，对进出园区的车辆发放固定会员卡、临时车辆卡，硬件设备与物流基地通用软件实现关联，通过软件进行车辆备案及费用核算。

3）互联应用

与其他园区信息系统互联，实现与其他物流园区、堆场之间车辆卡、信用、车货源等信息的共享。

#### 6. YW 物流园区通工程效益

1）带来了实际的经济效益

按市场价格估算，仅软件开发费用就节省了 300 万元。另外，LOGINK 还提供了信息化管理咨询、软件应用维护巡检、个性化功能升级等服务，在实现运行后帮助企业节省园区管理人员近 20 人。

2）解决了企业内部信息孤岛问题

从企业内部来说，4 个物流园区在应用软件的基础上通过 LOGINK 实现了业务联动，形成合力，打通了国际集装箱陆路运输、城乡区域配送、国内专线物流间的业务壁垒，集团层面可有效掌握各园区业务的宏观发展态势。从企业外部来说，依托 LOGINK NEALNET

项目，打通了海关、港口、船公司等多个国际物流的重要环节节点，提升了园区作业效率。

3）提升了入驻企业信息化水平

通过 LOGINK 的互联，提高了入驻的经营户、运输企业的信息化应用能力，YW 物流园区的客户可从 LOGINK 应用中心享受到货运物流资源、驾驶员信用考核、货物全程跟踪等多项服务，通过园区内的口碑相传和应用实例逐步转变社会上货运行业原先的粗放、散乱、低效的经营现象。

4）提高了运输车辆运营效率

依据 LOGINK 的标准发放了统一的车辆卡，通过物联网技术加快了车辆进出物流园区的速度，减少了停车次数和时间。应用前车辆进场花费时间平均 20 秒，出场花费时间平均 55 秒，园区车辆数据实现交换和共享后，车辆进出效率提高了 32%。此外，车辆不仅能在集团下属的园区间快速通行，还可以在实现了数据交换和共享的其他近 30 家园区内被识别、办理会员，并实现增值应用。

### 案例 6：物流信用信息服务

#### 1．背景

我国交通运输物流业虽然总体规模大，但物流运输市场不规范，各种欺诈、失信现象仍较为频繁，具体表现在物流运输市场中骗货物、骗中介费、“飞货”现象层出不穷，成为物流供应链的短板。

一方面，物流供应链上下游客户对物流运输组织方不信任，物流运输组织方对个体运输户不信任，都使得物流运输市场交易成本增加，物流运输效率低下，难以实现供应链管理整体效率和效益的优化。货主企业往往出于对物流服务的不信任而采取自营物流，从而导致物流效率低下和物流服务的市场需求不足，违背现代物流业的发展理念。另一方面，物流运输市场秩序的混乱、诚信缺失则加大了规范经营、诚实守信的物流企业的经营成本，导致这些企业不得不通过压价、超载等非常规方式去获取利润相对偏低的物流运输业务，进而破坏了公平原则，进一步恶化竞争机制。

目前，物流运输诚信信息的对外服务方式仍主要依靠道路运输主管部门提供的经营业户、经营车辆、从业人员信息的网站简单查询和其他相关管理部门或协会发布的推荐姓名单等方式；缺乏稳定、多渠道的诚信信息采集途径和信息交互平台，缺乏对物流运输方的违规、违法记录的查询共享和管理评价系统，因此急需建立面向整个物流运输服务的诚信信息采集与评价的物流信用中心。

#### 2．解决思路

为了推动中国物流行业诚信体系建设，营造尊重诚信、重视诚信的良好产业和市场环境，我国物流行业迫切需要实现多元化的信息采集手段，通过多渠道展示物流行业诚信信息，加强信用体系建设。

目前，在物流相关行业部门或企业的信息系统中存储着物流企业和车辆的一些相关数据，如工商系统中有物流企业的注册信息，交警系统中有车辆的违章信息，银行中有企业的资信信息，运管系统有物流企业和车辆的基本信息和稽查信息等，但还没有一个系统集成整合物流企业和车辆的相对完整的信用数据。

通过物流信用中心建设，可以从运输管理部门、物流基地、物流企业及其他相关政府部门获取各类信息，梳理、整合形成物流企业、车辆、人员的信用信息，从而能够为公众提供信用信息服务，有助于行业内逐步形成健康良好的信用环境，构建行业诚信体系，规范物流运输市场秩序。

#### 3．物流信用中心的目标

物流信用中心是对物流及相关企业的车辆、从业人员的信用相关数据进行采集、处理和使用的公共应用平台。物流信用中心的功能包括为物流及相关企业、车辆、从业人员建立信用档案，采集信用相关记录，使用信用数据，包括信用查询、信用报告等。信用中心主动为相关的企业、车辆、从业人员建立信用档案。

物流信用中心可以提供物流信用信息服务共享，授权用户对物流企业和车辆的信用数据查询。

信用是商业的基础，适时地开展信用系统的建设并实现物流信用信息服务共享，将有利于引导企业走诚信经营的良性发展道路，规范市场，促进市场，降低物流成本，为物流电子商务，第三方、第四方物流的发展均打下基础。

#### 4．信用信息的内容及来源

物流信用中心对物流及相关企业的车辆、从业人员的信用相关数据进行采集。物流行业信用信息的主要来源如下。

1）交通运输部数据

（1）全国道路运输数据中心（道路运输证件查询系统）。查询获取外省物流企业、货运车辆、从业人员的经营许可、从业资格等基础信息。

（2）全国道路运输市场信用管理系统。获取物流企业、货运车辆、从业人员在外省的各项信用记录和评价信息等。

2）浙江省道路运输管理局相关数据

（1）路运输数据中心（运政管理系统）。获取本省物流企业、运输车辆、从业人员的经营许可、从业资格及稽查处罚等数据。

（2）道路运输市场信用管理系统。获取本省物流企业、运输车辆、从业人员的主要信用信息，包括质量信誉考核（诚信考核）评级信息、被新闻媒体曝光或被投诉并查实的信息、行政处罚及通报批评信息等。

3）LOGINK 相关数据

（1）物流基地管理软件。获取入驻或进出物流基地的物流企业、运输车辆、从业人员的基本信息及评价信息。

（2）各类通用软件或推荐软件。获取关于物流企业、运输车辆、从业人员的信用评价信息。

（3）外部物流交易平台。获取运输服务评价信息。目前可以从四方物流平台采集买卖双方的综合评价信息。

（4）港区管理系统。从宁波港港区管理系统获取车辆违规信息（黑名单）及进出港口的车辆信息。

4）公安、工商、税务、保险等其他部门相关数据

获取物流企业、运输车辆、从业人员的交通责任事故（负同等及以上责任）信息、企业登记注册和注销信息、行政处罚信息、投保信息等。

### 5. 物流信用中心主要功能

物流信用中心是通过数据交换与服务整合的技术手段，集成平台管理的各类基础数据及整合外部系统的相关数据，从而对物流业相关企业、车辆、从业人员的信用相关数据进行采集、处理和查询使用的公共应用系统。系统功能框架如图 7-20 所示。

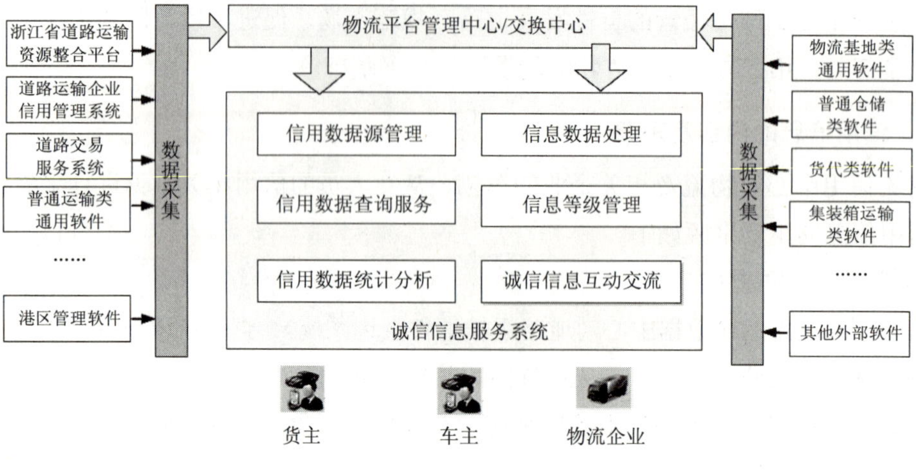


图 7-20　物流信用中心功能框架

物流信用中心的建设成功关键在于各类信用数据采集的准确性、及时性、完整性，依赖于相关外部信息系统的建设与运行状态。因此，本次工程的建设目标包括初步构建信用数据采集渠道与处理机制，为物流企业、车辆、货主和从业人员建立信用档案，构建信用统计分析、评价的业务规则与数学模型，并为公众和行业管理部门提供信用信息服务。随着信用数据源的不断扩展，系统功能将得到不断增强，社会效益将逐步放大。

物流信用中心的主要功能如下。

1）信用数据源管理

本模块实现对各类外部数据源的统一管理，包括物流企业通用软件、运输交易服务系统、浙江省道路运输资源整合平台、浙江省道路运输企业信用管理系统等。

2）信用数据处理

对采集到的信用数据进行处理，包括数据储存、数据过滤、数据分档等。

3）信用数据查询服务

对外提供信用记录、信用报告的查询，包括对企业信用信息、车辆信用信息、人员信用信息的查询，以及获取红黑榜信息服务。

4）信用等级管理

对各类信用记录按照各种类型进行归并、分析和计算，形成信用指标。按照信用评价规则，通过信用指标，计算某个对象或某类对象群体的信用等级，主要包括评分指标设置、评分和等级规则设定等功能。

5）信用数据统计分析

对各种对象的信用数据进行分析和统计，形成信用报告。对行业内整体的信用数据进行统计和分析。

6）诚信信息互动交流

为政府、公众提供有关诚信信息互动交流的空间，包括以下内容。

（1）实名举报栏目。

可以在线填写具体举报事件内容，管理员通过人工进行核查后可选择将举报的处理结果进行及时通告。

（2）曝光台栏目。

实时发布包含不良商家、人员、车辆的不法行为，可以按照地域、时间、行为分类等分类方式归类信息内容，也便于公众检索。

（3）友情警示栏目。

普通注册用户可通过此栏目向运输同行发布友情警示信息。

### 6. 物流信用中心的应用服务

物流信用中心可以为用户提供以下几类具体应用服务。

1）货主单位

（1）查询物流信用信息。

货主单位（供应链上游相关工商企业、制造企业、商贸流通企业等），需要通过信用中心进行企业信用信息查询，了解市场中各物流企业的基本情况，从而选择具有合法经营资质，具有良好信誉的物流企业承担本企业的物流业务，以降低物流风险，提高物流效率，降低物流信用成本，保证客户服务水平，增强产品竞争力，提升企业品牌形象，加快企业发展。

（2）进行交易评价。

根据履约和服务情况，货主单位通过信用中心对物流企业进行交易评价，物流服务需求方主观反映物流企业的交易诚信度。通过不同货主多次的评价打分，可以积累和完善物流信用记录，为其他货主单位提供信用参考，促使物流企业不断提升服务能力和水平。

2）物流企业

（1）查询本企业信用信息。

物流企业需要通过信用中心随时了解本企业在生产经营过程中的各类信用信息，掌握企业的整体信用状况，及时发现诚信经营中存在的突出问题，以便于采取必要措施，加强对所属车辆、人员的经营行为管理，提升企业物流服务水平和市场竞争力，加快企业发展。

（2）查询其他物流企业、运输车辆、从业人员信用信息。

物流企业在开展生产经营的过程中，需要不断优化人力资源配置，整合社会运力资源，开展强强联合，以保证物流业务正常开展，促进企业发展壮大。因此，物流企业需要通过信用中心及时获取物流市场中广大物流企业、营运车辆、从业人员的各类信用信息，以选择信誉良好的企业开展经营合作；选择并委托具有合法资质、信誉良好的社会营运车辆完成货物运输业务；聘用具有良好信用记录的从业人员等。

3）港口、物流基地（园区）

（1）查询物流信用信息。

港口、物流基地（园区）是重要的物流枢纽和货物集散地，需要通过信用中心了解和掌握入驻、进出港区和基地（园区）的物流企业、运输车辆、从业人员的信用状况，进一步规范和加强港口与物流基地的内部管理，保障安全生产和正常运营。

（2）进行经营行为评价。

港口、物流基地（园区）通过信用中心，从遵章守纪、诚信经营等方面对入驻、进出港区和基地的物流企业、运输车辆、从业人员进行经营行为评价，强化港区、基地（园区）管理，引导物流企业和从业人员认真遵守港口和物流基地的各项管理规定，开展诚信经营和规范服务。

4）行业管理部门

（1）加强物流市场监管。

行业管理部门需要通过信用中心全面、准确、及时地掌握物流市场中物流企业、运输车辆、从业人员的相关信用数据，强化市场准入、退出管理，建立“政府监管、企业自律，社会监督”的市场诚信体系，有效监督和惩戒失信行为，提升市场监管水平和力度，促进行业健康发展。

（2）开展科学决策。

在对物流市场各类信用信息进行全面、准确、及时的收集、整理、统计的基础上，行业管理部门需要信用中心提供数据挖掘、分析等服务功能，把握和分析物流市场信用的整体情况，进行科学的预测、分析和规划，进而制定相关政策，开展科学决策。

5）社会公众

（1）查询物流信用信息。

社会公众需要信用中心提供信用信息查询功能，通过信用信息查询择优选择具有合法资质，服务态度好、效率高、诚信可靠的企业，满足自身对小件快运、搬家等物流服务的需求。

（2）进行服务满意度评价。

社会公众根据物流服务情况，通过信用中心对物流企业和人员进行服务满意度评价。

### 7. 物流信用信息查询实例

为用户提供行业管理部门相关行政许可信息是信用中心对外提供的一类服务，通过与各行业主管部门信息共享，为各类用户提供整合后的服务。如某家企业需要查询与其合作的相关企业的行政许可方面的信息，它就可以通过调用相应的服务获取。物流信用中心的查询界面如图 7-21 所示。

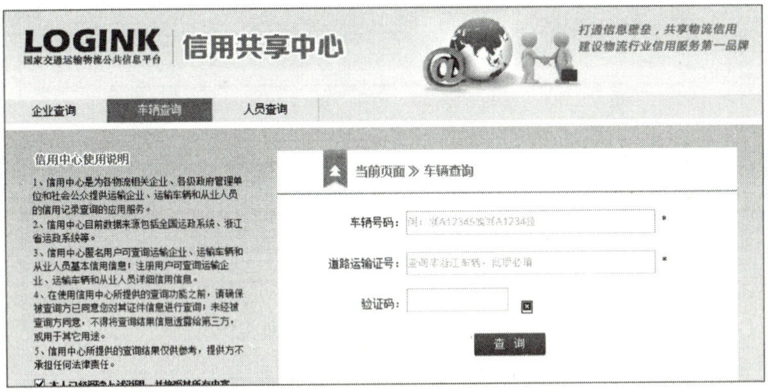


图 7-21　物流信用中心登录界面

如图 7-22～7-24 所示，分别是物流企业、车辆、人员的信用信息。由此用户可以了解企业、车辆是否具有相关营运资质，人员是否具有相关从业资质，是否受到相关职能部门监管，从而起到一定的信用保障作用。

## 7.8.3　市场增值服务

通过基础交换服务和公共信息服务，LOGINK 为区域平台和企业平台提供了一个统一的物流数据资源采集与整合的渠道。区域平台和企业平台在此基础上根据实际业务需求面向市场创新性地提供各种市场增值服务，如物流跟踪、物流资源交易、代收货款、运输投保、物流优化与决策支持等。

**基本信息**

| | | | |
|---|---|---|---|
| 业户名称 | 北京[illegible]份有限公司 | 组织机构代码 | |
| 车辆数 | | 总吨位 | |
| 更新日期时间 | | | |

**运输经营信息**

| | | | |
|---|---|---|---|
| 是否有效 | 有效 | 警示信息 | |

**经营许可证信息**

| | | | |
|---|---|---|---|
| 经营许可证号 | [illegible]318 | 核发机关 | |
| 有效期起 | 2004-07-05 | 有效期止 | 2014-08-15 |
| 核发日期 | 2010-08-16 | 经营范围 | 普通货运 |
| 法人代表 | | 注册地址 | |

**诚信考核**

| | | | |
|---|---|---|---|
| 年份 | | 信用评价等级 | |

图 7-22　物流企业信用信息查询实例

**基本信息**

| | | | |
|---|---|---|---|
| 车辆号码 | 浙[illegible]7 | 车牌类型 | 黄色 |
| 车辆类型 | 集装箱牵引车 | 核载吨位 | 0 吨 |
| 长度 | | 经营范围 | 货运：货物专用运输（集装箱）。 |

**企业信息**

| | | | |
|---|---|---|---|
| 业户名称 | 浙江[illegible]有限公司 | 注册地址 | |

**企业评级**

| | | | |
|---|---|---|---|
| 年份 | | 信用评价等级 | |

**道路运输证信息**

| | | | |
|---|---|---|---|
| 是否有效 | 有效 | 警示信息 | |
| 道路运输证号 | 33020600XXXX | 发证机关 | 北仑区公路运输管理所 |
| 有效期起 | 2012-09-14 | 有效期止 | 2016-09-13 |
| 发证日期 | 2010-09-09 | 更新日期时间 | |

图 7-23　车辆信用信息查询实例

**基本信息**

| | | | |
|---|---|---|---|
| 姓名 | 陈[illegible] | 性别 | 男 |
| 出生年月 | 19[illegible]-27 | 身份证号 | 442[illegible]196903****** |

**从业资格信息**

| | | | |
|---|---|---|---|
| 从业资格类别 | 道路旅客运输驾驶员 | 从业资格证件号 | 442[illegible]19690327**** |
| 发证机关 | 云浮市交通局 | 是否有效 | 有效 |
| 发证日期 | 2009-05-05 | 有效期起 | 2009-05-05 |
| 有效期至 | 2015-05-05 | | |

**诚信考核**

| | | | |
|---|---|---|---|
| 年份 | | 信用评价等级 | |
| 更新日期时间 | | | |

图 7-24　人员信用信息查询实例

本节选取物流跟踪、宁波 S、货代间订舱、货物运输投保 4 个案例向读者介绍依托平台所提供的市场增值服务。

### 案例 7：物流跟踪服务

#### 1. 背景

随着我国物流行业的信息化水平不断提高，我国物流行业得到了迅猛的发展，无论是企业或个人对于物流服务信息化需求也在不断提高，货主、物流企业、收货方都需要及时获得货物运输过程中的信息，希望在物流供应链过程中及时、准确地获取物流状态及安全等方面信息，满足自身及众多的参与方对物流信息服务的需要，进而促进供应链服务水平的提升。

目前，各企业单位为了实现货物跟踪服务，只能凭货主企业、大型物流企业和收货企业独立完成跟踪中心建设，总体投资成本大，而且货主企业、大型物流企业和收货企业对于物流供应商的协调难度也比较大，往往只能获取到部分物流跟踪信息，缺乏完整的供应链信息的获取手段。随着供应链复杂程度的不断提高，现有企业的跟踪功能已经无法满足更高服务水平的要求，需要站在整个供应链管控的高度，对信息平台现有的货物跟踪功能进行整合、升级、再造，形成一个全新的系统，为供应链各方提供全面、精细、个性化等多方面服务，以满足用户类型多、信息整合要求高、服务内容多等要求。

因此，通过 LOGINK 进行货物运输信息通道和货物运输节点信息采集，整合货物运输信息资源，完成物流跟踪中心建设，是解决目前问题的最好解决办法。通过构建公共信息平台既可避免重复建设，节省投资成本，又能提高物流效率，完善物流供应链的信息。

#### 2. 解决思路

物流跟踪中心以打造具有社会化的公共货物跟踪服务体系为出发点，实现对物流产业链中各角色全面、快速、有效的物流跟踪。它基于国家物流平台与货主企业、物流企业、物流平台、各物流节点（如港口、海关/电子口岸、航运企业等）、定位平台的互联互通，整合物流产业链上的物流状态信息，以可视、可量化、可控为指导原则，为整个物流产业链提供跨企业、跨运输方式的个性化、多维度的物流跟踪服务。物流跟踪中心的架构如图 7-25 所示。

#### 3. 服务对象

供应链跟踪主要服务对象为货主企业，服务使用方包括物流服务提供商（运输企业、仓储企业）、收货方（企业、个人）及货代企业等。运单跟踪主要服务对象为物流运输企业，服务使用方为收货方（企业、个人）。跟踪中心为不同的用户提供不同的服务内容。

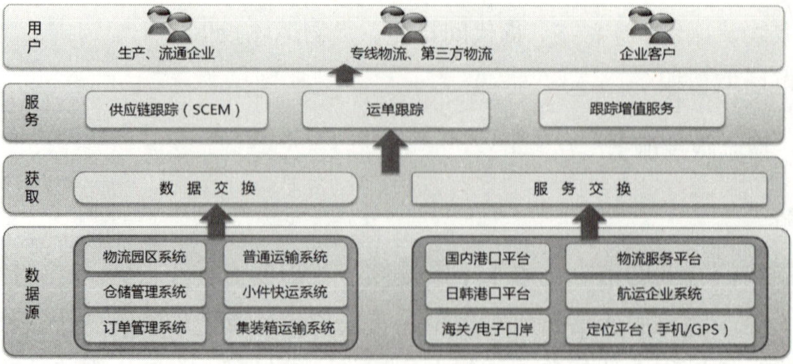


图 7-25　物流跟踪中心架构图

货主企业：提供客户订单管理，物流状态跟踪查询，物流服务提供商的绩效考核、分析和管理，物流流程优化和信息整合等功能。

物流服务提供商：提供车辆运输状态跟踪查询、仓储状态跟踪查询、运输业务流程优化等功能。

收货方：提供单批货物物流状态跟踪查询功能。

货代企业：提供物流状态查询功能。

## 4．功能架构

物流跟踪中心包括跟踪信息管理、对外服务、系统管理 3 个部分，功能架构如图 7-26 所示。

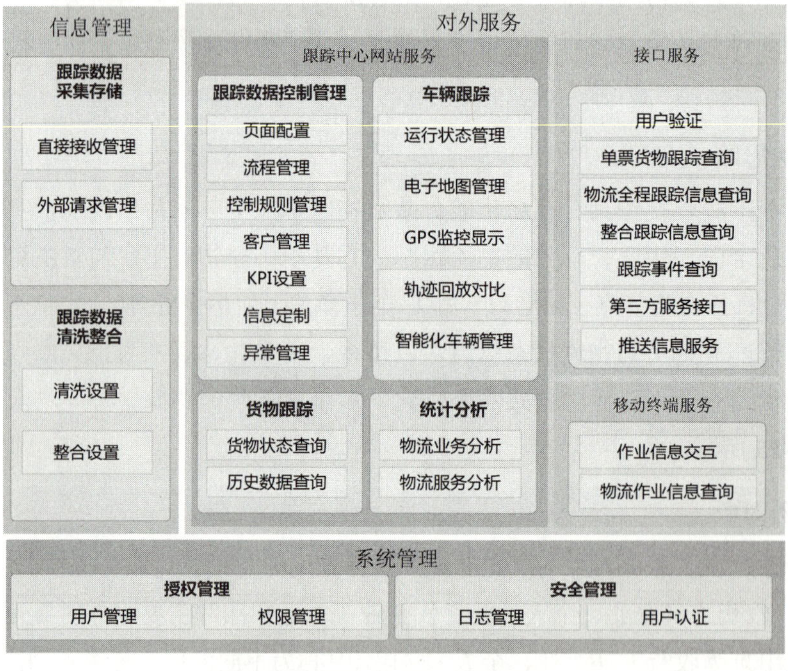


图 7-26　物流跟踪中心功能架构

1）信息管理

信息管理主要完成跟踪数据的处理，包括跟踪数据采集存储、跟踪数据清洗整合两部分。跟踪数据采集存储通过与外部系统的交互，获得原始跟踪数据，并根据数据分类进行存储；跟踪数据清洗整合依据系统预先设定的规则，完成原始跟踪数据的再加工，并根据数据分类进行存储。

2）对外服务

货物跟踪中心网站是平台跟踪服务主要的对外服务方式，主要包括货物跟踪中心网站服务、接口服务和移动终端服务。

其中，货物跟踪中心网站服务包括跟踪数据控制管理、车辆跟踪、货物跟踪、统计分析。跟踪数据控制管理主要完成系统的各项配置工作，为系统提供灵活的管理手段；车辆跟踪以 GPS 方式对运输车辆位置进行跟踪与显示，通过外部系统互联实现与 GPS 服务商的数据交换，实现对车辆实时位置信息的对外查询，并支持多点跟踪与连续跟踪；货物跟踪依据货物跟踪中心的唯一标识，可以对货物的当前、历史等状态进行查询；统计分析通过对原始数据的分析、整理、加工等，为用户提供系统的整体状况信息。

接口服务主要面向于物流服务提供商、供应链核心企业等有自身生产系统的企业用户。通过服务接口的方式，对外提供物流跟踪服务，方便物流服务提供商、供应链核心企业等企业用户，对物流跟踪信息的使用，包括用户验证、单票货物跟踪查询、物流全程跟踪信息查询、整合跟踪信息查询、跟踪事件查询、第三方服务接口等功能。

移动终端服务主要面向关心货物跟踪信息的个人用户，为个人用户提供方便、丰富的移动物流跟踪服务，包括作业信息交互、物流作业信息查询。

3）系统管理

系统管理包括用户管理、权限管理、日志管理、用户认证功能。用户管理完成系统用户基本信息维护、密码管理等功能；权限管理用来对系统的用户功能、数据范围、业务范围、角色等进行设置；日志管理主要用来对系统运行的基础信息进行查询，方便系统的运行维护；用户认证是基于系统的安全体系，对系统中的用户进行唯一性信息、安全性信息、可靠性信息等管理。

物流跟踪中心运单跟踪界面如图 7-27 所示。

### 5．社会经济效益

通过物流跟踪中心的开发和建设，实现物流跟踪信息的共享，将实现供应链管理提升服务水平、提高运营效率、降低总体成本等多方面的成效。

（1）提升服务水平：通过物流跟踪中心可以有效获得货物流动的信息，掌握货物在物流链中的状态，及时定位货物异常并进行控制，提升货物运输的准确性和及时性。作为获得竞争优势的手段，提供差别化物流服务，提高供应链核心企业、物流企业等的服务水平。

图 7-27　物流跟踪中心运单跟踪实例

（2）提高运营效率：通过货物跟踪系统所得到的有关货物运送状态的信息丰富了供应链的信息分享源，电子化的跟踪手段，减少了电话、传真等传统人工跟踪存在的低效、低质的现象，高效的信息跟踪手段，有效提升了企业在计划、协调、生产等方面的运营效率。

（3）降低总体成本：平台建设的公共的物流跟踪系统，减少了供应链核心企业、物流企业等多方的重复投资与建设，有效降低了全社会的建设成本；企业应用跟踪中心，减少了人工、纸质等方式的跟踪，降低企业的运作成本，促进物流业健康发展。

### 案例 8：宁波 S 物流交易平台

#### 1. 概述

在当今物流产业链中，一般认为买卖货物双方为第一、第二方，物流公司被称为第三方，而向前三方提供供应链管理、物流咨询等系统供应链解决方案的则是第四方物流。

宁波 S 物流市场是宁波国际物流发展股份有限公司运营的其中一大公共信息平台，旨在运用现代信息技术，将物流系统及与系统有关的信息集中到统一、安全、高效的平台上，实现政府与政府、政府与企业、企业与企业、企业与中介组织之间的信息交换和共享，实现物流政务服务和物流商务服务的一体化，范围涵盖海运、陆运、空运等多种运输方式，其功能支持运输、仓储、分拣、配送等物流供应链全过程，物流电子商务运营促进企业开展网上物流。

宁波 S 物流市场作为国家 LOGINK 运输交易中心之一，为 LOGINK 用户提供一系列物流运输交易相关的服务。

## 2. 服务内容

1）基础服务

宁波 S 物流市场提供的传统的运输交易服务，主要解决“车找货”、“货找车”的问题，具体服务内容如下。

（1）信息联网：通过企业基础信息联网，实现动态车源信息集聚。

（2）智能匹配：通过信息数据智能匹配，优化车源货源高效配置。

（3）支付结算：通过网上电子支付结算，实现网上交易盈利模式。

（4）惩戒机制：通过监管市场交易行为，主导平台交易惩戒机制。

（5）认证担保：通过企业认证平台担保，保障市场交易公平规范。

（6）模式创新：通过模式创新流程优化，提升参与各方业务利润。

2）创新服务

宁波 S 物流市场依托宁波港优势，充分利用 LOGINK 创新出以下 3 个与集装箱运输相关的交易市场平台，如图 7-28 所示。

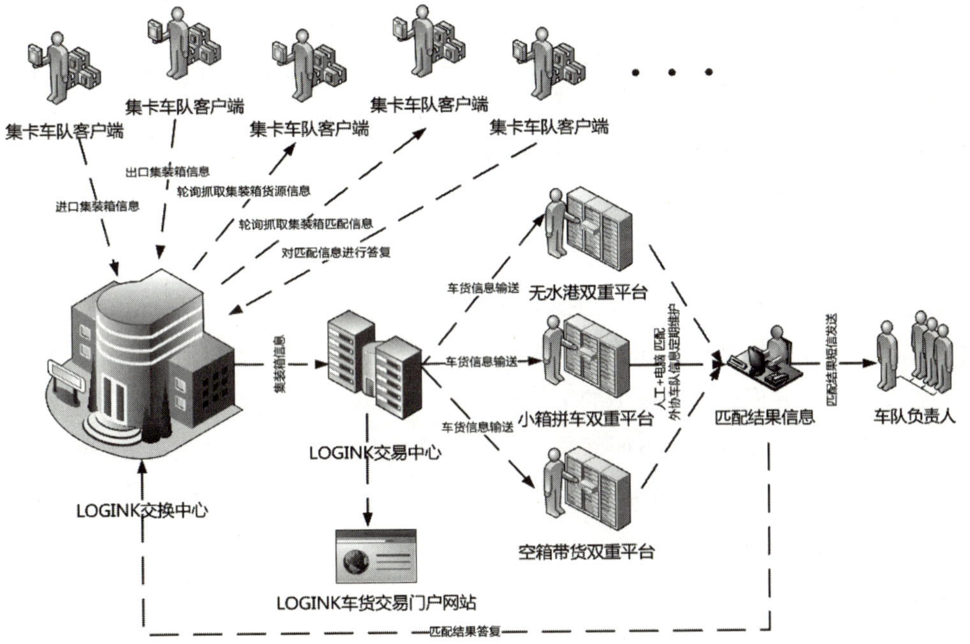


图 7-28　宁波 S 物流市场总体框架

（1）无水港双重平台。

依托宁波港在内陆设立无水港的优势，整合集卡运输车队、货代等各方资源，形成双重甩挂运输，基本实现了“箱停车不停”、“集卡运输不放空”。此项目在宁波港与物流公司率先进行试点，已经取得了巨大的成效，累计业务交易量超过 5 万箱。平台包括以下六大功能：拖卡信息发布、箱车智能匹配、货物状态跟踪、单证流转下载、电子装箱单预录入、运费支付结算。

（2）小箱拼车双重平台。

主要解决现实中“小箱货的客户找不到合适车源”和“运输车辆经常没装满货”情况下致使运输单位车辆利用率低，运输成本高昂和能源浪费严重的问题。小箱拼车平台实现了在平台上进行车货信息发布、车货信息匹配、运输车辆调度、费用确认、运费网上支付结算、统计报表、配置管理多个业务操作，大大减少了货主、物流企业运输成本。平台累计实现了缴纳服务保证金的集卡车队 60 多家，月均拼箱 1 500 余箱。

（3）空箱带货双重平台。

主要解决现实中“货找不到车”和“车找不到货”情况下车辆返程空驶现象严重，致使单位车辆利用率低，运输成本高昂和能源浪费严重的问题。通过空箱带货平台的搭建，达到对托单、运力进行管理，托单查询，货源信息管理，出入库管理，调度管理及装车信息管理的目的，有效地完成空箱与散货的匹配，实现物流资源的有效聚集及物流成本的降低。空箱带货平台自上线以来，月均拼车 700 余辆。

### 3. 效益分析

对企业及货主而言，S 物流市场对运输资源进行集聚，通过资源互补及合作协调，可以有效提高物流企业的服务水平及资源的有效利用，降低企业物流支出成本。对于物流行业来说，通过互联网进行各类信息的沟通，可以从一定程度上降低物流成本，对整合社会信息化资源，提升行业信息化水准，加速流通，优化产业链，提升物流竞争力都有重要作用。

各类集装箱运输模式的探索，在很大程度上缓解了社会交通的压力，由于充分利用回程集卡配载，有效降低物流行业的单位能源消耗，改善物流环境，达到“节能、增效、减排”的基本目标，并促进社会环境的可持续发展。同时，在一定程度上规范了运输市场，丰富了物流形态。在经济效益方面，与传统运输模式相比，每个集装箱可节约费用 40%，油耗下降 36%，人工费下降 30%，时间节省 40%，为参与各方产生了 600～800 元/箱的综合效益，实现了多方共赢。

## 案例 9：货代间订舱平台

### 1. 项目背景

一条物流链可以延伸多长？对于一般的企业而言，其物流链可归结为“仓储+配送”，即产品生产出来以后通过仓储和配送中心发往目的地。但对于出口物流链来说，物流链要复杂得多，涉及的范围也更广，其涉及的参与企业、管理部门数量很多，需要通过信息共享协同完成业务操作，各方对物流信息互联有着天然的需求。但是由于各个实体的发展阶段不同、市场地位不同，信息化水平也有很大差异，各个实体间有着不同的管理软件、数据标准和业务操作流程，使得实际业务中的信息共享并不顺畅。

从总体规划、分布推进的角度考虑，平台出口物流链互联计划从其重点环节的互联入手，逐步实现从双方互联到多方互联，从简单的独立业务场景接入到复杂的整条物流链对接来推进。因此要实现进出口供应链信息一体化，可以分三步走：

（1）通过船公司无纸化订舱，使船公司带动一级货代加入信息化互联；

（2）通过货代间订舱，使一级货代带动二级货代加入信息化互联；

（3）通过仓库车队互联，使二级货代带动仓库和车队加入信息化互联。

这样整条进出口供应链就能够打通，真正实现进出口供应链的互联应用，如图 7-29 所示。目前已初步实现第一步，现在正是实现第二步互联应用的最佳时机，并为第三步互联应用打下基础。所以货代间订舱的互联应用的推动在现阶段显得尤为重要。

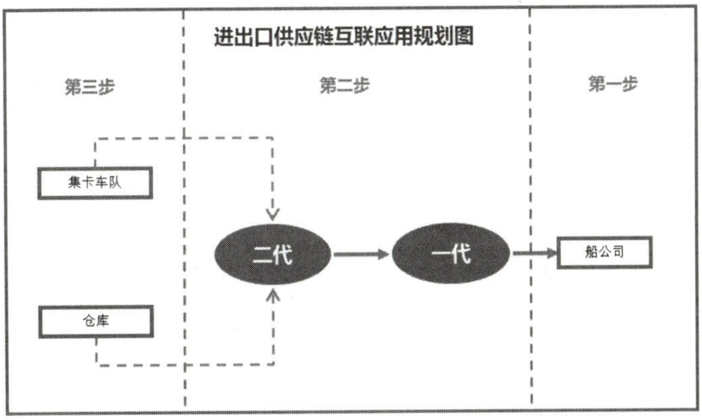


图 7-29　进出口供应链互联应用规划图

货代企业的信息化程度较高，一级货代企业在进出口供应链订舱环节中具有一定强势的地位，而且宁波港区域的货代企业与船公司订舱互联已经给货代企业带来了实际的价值和提高了工作效率。因此只要打通一级货代、二级货代企业订舱（货代企业间订舱）的环节，就能加速货代与集卡车队、仓库的互联速度，整个进出口供应链的主环节就能够串联起来，完全打通。

### 2．面临的问题

一级货代在体验到无纸化订舱带来好处的同时，也被随之出现的一些问题所困扰，尤为严重的是：在实现进出口供应链下游端（向船公司订舱）无纸化的同时，进出口供应链上游段（二代向一代订舱）还是采取传统的纸质订舱模式，这使得原本实现的船公司无纸化订舱带来的好处大打折扣。这个问题的凸显也使一级货代下定决心要对上游段（二代向一代订舱）进行信息化改造，真正实现整个订舱供应链的无纸化操作。

目前纸质订舱存在的问题：

（1）纸质单据成本高，容易丢失、损坏，统计结算麻烦；

（2）双方人员需要将纸质单据内容人工录入系统，费时、费力；

（3）无法对业务操作过程进行监控和取证，由于纸面传真文档的模糊性和可更改性，当问题发生时，业务双方容易互相推诿，导致问题的解决效率偏低。

同时，二级货代向一级货代企业订舱涉及的企业远远大于一代与船公司的数量，应用货代软件的种类也更多，必须制定完整的订舱接口标准并对各类软件进行标准接口改造。所以存在的具体应用需求如下：

（1）进出口供应链订舱环节是一个系统性复杂工程，需要整体性地规划能切合具体业务的物流数据交换标准；

（2）需要对二级货代企业使用的众多货代软件的接口进行改造，需要投入大量精力、人力和资金。

从以上两个方面来看仅依靠某个开发商或某个企业自身的力量是不可能完成宁波港区域众多货代软件的数据接口标准制定的，更不可能有大量的资金来补助二级货代企业以推动他们积极进行软件接口改造，因此这就需要利用 LOGINK 的技术力量和资源来解决以上问题。

### 3. 解决途径

1）应用 LOGINK 货代推荐软件

2011 年 8 月，LOGINK 对货代软件（见图 7-30）与船公司、货代、CFS 仓储及集装箱运输之间的接口标准和程序已经具有应用可行性。为做好一级货代二级货代之间货代企业订舱互联业务的应用，LOGINK 与 N 电子口岸公司先针对已经使用两个货代企业进行试点应用。

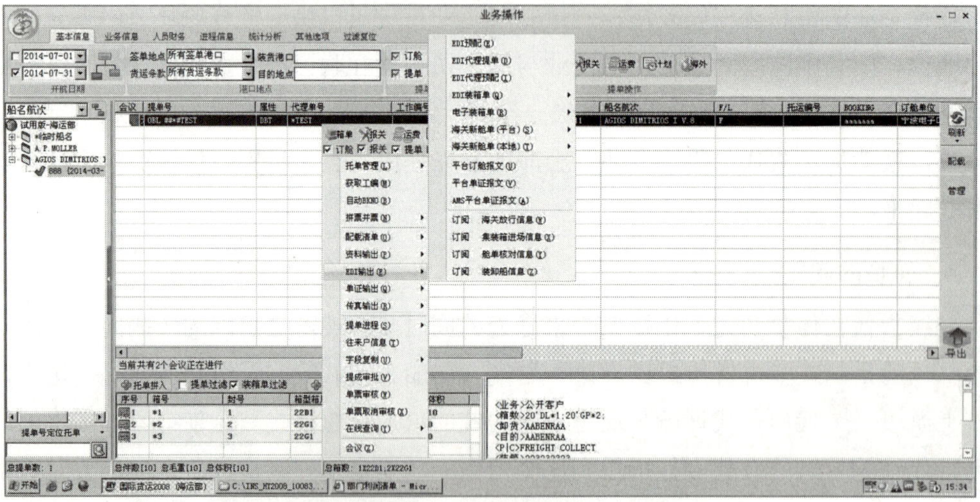

图 7-30　货代推荐类软件 HY2008

以下以两家公司一票出口货物为例对改造前的订舱工作流程进行阐述。

（1）改造前的传统业务模式。

二级货代接到纸面货主订舱托单→录入货代软件→业务处理后形成货代订舱托单→打印→纸面核对→向一级货代传真订舱托单→电话沟通是否收到传真，字迹是否清晰→一级货代根据传真件手工录入到货代软件→核对录入信息→业务处理后形成船公司订舱托单→发送船公司订舱报文，流程如图 7-31 所示。

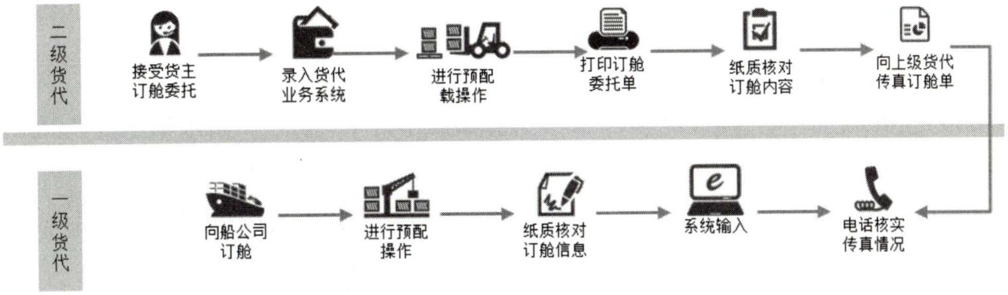


图 7-31　互联改造前业务模式及流程图

（2）改造后的业务模式。

通过 LOGINK 基础交换网络，应用 LOGINK 研究制定的货代之间数据交换标准和程序接口，改造后的货代间订舱业务模式：

二级货代接到纸面货主订舱托单→录入货代软件→业务处理后形成货代订舱托单→发送货代订舱报文给一级货代→一级货代收到订舱报文后导入货代软件→业务处理后形成船公司订舱托单→发送船公司订舱报文。

对比前后两种模式，改造前的传统模式有 10 个工作环节和步骤，改造后的模式只有 6 个工作环节和步骤，节省了 4 个工作环节，并且利用 LOGINK 的数据交换方式和基础交换网络大大加快了业务数据流转的速度。

优化后的流程如图 7-32 所示。

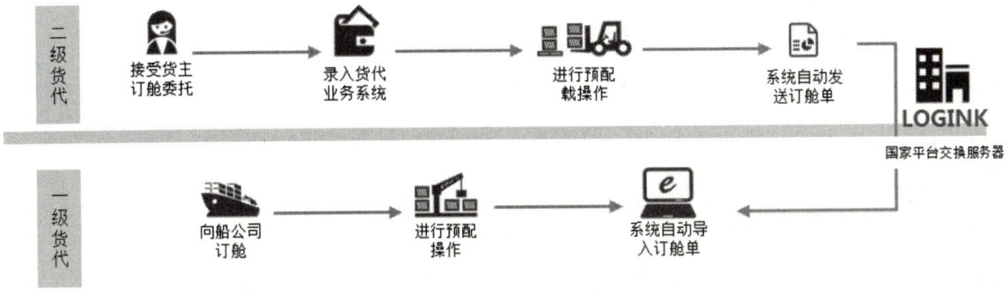


图 7-32　互联改造后业务模式及流程图

2）拓展货代企业间订舱应用范围

在两家试点企业应用 LOGINKHY2008 货代推荐软件实现一级货代二级货代之间订

舱互联的同时，LOGINK 对宁波港、上海港等区域范围内的货代企业和货代软件进行了调研和分析，逐步开展和接入宁波港、上海港区域其他货代企业软件的二代货代企业应用 LOGINK 货代间订舱报文标准，通过平台物流交换服务器将货代间订舱报文发送至使用 HY2008 货代软件、世晨货代软件、海钛货代软件、PSTAR 软件的一级货代，实现二代向一代网上订舱，形成一代二代货代企业间不同的货代软件订舱互联应用。

#### 4. 效益分析

1）经济效益分析

（1）时间人力成本的降低。

一票货物改造后节省 4 个工作环节，据估算节省约 1.5 小时，如每年至少 9 000 票的业务量，每年节省 9000×1.5 小时=13 500 小时；按照每人每天工作 8 小时计算，节省 1 687.5 人天；按照每人每月工作 22 天，每人每年工作 265 天，除去节假日后每人每年工作 250 天计算，节省 6.75 个人年成本；按照一个人年薪和福利成本 10 万元计算，一年给两家企业节省 67.5 万元。

（2）耗材成本的降低。

一票货物托单需要打印 2 次（二代打印一次，一代传真收到打印一次）计算，一次一张用纸，每年至少 9 000 票的业务量，节省 18 000 张纸。一票货物按照传真一次和电话一次计算（相当于 2 次电话），每年至少 9 000 票的业务量，可节省 18 000 个电话。按打印 0.5 元/张计算，18 000 张纸节省 9 000 元；按 0.3 元/分钟计算电话费，每次电话 2 分钟计算，18 000 个电话节省 10 800 元。外加打印机、传真机、电话机的维护费用，墨盒硒鼓的消耗费用，大约估算为 3 000 元，2 家企业 6 000 元。

（3）降低的总成本。

时间人力成本+耗材成本=67.5 万元+0.9 万元+1.08 万元+0.6 万元=70.08 万元。

改造后每年给两家企业节省 70.08 万元。

2）社会效益分析

（1）缩短物流工作链，提高进出口供应链操作效率。

通过货代间订舱互联应用的实现，能够缩短 4 个工作环节，减少了重复工作内容，降低了工作中的错误率，提高了工作准确度，从而极大地提高了进出口供应链操作效率，为整个进出口供应链高效有序的进行提供了有力保障。

（2）降低耗能，保护环境。

通过货代间订舱互联应用的实现，减少了纸张、电话、传真等耗材的使用，为节能减排，保护环境做出了贡献。

一方面，通过一级货代二级货代间订舱互联功能的实现和应用，实现了宁波港区域 280 家货代企业之间互联同时也对宁波港区域 2 000 家货代企业订舱数据的互联产生巨大的推动。另一方面，一级货代二级货代间互联应用产生的巨大效益，也可以为后续与仓储、车队、堆场之间的应用互联带来巨大的社会影响力并打下良好的信息化基础，有利于促进整个宁波港区域货代、仓储、车队等企业信息化建设，提高物流行业整体的管理水平。

### 案例 10：货物运输投保

#### 1．背景介绍

货运物流行业的发展，使货物运输过程中充满了各种各样的风险。进入现代社会后，货物运输出现了内河、航空、陆上、邮递等多种方式，货物运输保险也因此取得了全面的发展，本文阐述案例中以国内货运险为例。从国外的经验来看，当企业无法自我承担某些经营风险时，他们就会购买相应的物流保险，将这类风险转嫁给保险公司。从我国货运险实际开展业务的情况来看，国内大型企业及外资企业风险管理意识相对较强，在选择保险作为风险保障时考虑较为全面，购买物流保险也是非常积极主动，但是中小企业、私有企业由于各种原因，大部分没有通过购买物流保险来进行风险转移。

现在大部分财产保险公司都在中国开展有货物运输保险业务，基本上可以分为三类。第一类是国内保险公司，主要以中国人民财产保险股份有限公司、中国平安财产保险股份有限公司、中国太平洋财产保险股份有限公司为代表，这三家保险公司在国内开展货运险业务时间长，经验丰富，承保及理赔能力都比较强；第二类是国外财产保险公司，主要以美亚保险、友邦保险等为代表，外资保险公司大多刚刚在中国开展货运险业务，但是有长期的国际货物运输保险操作经验，实力雄厚，服务优越；第三类是保险中介机构，主要是保险代理与保险经纪公司，这类公司在中国数量最多，竞争也很激烈。

#### 2．面临的问题

投保货物运输保险是物流企业保障安全运输的关键环节。当前，传统投保模式具有成本高，手续烦琐、手工统计易出错、节假日无法出单，物流企业不能自己打印保单等劣势，对于中小物流企业而言，由于营业收入不高及自身信息化程度不高，在投保时还会遇到一些问题。

（1）投保费率高：中小型物流企业受制于规模、内部经营管理问题及支付保费额度，无法从保险公司争取到优惠的费率。

（2）重复录入业务信息，增加工作量：物流企业除在内部 TMS（Transportation Management System）录入业务数据的同时，需在保险公司提供客户端或第三方保险平台录入投保信息。

（3）无法即时为货主提供投保凭证：货主企业往往委托物流企业为其投保，在实际操作过程中，物流企业往往出于侥幸心理，未进行投保，而货主无法得知此类情况。

对于保险公司而言，由于难以掌控运输企业的真正运营风险（例如，发的究竟是什么货，发了还是没发等），以及出于货运险保费低、赔付率高的特性，尤其针对物流责任险，保险公司的推行积极性不高。

### 3．解决方案

保险公司主要有 2 种类型的保险，货运险和物流责任险，如表 7-3 所示。

表 7-3　保险类型及主要内容

| 项　目 | 货 运 险 | 物流责任险 |
|---|---|---|
| 被保险人 | 货主 | 物流企业 |
| 投保人 | 货主或物流企业 | 物流企业 |
| 投保方式 | 按运单投保，按费率计费 | 按车辆、按年投保 |
| 投保信息 | 被保险人、货物描述、运单号、起运日期、发地、到达地等 | 被保险人、车辆牌照、年收入等 |

FY 软件公司与 HT 保险公司通过 LOGINK 进行了全方位“系统对接”，利用 FY 软件公司的平台资源，为物流公司提供“网上自主投保”的货物运输保险服务，该模式规避了传统投保模式的诸多弊端，使物流企业享受一站式的最优质保险服务；保险公司则通过系统对接，节省公司运营成本，将最大优惠让利于物流企业，降低物流企业的投保成本。

FY 软件公司与 HT 保险公司合作，共同推出货运险运单直接投保业务，流程如图 7-33 所示。

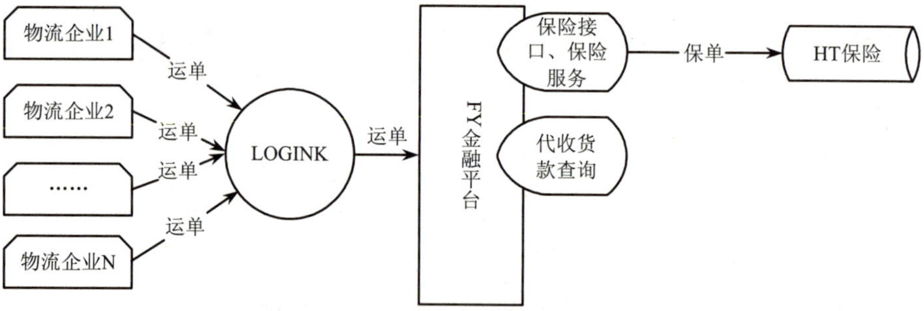


图 7-33　货运险运单直接投保流程图

### 4．效益分析

物流企业通过 LOGINK、金融平台与保险公司实现了投保的无缝对接，相当于建立了物流运输业集体采购保险的谈判机制，不仅可以使物流企业实现与保险业平等对话的机会，也能帮助物流企业更好地预防风险的发生，同时 FY 软件公司及 LOGINK 可以为接入平台用户争取到保费的优惠和理赔利益的最大化。

### 7.8.4 物流企业管理软件服务

我国的物流企业，尤其是中小型物流企业信息化水平普遍低下。为使国家 LOGINK 效能得到最大限度的发挥，尽可能扩大平台的用户群体规模，加快我国物流业总体信息化进程。国家 LOGINK 一方面向物流企业免费提供符合平台标准的物流业务管理软件；另一方面对市场上有一定影响力的物流业务管理软件按照平台标准进行改造，并借助物流软件提供商向物流企业推广应用。

目前，国家 LOGINK 面向社会推出了一批通用和推荐软件。已完成普通运输、物流基地、集装箱等 5 个物流通用软件，在浙江省推广超过 3 900 家企业，实现了全省所有小件快运、危险品运输企业和部分物流龙头企业应用推荐软件并联网。黑龙江、福建、内蒙古、四川、宁夏、吉林等省已进行通用软件推广，福建、湖北、黑龙江也在统一标准下启动了通用软件建设。完成了对国内主流的仓储、货代、运输等 9 个软件接口的改造，即将启动 15 个软件接口的改造。随着软件的升级和推广，平台覆盖面将快速扩大。

本节选取小件快运通用软件在小件快运联盟中的应用案例来介绍平台所提供的物流企业管理软件服务。

**案例 11：Z 小件快运联盟**

Z 小件快运联盟是一个由汽运公司组成，依托高密度的汽车客运班车网络资源及专业的服务团队，立足省内大中城市，联合中小城市，辐射乡镇，对接外省市的优质小件快运网络。其运营主体是各客运班线运营公司。

在未进行信息化管理之前，小件快运网络面临诸多问题。

1）业务效率低下

在实现信息化以前大多网络成员单位开展业务还停留在一台计算器、一支笔、一本账的局面上。业务员受理业务是要翻查车次信息、收费标准然后计算价格开票，速度完全取决于业务员的熟练程度，整体效率低下。

2）票据管理难

平均每天约有 3 000 票托运单，托运单、发票都是手工开填的，效率低下且随意性很大，经常出现因托运单字迹潦草无法辨认影响正常发货的问题。

3）站场协作难

小件快运业务需要依赖于客运班次，客运班次密度大班次变化频繁。快件公司进行受理、装车、卸货等操作时与站场公司的信息相互脱节，影响正常业务开展。

4）业务数据查询难

小件快运业务量大且散，信息量大，客户来电查询货物去向时接线员需要从大量票证信息中去翻查，效率低下，经常出现错误引发客户投诉。提货时客户排队等待业务员从入库登记中查询到货信息，严重影响运行效率。

5）业务账目不清

由于业务量大且窗口直接参与现金交易，针对每笔业务的收费标准公司虽有规定，但是乱收费的情况时有发生。业务员每日上缴账目核对困难，存在隐瞒收入的情况。与各参运公司之间的结算都需要通过票据核算，工作量巨大却无法保证正确性。

6）货物无法跟踪

在小件快运网络实现信息化联网以前各站时间信息无法互通，发货站货物发出后如想了解现在货物的情况，唯一的办法就是打电话去到达站查询，费时、费力还无法保证查询结果的准确性。

为解决 Z 小件快运网络面临的诸多问题，2007 年开始在整个网络中部署小件快运通用软件，业务流程如图 7-34 所示。

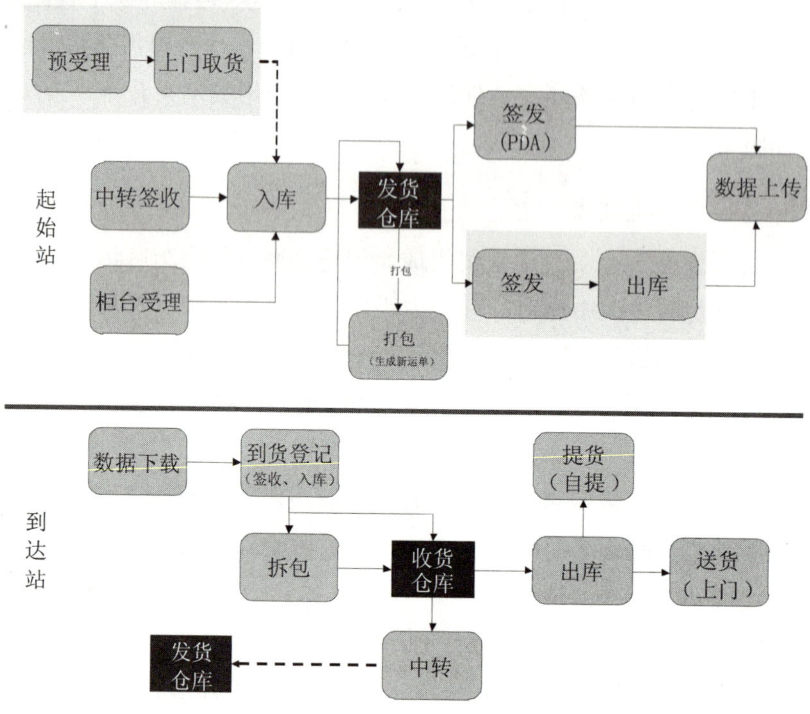


图 7-34　小件快运业务流程

从图 7-34 中可以看出，小件快运业务需要由起始站和到达站两个主体协作来完成，但是目前各车站又是独立的经营实体，相互之间没有任何联系，这就使得小件快运的发货单位和接收单位信息不畅，存在较大的风险。小件快运信息管理系统通过互联网以数据交换的方式实现了各单位之间的信息互通，从而使得业务数据在整个运输过程中随货物流动。在小件快运信息管理系统中数据的交互流程如图 7-35 所示。

从图 7-35 中可以看出，各业务实体（客车站）通过使用小件快运信息管理系统实现了业务数据的交互，受理站点在货物装车以后，将货物信息上传至交换中心，交换中心再转发至收货站，收货站即可获取本站即将到达的货物信息，在运输车辆到达以后根据该信息进行核对。

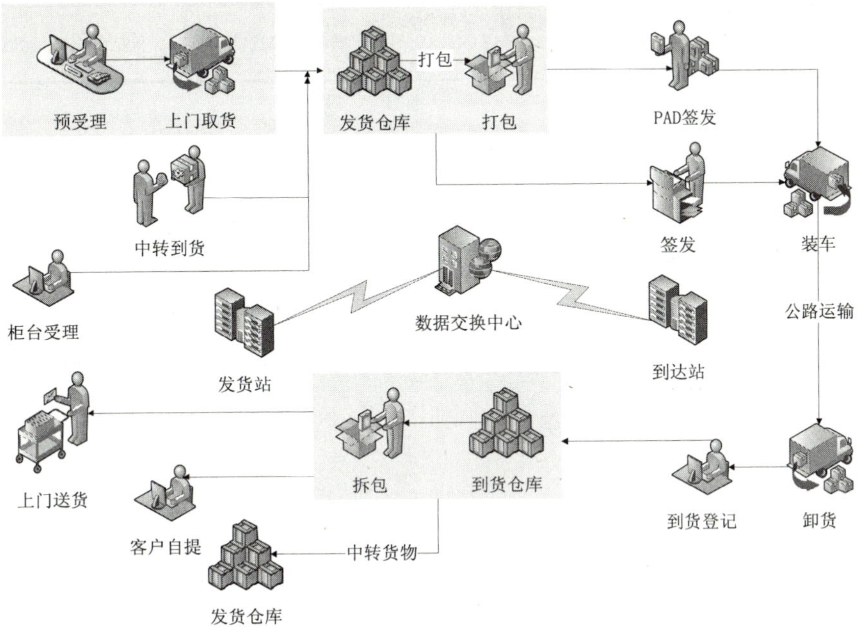


图 7-35　小件快运网络数据的交互流程

使用小件快运通用软件并联网后，站点间的信息实现了共享。对于运输企业而言，实现联网后，在出货站点货物签发后，接收货物的站点可实时收到货物信息，在货物到站后，进行网上确认到货，发货方立刻就能接收到信息，确保了信息的及时沟通。同时，收货方省去了以前到货后重新手工填写信息的麻烦，提高了运作效率。因此，使用小件快运通用软件后，大大降低了浙江小件快运网络的运营成本，整体效率提升了 40%，大大节约了人力成本，具体对比如表 7-4 所示。

**表 7-4　小件快运通用软件使用前后效益对比**

| 项　目 | 使 用 前 | 使 用 后 |
|---|---|---|
| 票证管理 | 手工票证管理，手工开填票 | 所有票据统一领用，实现机打开票，跟业务联动 |
| 票价计算 | 要根据货物的重量，受理员用计算机进行计算，需时 2~3 分钟 | 根据票价管理进行公式计算，自动算出票价，从开始到出票仅需 1 分钟 |
| 站场协作 | 采用打印出来的班次信息表核对班次信息，无法即时读取班次信息 | 直接对接客运售票系统实时读取车次信息 |
| 营收统计 | 根据票根人工计算，一次结算需要一个工作日 | 根据受理信息自动统计营收，可即时查看 |
| 月末对账 | 月底时或月初集中人员清理票据，进行对账、核算，耗时超过 2 天 | 软件提供月经营情况明细表，不用人工核算，直接根据每天款项收入、支出，算出利润，生成月营业额统计，8 秒以内完成 |

续表

| 项　目 | 使用前 | 使用后 |
|---|---|---|
| 短信服务 | 电话通知，需要专人处理，容易遗漏，且费用高 | 实时发送货物发送短信、货物到达短信、货物提取短信 |
| 货物跟踪 | 只能跟踪本站出发的相关货物信息，无法跟踪到目的地，只能通过电话联系 | 实时跟踪货物的位置，包括什么时候到达目的站 |

## 7.8.5　行业监管服务

通过基础交换服务，交通、公安、安监、食品药品监督等政府部门可以实现对危化品、食品、药品等特殊货物的物流过程进行全程监管。在此基础上，结合相关基础数据，实现物流行业运行趋势的动态监测与分析，为政府宏观决策提供数据服务。

本节选取危险品运输监管服务案例向读者介绍平台所提供的行业监管服务。

### 案例 12：危险品运输监管服务案例

#### 1．项目背景

近年来，我国每年道路运输危险货物为 3 亿吨，其中易燃易爆油品类达 2 亿吨。全国共有道路危险品货运企业 6 800 多家，运输车辆 11.64 万辆，从业人员超过 21 万人。其中，危险品运输占年货运总量的 30%以上，并呈上升趋势。因此建立健全危化品运输车辆实时动态监控管理平台，实现对危险货物运输全过程中车辆、人员、环境及危化品状态等情况的实时动态监控、预警报警、安全管理与分析和辅助应急救援，并实现信息资源跨部门、跨区域的整合与共享，最大限度地减少危化品运输事故及危害势在必行。

为此交通运输部、浙江省人民政府、浙江省道路运输管理机构相继出台了一系列针对危化品运输车辆如何规范运作的法律、法规、标准和规定。例如，交通部颁发了《道路危险物品运输管理规定》；国家安全生产监督管理总局颁发《危险化学品汽车运输安全监控系统通用规范》和《危险化学品汽车运输安全监控车载终端》的行业标准，以及《关于印发上海世博会重点营运车辆 GPS 联网联控系统建设工作方案的通知》（交运发〔2010〕743 号）；国务院国发〔2010〕23 号文件《国务院关于进一步加强企业安全生产工作的通知》；交通运输部、公安部、安全生产监督总局、工业和信息化部联合出台交运发〔2011〕80 号《关于加强道路运输车辆动态监管工作的通知》；以及由浙江省人民政府颁布，并与 2012 年 7 月 1 日起正式实施的《浙江省道路运输条例》中明确规定："道路危险货物运输经营者应当接入统一的危险货物运输信息管理平台。"

#### 2．面临的问题

随着危险品物流发展，在当前的危险货物运输监管工作过程中，存在以下几个方面的问题。

（1）监管工作量大：据统计，全省现有 600 多家危险品运输企业，以每家企业每天上报 10 单计算就需报送行业主管单位 6 000 单左右，年上报近 219 万单。管理部门汇总各企业的电子路单或货运报表后，经过分类、统计、汇总后，再向上级管理部门层层报送，流程比较复杂（其中还未包含行业监管要求的其他相关报表）。因此，基于手工操作的报送机制工作量非常大。

（2）监管成本高：危险品运输企业工作人员手工填写单据、报表，需要耗费纸张，同时，如果以传真的方式上报，对于纸张的消耗量会更多，导致办公开支大幅增加。直接管理部门通过对物流企业上报的单据进行汇总、核对，形成报表向上级管理部门报送的过程中也会使用大量的纸张，直接造成行政资源浪费，行政成本提高。

（3）监管效率低：危险品运输企业手工填单，需花费大量时间、人力成本，导致企业上报效率低下。管理部门在收到纸质单据后，也需要进行人工分析、统计，核查效率低。

（4）监管及时性差：浙江省内危险货物运输企业约 86%为有 5～50 辆车的中小规模企业，由于企业管理人员、驾驶员、押运员素质普遍较低，运输企业通过传真或专人递送的过程中，无法保证上报及时性。所以，管理部门对于运输企业的作业状况很难及时、准确掌握，这也给监管及时性带来了一定难度。

浙江省行业监管部门与道路危险货物运输企业采用平台数据交换前的传统申报流程，以应用企业 JX 运输公司为例，如图 7-36 所示：该企业的主营业务为工业气体配送（氧气、乙炔等）运输，服务于嘉兴市区各大医院和焊接工厂，运输模式是点到点的整车短途运输。业务流程是由公司接到气体厂的配送通知，并根据配送计划调配车辆去气体厂运输工业气体到嘉兴市区各医院、焊接厂等单位，其配送线路相对固定。同时在运输过程中，JX 运输公司还需根据监管要求，手工填写业务记录、整理有关报表，报送嘉兴公路运输管理处。由于运输业务及时性强，运输信息报送的及时性往往也无法保证，报送也就成为事后行为。因此，基于手工流转的报送监管机制不仅增加了企业、行业监管部门的工作量，而且无法充分发挥行业监管的及时有效作用。在 JX 运输公司的业务及报送流程中可以看到其中包含了多项人工填开、电话沟通、传真确认、人工递送等环节，效率较低、及时性差。

### 3. 解决途径和方案

LOGINK 为各类危险品运输企业提供全方位、一体化的电子路单报备监控系统。企业通过按照平台标准接入的运输管理软件，可以及时将本企业所有的危险品运输单据发送至平台电子路单监控中心，各级管理部门可以根据不同的权限登录查看本区域范围内各危险品车辆的运输情况，同时根据监控的需要进行统计分析，为管理部门提供各种报表，有利于掌握总体运输情况，并为危险品相关的道路运输事故的应急处理提供基础。危险品运输企业电子路单申报流程的数据交换如图 7-37 所示。

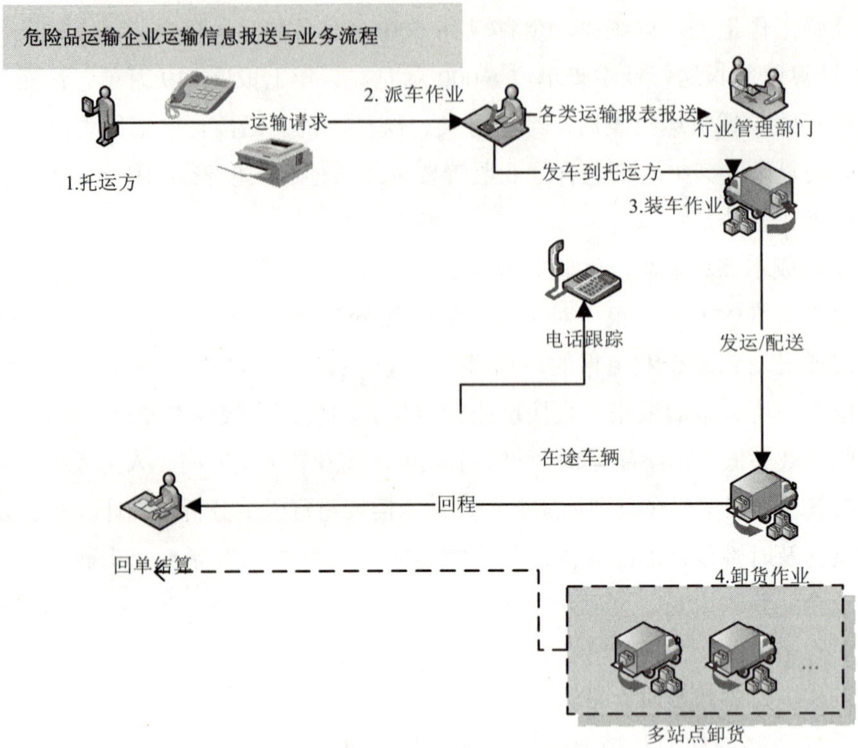


图 7-36　危险品运输及报送传统的业务流程

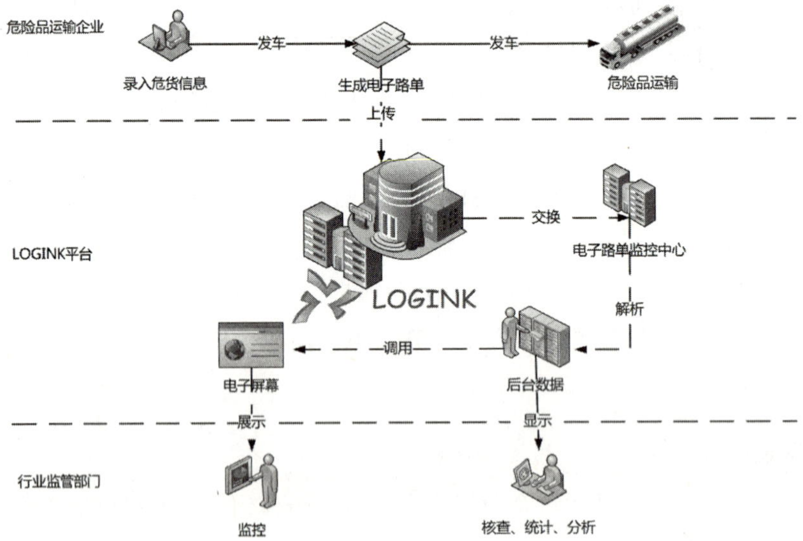


图 7-37　危险品运输监管业务数据交换

危险品运输监管网络建设工程具体包括标准支撑、系统申报、中心应用 3 个方面。

1）道路危险货物运输行业标准支撑建设

根据道路危险货物运输监管与企业实际业务需求，制定并完善平台标准体系中危险品运输电子路单相关标准，例如，危险货物名称、配载车辆、驾驶员、押运员、发车时间信息等，标准建设积极推动行业标准化、规范化发展，为加强行业监管创造有利条件，并为道路危险货物运输信息申报系统建设提供标准基础。

2）电子路单申报应用系统建设

平台为道路危险货物运输企业提供免费运输管理申报系统。按照平台统一标准开发并在全省实施应用的普通运输通用软件，通用软件分为 BS 版与 CS 版，分别定位于中小型与大型物流企业客户目标群体，软件除具备行业监管需求的电子路单报备功能外，还为企业提供完善的业务管理、费用结算与详细报表功能，同时注重应用体验，上报简单便捷，管理全面细致。

电子路单申报系统还与省危险货物运输 GPS 统一安全监控平台进行联网联动，利用定位服务与派车信息的整合优势，调用里程数与车辆定位数据，从而实现对整个危险品物流供应链的实时上传、全面监控与统一管理。

此外，LOGINK 积极进行电子路单标准接口的推广工作。目前，LOGINK 的 2 号普运通用软件、推荐软件——运输管理申报系统已按照平台统一标准，支持与平台电子路单监控中心的实时、高效交换，为道路危险货物运输企业电子路单报备提供了更多优质选择。

电子路单申报系统中新增电子路单界面如图 7-38 所示。电子路单上报过程如图 7-39 所示。

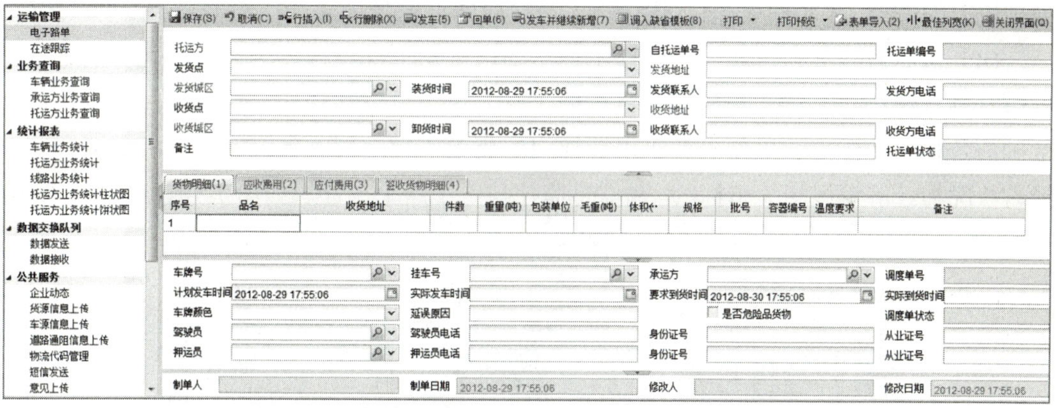


图 7-38　新增电子路单界面

3）电子路单监控中心建设

LOGINK 的电子路单监控中心是行业监管中心应用的重要组成部分，集中了危险品运输管理基础信息资源、业务信息资源、监控信息资源及第三方相关信息资源，实现海量信息在平台内的调用、整合与共享，为各级行业主管部门提供查询、统计、分析、预测、决策、展示支持等层次的信息资源与应用支持服务。此外，监控平台提供统一的标准函数，供需求方接入，并可获取多个服务方数据，支持服务提供方系统异构性和接入方式差异性，可与省危险货物运输 GPS 统一安全监控平台，以及安监、交警、省厅等相关部门进行数据交互，实现跨区域、跨部门、跨行业主管部门间的信息交换与共享。

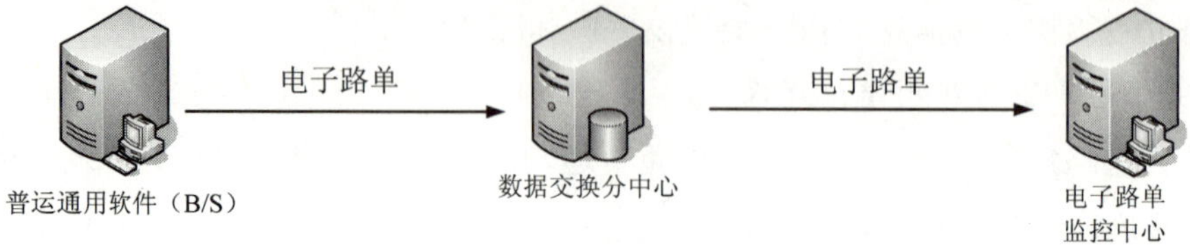


图 7-39　电子路单上报过程

目前，电子路单监控中心包含系统配置模块、业务信息显示模块、中心应用管理模块、信息监控展示模块四部分。

（1）系统配置模块：主要对监管账户、角色分配，以及各账号下的后台功能显示、应用权限进行集中管理。

（2）业务信息显示模块：主要有两个功能，一是对参与平台交换，进行电子路单申报企业的交换代码、账户信息状态进行统一管理。二是集中显示全省各地市上报电子路单的基本数据包括危险货物名称、配载车辆、驾驶员、押运员、发车时间等信息，并支持二级菜单显示电子路单明细（危险货物品名、类别、重量）及调用省危险货物运输 GPS 统一安全监控平台的 GPS 状态信息。各级行业管理部门可通过该模块及时了解各区域内危险货物运输业务上报流量流向信息，同时企业也可通过该模块了解实际上报情况。

（3）中心应用管理模块：主要提供数据接收事件、发送事件、接收用户、接收事件处理情况的查询，以便于交换系统运维人员及时掌握监控中心的交换情况。

（4）信息监控展示模块：提供展示使用的电子路单综合信息，包括对上传的电子路单信息进行统计、分析、利用的以日、周、月、年为单位的统计汇总数据，以及以此为基础的各种统计图表。以便于各级主管部门的集中监控，同时掌握区域危险品运输企业经营状况与经济发展相关指标。运输信息监控与电子路单统计表如图 7-40、图 7-41 所示。

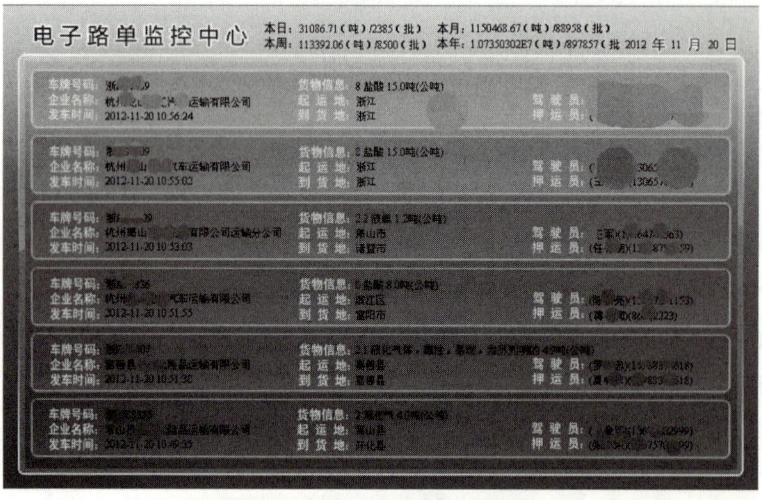


图 7-40　电子路单实时监控图

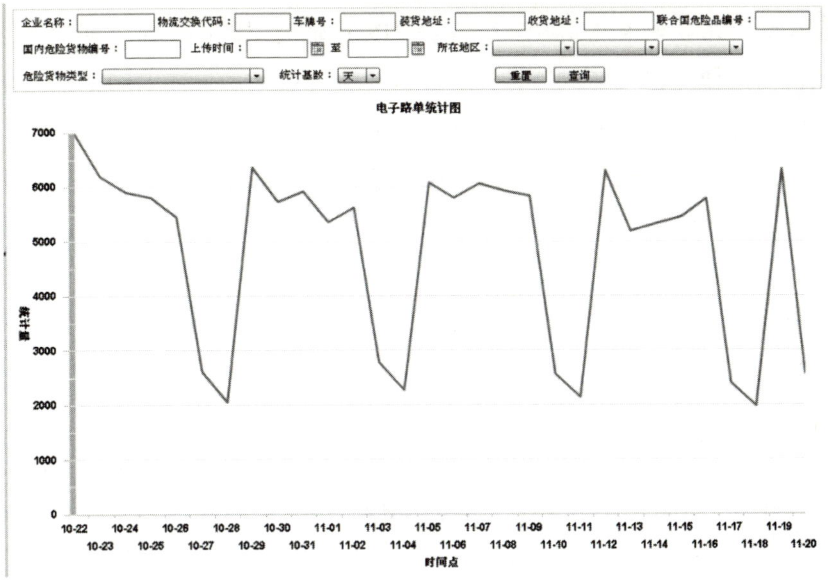


图 7-41　电子路单统计表

## 4．效益分析

1）建设意义

危险品运输监管网络建设是切实提升行业监管部门与物流企业信息化管理水平的重要举措，是落实企业安全管理主体责任的必要手段，是贯彻机关效能建设、务实高效服务于社会的具体体现。目前，全省已有 582 家危险品运输企业通过平台实现正常、平稳、有序申报，占全省危险货物运输企业数的 97%，运输业务主要覆盖长三角地区。截止到 2012 年 11 月 16 日，本年已累计上报电子路单 884 818 条，监控运输总量达 106.7 万吨。此外，危险品运输电子路单联网工作拟作为部联网联控项目的重要组部分，将推动其他省开展申报工作。

2）经济效益

针对道路危险货运企业的经济效益分析，以 JX 运输公司为例。

（1）减少企业工作量，降低企业管理成本：JX 运输公司通过网络申报，以前需 2 人跟进业务（按 3 万/人/年）计算，开支 6 万/年的人工成本，应用系统后只需要 1 人，3 万的人工成本支出，同时还节约了由电话、传真、文印产生的成本费用。而且降低人工填单错误率，方便企业对单据的查找和管理，应用系统查询单据与报表统计时间在 8 秒以内。

（2）节约运输企业报送时间：JX 运输公司录入时间平均为 5 秒/单（应用模板条件下），以企业日平均 130 单业务计算，仅需 10 分钟，而过去手工纸质开单需 2 小时，通过应用系统，直接淘汰了传真及人工递送等落后的上报方式。

（3）提高运输作业申报及业务运作效率：JX 运输公司的电子路单通过网络传送，只需一次录入，信息便能自动即时流转，提高信息流转效率，只需动动鼠标，便能对企业上报业务单据、统计报表等进行全程跟踪与管理。

（4）降低企业应用成本，提升运输企业信息化水平：JX 运输公司上报电子路路单的系统为平台提供的普通运输通用软件（B/S）版。该软件为通用运输软件，由政府免费提供企业使用，无须对软件应用与维护投入成本费用，应用与维护成本也将大大低于市场标准，并有完善的售后服务与升级保障。同时系统提供了严谨的标准化业务流程，有利于 JX 运输公司促进流程再造，提升企业信息化管理水平。

针对行业管理部门的经济效益。

（1）节约行政资源成本，提升管理效率：基于网络化的电子路单申报，实现单据、报表的汇总、统计、分析，加强行政管理透明度，提升行政管理效率；并实现向上级管理部门的逐级报送，以每级管理部门每年节约 10 包 A4 纸，按县、市、省三级监管计算，光纸张成本就能节约 0.3 万元/年，按照印刷费每月减少 2 000 元计算，每年可节约印刷费 3.6 万元/年，以上费用合计可节约行政管理成本 3.9 万元，这其中还不包括通信、传真产生的费用。

3）社会效益

（1）整合和共享道路危险货运监控信息资源，有效治理监管盲区。

依托本项目尽快建立统一的监控数据交换平台，不断完善数据交换与共享机制，有利于推动道路危险货运运输监管的联网联控工作，打破各职能部门的信息壁垒，实现跨部门、跨区域、跨行业的信息资源整合与共享，为道路危险货运行业又快又好发展奠定基础，也为治理基于运输环节的监控盲区创造技术条件。

（2）加强对危险货物运输行业监管力度，解决危货企业信用问题。

通过网络化申报工作，管理部门对于企业的业务开展情况能准确把握，有利于加强危险品运输的全程监管。同时，通过平台共享危险货物运输监控信息资源，行业各级主管部门发布和查询相关物流企业及社会营运车辆的信息，核查物流企业及社会营运车辆的道路危货运输经营许可证、驾驶员、押运员相关合法证件、危险货物运输安全卡登记等信息，有效解决道路危险货物运输行业的信用问题，大力推进物流行业诚信体系建设，提高物流行业服务意识，提高物流服务质量。

（3）推动全省危险货物运输数据平台建设，提高行业管理部门的分析决策服务能力利用平台道路危险货物运输监控数据资源整合及下一步依托全省各地市建设的危险货物运输数据平台，实现对“省、市、县”三级的系统部署，结合与浙江省危险货物运输 GPS 统一安全监控平台，以及安监、公安等职能部门的互联互通，收集运输过程中的真实物流企业数据、从业人员数据、货物运量及流向数据、公共服务数据等，通过对数据进行分析，展现多种数据报表，为政府相关部门提供数据服务和报表服务，提高行业监管部门分析决策服务能力。

（4）提升道路危险货物运输效率，改善浙江省道路危险货物运输发展环境。

道路危险货物运输企业通过应用平台提供或推荐的物流管理软件，有利于加快培育物流信息化理念，并能依据平台定义的标准化业务流程、完善的统计与报表功能，企业能高效进行内部流程优化与再造，实现基于网络化、规范化管理，从而提升运输效率，带动区域道路危险货物运输业发展，推动行业转型升级，促进运输企业与区域危化品产业支柱联动、集聚、整合，有效改善物流发展环境。

## 7.9　LOGINK 的价值

LOGINK 具有巨大的经济、社会和环境效益。平台通过多种方式提供物流应用软件，促进中小物流企业信息化水平的提高；物流信息基础交换网络能为物流行业提供公益性服务，消除信息孤岛；能够整合多方资源，有效避免重复建设；形成物流信息交换的标准体系，提高物流信息交换能力，降低交换成本，降低物流成本，提高产品的价格竞争能力。同时网络的建设将推动传统运输行业向现代化物流转型，促进传统交通运输、商贸、制造等行业的转变发展，推动区域经济转型升级。

1）构建交叉网络，形成产业链条整合效益

未来经济的竞争是供应链的竞争。国家级智慧物流信息网络将推动对供应链的有效管理和供应链资源的有效整合，提高运作效率，实现整合，降低交易成本，提高竞争力。

2）弱化制度壁垒，形成行业联合效益

标准缺失是制约行业联合的瓶颈。国家级智慧物流信息网络的建立将大大推进疏通信息沟通平台、统一行业标准、协同相关行业，促进行业间的深度融合。

3）突破地域限制，形成区域协作效益

经济全球化浪潮让每个企业、地区都置身于国际市场。国家级智慧物流信息网络可以有效降低交易费用和流通费用，节约非生产性损耗，从而促进区域协作，实现省际、区域间的横向整合。

4）优化经济运行，推动经济转型升级

物流业是生产性服务业的典型代表，具有辐射面广、带动作用强等特点。LOGINK 的建设和应用，整合了生产、流通、金融信息等行业资源，整合产生新效益，优化经济运行环境，推动经济转型升级。

5）发展多式联运，形成组合效益

LOGINK 能够实现港口运输系统、铁路运输系统与公路运输系统的信息互联互通，为多式联运中物流方式的选择和成本控制提供便利，提升水公铁不同运输方式与关键物流节点间的协同作业水平与效率，带动集装箱联运与中转产业的发展，提升企业个体与行业整体的组合效益，为区域经济振兴发挥关键支撑与促进作用。

6）提升节能减排能力，构建绿色交通

物流行业是实现国家节能减排战略的关键行业。基于 LOGINK 实现跨区域物流资源信息整合，能有效优化交通工具利用率、避免无效运输带来的能耗，减少废气、噪声等污染，通过各种信息的交换与共享提升行业管理效率，节油降耗，构建绿色交通体系。

7）提高社会管理能力，实现避险效益

基于 LOGINK 实现跨区域物流资源信息整合，能有效降低无效运输，减少公路车流量，运输全程的安全监控变为可能，解决运输市场的无序化和矛盾纠纷，为提高运输安全构建良好的基础条件，保障社会和谐稳定，产生巨大的社会效益。

# 第8章 东北亚物流信息服务网络

## 内容提要

在经济全球化的今天，产品的采购、生产、销售往往涉及多个国家，如何实现供应链的跨国跟踪与可视化？本章介绍一个由我国政府牵头，联合日本、韩国政府共同组建的国际智慧物流信息网络——东北亚物流信息网络（NEAL-NET）。首先介绍了NEAL-NET 的背景及发展现状；其次介绍了 NEAL-NET 的技术方案，重点阐述了NEAL-NET 标准的制定过程和统一用户管理方案；之后介绍了国际船舶动态信息共享示范工程及其应用场景和实例；之后介绍了动态船期和集装箱状态两个 NEAL-NET 示范项目的接入指南；最后介绍了 NEAL-NET 的治理机制。

## 本章重点

- NEAL-NET 标准制定过程及互联框架
- 中、日、韩三国船舶动态信息共享及应用场景实例分析
- NEAL-NET 示范项目接入指南

## 8.1 概述

东北亚是当今世界经济活动最为活跃的地区之一。近年来中国、日本和韩国经贸活动取得巨大成就。三国的经济总量占到世界经济总量的 17%，亚洲的 70%。三国创造的贸易额总价值达 5 万亿美元，约占世界贸易总额的 14%。三国之间的货柜吞吐量占全球年吞吐总量的三成以上，是亚洲最大的运输链。随着三国间运输与物流量的快速增长，对无缝物流系统的形成和便利化运输政策及措施等方面提出了新的要求，需要建立与之相适应的物流信息共享网络。

为提高东北亚地区物流效率和服务能力，推进东北亚物流信息资源共享，促进区域经济和运输服务贸易发展，2010 年 12 月 2 日，中、日、韩三国交通运输部门在中国杭州签署《东北亚物流信息服务网络合作机制备忘录》，建立东北亚物流信息服务网络合作机制，简称 NEAL-NET，推动三国物流信息互联共享，提高东北亚地区整体物流信息服务水平。

NEAL-NET 网络在三国运输与物流部长会议机制领导下开展工作，网络机构由联合指导委员会、理事会、秘书处及网络成员组成。其中联合指导委员会由三国相关政府部门的官员组成，负责对网络建设和未来发展中的重大事项提供指导与咨询；负责对轮值理事长、副理事长、秘书处秘书长及理事等人选或单位进行审批。理事会负责网络各项工作的总体组织和部署，任期内主要工作目标、计划的制订，以及工作实施进程的督导。秘书处是网络处理日常事务的机构，负责组织实施网络计划任务，组织召开网络成员会议等。网络成员由各国物流行业主管部门、协会、港口、物流企业、IT 企业、研究机构及大专院校等单位推荐，经各国同意并报秘书处后加入。

东北亚物流信息服务网络是国际性的、非营利的物流信息互联、交换和共享技术交流与应用合作机制，旨在致力于实现供应链上不同物流节点间的物流信息无缝链接。

NEAL-NET 主要目标：一是实现三国物流信息系统的互联互通；二是鼓励开展物流信息标准与技术研究；三是促进技术交流、培训与推广应用。

## 8.2 NEAL-NET 发展现状

自 2010 年年底成立以来，经过 3 年多的建设和发展，NEAL-NET 各方面都取得了一定成效。

集装箱运输领域港口物流信息共享基础标准研究取得实质性进展。2011 年 4 月 12 月，中、日、韩三国技术专家分别在韩国釜山、中国宁波、日本横滨、中国杭州召开了 4 次 NEAL-NET 技术会议，就集装箱运输领域船舶动态信息和集装箱状态信息互联共享有关技术方案，以及用户管理和认证机制技术方案进行了深入研究和探讨，并在接口标准制定、数据定义等方面达成了诸多共识，其中接口标准被统一命名为 NEAL-NET 标准，为有效推进中、日、韩三国港口物流信息共享提供了坚实基础。

中、日、韩港口物流信息互联试点工作取得阶段性成果。其中试点第一阶段工作即船舶动态信息互联共享已按照 NEAL-NET 标准完成接口改造和三国联调测试，并于 2011 年 12 月 6 日正式开通 NEAL-NET 物流信息共享服务接口，三国试点港口中国宁波舟山港、日本东京横滨港及韩国釜山港基本实现船舶动态信息互联共享；同时，中国国内共有 20 家单位与 NEAL-NET 理事会签署合作备忘录成为试点单位。第二阶段工作即集装箱状态信息互联共享也已启动并将于 2012 年实现接口开通。

网络组织体系不断完善。根据工作需要，及时调整 NEAL-NET 指导委员会、理事会、秘书处人员及分工，同时积极吸纳物流行业主管部门、协会、港口、物流企业、IT 企业、研究机构及大专院校等加入成为网络成员，中、日、韩三国先后有 50 多家单位加入成员单位，网络成员队伍正逐步发展壮大。

网络运行机制初步形成。为方便沟通和密切交流，中、日、韩三国建立了包括实时联络人制度、定期远程例会制度及不定期技术会议制度等在内的分层会商协调机制。同时，还着手开始草拟 NEAL-NET 理事会议事规则及秘书处工作流程，其中关于信息报送、文件流转、网站管理、网络成员单位准入等各项规定已经制定并付诸试行，极大地提升网络运行的规范性和实效性。

全方位宣传卓有成效。为有效打开宣传局面，除了在主流报纸、杂志发表新闻稿件外，NEAL-NET 还建立了自己的宣传简报、宣传册、宣传片、门户网站等，广泛介绍和宣传 NEAL-NET，及时反馈 NEAL-NET 最新动态，积极为 NEAL-NET 建设发展营造良好的外部环境，有效提升了 NEAL-NET 的行业影响力。

实现东北亚、亚欧乃至全球范围内物流信息互联共享，得到了中、日、韩及亚欧各国的普遍共识。2011 年 5 月 22 日，在日本东京举行的第四次中、日、韩领导人会议发表宣言称“欢迎三国建立东北亚物流信息服务网络，鼓励在三国运输及物流部长会议机制下进一步推进三国无缝物流服务体系建设，早日实现三国陆海联运”。2011 年 10 月 24 日—26 日，在中国成都举行的第二届亚欧交通部长会议上，NEAL-NET 代表发出的“以东北亚物流信息服务网络为基础，在亚欧交通部长会议机制的领导下，建立相应合作机制，开展技术交流，共同研究探讨亚欧跨区域物流信息网络对接的可能性”的倡议，得到了与会代表的高度赞同，被写入《第二届亚欧交通部长会议联合宣言》和《亚欧交通部长会议行动计划》。2011 年 11 月 19 日，中、日、韩三国领导人在会晤中再次表示要全面开展陆海联运合作，推动东北亚信息服务网络建设。2011 年 12 月 5 日，中、日、韩三国代表和欧盟代表召开东北亚与欧盟物流信息对接协商会议，同意组织前期研究工作组，加快 NEAL-NET 与欧盟合作的前期研究，加强双方在物流信息共享领域的交流与协作。2011 年 12 月 20 日，在中、日、韩、俄东北亚陆海联运合作论坛上，NEAL-NET 代表应邀做专题发言，并提出“依托东北亚物流信息服务网络平台，加快推动和实现东北亚陆海联运”的倡议，引起了与会代表的高度兴趣和广泛讨论。

## 8.3 NEAL-NET 的技术方案

本节从物流信息共享理念、标准制定过程、统一用户管理、合作领域四个方面介绍 NEAL-NET 的技术方案。

### 8.3.1 NEAL-NET 的物流信息共享理念

NEAL-NET 致力于从综合运输和供应链全局考虑物流信息的共享问题，实现供应链上不同物流节点间的物流信息无缝衔接。

通过对供应链上的物流环节进行归纳，在运输环节选定公路货运站、机场、铁路货运站、港口 4 个公共物流节点。

NEAL-NET 的主要工作是制定各个公共物流节点的信息共享标准，标准制定后推动各节点各自改造。

NEAL-NET 的信息共享分析如图 8-1 所示。

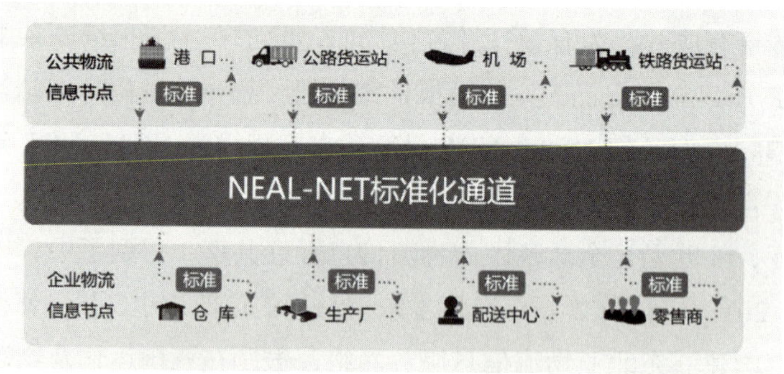


图 8-1 NEAL-NET 的信息共享分析

在统一信息共享标准之后，原则上可以支持三种互联方式。

方式一：直接信息检索方式，即服务提供方和服务获取方都采用共享标准各自进行互联，从而实现数据结构格式的统一性。

方式二：建立中央数据库，服务提供方将共享数据上传到中央数据库进行保存，由中央数据库对外以信息共享标准格式提供服务。

方式三：依托物流公共信息平台提供的服务交换功能，服务提供方按照共享标准进行服务开发并注册到共享平台，共享平台对服务获取方提供标准格式的服务，并提供检索转发和结果返回功能。

NEAL-NET 的信息共享方式如图 8-2 所示。

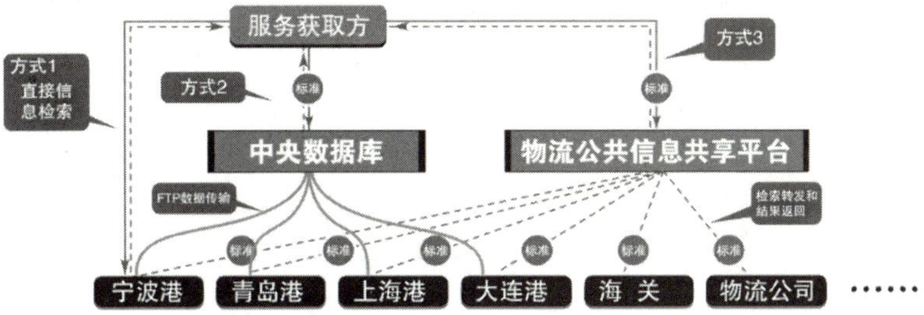


图 8-2　NEAL-NET 的信息共享方式

技术上 NEAL-NET 不建设集中式大数据库，不要求各方把数据上传给中央数据库，而是为公共信息平台及大型企业获取数据开创一条高效的标准化的通道。

NEAL-NET 的优势和特点如图 8-3 所示。

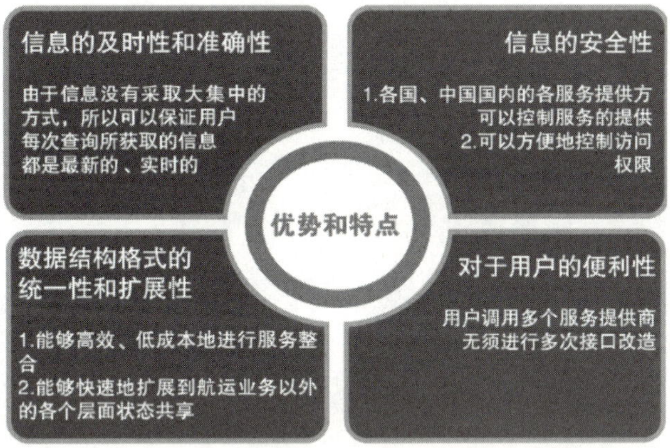


图 8-3　NEAL-NET 的优势和特点

## 8.3.2　NEAL-NET 的标准制定过程

NEAL-NET 标准的制定比较复杂，中、日、韩三个国家的业务及标准不尽相同，既有国际标准，也有各国自己的标准。因此需要统筹规划、共同协商来制定标准。

NEAL-NET 的标准制定过程如图 8-4 所示。

第一步，对供应链上的物流环节进行归纳，在运输环节制定公路货运站、机场、铁路货运站、港口 4 个公共物流节点的接口标准。

第二步，将物流参与方的物流状态信息分别抽象出“对象”和“事件”。例如，在港口节点，抽象出 9 个事件。

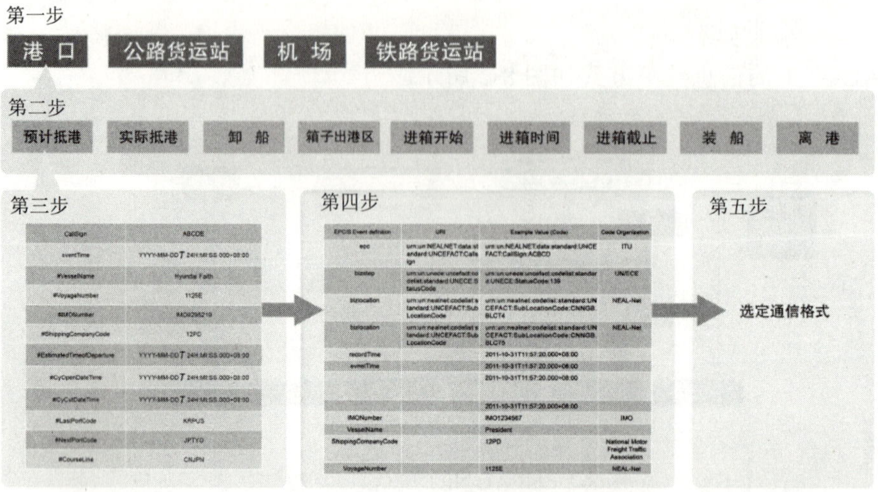


图 8-4　NEAL-NET 的标准制定过程

第三步，对各个事件定义需要共享的信息，如预计到港事件可以归纳为 12 个信息项，如图 8-5 所示。

| | |
|---|---|
| CallSign | ABCDE |
| eventTime | YYYY-MM-DD*T* 24H:MI:SS.000+08:00 |
| #VesselName | Hyundai Faith |
| #VoyageNumber | 1125E |
| #IMONumber | IMO9295219 |
| #ShippingCompanyCode | 12PD |
| #EstimatedTimeofDeparture | YYYY-MM-DD*T* 24H:MI:SS.000+08:00 |
| #CyOpenDateTime | YYYY-MM-DD*T* 24H:MI:SS.000+08:00 |
| #CyCutDateTime | YYYY-MM-DD*T* 24H:MI:SS.000+08:00 |
| #LastPortCode | KRPUS |
| #NextPortCode | JPTYO |
| #CourseLine | CNJPN |

图 8-5　预计到港事件的信息项

第四步，对各个信息项定义它们的数据项。在定义的过程当中优先考虑 EDIFACT 等国际标准。在这些国际标准尚未覆盖的领域，中、日、韩三国共同协商制定。例如，预计到港事件的数据项如图 8-6 所示。

| EPCIS Event definition | URI | Example Value (Code) | Code Organization |
|---|---|---|---|
| epc | urn:un:NEALNET:data:standard:UNCEFACT:Callsign | urn:un:NEALNET:data:standard:UNCEFACT:CallSign:ACBCD | ITU |
| bizstep | urn:un:unece:uncefact:codelist:standard:UNECE:StatusCode | urn:un:unece:uncefact:codelist:standard:UNECE:StatusCode:139 | UN/ECE |
| bizlocation | urn:un:nealnet:codelist:standard:UNCEFACT:SubLocationCode | urn:un:nealnet:codelist:standard:UNCEFACT:SubLocationCode:CNNGB.BLCT4 | NEAL-Net |
| bizlocation | urn:un:nealnet:codelist:standard:UNCEFACT:SubLocationCode | urn:un:nealnet:codelist:standard:UNCEFACT:SubLocationCode:CNNGB.BLCT5 | NEAL-Net |
| recordTime | | 2011-10-31T11:57:20.000+08:00 | |
| evnetTime | | 2011-10-31T11:57:20.000+08:00 | |
| | | 2011-10-31T11:57:20.000+08:00 | |
| | | 2011-10-31T11:57:20.000+08:00 | |
| IMONumber | | IMO1234567 | IMO |
| VesselName | | President | |
| ShippingCompanyCode | | 12PD | National Motor Freight Traffic Association |
| VoyageNumber | | 1125E | NEAL-Net |

图 8-6　预计到港事件的数据项

第五步，最后选定通信格式。

### 8.3.3　统一用户管理

为了便于用户统一管理，进一步提升服务质量，中、日、韩三国需建立一套完善的统一用户管理体系。用户管理体系需遵循以下原则：三国各自管理用户，三国间建立对于已注册用户信息的互信机制，三国间建立用户信息共享机制。这三点原则可以有效提高物流信息共享的安全性，从而实现用户信息的有效安全共享，方便用户使用。

下面通过图 8-7 和图 8-8 两个应用场景，对统一用户管理进行简要说明。

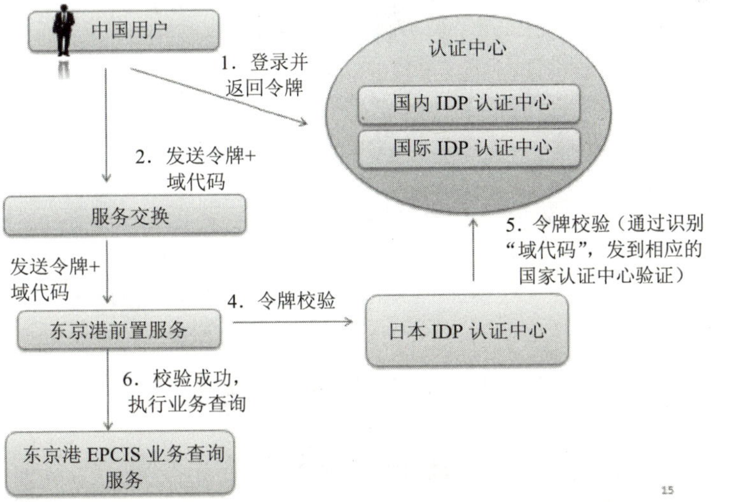


图 8-7　国内用户访问国外港口流程图

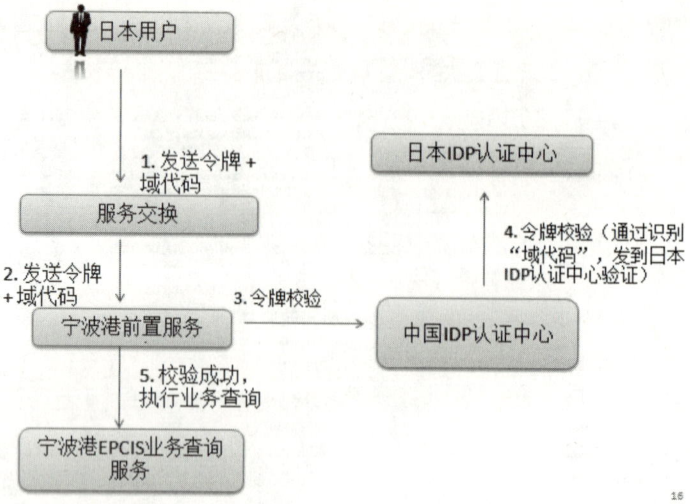


图 8-8　国外用户访问国内港口流程图

### 8.3.4　NEAL-NET 的合作领域

现阶段 NEAL-NET 的合作主要着眼于国际集装箱运输领域。集装箱运输是目前最为成熟和标准化的运输方式，比较容易进行合作和推广，所以在合作初期选择集装箱运输作为试点。希望在不远的将来，能够将信息共享合作领域由集装箱运输扩展到其他运输领域的各个运输环节。

NEAL-NET 信息共享发展阶段如图 8-9 所示。

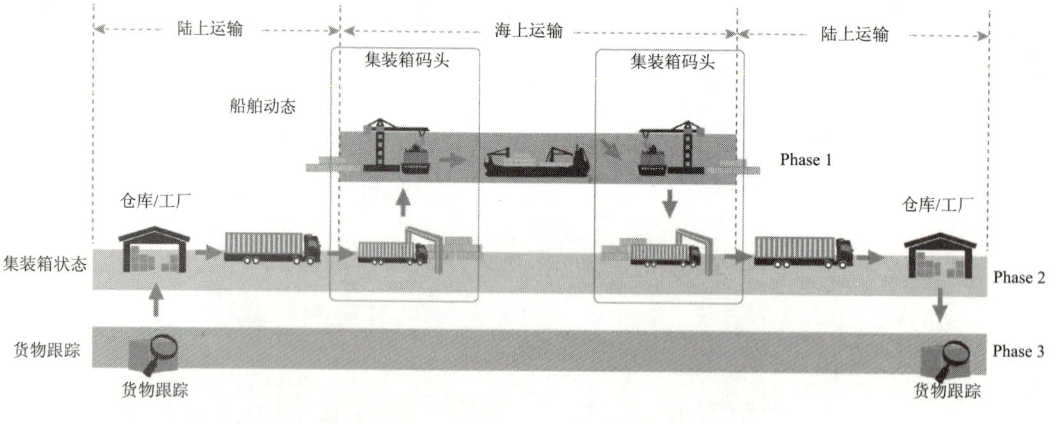


图 8-9　NEAL-NET 信息共享发展阶段

## 8.4　中、日、韩三国船舶动态信息共享

为了验证 NEAL-NET 接口标准的有效性，中、日、韩三方分别选取了各国具有代表性的物流平台及港口进行试点来提供实验性数据，试点对象为集装箱班轮。

中方选取 LOGINK 作为中方互联试点单位参与试点。宁波舟山港作为试点港口提供实验性数据。

日方选取了 COLINS 作为日方平台参与试点，东京横滨港作为试点港口提供实验性数据。

韩方选取了 SP-IDC 作为韩方平台参与试点，釜山港作为试点港口提供实验性数据。

NEAL-NET 总体框架如图 8-10 所示。

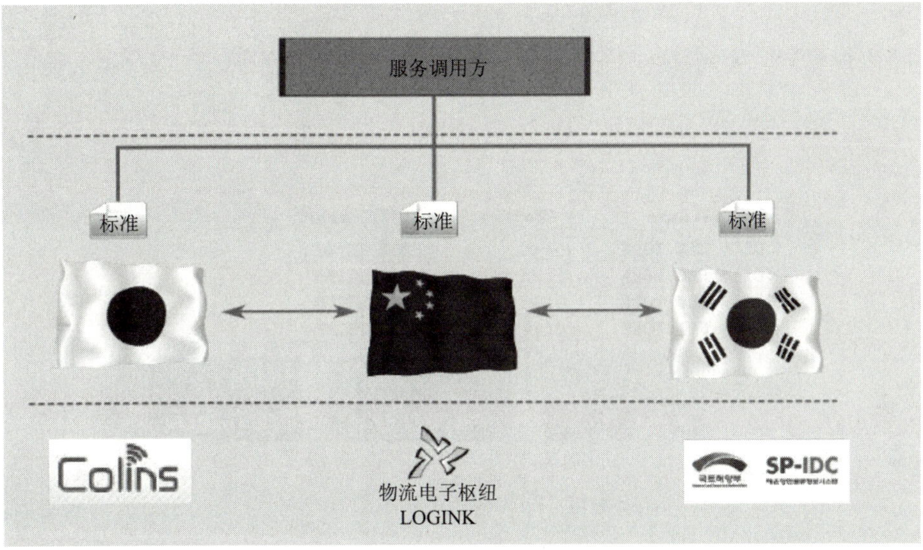


图 8-10　NEAL-NET 总体框架

2011 年 4 月—7 月期间，中、日、韩三国召开了多次技术会议，对集装箱状态信息和船舶动态信息共享的技术框架、数据定义、接口、开发实施等方面进行了讨论并达成一定成果。

在对港口节点进行归纳后，一共抽象出 9 个事件，分别是预计抵港、实际抵港、卸船、集装箱出港区、进箱开始、进箱时间、进箱截止、装船和离港，并根据各个事件的需要共享信息的不同，分别制定出相应的信息项。同时确定在船舶动态信息共享阶段，一共实现预计抵港、实际抵港、预计离港和实际离港 4 个主要事件。

在中、日、韩船舶动态信息共享按照 NEAL-NET 标准进行接口改造、开通之后，供应链上各方可以直接从三国港口获取信息，从而实现了三国数据的互联互通，并彻底改变了传统的以 EDI 方式共享信息存在的多层次、多接口的复杂情形。

EDI 方式与 NEAL-NET 方式比较如图 8-11 所示。

通过接口，可以查询到三国试点港口的集装箱船舶动态数据，如图 8-12～8-14 所示。

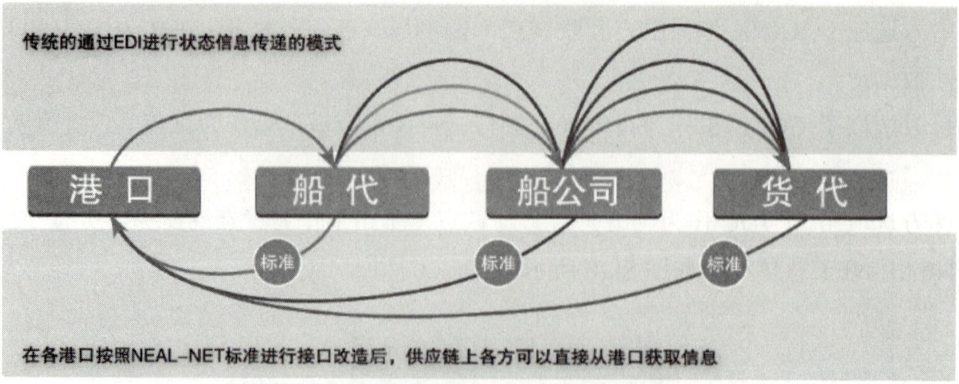


图 8-11　EDI 方式与 NEAL-NET 方式比较

图 8-12　船舶动态信息示例（a）

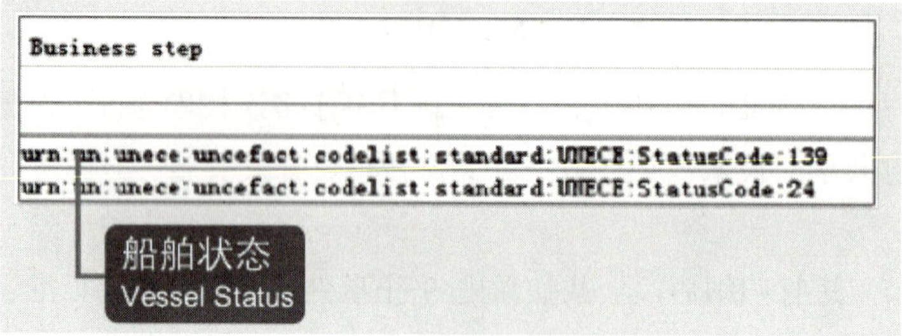


图 8-13　船舶动态信息示例（b）

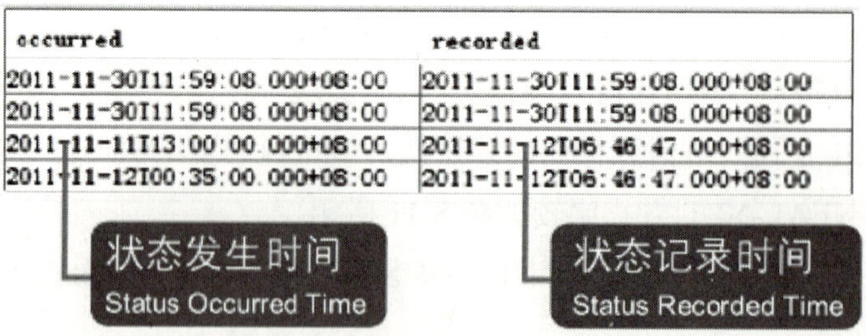


图 8-14　船舶动态信息示例（c）

目前，NEAL-NET 已经完成了港口集装箱船舶动态信息及集装箱状态信息的标准制定，并在中国、日本、韩国实现了共计 16 个港口的物流信息共享工作。通过调用各港口提供的统一标准的服务接口，企业的业务系统或网站可灵活的构建丰富多样的功能与应用，实现船舶动态信息和集装箱状态信息的跟踪查询功能，提高进出口相关企业物流信息全程可视化的业务需求。船舶物流信息共享如图 8-15 所示。

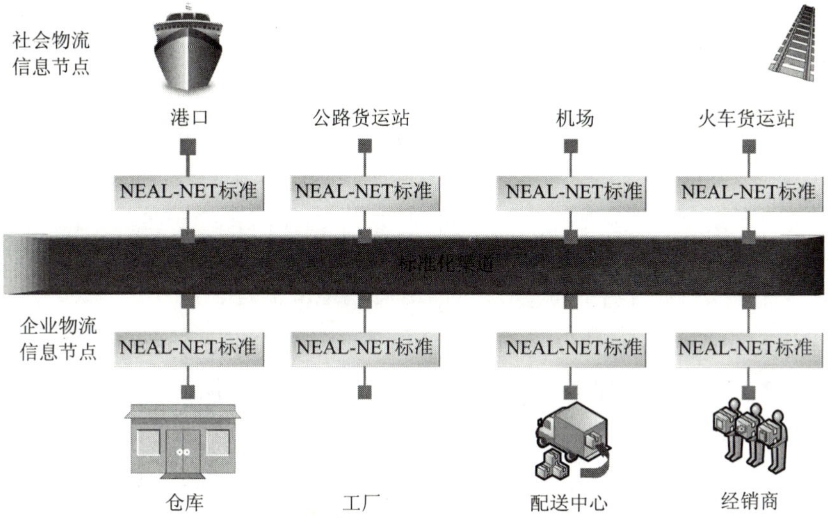


图 8-15　船舶物流信息共享

应用场景举例如下。

1）船公司通过 NEAL-NET 船舶动态信息接口可提升船舶动态信息获取的及时性

船舶动态信息作为船公司内部系统里一种基本的数据资料，其准确性和及时性至关重要。一般的大型船公司目前对于此类信息的获取途径是人工查询码头系统，之后再录入船公司的系统，或者船公司在码头的外勤人员现场查看，通过手机客户端更新船舶抵离港时间。通过该途径，信息的获取时间一般要一天到几天不等，延迟性相对较为严重，而小型船公司则没有此类信息的获取途径。

通过整合 NEAL-NET 船舶动态信息接口，可以有效补充目前数据来源过慢的问题，和原先的数据获取途径形成了互补。对比两种数据获取途径的时间，使用更快的通道去填充业务系统里的数据，则提升了业务操作系统中数据的及时性，而小型船公司则可以利用 NEAL-NET 接口，弥补之前无法获取此类信息的空缺。

2）货代企业通过 NEAL-NET 集装箱状态接口可以建立集装箱进港状态等主动提醒服务

货代作为货主、车队、报关行等角色的中间沟通人，对实时掌握集装箱状态信息的要求较高。而传统的渠道一般是利用电话、邮件等方式与各个角色进行通信，或者通过港区的门户网站查询获取一些状态信息。

例如，报关作为出口物流链中最重要的一个环节，必须是在集装箱进港后，再去海关窗口进行申报。因此，货代就要及时掌握集装箱的进港信息，传统的渠道通常是不停地刷新港区网站的查询页面，或者通过电话联系司机和车队，获取相关信息，不但烦琐，且效率非常低下。

利用NEAL-NET集装箱状态接口的数据，就可以设计成对关注的集装箱号进行配置，由程序按设置的时间间隔定期地获取集装箱的进港信息，在捕获到集装箱的进港信息后，再做主动的提醒等智能服务，极大地方便了操作者的跟踪过程，提升了整个跟踪效率。

3）车队企业通过 NEAL-NET 船舶动态信息接口可为内陆的拖车安排提供很好的依据

车队作为进出口物流链中内陆部分的实际承运人，其调度需要结合港区码头的船舶计划等信息，合理安排好车子的调配，从而尽可能地降低运输成本。

NEAL-NET 船舶动态信息接口，包含了每条船舶某个航次的预计抵港、离港信息，以及该船舶航次在港区的进箱开始时间、进箱截止时间。车队在港区提供的进箱开始和进箱截止之间安排拖车，则可以避免落箱费的产生，节约了此类费用。

4）货主企业通过NEAL-NET 集装箱状态接口可以实时跟踪货物的各环节状态

货主作为货物的实际物权人，需要关注货物在物流运输过程中的各个环节状态。在出口环节中，货主对集装箱状态信息既有自身的跟踪需求，也需要作为一种服务向收货人进行汇报。但是通常货主不如货代等专业的物流服务商熟悉各种信息的查询途径。传统的渠道，一般需要通过货代来查询相关的信息，再反馈货主。造成效率低下、错误率较高等局面。

货主企业假如直接调用 NEAL-NET 提供的集装箱状态接口，不但货物跟踪的效率和准确性可以实现大幅度的提升，而且可以使数据在自己的业务系统中落地，结合客户的订单号，一方面可以建立自己的 WEB 平台，提供查询页面给收货人根据订单号进行跟踪查询，改善了收货人的货物跟踪体验；另一方面，落地的数据作为企业出货情况的历史沉淀，可以为企业的数据分析和挖掘提供基础的数据库。

目前，东北亚物流信息服务网络网站 www.nealnet.org 已开通。为了验证接口标准的有效性，在网站首页上设置了船舶动态信息调用页面供各方使用。提供三种主要关键字查询，分别是船名、呼号及 IMO 号，用户只需选择并填写相应的查询关键字，便可以查询到在试点港口的相关船舶动态信息数据，并可以通过限定航次或起止时间来缩小查询范围，精确查询结果。船舶动态信息查询界面如图 8-16、图 8-17 所示。

查询结果中包括航次信息、预计到港时间、实际到港时间、预计离港时间、实际离港时、船只的出发港信息、目的港信息，以及各类信息的发布时间等。

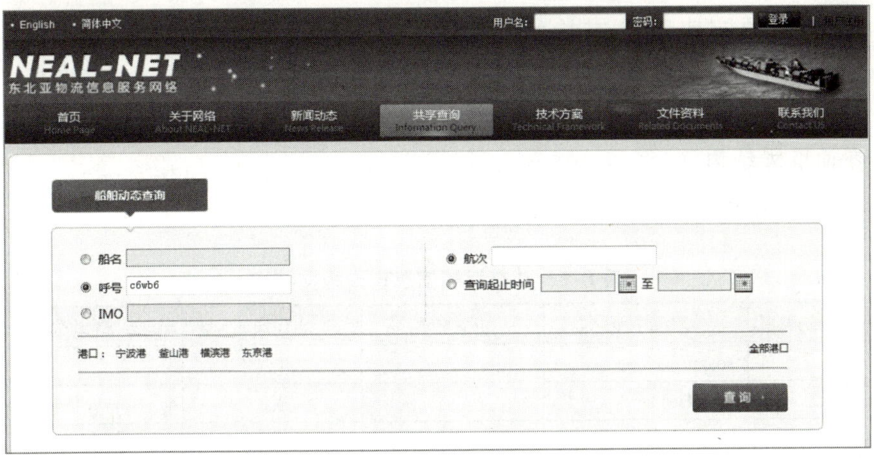


图 8-16　船舶动态信息查询界面（a）

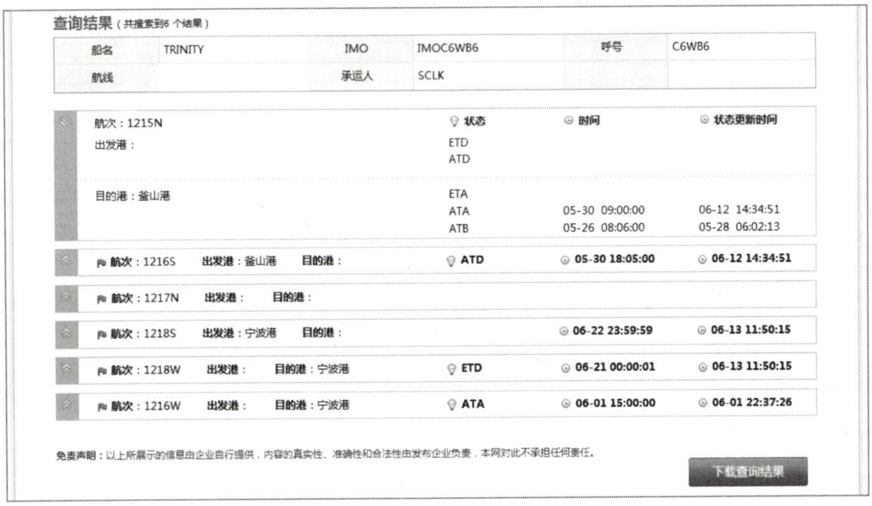


图 8-17　船舶动态信息查询界面（b）

## 8.5　NEAL-NET 示范项目接入指南

NEAL-NET 是以物流信息服务交换的理念为设计原则，以国际上物流行业通用的 EPCIS 为设计标准进行建设的。NEAL-NET 开展了动态船期信息服务及集装箱状态信息服务两项试点示范项目，并编制了两个项目的接入指南，给出了船舶动态信息查询及集装箱状态信息查询的接口规范和接入方法。

在 NEAL-NET 框架下，作为服务提供方，需要根据 EPCIS 标准对外发布服务接口。而作为服务需求方，需要通过这些服务接口获取服务提供方的信息。服务接口采用 SOAP 报文格式进行传输。业务数据的数据格式采用 EPCIS 标准，根据 EPCIS 的规范将 SOAP 绑定到 SOAP 包体内部。报文格式必须符合 SOAP 标准和 EPCIS 标准。

### 8.5.1　动态船舶信息服务交换接口描述

#### 1. 查询接口

1）查询报文结构

动态船舶信息查询报文结构如表 8-1 所示。

表 8-1　动态船舶信息查询报文结构

| 序号 | 报文层 | XML 标记 | 中文名称 | 出现次数 | 数据类型和长度 |
|---|---|---|---|---|---|
| 1 | 1 | soap:Envelope | | 1..1 | |
| 2 | 2 | soap:Header | | 0..1 | |
| 3 | 2 | soap:Body | | 1..1 | |
| 4 | 3 | Poll | 方法名 | 1..1 | 标签 |
| 5 | 4 | queryName | 查询名称 | 1..1 | 常量：SimpleEventQuery |
| 6 | 4 | Params | 查询参数集 | 1..1 | 标签 |
| 7 | 5 | Param | 查询参数 | 0..n | 标签 |
| 8 | 6 | Name | 查询参数名 | 1..1 | |
| 9 | 6 | Value | | 1..1 | |
| 10 | 7 | String | 查询值 | 0..n | |

2）数据项说明

（1）soap:Envelope。

soap 报文根节点。

（2）soap:Header。

soap 报文包头部分。在目前应用中没有使用，可以忽略该节点。

（3）soap:Body。

soap 报文包体部分。

（4）Poll。

调用方法定义，在其内部需要对外部引用的命名空间进行声明，统一写法如下：

<ns3:Pollxmlns:ns2="http://www.unece.org/cefact/namespaces/StandardBusinessDocumentHeader" xmlns:ns3="urn:epcglobal:epcis-query:xsd:1"xmlns:ns4="urn:epcglobal:epcis:xsd:1"　xmlns:ns5="urn:epcglobal:epcis-masterdata:xsd:1">

（5）queryName。

查询名称定义，目前统一使用常量 SimpleEventQuery。

（6）Params。

查询参数集，标签节点，不填写具体值。

（7）Param。

查询参数，标签节点，不填写具体值。

（8）Name。

查询参数名称，具体取值详见本节中“3.数据项定义概要”。

（9）Value。

查询参数值，参数取值类型详见本节中“3.数据项定义概要”，不同的类型表示方法不同，具体方法如下：

String 类型

```
<value xmlns:xsi="http://www.w3.org/2001/XMLSchema-instance" xsi:type="ns3:ArrayOfString">
        <string>ObjectEvent</string>
        <string>AggregationEvent</string>
        <string>QuantityEvent</string>
        <string>TransactionEvent</string>
</value>
```

Time 类型

```
<value xmlns:xsi="http://www.w3.org/2001/XMLSchema-instance"
        xmlns:xs="http://www.w3.org/2001/XMLSchema"
        xsi:type="xs:dateTime">2011-08-02T10:00:00.123Z</value>
```

Int 类型

```
<value xmlns:xsi="http://www.w3.org/2001/XMLSchema-instance"
        xmlns:xs="http://www.w3.org/2001/XMLSchema"
        xsi:type="xs:int">2</value>
```

3）查询参数

动态船舶信息查询参数如表 8-2 所示。

表 8-2　动态船舶信息查询参数

| 序号 | 参数名称 | 参数类型 | 功　能 | 是否必须实现 |
|---|---|---|---|---|
| 1 | eventType | List of String | 查询事件类型 | 是 |
| 2 | GE_eventTime | Time | 大于等于发生时间 | 是 |
| 3 | LT_eventTime | Time | 小于发生时间 | 是 |
| 4 | GE_recordTime | Time | 大于等于记录时间 | 可选 |
| 5 | LT_recordTime | Time | 小于记录时间 | 可选 |
| 6 | EQ_action | List of String | 等于活动类型 | 是 |
| 7 | EQ_bizStep | List of String | 等于业务阶段代码 | 是 |
| 8 | EQ_disposition | List of String | 等于状态 | 可选 |
| 9 | EQ_readPoint | List of String | 等于读取点 | 可选 |
| 10 | WD_readPoint | List of String | LIKE 读取点 | 可选 |
| 11 | EQ_bizLocation | List of String | 等于港口（码头）代码 | 是 |
| 12 | WD_bizLocation | List of String | LIKE 港口（码头）代码 | 是 |
| 13 | EQ_bizTransaction_type | List of String | 等于交易类型 | 可选 |
| 14 | MATCH_epc | List of String | LIKE Call Sign 编号 | 是 |
| 15 | MATCH_parentID | List of String | LIKE 父 ID | 可选 |

续表

| 序号 | 参数名称 | 参数类型 | 功　　能 | 是否必须实现 |
|---|---|---|---|---|
| 16 | MATCH_anyEPC | List of String | LIKE 任意 EPCID | 可选 |
| 17 | MATCH_epcClass | List of String | LIKE 任意 EPC 类型 | 可选 |
| 18 | EQ_quantity | Int | 等于数量 | 可选 |
| 19 | GT_quantity | Int | 大于数量 | 可选 |
| 20 | GE_quantity | Int | 大于等于数量 | 可选 |
| 21 | LT_quantity | Int | 小于数量 | 可选 |
| 22 | LE_quantity | Int | 小于等于数量 | 可选 |
| 23 | EQ_#IMONumber | list of string | 等于 IMO 代码 | 是 |
| 24 | EQ_#VoyageNumber | list of string | 等于航次代码 | 是 |
| 25 | orderBy | String | 排序 | 是 |
| 26 | orderDirection | String | 排序方向 | 是 |
| 27 | eventCountLimit | Int | 事件返回数量 | 是 |
| 28 | maxEventCount | Int | 最大事件数 | 是 |

4）Request 示例

示例一：根据 Call Sign 代码为 urn:un:NEALNET:data:standard:UNCEFACT:CallSign:OZGQ2 和航次代码为 118E 进行查询。

```
<?xml version = "1.0" ?>
<soap:Envelope xmlns:soap="http://schemas.xmlsoap.org/soap/envelope/">
  <soap:Body>
    <ns3:Poll    xmlns:ns2="http://www.unece.org/cefact/namespaces/StandardBusinessDocument
Header"
                 xmlns:ns3="urn:epcglobal:epcis-query:xsd:1"
                 xmlns:ns4="urn:epcglobal:epcis:xsd:1"
                 xmlns:ns5="urn:epcglobal:epcis-masterdata:xsd:1">
      <queryName>SimpleEventQuery</queryName>
      <params>
        <param>
          <name>eventType</name>
          <value xmlns:xsi="http://www.w3.org/2001/XMLSchema-instance"
                 xsi:type="ns3:ArrayOfString">
            <string>ObjectEvent</string>
          </value>
        </param>
        <param>
          <name>MATCH_epc</name>
          <value xmlns:xsi="http://www.w3.org/2001/XMLSchema-instance"
                 xsi:type="ns3:ArrayOfString">
            <string>urn:un:NEALNET:data:standard:UNCEFACT:CallSign:OZGQ2</string>
          </value>
```

```
        </param>
        <param>
          <name>EQ_http://www.nealnet.org/tracking/extensions/#VoyageNumber</name>
          <value xmlns:xsi="http://www.w3.org/2001/XMLSchema-instance"
                  xsi:type="ns3:ArrayOfString">
            <string>118E</string>
          </value>
        </param>
      </params>
    </ns3:Poll>
  </soap:Body>
</soap:Envelope>
```


示例二：根据 IMO 代码为 IMO9235555 和航次代码为 118W 进行查询。


```
<?xml version = "1.0" ?>
<soap:Envelope xmlns:soap="http://schemas.xmlsoap.org/soap/envelope/">
  <soap:Body>
    <ns3:Poll    xmlns:ns2="http://www.unece.org/cefact/namespaces/StandardBusinessDocument
Header"
                xmlns:ns3="urn:epcglobal:epcis-query:xsd:1"
                xmlns:ns4="urn:epcglobal:epcis:xsd:1"
                xmlns:ns5="urn:epcglobal:epcis-masterdata:xsd:1">
      <queryName>SimpleEventQuery</queryName>
      <params>
        <param>
          <name>eventType</name>
          <value xmlns:xsi="http://www.w3.org/2001/XMLSchema-instance"
                  xsi:type="ns3:ArrayOfString">
            <string>ObjectEvent</string>
          </value>
        </param>
        <param>
          <name>EQ_http://www.nealnet.org/tracking/extensions/#IMONumber</name>
          <value xmlns:xsi="http://www.w3.org/2001/XMLSchema-instance"
                  xsi:type="ns3:ArrayOfString">
            <string>IMO9235555</string>
          </value>
        </param>
        <param>
          <name>EQ_http://www.nealnet.org/tracking/extensions/#VoyageNumber</name>
          <value xmlns:xsi="http://www.w3.org/2001/XMLSchema-instance"
                  xsi:type="ns3:ArrayOfString">
            <string>118W</string>
          </value>
```

```
            </param>
        </params>
    </ns3:Poll>
</soap:Body>
</soap:Envelope>
```

## 2. 返回接口

### 1）返回报文结构

动态船舶信息查询返回报文结构如表 8-3 所示。

表 8-3　动态船舶信息查询返回报文结构

| 序号 | 报文层 | XML 标记 | 中文名称 | 出现次数 | 数据类型和长度 |
|---|---|---|---|---|---|
| 1 | 1 | soap:Envelope | | 1..1 | |
| 2 | 2 | soap:Header | | 0..1 | |
| 3 | 2 | soap:Body | | 1..1 | |
| 1 | 1 | QueryResults | 查询结果 | 1..1 | 标签 |
| 2 | 2 | queryName | 查询名称 | 1..1 | 常量 |
| 3 | 2 | resultsBody | 查询结果集 | 1..1 | 标签 |
| 4 | 3 | EventList | 事件列表 | 1..1 | 标签 |
| 5 | 4 | ObjectEvent | 对象事件 | 1..n | 标签 |
| 6 | 5 | eventTime | 事件发生时间 | 1..1 | Time |
| 7 | 5 | recordTime | 记录时间 | 1..1 | Time |
| 8 | 5 | eventTimeZoneOffset | 事件发生时区 | 1..1 | 常量 |
| 9 | 5 | epcList | | 1..1 | 标签 |
| 10 | 6 | Epc | Call Sign 编号 | 1..1 | |
| 11 | 5 | Action | 活动类型 | 1..1 | |
| 12 | 5 | bizStep | 业务阶段代码 | 1..1 | |
| 13 | 5 | bizLocation | 港口（码头）代码 | 1..1 | 标签 |
| 14 | 6 | Id | 代码值 | 1..1 | |
| 15 | 5 | nealnet:VesselName | 船名 | 0..1 | 扩展字段 |
| 16 | 5 | nealnet:VoyageNumber | 航次代码 | 0..1 | 扩展字段 |
| 17 | 5 | nealnet:IMONumber | IMO 代码 | 0..1 | 扩展字段 |
| 18 | 5 | nealnet:ShippingCompanyCode | 船公司代码 | 0..1 | 扩展字段 |
| 19 | 5 | nealnet:EstimatedTimeOfArrival | 预计到港时间 | 0..1 | 扩展字段 |
| 20 | 5 | nealnet:EstimatedTimeOfBerthing | 预计靠泊时间 | 0..1 | 扩展字段 |
| 21 | 5 | nealnet:EstimatedTimeOfDeparture | 预计离港时间 | 0..1 | 扩展字段 |
| 22 | 5 | nealnet:CyOpenDateTime | 集装箱场开放时间 | 0..1 | 扩展字段 |
| 23 | 5 | nealnet:CyCutDateTime | 集装箱场关闭时间 | 0..1 | 扩展字段 |
| 24 | 5 | nealnet:LastPortCode | 上港代码 | 0..1 | 扩展字段 |
| 25 | 5 | nealnet:NextPortCode | 下港代码 | 0..1 | 扩展字段 |
| 26 | 5 | nealnet:CourseLine | 航线代码 | 0..1 | 扩展字段 |

2）数据项说明

（1）标准数据项说明。

- soap:Envelope。

soap 报文根节点。

- soap:Header。

soap 报文包头部分。在目前应用中没有使用，可以忽略该节点。

- soap:Body。

soap 报文包体部分。

- QueryResults。

查询结果，标签节点，不填写具体值。在其内部需要对外部引用的命名空间进行声明，统一的写法如下：

<ns3:QueryResultsxmlns:ns2="http://www.unece.org/cefact/namespaces/StandardBusinessDocumentHeader" xmlns:ns3="urn:epcglobal:epcis-query:xsd:1"xmlns:ns4="urn:epcglobal:epcis:xsd:1" xmlns:ns5="urn:epcglobal:epcis-masterdata:xsd:1">

- queryName。

查询名称定义，目前统一使用常量 SimpleEventQuery。

- resultsBody。

查询结果集，标签节点，不填写具体值。

- EventList。

事件列表，标签节点，不填写具体值。

- ObjectEvent。

对象事件，标签节点，不填写具体值。

- eventTime。

时间发生时间，填写该事件实际发生的时间，数据类型为时间类型。

- recordTime。

记录发生时间，填写该事件被记录进入系统的时间，数据类型为时间类型。

- eventTimeZoneOffset。

事件发生时区，填写事件发生所在时区信息。中国为+08:00。

- epcList。

报告单号列表，标签节点，不填写具体值。

- Epc。

Call Sign 代码，填写对应船舶的 CallSign 代码，CallSign 代码数据格式详见本节中“3. 数据项定义概要”。

- Action。

活动类型，具体取值详见本节中“3.数据项定义概要”。

● bizStep。

业务阶段代码，具体取值详见本节中“3.数据项定义概要”。

● bizLocation。

港口（码头）代码，标签节点，不填写具体值。

● Id。

港口（码头）代码值，填写港口（码头）代码，数据格式详见本节中“3.数据项定义概要”。

（2）扩展字段数据项。

以下是船舶动态信息查询业务特有的扩展字段，当扩展字段的值不为空时，按照字段标准格式在报文中输出该结构，如果为空，则忽略该字段，不在报文中输出，数据格式则详见本节中“3.数据项定义概要”。

● nealnet: VesselName。

船名，写法如下：

<nealnet:VesselName
xmlns:nealnet="http://www.nealnet.org/tracking/extensions/">YUANFENG
11</nealnet:VesselName>

● nealnet: VoyageNumber。

航次代码，写法如下：

<nealnet:VoyageNumber xmlns:nealnet="http://www.nealnet.org/tracking/extensions/">1104J
</nealnet:VoyageNumber>

● nealnet: IMONumber。

IMO 代码，写法如下：

<nealnet:IMONumber xmlns:nealnet="http://www.nealnet.org/tracking/extensions/">IMO0000111
</nealnet:IMONumber>

● nealnet: ShippingCompanyCode。

船公司代码，写法如下：

<nealnet:ShippingCompanyCode xmlns:nealnet="http://www.nealnet.org/tracking/extensions/">
DXF</nealnet:ShippingCompanyCode>

● nealnet: EstimatedTimeOfArrival。

预计到港时间，写法如下：

<nealnet:EstimatedTimeOfArrival xmlns:nealnet="http://www.nealnet.org/tracking/extensions/">
2011-08-02T00:00:01.000+08:00</nealnet:EstimatedTimeOfArrival>

● nealnet: EstimatedTimeOfBerthing。

预计靠泊时间，写法如下：

<nealnet:EstimatedTimeOfBerthing xmlns:nealnet="http://www.nealnet.org/tracking/extensions/">

```
2011-08-02T00:00:01.000+08:00</nealnet: EstimatedTimeOfBerthing >
```

- nealnet: EstimatedTimeOfDeparture。

预计离港时间，写法如下：

```
<nealnet:EstimatedTimeOfDeparture xmlns:nealnet="http://www.nealnet.org/tracking/extensions/"
>2011-08-02T00:00:01.000+08:00</nealnet: EstimatedTimeOfDeparture >
```

- nealnet: CyOpenDateTime。

集装箱场开放时间，写法如下：

```
<nealnet:CyOpenDateTime xmlns:nealnet="http://www.nealnet.org/tracking/extensions/">
2011-08-02T00:00:01.000+08:00</nealnet: CyOpenDateTime >
```

- nealnet: CyCutDateTime。

集装箱场关闭时间，写法如下：

```
<nealnet:CyCutDateTime xmlns:nealnet="http://www.nealnet.org/tracking/extensions/">
2011-08-02T00:00:01.000+08:00</nealnet: CyCutDateTime >
```

- nealnet: LastPortCode。

上港代码，写法如下：

```
<nealnet:LastPortCode xmlns:nealnet="http://www.nealnet.org/tracking/extensions/">CNYIN
</nealnet:LastPortCode>
```

- nealnet: NextPortCode。

下港代码，写法如下：

```
<nealnet:NextPortCodexmlns:nealnet="http://www.nealnet.org/tracking/extensions/">CNYIN</nea
lnet: NextPortCode >
```

- nealnet: CourseLine。

航线代码，写法如下：

```
<nealnet:CourseLine xmlns:nealnet="http://www.nealnet.org/tracking/extensions/">CNNMX
</nealnet:CourseLine>
```

3）Response 示例

示例一：返回根据 Call Sign 代码为 urn:un:NEALNET:data:standard:UNCEFACT:CallSign:OZGQ2 和航次代码为 118E 的查询结果，共 2 条记录。

```
<?xml version = "1.0" ?>
<soap:Envelope xmlns:soap="http://schemas.xmlsoap.org/soap/envelope/">
  <soap:Body>
    <ns3:QueryResults xmlns:ns2="http://www.unece.org/cefact/namespaces/StandardBusiness
DocumentHeader"
                      xmlns:ns3="urn:epcglobal:epcis-query:xsd:1"
                      xmlns:ns4="urn:epcglobal:epcis:xsd:1"
                      xmlns:ns5="urn:epcglobal:epcis-masterdata:xsd:1">
      <queryName>SimpleEventQuery</queryName>
      <resultsBody>
        <EventList>
```

```
<ObjectEvent>
  <eventTime>2011-09-02T00:17:19.0+08:00</eventTime>
  <recordTime>2011-09-02T00:17:19.0+08:00</recordTime>
  <eventTimeZoneOffset>+08:00</eventTimeZoneOffset>
  <epcList>
    <epc>urn:un:NEALNET:data:standard:UNCEFACT:CallSign:OZGQ2</epc>
  </epcList>
  <action>ADD</action>
  <bizLocation>
    <id>urn:un:nealnet:codelist:standard:UNCEFACT:SubLocationCode:CNNGB.
BLCTYD</id>
  </bizLocation>
  <nealnet:EstimatedTimeOfArrival xmlns:nealnet="http://www.nealnet.org/tracking/
extensions/">2011-05-11T00:00:00.000+08:00</nealnet:EstimatedTimeOfArrival>
  <nealnet:ShippingCompanyCode xmlns:nealnet="http://www.nealnet.org/tracking/
extensions/">MAEU</nealnet:ShippingCompanyCode>
  <nealnet:CourseLine xmlns:nealnet="http://www.nealnet.org/tracking/extensions/">
CNAAN</nealnet:CourseLine>
  <nealnet:IMONumber xmlns:nealnet="http://www.nealnet.org/tracking/extensions/">
IMO9235555</nealnet:IMONumber>
  <nealnet:VesselName xmlns:nealnet="http://www.nealnet.org/tracking/extensions/">
MAERSK GIRONDE</nealnet:VesselName>
  <nealnet:VoyageNumber xmlns:nealnet="http://www.nealnet.org/tracking/
extensions/"> 118E</nealnet:VoyageNumber>
  <nealnet:LastPortCode xmlns:nealnet="http://www.nealnet.org/tracking/
extensions/">AUBNE</nealnet:LastPortCode>
  <nealnet:NextPortCode xmlns:nealnet="http://www.nealnet.org/tracking/
extensions/">JPYOK</nealnet:NextPortCode>
</ObjectEvent>
<ObjectEvent>
  <eventTime>2011-09-02T00:17:19.0+08:00</eventTime>
  <recordTime>2011-09-02T00:17:19.0+08:00</recordTime>
  <eventTimeZoneOffset>+08:00</eventTimeZoneOffset>
  <epcList>
    <epc>urn:un:NEALNET:data:standard:UNCEFACT:CallSign:OZGQ2</epc>
  </epcList>
  <action>OBSERVE</action>
  <bizStep>urn:un:unece:uncefact:codelist:standard:UNECE:StatusCode:139
</bizStep>
  <bizLocation>
    <id>urn:un:nealnet:codelist:standard:UNCEFACT:SubLocationCode:CNNGB.
BLCTYD</id>
  </bizLocation>
```

```
                <nealnet:ShippingCompanyCode xmlns:nealnet="http://www.nealnet.org/tracking/
extensions/">MAEU</nealnet:ShippingCompanyCode>
                <nealnet:EstimatedTimeOfArrival xmlns:nealnet="http://www.nealnet.org/tracking/
extensions/">2011-05-11T00:00:00.000+08:00</nealnet:EstimatedTimeOfArrival>
                <nealnet:EstimatedTimeofDeparture xmlns:nealnet="http://www.nealnet.org/
tracking/extensions/">2011-05-12T00:00:00.000+08:00</nealnet:EstimatedTimeofDeparture>
                <nealnet:IMONumber xmlns:nealnet="http://www.nealnet.org/tracking/
extensions/">IMO9235555</nealnet:IMONumber>
                <nealnet:VesselName xmlns:nealnet="http://www.nealnet.org/tracking/extensions/">
MAERSK GIRONDE</nealnet:VesselName>
                <nealnet:VoyageNumber xmlns:nealnet="http://www.nealnet.org/tracking/
extensions/">118E</nealnet:VoyageNumber>
                <nealnet:LastPortCode xmlns:nealnet="http://www.nealnet.org/tracking/
extensions/">AUBNE</nealnet:LastPortCode>
                <nealnet:NextPortCode xmlns:nealnet="http://www.nealnet.org/tracking/
extensions/">JPYOK</nealnet:NextPortCode>
              </ObjectEvent>
            </EventList>
          </resultsBody>
        </ns3:QueryResults>
      </soap:Body>
    </soap:Envelope>
```


示例二：返回根据 IMO 代码为“IMO9235555”和航次代码为“118W”的查询结果，共 2 条记录。


```
    <?xml version = "1.0" ?>
    <soap:Envelope xmlns:soap="http://schemas.xmlsoap.org/soap/envelope/">
      <soap:Body>
        <ns3:QueryResults xmlns:ns2="http://www.unece.org/cefact/namespaces/StandardBusiness
DocumentHeader"
                          xmlns:ns3="urn:epcglobal:epcis-query:xsd:1"
                          xmlns:ns4="urn:epcglobal:epcis:xsd:1"
                          xmlns:ns5="urn:epcglobal:epcis-masterdata:xsd:1">
          <queryName>SimpleEventQuery</queryName>
          <resultsBody>
            <EventList>
              <ObjectEvent>
                <eventTime>2011-09-02T00:17:19.0+08:00</eventTime>
                <recordTime>2011-09-02T00:17:19.0+08:00</recordTime>
                <eventTimeZoneOffset>+08:00</eventTimeZoneOffset>
                <epcList>
                  <epc>urn:un:NEALNET:data:standard:UNCEFACT:CallSign:OZGQ2</epc>
                </epcList>
                <action>OBSERVE</action>
                <bizLocation>
```

```
            <id>urn:un:nealnet:codelist:standard:UNCEFACT:SubLocationCode:CNNGB.BLCTYD</id>
          </bizLocation>
          <nealnet:EstimatedTimeofDeparture xmlns:nealnet="http://www.nealnet.org/tracking/extensions/">2011-05-12T00:00:00.000+08:00</nealnet:EstimatedTimeofDeparture>
          <nealnet:ShippingCompanyCode xmlns:nealnet="http://www.nealnet.org/tracking/extensions/">MAEU</nealnet:ShippingCompanyCode>
          <nealnet:CourseLine xmlns:nealnet="http://www.nealnet.org/tracking/extensions/">CNAAN</nealnet:CourseLine>
          <nealnet:CyOpenDateTime xmlns:nealnet="http://www.nealnet.org/tracking/extensions/">2011-07-05T09:00:01.000+08:00</nealnet:CyOpenDateTime>
          <nealnet:CyCutDateTime xmlns:nealnet="http://www.nealnet.org/tracking/extensions/">2011-07-12T13:30:01.000+08:00</nealnet:CyCutDateTime>
          <nealnet:IMONumber xmlns:nealnet="http://www.nealnet.org/tracking/extensions/">IMO9235555</nealnet:IMONumber>
          <nealnet:VesselName xmlns:nealnet="http://www.nealnet.org/tracking/extensions/">MAERSK GIRONDE</nealnet:VesselName>
          <nealnet:VoyageNumber xmlns:nealnet="http://www.nealnet.org/tracking/extensions/">118W</nealnet:VoyageNumber>
          <nealnet:LastPortCode xmlns:nealnet="http://www.nealnet.org/tracking/extensions/">AUBNE</nealnet:LastPortCode>
          <nealnet:NextPortCode xmlns:nealnet="http://www.nealnet.org/tracking/extensions/">JPYOK</nealnet:NextPortCode>
        </ObjectEvent>
        <ObjectEvent>
          <eventTime>2011-09-02T00:17:19.0+08:00</eventTime>
          <recordTime>2011-09-02T00:17:19.0+08:00</recordTime>
          <eventTimeZoneOffset>+08:00</eventTimeZoneOffset>
          <epcList>
            <epc>urn:un:NEALNET:data:standard:UNCEFACT:CallSign:OZGQ2</epc>
          </epcList>
          <action>DELETE</action>
          <bizStep>urn:un:unece:uncefact:codelist:standard:UNECE:StatusCode:24</bizStep>
          <bizLocation>
            <id>urn:un:nealnet:codelist:standard:UNCEFACT:SubLocationCode:CNNGB.BLCTYD</id>
          </bizLocation>
          <nealnet:ShippingCompanyCode xmlns:nealnet="http://www.nealnet.org/tracking/extensions/">MAEU</nealnet:ShippingCompanyCode>
          <nealnet:EstimatedTimeOfArrival xmlns:nealnet="http://www.nealnet.org/tracking/extensions/">2011-05-11T00:00:00.000+08:00</nealnet:EstimatedTimeOfArrival>
          <nealnet:EstimatedTimeofDeparture xmlns:nealnet="http://www.nealnet.org/
```

```
tracking/extensions/">2011-05-12T00:00:00.000+08:00</nealnet:EstimatedTimeofDeparture>
                <nealnet:CyOpenDateTime xmlns:nealnet="http://www.nealnet.org/tracking/extensions/">2011-07-05T09:00:01.000+08:00</nealnet:CyOpenDateTime>
                <nealnet:CyCutDateTime xmlns:nealnet="http://www.nealnet.org/tracking/extensions/">2011-07-12T13:30:01.000+08:00</nealnet:CyCutDateTime>
                <nealnet:IMONumber xmlns:nealnet="http://www.nealnet.org/tracking/extensions/">IMO9235555</nealnet:IMONumber>
                <nealnet:VesselName xmlns:nealnet="http://www.nealnet.org/tracking/extensions/">MAERSK GIRONDE</nealnet:VesselName>
                <nealnet:VoyageNumber xmlns:nealnet="http://www.nealnet.org/tracking/extensions/">118W</nealnet:VoyageNumber>
                <nealnet:LastPortCode xmlns:nealnet="http://www.nealnet.org/tracking/extensions/">AUBNE</nealnet:LastPortCode>
                <nealnet:NextPortCode xmlns:nealnet="http://www.nealnet.org/tracking/extensions/">JPYOK</nealnet:NextPortCode>
              </ObjectEvent>
            </EventList>
          </resultsBody>
        </ns3:QueryResults>
      </soap:Body>
    </soap:Envelope>
```


### 3. 数据项定义概要

动态船舶信息查询数据项定义概要如表 8-4 所示。

**表 8-4　动态船舶信息查询数据项定义概要**

| 序号 | EPCI 事件定义 | 数据项名称 | 功能描述 | URI | 示　例 | 是否必须实现 |
|---|---|---|---|---|---|---|
| 1 | epc | RadioCallSigns | 国际海运组织用来调用船只，代码由字母和数字组成，通常为 4～5 个字符 | urn:un:NEALNET:data:standard:UNCEFACT:Callsign | urn:un:NEALNET:data:standard:UNCEFACT:CallSign:ACBCD | 必选 |
| 2 | bizstep | StatusCode | 贸易运输状态代码，电子申报发生的状态信息 | urn:un:unece:uncefact:codelist:standard:UNECE:StatusCode | urn:un:unece:uncefact:codelist:standard:UNECE:StatusCode:139 | 必选 |
| 3 | bizlocation | PortCode | 港口（码头）的唯一标识符，前五位为港口代码，采用国际标准。后五位为码头代码，由港口自己定义 | urn:nealnet:codelist:standard:UNCEFACT:SubLocationCode | urn:un:nealnet:codelist:standard:UNCEFACT:SubLocationCode:CNNGBBLCT1 | 必选 |
| 4 | ActualArrivalDateTime | ActualTimeofArrival | 实际到达时间 | | | 必选 |

续表

| 序号 | EPCI 事件定义 | 数据项名称 | 功能描述 | URI | 示　例 | 是否必须实现 |
|---|---|---|---|---|---|---|
| 5 | ActualBerthingDateTime | ActualTimeofBerthing | 实际靠港时间 | | | 必选 |
| 6 | ActualDepartureDateTime | ActualTimeofDeparture | 实际离泊时间 | | | 必选 |
| 7 | IMONumber | IMONumber | 船舶编码 | | IMO1234567 | 必选 |
| 8 | VesselName | VesselName | 船名 | | President | 需要 |
| 9 | ShippingCompanyCode | ShippingCompanyCode | 船公司代码 | | HMMC | 需要 |
| 10 | VoyageNumber | VoyageNumber | 航次 | | JW123 | 必选 |
| 11 | EstimatedArrivalDateTime | EstimatedTimeofArrival | 预计到达时间 | | 2006-05-10T02:50:35.000Z | 需要 |
| 12 | EstimatedBerthingDateTime | EstimatedTimeofBerthing | 预计靠港时间 | | 2006-05-10T02:50:35.000Z | 需要 |
| 13 | EstimatedDepartureDateTime | EstimatedTimeofDepature | 预计离港时间 | | 2006-05-10T02:50:35.000Z | 需要 |
| 14 | Last Port of Call | Last Port of Call | 上港代码 | | JPUKB | 可选 |
| 15 | Next Port of Call | Next Port of Call | 下港代码 | | JPUKB | 可选 |
| 16 | CyOpenDateTime | CyOpenDateTime | 集装箱堆场开放时间 | | 2006-05-10T02:50:35.000Z | 需要 |
| 17 | CyCutDateTime | CyCutDateTime | 集装箱堆场关闭时间 | | 2006-05-10T02:50:35.000Z | 需要 |
| 17 | CourseLineCode | Course Line Code | 航线代码 | | CN-JP | 可选 |

## 8.5.2　集装箱状态信息服务交换接口描述

### 1. 查询接口

#### 1）查询报文结构

集装箱状态信息查询报文结构如表 8-5 所示。

表 8-5　集装箱状态信息查询报文结构

| 序号 | 报文层 | XML 标记 | 中文名称 | 出现次数 | 数据类型和长度 |
|---|---|---|---|---|---|
| 1 | 1 | soap:Envelope | 1.1.3 | 1..1 | 1.1.4 |
| 2 | 2 | soap:Header | 1.1.5 | 0..1 | 1.1.6 |
| 3 | 2 | soap:Body | 1.1.7 | 1..1 | 1.1.8 |
| 4 | 3 | Poll | 方法名 | 1..1 | 标签 |

续表

| 序号 | 报文层 | XML 标记 | 中文名称 | 出现次数 | 数据类型和长度 |
|---|---|---|---|---|---|
| 5 | 4 | queryName | 查询名称 | 1..1 | 常量：SimpleEventQuery |
| 6 | 4 | Params | 查询参数集 | 1..1 | 标签 |
| 7 | 5 | Param | 查询参数 | 0..n | 标签 |
| 8 | 6 | Name | 查询参数名 | 1..1 | 1.1.9 |
| 9 | 6 | Value | 1.1.10 | 1..1 | 1.1.11 |
| 10 | 7 | String | 查询值 | 0..n | 1.1.12 |

2）数据项说明

（1）soap:Envelope。

soap 报文根节点。

（2）soap:Header。

soap 报文包头部分。在目前应用中没有使用，可以忽略该节点。

（3）soap:Body。

soap 报文包体部分。

（4）Poll。

调用方法定义，在其内部需要对外部引用的命名空间进行声明，统一写法如下：

```
<ns3:Pollxmlns:ns2="http://www.unece.org/cefact/namespaces/StandardBusinessDocumentHeader
" xmlns:ns3="urn:epcglobal:epcis-query:xsd:1"xmlns:ns4="urn:epcglobal:epcis:xsd:1" xmlns:ns5="urn:
epcglobal:epcis-masterdata:xsd:1">
```

（5）queryName。

查询名称定义，目前统一使用常量 SimpleEventQuery。

（6）Params。

查询参数集，标签节点，不填写具体值。

（7）Param。

查询参数，标签节点，不填写具体值。

（8）Name。

查询参数名称，具体取值详见本节中“3.数据项定义概要”。

（9）Value。

查询参数值，参数取值类型详见本节中“3.数据项定义概要”，不同的类型表示方法不同，具体方法如下：

String 类型

```
<value xmlns:xsi="http://www.w3.org/2001/XMLSchema-instance" xsi:type="ns3:ArrayOfString">
        <string>ObjectEvent</string>
        <string>AggregationEvent</string>
        <string>QuantityEvent</string>
```

```
                <string>TransactionEvent</string>
    </value>
```

Time 类型

```
    <value xmlns:xsi="http://www.w3.org/2001/XMLSchema-instance"
                xmlns:xs="http://www.w3.org/2001/XMLSchema"
                xsi:type="xs:dateTime">2011-08-02T10:00:00.123Z</value>
```

Int 类型

```
    <value xmlns:xsi="http://www.w3.org/2001/XMLSchema-instance"
                xmlns:xs="http://www.w3.org/2001/XMLSchema"
                xsi:type="xs:int">2</value>
```

3）查询参数

集装箱状态信息查询参数如表 8-6 所示。

**表 8-6　集装箱状态信息查询参数**

| 序号 | 参数名称 | 参数类型 | 功　能 | 是否必须实现 |
|---|---|---|---|---|
| 1 | eventType | List of String | 查询事件类型 | 是 |
| 2 | GE_eventTime | Time | 大于等于发生时间 | 是 |
| 3 | LT_eventTime | Time | 小于发生时间 | 是 |
| 4 | GE_recordTime | Time | 大于等于记录时间 | 可选 |
| 5 | LT_recordTime | Time | 小于记录时间 | 可选 |
| 6 | EQ_action | List of String | 等于活动类型 | 是 |
| 7 | EQ_bizStep | List of String | 等于业务阶段代码 | 是 |
| 8 | EQ_disposition | List of String | 等于状态 | 可选 |
| 9 | EQ_readPoint | List of String | 等于读取点 | 可选 |
| 10 | WD_readPoint | List of String | LIKE 读取点 | 可选 |
| 11 | EQ_bizLocation | List of String | 等于港口（码头）代码 | 是 |
| 12 | WD_bizLocation | List of String | LIKE 港口（码头）代码 | 是 |
| 13 | EQ_bizTransaction_type | List of String | 等于交易类型 | 可选 |
| 14 | MATCH_epc | List of String | LIKE Call Sign 编号 | 是 |
| 15 | MATCH_parentID | List of String | LIKE 父 ID | 可选 |
| 16 | MATCH_anyEPC | List of String | LIKE 任意 EPCID | 可选 |
| 17 | MATCH_epcClass | List of String | LIKE 任意 EPC 类型 | 可选 |
| 18 | EQ_quantity | Int | 等于数量 | 可选 |
| 19 | GT_quantity | Int | 大于数量 | 可选 |
| 20 | GE_quantity | Int | 大于等于数量 | 可选 |
| 21 | LT_quantity | Int | 小于数量 | 可选 |
| 22 | LE_quantity | Int | 小于等于数量 | 可选 |
| 23 | orderBy | String | 排序 | 是 |
| 24 | orderDirection | String | 排序方向 | 是 |
| 25 | eventCountLimit | Int | 事件返回数量 | 是 |
| 26 | maxEventCount | Int | 最大事件数 | 是 |

4）Request 示例

示例：根据 Container Number（集装箱号）代码为 urn:un:unece:uncefact:codelist:standard:UNECE:ReferenceTypeCode:ALP:HLXU4691920 和航次代码为 JW123 进行查询。

```
<?xml version = "1.0" ?>
<soap:Envelope xmlns:soap="http://schemas.xmlsoap.org/soap/envelope/">
  <soap:Body>
    <ns3:Poll   xmlns:ns2="http://www.unece.org/cefact/namespaces/StandardBusinessDocument
Header"
              xmlns:ns3="urn:epcglobal:epcis-query:xsd:1"
              xmlns:ns4="urn:epcglobal:epcis:xsd:1"
              xmlns:ns5="urn:epcglobal:epcis-masterdata:xsd:1">
      <queryName>SimpleEventQuery</queryName>
      <params>
        <param>
          <name>eventType</name>
          <value xmlns:xsi="http://www.w3.org/2001/XMLSchema-instance"
                xsi:type="ns3:ArrayOfString">
            <string>ObjectEvent</string>
          </value>
        </param>
        <param>
          <name>MATCH_epc</name>
          <value xmlns:xsi="http://www.w3.org/2001/XMLSchema-instance"
                xsi:type="ns3:ArrayOfString">
            <string> urn:un:unece:uncefact:codelist:standard:UNECE:ReferenceTypeCode:ALP:
HLXU4691920</string>
          </value>
        </param>
        <param>
          <name>EQ_http://www.nealnet.org/tracking/extensions/#VoyageNumber</name>
          <value xmlns:xsi="http://www.w3.org/2001/XMLSchema-instance"
                xsi:type="ns3:ArrayOfString">
            <string> JW123</string>
          </value>
        </param>
      </params>
    </ns3:Poll>
  </soap:Body>
</soap:Envelope>
```

## 2. 返回接口

### 1）返回报文结构

集装箱状态信息查询返回报文结构如表 8-7 所示。

表 8-7　集装箱状态信息查询返回报文结构

| 序号 | 报文层 | XML 标记 | 中文名称 | 出现次数 | 数据类型和长度 |
|---|---|---|---|---|---|
| 1 | 1 | soap:Envelope | | 1..1 | |
| 2 | 2 | soap:Header | | 0..1 | |
| 3 | 2 | soap:Body | | 1..1 | |
| 1 | 1 | QueryResults | 查询结果 | 1..1 | 标签 |
| 2 | 2 | queryName | 查询名称 | 1..1 | 常量 |
| 3 | 2 | resultsBody | 查询结果集 | 1..1 | 标签 |
| 4 | 3 | EventList | 事件列表 | 1..1 | 标签 |
| 5 | 4 | ObjectEvent | 对象事件 | 1..n | 标签 |
| 6 | 5 | eventTime | 事件发生时间 | 1..1 | Time |
| 7 | 5 | recordTime | 记录时间 | 1..1 | Time |
| 8 | 5 | eventTimeZoneOffset | 事件发生时区 | 1..1 | 常量 |
| 9 | 5 | epcList | | 1..1 | 标签 |
| 10 | 6 | Epc | Call Sign 编号 | 1..1 | |
| 11 | 5 | Action | 活动类型 | 1..1 | |
| 12 | 5 | bizStep | 业务阶段代码 | 1..1 | |
| 13 | 5 | bizLocation | 港口（码头）代码 | 1..1 | 标签 |
| 14 | 6 | Id | 代码值 | 1..1 | |
| 15 | 5 | nealnet:VoyageNumber | 航次代码 | 0..1 | 扩展字段 |
| 16 | 5 | nealnet:IMONumber | IMO 代码 | 0..1 | 扩展字段 |
| 17 | 5 | nealnet:ContainerOperatorCode | 船公司编码，参照标准为 Standard Carrier Alpha Code（SCAC） | 0..1 | 扩展字段 |
| 18 | 5 | nealnet:ContainerSizeType | 运输工具大小和类型，参照标准为 ISO 6346 transport equipment size and type code | 0..1 | 扩展字段 |
| 19 | 5 | nealnet:ContainerGrossWeight | 集装箱总重量 | 0..1 | 扩展字段 |
| 20 | 5 | nealnet:ContainerSealNumber | 集装箱封箱号 | 0..1 | 扩展字段 |
| 21 | 5 | nealnet:ContainerLoadingStatus | 集装箱装载状态，例如，F 为满仓，E 为空仓 | 0..1 | 扩展字段 |
| 22 | 5 | nealnet:VehicleLicensePlateNumber | 车牌号 | 0..1 | 扩展字段 |

### 2）数据项说明

（1）标准数据项说明。

- soap:Envelope。

soap 报文根节点。

- soap:Header。

soap 报文包头部分。在目前应用中没有使用，可以忽略该节点。

- soap:Body。

soap 报文包体部分。

- QueryResults。

查询结果，标签节点，不填写具体值。在其内部需要对外部引用的命名空间进行声明，统一的写法如下：

<ns3:QueryResultsxmlns:ns2="http://www.unece.org/cefact/namespaces/StandardBusinessDocumentHeader" xmlns:ns3="urn:epcglobal:epcis-query:xsd:1"xmlns:ns4="urn:epcglobal:epcis:xsd:1" xmlns:ns5="urn:epcglobal:epcis-masterdata:xsd:1">

- queryName。

查询名称定义，目前统一使用常量 SimpleEventQuery。

- resultsBody。

查询结果集，标签节点，不填写具体值。

- EventList。

事件列表，标签节点，不填写具体值。

- ObjectEvent。

对象事件，标签节点，不填写具体值。

- eventTime。

时间发生时间，填写该事件实际发生的时间，数据类型为时间类型。

- recordTime。

记录发生时间，填写该事件被记录进入系统的时间，数据类型为时间类型。

- eventTimeZoneOffset。

事件发生时区，填写事件发生所在时区信息。中国为+08:00。

- epcList。

报告单号列表，标签节点，不填写具体值。

- Epc。

Container Number（集装箱号）代码，填写对应集装箱的 Container Number 代码，Container Number 代码数据格式详见本节中“3.数据项定义概要”。

- Action。

活动类型，具体取值详见本节中“3.数据项定义概要”。

- bizStep。

业务阶段代码，具体取值详见本节中“3.数据项定义概要”。

- bizLocation。

港口（码头）代码，标签节点，不填写具体值。

● Id。

港口（码头）代码值，填写港口（码头）代码，数据格式详见本节中“3.数据项定义概要”。

（2）扩展字段数据项。

以下是集装箱状态信息查询业务特有的扩展字段，当扩展字段的值不为空时，按照字段标准格式在报文中输出该结构，如果为空，则忽略该字段，不在报文中输出，数据格式则详见本节中“3.数据项定义概要”。

● nealnet: VoyageNumber。

航次代码，写法如下：

<nealnet:VoyageNumber xmlns:nealnet="http://www.nealnet.org/tracking/extensions/">1104J </nealnet:VoyageNumber>

● nealnet: IMONumber。

IMO 代码，写法如下：

<nealnet:IMONumber xmlns:nealnet="http://www.nealnet.org/tracking/extensions/">IMO1234567 </nealnet:IMONumber>

● nealnet: ContainerOperatorCode。

船公司代码，写法如下：

<nealnet:ContainerOperatorCode xmlns:nealnet="http://www.nealnet.org/tracking/extensions/"> MSC</nealnet: ContainerOperatorCode >

● nealnet: ContainerSizeType。

预计到港时间，写法如下：

<nealnet:ContainerSizeType xmlns:nealnet="http://www.nealnet.org/tracking/extensions/"> 22G1</nealnet: ContainerSizeType >

● nealnet: ContainerGrossWeight。

预计靠泊时间，写法如下：

<nealnet:ContainerGrossWeight xmlns:nealnet="http://www.nealnet.org/tracking/extensions/"> 100</nealnet: ContainerGrossWeight >

● nealnet: ContainerSealNumber。

预计离港时间，写法如下：

<nealnet:ContainerSealNumber xmlns:nealnet="http://www.nealnet.org/tracking/extensions/"> 1401081</nealnet: ContainerSealNumber >

● nealnet: ContainerLoadingStatus。

集装箱场开放时间，写法如下：

<nealnet:ContainerLoadingStatus xmlns:nealnet="http://www.nealnet.org/tracking/extensions/"> F</nealnet: ContainerLoadingStatus >

- nealnet: VehicleLicensePlateNumber。

集装箱场关闭时间，写法如下：

```
<nealnet:VehicleLicensePlateNumber xmlns:nealnet="http://www.nealnet.org/tracking/extensions/">ZJB-14238</nealnet: VehicleLicensePlateNumber >
```

3）Response 示例

示例：返回根据 Container Number 代码为 urn:un:unece:uncefact:codelist:standard:UNECE:ReferenceTypeCode:ALP:HLXU4691920 和航次代码为 JW123 的查询结果，共 2 条记录。

```
<?xml version = "1.0" ?>
<soap:Envelope xmlns:soap="http://schemas.xmlsoap.org/soap/envelope/">
  <soap:Body>
    <ns3:QueryResults xmlns:ns2="http://www.unece.org/cefact/namespaces/StandardBusiness
DocumentHeader"
                      xmlns:ns3="urn:epcglobal:epcis-query:xsd:1"
                      xmlns:ns4="urn:epcglobal:epcis:xsd:1"
                      xmlns:ns5="urn:epcglobal:epcis-masterdata:xsd:1">
      <queryName>SimpleEventQuery</queryName>
      <resultsBody>
        <EventList>
          <ObjectEvent>
            <eventTime>2011-09-02T00:17:19.0+08:00</eventTime>
            <recordTime>2011-09-02T00:17:19.0+08:00</recordTime>
            <eventTimeZoneOffset>+08:00</eventTimeZoneOffset>
            <epcList>
              <epc> urn:un:unece:uncefact:codelist:standard:UNECE:ReferenceTypeCode:
ALP:HLXU4691920</epc>
            </epcList>
            <action>ADD</action>
            <bizStep>urn:un:unece:uncefact:codelist:standard:UNECE:StatusCode:13
</bizStep>
            <bizLocation>
              <id>urn:un:nealnet:codelist:standard:UNCEFACT:SubLocationCode:
CNNGB.BLCTYD</id>
            </bizLocation>
            <nealnet: ContainerOperatorCode xmlns:nealnet="http://www.nealnet.org/tracking/
extensions/">MAEU</nealnet:ShippingCompanyCode>
            <nealnet:IMONumber xmlns:nealnet="http://www.nealnet.org/tracking/extensions/">
IMO1234567</nealnet:IMONumber>
            <nealnet:VoyageNumber xmlns:nealnet="http://www.nealnet.org/tracking/
```

```
extensions/"> JW123</nealnet:VoyageNumber>
                <nealnet:ContainerGrossWeight    xmlns:nealnet="http://www.nealnet.org/tracking/
extensions/">100</nealnet: ContainerGrossWeight >
    <nealnet:ContainerSealNumber    xmlns:nealnet="http://www.nealnet.org/tracking/extensions/">
1401081</nealnet: ContainerSealNumber >
    <nealnet:ContainerLoadingStatus    xmlns:nealnet="http://www.nealnet.org/tracking/extensions/">
F</nealnet: ContainerLoadingStatus >
              </ObjectEvent>
              <TransactionEvent>
                <eventTime>2011-09-02T00:17:19.0+08:00</eventTime>
                <recordTime>2011-09-02T00:17:19.0+08:00</recordTime>
                <eventTimeZoneOffset>+08:00</eventTimeZoneOffset>
                <epcList>
                  <epc>    urn:un:unece:uncefact:codelist:standard:UNECE:ReferenceTypeCode:
ALP:HLXU4691920</epc>
                </epcList>
                <action>OBSERVE</action>
                <bizStep>urn:un:unece:uncefact:codelist:standard:UNECE:StatusCode:12
</bizStep>
                <bizLocation>
                  <id>urn:un:nealnet:codelist:standard:UNCEFACT:SubLocationCode:
CNNGB.BLCTYD</id>
                </bizLocation>
                <nealnet: ContainerOperatorCode  xmlns:nealnet="http://www.nealnet.org/tracking/
extensions/">MAEU</nealnet:ShippingCompanyCode>
                <nealnet:IMONumber          xmlns:nealnet="http://www.nealnet.org/tracking/
extensions/">IMO1234567</nealnet:IMONumber>
                <nealnet:VoyageNumber        xmlns:nealnet="http://www.nealnet.org/tracking/
extensions/"> JW123</nealnet:VoyageNumber>
    <nealnet:ContainerLoadingStatus    xmlns:nealnet="http://www.nealnet.org/tracking/extensions/">
F</nealnet: ContainerLoadingStatus >
              </ TransactionEvent >
            </EventList>
          </resultsBody>
        </ns3:QueryResults>
      </soap:Body>
    </soap:Envelope>
```


4）数据项定义概要

集装箱状态信息查询数据项定义概要如表 8-8 所示。

表 8-8　集装箱状态信息查询数据项定义概要

| 序号 | EPCIS 事件定义 | 数据项名称 | 功能描述 | URI | 示　例 | 是否必须实现 |
|---|---|---|---|---|---|---|
| 1 | epc | ContainerNumber | 集装箱号，最大为 12 位长度 | urn:un:unece:uncefact:codelist:standard:UNECE:ReferenceTypeCode:ALP | urn:un:unece:uncefact:codelist:standard:UNECE:ReferenceTypeCode:ALP:HLXU4691920 | 必选 |
| 2 | bizstep | StatusCode | 贸易运输状态代码，电子申报发生的状态信息 | urn:un:unece:uncefact:codelist:standard:UNECE:StatusCode | urn:un:unece:uncefact:codelist:standard:UNECE:StatusCode:13 | 必选 |
| 3 | bizlocation | PortCode | 港口（码头）的唯一标识符，前五位为港口代码，采用国际标准。后五位为码头代码，由港口自己定义 | urn:nealnet:codelist:standard:UNCEFACT:SubLocationCode | urn:un:nealnet:codelist:standard:UNCEFACT:SubLocationCode:CNNGB.BLCTYD | 必选 |
| 4 | #VoyageNumber | VoyageNumber | 船舶航次号码 | | JW123 | 需要 |
| 5 | IMONumber | IMONumber | 船舶编码 | | IMO1234567 | 可选 |
| 6 | #ContainerOperatorCode | ContainerOperatorCode | 船公司唯一标示编码 | | MSC | 可选 |
| 7 | #ContainerSizeType | ContainerSizeType | 集装箱型号及类型 | | 22G1 | 需要 |
| 8 | #ContainerGrossWeight | ContainerGrossWeight | 集装箱总重量 | | 1000 | 可选 |
| 9 | #ContainerSealNumber | ContainerSealNumber | 集装箱封箱号 | | 1401081 | 可选 |
| 10 | #ContainerLoadingStatus | ContainerLoadingStatus | 集装箱装载状态 | | F/E →F or E or S | 需要 |
| 11 | #VehicleLicensePlateNumber | VehicleLicensePlateNumber | 车牌号 | | ZJB-14238 | 可选 |

## 8.5.3　用户认证接口描述

### 1．用户认证描述

NEAL-NET 目前支持使用用户名加密码来验证请求用户的身份。服务提供方可以根据自身业务系统的实际情况决定是否以该方式实现用户安全认证。

在 REQUEST 报文的 soap: Header 里加上用户名与密码，服务提供方用户名和密码来判断该用户的类型和合法性，进而返回与该用户类型相匹配的数据查询结果。

### 2．数据项说明

（1）soap:Header。

soap 报文包头部分。

（2）Security。

安全认证标签，里面包含用户名标签和密码标签。

（3）UserName。

服务需求方的用户名，统一写法如下：

< UserName >NEALuserCN</UserName>

（4）PassWord。

服务需求方的密码，统一写法如下：

<PassWord>cn0926!</PassWord>

### 3．REQUEST 示例中的用户认证部分

```
<soap:Header>
    <ns3:Security xmlns:ns5="urn:epcglobal:epcis-masterdata:xsd:1"
                  xmlns:ns4="urn:epcglobal:epcis:xsd:1"
                  xmlns:ns3="urn:epcglobal:epcis-query:xsd:1"
xmlns:ns2="http://www.unece.org/cefact/namespaces/StandardBusinessDocumentHeader">
        <UserName>NEALuserCN</UserName>
        <PassWord>cn0926!</PassWord>
    </ns3:Security>
</soap:Header>
```

## 8.5.4　其他要求

1）*数据更新要求*

服务提供商应保证数据的及时更新，以达到跟踪高效的目的。建议动态船期的数据与业务生产库的数据的延时应保证在 30 分钟以内。

2）*数据保存要求*

服务提供商应对数据予以一定时间的保留，根据动态船期的业务需要，要求数据保存 3 个月，在 3 个月以内的动态船期数据都可以实时查询到。超过 3 个月的数据可以不保留以保证服务的高效性。

3）*服务响应要求*

服务提供商应提供高效响应的查询服务以达到最好的用户体验。根据许多研究表明，用户最满意的响应时间是 2 秒以下。根据服务交换架构的需要，要求使用查询客户端在服务本地或本地局域网内进行数据查询时，返回时间不得超过 2 秒。

### 8.5.5 服务提供商接入指南

#### 1. 获取资料

服务接入指南：开发商从 NEAL-NET 获取本接入指南。

EPCIS 标准：开发商从 NEAL-NET 获取使用的 EPCIS 标准的版本信息，从 NEAL-NET 或 EPC global（http://www.gs1.org/epcglobal/）获得相应的标准文档。

服务函数定义与数据项定义：开发商需要从 NEAL-NET 获取最新的相应服务的函数定义与数据项定义，并对定义进行理解和沟通。

测试地址：开发商需要从 NEAL-NET 获取相应的测试地址以供测试使用。

测试工具：开发商可以从 NEAL-NET 获取测试工具，配合开发。

#### 2. 服务培训

NEAL-NET 提供相关 EPCIS 标准版本信息，服务函数定义、数据项定义等相关技术标准与内容的培训，开发商可自行决定是否参与 NEAL-NET 组织的技术培训。

#### 3. 系统开发

组织业务数据：开发商根据服务函数定义与数据项定义，结合业务流程，对自身的业务系统数据进行组织整理，建立符合函数定义的数据结构。

组织报文：开发商根据报文的标准格式，开发查询输入接口和结果输出接口。（注：也可以基于 Fosstrak EPCIS 进行快速开发。）

发布 WS：开发商将接口以 Web Service 形式进行发布。

内部集成测试：开发商使用枢纽提供的查询客户端自行进行测试，测试服务的联通性，数据的合规性和服务的效率性。

#### 4. 测试环境联调

开发商向枢纽申请将 Web Service 服务注册到服务交换中心，必须先通过测试环境进行联调，填写必要的服务注册信息、验证信息等资料。

在测试环境联调通过后，需提交测试联调文档。

#### 5. 正式环境联调与发布

开发商向枢纽申请将 Web Service 服务注册到服务交换中心，填写必要的服务注册信息、验证信息等资料。

枢纽对注册信息进行审查，并在正式环境与开发商对服务进行联调测试，测试通过后，在服务交换中心对 Web Service 进行对外发布。

### 8.5.6 服务调用方接入指南

#### 1. 获取资料

服务接入指南：开发商从 NEAL-NET 获取本接入指南。

EPCIS 标准：开发商从 NEAL-NET 获取使用的 EPCIS 标准的版本信息，从 NEAL-NET 或 EPCglobal（http://www.gsl.org/epcglobal/）获得相应的标准文档。

#### 2. 服务培训

NEAL-NET 提供相关 EPCIS 标准版本信息等相关技术标准与内容的培训，开发商可自行决定是否参与 NEAL-NET 组织的技术培训。

#### 3. 系统开发

组织报文：开发商根据报文的标准格式，开发查询输入接口和结果输出接口。

#### 4. 应用场景

在软件客户端中完成接口升级改造后，在客户端中设置具体的应用场景，明确服务调用的方式和使用场景。

#### 5. 测试联调

在改造升级的软件客户端上查询服务交换中心所提供的 Web Service 服务。

## 8.6 “东北亚物流信息服务网络”合作机制谅解备忘录

为加强区域合作，优势互补，合作共赢，提高东北亚地区物流服务能力和效率，推进东北亚物流信息资源共享，促进区域经济和运输服务贸易发展，根据 2010 年 5 月中、日、韩三国在中国成都共同签署的《第三届中日韩运输及物流部长会议联合声明》，三国同意成立东北亚物流信息服务网络（以下称“网络”，英文缩写 NEAL-NET），中华人民共和国交通运输部，日本国国土交通省，大韩民国国土海洋部（以下简称三方）达成谅解如下。

三方认为：网络是国际性的、非营利的物流信息互联、交换和共享技术交流与应用合作机制。其主要目标是促进东北亚各国间物流信息平台互联互通，实现物流信息交换和资源共享。统一物流信息交换基础标准，实现大规模联网推广应用，提高东北亚区域物流信息化整体水平。

### 8.6.1 目标

#### 1. 实现三国物流信息系统的互联互通

通过联合规划、设计、开发和应用互联平台，实现各国所推荐物流信息系统的互联；

鼓励物流企业承担或参加信息系统互联及物流信息交换与共享项目。

**2．鼓励开展物流信息标准与技术研究**

组织各国物流与信息化领域相关企业、科研院所及高校技术专家开展物流信息技术及标准研究，重点是物流信息交换基础标准的研究与制定。

**3．促进技术交流、培训与推广应用**

以各种形式组织开展物流信息技术与标准化培训；各方应积极开展互联技术的推广，鼓励物流企业采用物流互联技术和物流信息交换基础标准并吸纳加入网络。

### 8.6.2　组织机构

网络在三国运输与物流部长会议机制领导下开展工作。网络组织机构由联合指导委员会、理事会、秘书处及网络成员组成。

**1．联合指导委员会**

联合指导委员会由三国相关政府部门的官员组成，负责对网络建设和未来发展中的重大事项提供指导与咨询；负责对轮值理事长、副理事长、秘书处秘书长、副秘书长及理事等人选或单位进行审批。各国指导委员会负责对本国参加网络的网络成员进行审核。

联合指导委员会主席由联合指导委员会会议的主办国指导委员会主席担任。各方须指定一名联络人，负责日常联络和协调工作。

**2．理事会**

理事会负责网络各项工作的总体组织和部署、任期内主要工作目标、计划的制订，以及工作实施进程的督导。

理事会设轮值理事长一名，副理事长三名及理事若干名。轮值理事长由轮值国推举，任期四年；副理事长由中、日、韩分别推举一名，任期四年，可连任两届。轮值顺序是中国、日本、韩国。

各方分别推荐理事会理事若干名。

**3．秘书处**

秘书处是网络处理日常事务的机构，负责组织实施网络计划任务、组织召开网络成员会议等。秘书处常设中国杭州。

秘书处设秘书长一名，由秘书处所在国人员担任；副秘书长两名，日、韩分别推荐一名。

秘书处根据网络工作开展的需要可下设规划组、技术组、标准组等，负责相关工作的实施，各组的成员由各国推荐人选参加。

4．网络成员

网络成员由各国物流行业主管部门、协会、港口、物流企业、IT 企业、研究机构及大专院校等单位经各国同意，并报秘书处后加入。

### 8.6.3　运行机制

（1）中、日、韩三方将根据需要轮流举办联合指导委员会会议，并可邀请轮值理事长、副理事长、秘书长、副秘书长参加。

（2）理事会会议原则上每年召开一次，由轮值理事长主持召开。会议主要讨论网络工作目标、年度计划、组织实施及相关国际合作建议等内容并向联合指导委员会报告。会议可邀请秘书长、副秘书长参加。

（3）网络成员会议由秘书处根据需要组织召开。秘书处也可根据需要组织召开专题会议。

（4）根据工作需要，可以成立相关工作组，具体承担相关研究、建设等工作，工作组工作向秘书处汇报。参与工作组建设单位自行承担派出人员的会务、研究、交通及其他相关费用。

（5）秘书处办公场地、日常工作经费由秘书长单位承担，理事长、副理事长单位应根据需要派人到秘书处工作，并承担相关费用。

（6）鼓励成员单位按照网络确定的框架、技术标准和工作计划，牵头开展各项建设，牵头单位负责组织实施，筹集相关费用，鼓励成果共享。

### 8.6.4　附则

（1）任何一方如需改变其联合指导委员会、理事会或秘书处的人员须通报其他两方。

（2）本谅解备忘录自三方代表共同签字之日起正式生效。本谅解备忘录任何内容的修改需经三方一致的书面同意。任何一方如需退出本谅解备忘录，需至少在希望的终止日前 90 天以书面形式通知另两方。

（3）本谅解备忘录下的一切活动需遵守相关国际法律与公约。

（4）如有其他国家申请加入本谅解备忘录，需经三方书面确认。

本谅解备忘录于二〇一〇年　月　日在中华人民共和国杭州签订，正本一式三份，均以英语写成。

# 参考文献 REFERENCE


[1] 国务院．物流业调整和振兴规划[R]．2009.3.

[2] 国务院．物流业发展中长期规划（2014—2020）[R]．2014.10.

[3] 交通运输部．交通运输部办公厅关于印发交通运输物流公共信息平台标准化建设方案（2013—2015）的通知[R]．2013.11.

[4] 交通运输部．交通运输部关于印发交通运输物流公共信息平台建设纲要等 3 个文件的通知[R]．2013.11.

[5] 交通运输部．2013 年交通运输行业发展统计公报[R]．2014.5.

[6] 刘志硕．智能物流系统理论与方法研究[D]．北京交通大学博士学位论文，2004.12.

[7] 魏凤，刘志硕．物联网与现代物流[M]．北京：电子工业出版社，2012.

[8] 邹生，何新华．物流信息化与物联网建设[M]．北京：电子工业出版社，2010.1.

[9] 张翼英，张茜，西莎，朱丽晶．智能物流[M]．北京：中国水利水电出版社，2012.8.

[10] 章威，谢振东，周英武，陈欢，高玉荣．区域物流公共信息平台建设设计与实现[M]．北京：人民交通出版社，2012.1.

[11] 李向文．物联网概论物联网框架及产业链蓝图[M]．北京：中国物资出版社，2011.

[12] GS1 EPCglobal. Object Naming Service(ONS) Version 1.0[S]. EPCglobal Ratified Specification Version，2005.

[13] GS1 EPCglobal. EPC Information Services(EPCIS) Version 1.0.1 Specification[S].Errata Approved by TSC，2007.

[14] 美国运输部．Electronic Freight Management (EFM) Governance [R]. www.its.dot.gov/index.htm，2012.3.

[15] 美国运输部．Electronic Freight Management Case Studies -A Summary of Results[R]. www.its.dot.gov/index.htm，2012.6.

[16] 欧盟第七框架计划．The e-Freight Concept-Supporting Alignment of EU Policy，Business and IT in Freight Transport and Logistics[R]. http://www.efreightproject.eu/，2011.2.

[17] 欧盟第七框架计划．e-Freight D3.2 – Reference Solutions for Next Generation National Single Windows[R]. http://www.efreightproject.eu/，2011.11.

[18] 申金升，关伟，高辉．基于ITS和EC的智能物流系统[J]．交通运输系统工程与信息，2001,1(4).
[19] 王万平．ILS 中配送模型算法及原型系统设计[D]．北方交通大学硕士学位论文，2003.3.
[20] 闻学伟，汝宜红．智能物流系统设计与应用[J]．交通运输系统工程与信息，2002.2(1):16-19.
[21] 周立新，刘琨．智能物流运输系统[J]．同济大学学报，2002.30(7).
[22] 黄向东，王炼．智能集装物流系统设计研究[J]．江苏交通，2003.9:30-32.
[23] 戴定一．物联网与智能物流[J]．中国物流与采购，2010.8.
[24] 戴定一．物流信息化与智能物流[J]．办公自动化，2010.11.
[25] 戴定一．再谈物联网与智能物流[J]．中国物流与采购，2010.23.
[26] 王之泰．城镇化需要"智慧物流"[J]．中国流通经济，2014.3.
[27] 汪鸣．智慧物流重在智慧[J]．物流时代，2011.11.
[28] 刘志硕，柴跃廷．我国物联网的体系架构研究[J]．物流技术，2009.7.
[29] 刘志硕，柴跃廷．关于我国物联网发展的思考[J]，综合运输，2009.2.
[30] 胥军，李金，湛志勇．智能物流系统的相关理论及技术与应用研究[J]．科技创新与生产力，2011.4.
[31] 胡安安，黄丽华，张成洪．解读智慧物流[J]．上海信息化，2014.3.
[32] 章合杰．智慧物流的基本内涵和实施框架研究[J]．商场现代化，2011.8.
[33] 贺盛瑜，袁波．基于智慧现代化的现代物流升级与转型——以攀枝花为例[J]．企业经济，2011.5.
[34] 邵广利．宁波市智慧物流发展对策研究[J]．物流科技，2012.11.
[35] 季常煦，刘军，陈喜明．铁路行包营运管理信息系统的结构方案[J]．铁路计算机应用，2004.1.
[36] 刘志硕．基于信息服务交换的物流信用信息共享研究[J]．物流工程与管理，2013.10.
[37] 刘志硕．国际动态船期信息服务网络研究[J]．综合运输，2013.11.
[38] 徐寿波．关于物流科学理论的几个问题[J]．北方交通大学学报（社会科学版），2002,1(1):1-4.
[39] 李京文，徐寿波．物流学及其应用[M]．北京：经济科学出版社，1987.12.
[40] 王之泰．现代物流学[M]．北京：中国物资出版社，1995.6.
[41] 何明珂．现代物流与配送中心[M]．北京：中国商业出版社，1997.
[42] 远德玉，于云龙．科学技术发展简史[M]．沈阳：东北大学出版社，2000.8.
[43] 胡双增．物流系统工程[M]．北京：清华大学出版社，2002.9.

[44] 崔介何．电子商务下的物流支持系统初探[J]．中国流通经济，2000.3:4-6．
[45] 王莉．物流学导论[M]．北京：中国铁道出版社，1997．
[46] Mary K.Allen, Omar K. Helferich. Putting Expert Systems to Work in Logistics[M]. Oak Brook, IL: Council of Logistics Management，1990．
[47] 劲升逻辑（新加坡）：http://www.crimsonlogic.com/．
[48] 李堃．借鉴新加坡成功经验建设长三角电子口岸[J]．上海信息化，2009,12:112-115．
[49] KTNET 网站（韩国）：http://homepage.ktnet.co.kr/KTNET/．
[50] 杨钰池．韩国航港物资讯系统[EB/OL]．http://www.docin.com/p-84735532.html．
[51] KLNET 网站（韩国）：http://www.klnet.co.kr/．
[52] SPIDC 网站（韩国）：http://spidc.go.kr/jsp/spidc.jsp．
[53] 中国交通通信信息中心．道路货运车辆公共监管与服务平台简介[EB/OL]．http://wenku.baidu.com/view/f040bc074b35eefdc8d333b6.html．
[54] 季常煦，刘军，陈喜明．铁路行包营运管理信息系统的结构方案[J]．铁路信息系统，2004,13(1):17-20．
[55] 曹瑞和，李建兴，冯正民．两岸海运货况资讯平台之需求分析[EB/OL]．http://www.docin.com/p-91781550.html．
[56] 国家烟草局——“数字烟草”向信息化要竞争力[EB/OL]．http://www.docin.com/p-91935662.html．
[57] 中国烟草网：http://www.tobacco.gov.cn/html/index.html．
[58] 王瑾．物流公共信息平台模式研究[D]．长安大学，2013．
[59] 刘亚姝．区域物流信息平台运营模式研究[D]．石家庄经济学院，2013．
[60] 王兵兰．物流公共信息平台商业模式评价研究[D]．郑州大学，2012．
[61] 孔卓．公共物流信息平台运营模式探讨[J]．产业经济，2011:211-211．
[62] 王玉琢．基于 P2P 数据交换网络的路由算法模型研究[D]．长春理工大学，2011．
[63] 综合信息处理平台在邮政速递系统中的应用研究．豆丁网．
[64] 施凯．陕西邮政省内骨干网扩容优化改造工程的设计与实现[D]．西安电子科技大学，2009．
[65] 航港单一窗口服务平台[EB/OL]．http://www.docin.com/p-249949638.html．
[66] 台湾港务公司高雄港务分公司 Baplie File 上传系统使用手册[EB/OL].[2013.5]．http://www.doc88.com/p-1951928643606.html．
[67] 台湾资讯工业策进会．自由贸易港区物流平台可行性研究第二次座谈会[EB/OL]．http://wenku.baidu.com/view/03cf96de5022aaea998f0f87.html?qq-pf-to=pcqq.temporaryc2c．

[68] MTNet 官方网站．http://mtnet.dias.ie/main/.

[69] 关贸网络官方网站．http://www.tradevan.com.tw/web/guest/sccs.

[70] 港埠信息系统-MTNet[EB/OL]．http://www.docin.com/p-533042940.html.

[71] 贸易通公司网站：http://www.tradelink.com.hk/sim/index.html.

[72] DTTN 官网：http://www.hk-dttn.com/about/english/ourvision.html.

[73] 香港特别行政区数码贸易运输网络系统顾问报告摘要[EB/OL].[2002.11]. http://www.doc88.com/p-6840109577.html.